COUVERTURE SUPÉRIEURE ET INFÉRIEURE
EN COULEUR

NOTES
ET
NOTICES ANGEVINES

PAR

Célestin PORT

Correspondant de l'Institut

ANGERS
GERMAIN ET G. GRASSIN, IMPRIMEURS-LIBRAIRES.
Rue Saint-Laud.
—
1879

NOTES
ET
NOTICES ANGEVINES

PAR

Célestin PORT

Correspondant de l'Institut

ANGERS

GERMAIN ET G. GRASSIN, IMPRIMEURS-LIBRAIRES.
Rue Saint-Laud.

1879

Tiré à 40 exemplaires.

C'est ici, comme après la moisson, une glane d'épis tombés et de fleurettes, que j'ai plaisir à relier en humble gerbe. Qu'elle s'en aille égayer un instant quelque foyer d'ami ou rappeler encore une fois à toute mémoire bienveillante mon modeste souvenir.

Célestin PORT.

15 avril 1879.

NOTES ET NOTICES ANGEVINES.

Le TE DEUM des Notaires d'Angers.

(3 octobre 1720).

Les archives du Département ont acquis l'an passé d'un brocanteur deux registres in-folio, d'assez chétive apparence, qui ne renferment pourtant rien moins que les délibérations pendant près d'un demi-siècle (1687-1730) de la communauté des Notaires d'Angers. En tête du premier registre, une liste des diverses études donne les noms des titulaires en charge, avec la date de leur mort et des transmissions de l'office à leurs successeurs. Une délibération du 27 mai 1660, homologuée par lettres-patentes de décembre 1662, fixait à 100 livres la taxe due par les nouveaux élus, huit jours après leur réception dans la communauté. Les fils de notaires d'Angers payaient demi-droit. Chaque membre devait de plus à la bourse commune une modeste redevance annuelle de 60 sols, consacrée particulièrement aux dépenses des services religieux qui réunissaient dans l'église des Cordeliers les 29 notaires d'Angers, soit à la messe du premier dimanche de chaque mois, soit aux décès et aux anniversaires de chaque confrère. La messe solennelle se célébrait le surlendemain de Noël, le jour de la Saint-Jean-l'Évangéliste. Au sortir de cette cérémonie, où le dernier maître reçu avait charge de convoquer ses confrères et les invités, la communauté tenait sa grande réunion dans les cloîtres, écoutait les comptes, les propositions, les rapports de son syndic. Les plus grosses questions, en dehors des taxes et des exigences du fisc sans cesse envahissantes, n'allaient guère qu'à disputer des préséances. Les consuls des marchands surtout se montraient intraitables et ne manquaient pas en toute occasion officielle de prendre et de garder, sans crainte des scandales ni des horions, le premier pas après les avocats, au détriment et à l'indignation des notaires. Placets, procès ne faisaient qu'irriter la querelle. Entre deux, de temps à autre, la discorde entrait dans la compagnie et se trahissait par des éclats, des scissions, des scènes violentes. Le danger pourtant n'était peut-être pas là, mais dans l'indifférence qui bientôt fit déserter les réunions. Les procès-verbaux s'en plaignent. Qu'y faire, quand aucun expédient ne suffisait plus à ramener les mœurs, les intérêts transformés? Le temps était bien passé, au XVIIIe siècle, de ces petites chapelles laïques et de ces confréries de bourgeois, et le lien de dévotion bien relâché, qui les ralliait autrefois autour de quelque fondation pieuse loyalement desservie ; mais qu'une fête publique mît en jeu quelque émulation de zèle ou de gloriole, on retrouvait, fidèles autour de leur syndic, nos maîtres notaires avec robe longue et bonnet carré de cérémonie, rivalisant de luxe, — et quel luxe ! pour l'honneur de la compagnie. C'est le récit d'une de ces mémorables journées, qu'il nous paraît curieux de relire dans toute sa sincérité naïve. Par nos temps de triomphantes fêtes et de magnificence publique et privée, c'est presque une drôlerie que cette réjouissance, tant applaudie, de nos grands pères, ces écoles de violons et flûtes douces et ces « 79 lanternes avec leur chandelle de suif d'un quarteron pièce, » admirées de toute la ville. Nous avons le soleil électrique et les symphonies à coups de canon; et tout le reste aussi, fort heureusement, a bien changé ; je crois pourtant qu'on rencontrerait encore par les rues d'Angers ou de quelque autre capitale ces foules émues qui se pressent partout où flambent et fument les girandoles et les lampions.

Célestin PORT.

Aujourd'hui trois octobre 1729, en exécution de la conclusion dernière écrite, la communauté des notaires royaux de la ville et faubourgs d'Angers a fait chanter dans l'église des révérends religieux Cordeliers dudit lieu une grande messe et un *Te Deum* pour rendre grâce à Dieu de la naissance de Monseigneur le Dauphin, ce qui a esté fait de la manière qui suit :

Premièrement le 2 octobre au soir, la ditte cérémonie fut annoncée par le son de toutes les cloches du couvent desdits Cordeliers; ce qui fut réitéré le lendemain à 6 heures du matin et à 10 heures; et à cet effet le grand autel de la ditte églize fut orné et paré de toutes les relicques et des plus beaux ornements dudit couvent, et fut illuminé de deux douzaines de sierge de trois quarterons chacun de sire blanche, tous posés dans des chandeliers d'argent, et le cœur de la ditte églize fut aussi illuminé de deux douzaines de sierges aussi de sire blanche, qui furent mis au hault et autour du cœur.

Ledit jour 3 octobre, sur les neuf heures du matin, tous les notaires de cette communauté s'assemblèrent en la maison de M. Bossoreille, lors sindic, étant tous en robbe longue et bonet, sur les dix heures se transportèrent dans laditte églize dudit couvent des Cordeliers et ayant pris place dans le cœur assistèrent à laditte grande Messe et *Te Deum*. Laditte messe fut chantée par lesdits religieux de la manière la plus solennelle dont ils ont de coutume d'user dans les plus grandes festes avec l'orgue de laditte églize, revestus des chassubles, chappes et autres ornemens les plus riches dudit couvent. A l'élévation du saint sacrement de la messe, il fut fait une décharge de toutes les boistes de l'hotel de ville dudit Angers que l'on avoit fait transporter dans le jardin dudit couvent; ce qui attira une grande foule de peuple dans laditte églize. A la fin de la messe, le *Te Deum* fut entonné par le révérend gardien dudit couvent, qui avoit dit laditte messe, et après fut continué et chanté solennellement par la musicque de la cathédralle de cette ville que laditte communauté avoit demandé à cet effet et par plusieurs escolles de violons, basse de violle, fluste d'Allmaigne, haultbois et autres instruments de simfonie, ce qui se passa à la grande admiration, aplaudissement et aclamation de tous ceux qui estoient dans laditte églize; et pendant ledit *Te Deum*, il fut aussi fait une décharge de touttes lesdittes boistes de la ville.

Pour illustrer davantage la feste que lesdits notaires faisaient de la naissance de Mgr le Dauphin et pour manifester leur joye, ils avoint demandé à M. le Maire les lanternes de la ville dont ils en avoint fait couvrir toutte la face de devant la maison dudit sieur sindic depuis le ballet jusqu'au sommet d'icelle, et au desus duquel avoint fait élever une piramide à chacun coing de laquelle on y avoit attaché une lanterne qui par ce moyen parroissoit bien au desus de la couverture de la ditte maison, de sorte qu'il y avoit soixante et dix neuf lanternes dans chacune des quelles on y avoit mis une chandelle de suif d'un quarteron pièce, lesquelles furent toutes alumées sur environ les sept heures du soir; ce qui fit une des plus belles illuminations qui aient paru dans la ville, qui fut aplaudie et admirée de toutte la ville, qui attira au devant de la porte de laditte maison une grande foulle de peuple depuis le commencement jusqu'à minuit passé ; et laditte foulle estoit si grande, que l'on fut obligé d'avoir des soldats de la garnison du chasteau, que l'on mis à la porte de laditte maison pour en deffendre l'entrée.

Sur les six heures du soir, commença dans la ditte maison dudit sieur sindic le concert de plusieurs voix, qui chantèrent en musicque plusieurs pièces d'opéra et motais, assistez et s'accordant avec plusieurs instruments de simphonie, comme viollons, basse de violle, hautbois et flutte douce; ce qui fut exécutté à la satisfaction tant desdits notaires, que de nombre de personnes qui estoient entrées dans la ditte maison et encore de ceux qui estoient dans la rue estant à portée de tout entendre ; ce qui dura jusqu'à sept et demye que lesdits notaires avec lesdits sieurs de musicque et simphonie allèrent audit jardin dudit couvent des Cordeliers pour voir tirer les fusées de feu d'artifice au nombre de 50, que laditte communauté avoit acheptée pour laditte feste, qui devoient estre tirées de desus les murs du rempart de cette ville, estant au devant dudit jardin ; et y estant arrivé fut fait d'abord une décharge de touttes les dittes boistes de la ville, ensuitte les dittes fusées de feu d'artifice furent tirées; après quoy on se retira dans laditte maison dudit sieur sindic qui estoit illuminée dans le dedans convenablement à la feste dont estoit question, et pour le repas qui fut servi tant pour lesdits notaires que pour lesdits sieurs de musique et simphonie aux dépens de laditte communauté; et sur le milieu du repas, l'on réitéra pareille décharge de touttes lesdittes boistes de la ville, qui estoient dans ledit jardin. Peu de temps après, lesdits sieurs de musique et de simphonie recommencèrent leur concert et à chanter et jouer de touttes sortes d'airs et chansons; ce qui continua jusqu'à quatre heures après minuit. Le tout se passa non-seullement au grand contentement desdits notaires, mais encore du publicq, qui depuis en a divulgué son témoignage d'aplaudissement, disant que la feste et réjouissance des notaires d'Angers avoit surpassé touttes celles qui avoient esté faites en ville pour la naissance de Mgr le Dauphin.

(*Archives de Maine-et-Loire. Série* E. NOTAIRES.)

CAHIER

DU

TIERS ÉTAT DE LA SÉNÉCHAUSSÉE DE SAUMUR

aux États généraux de 1614.

Des lettres-patentes du 7 juin 1614, publiées bientôt par tous les présidiaux de France, annoncèrent l'intention royale de réunir en septembre les États généraux à Sens. La reine-mère s'acquittait ainsi, sans qu'elle en fût pressée, d'un engagement pris le 15 mai précédent au traité de Sainte-Menehould envers Messieurs les princes du sang et autres gens de Cour mécontents, qui s'y prétendaient fort intéressés « pour les chastiments des meschants et la récompense des bons, » mais qui dès lors, bien repus et pour quelques mois satisfaits de leur bourse pleine, — on sait au juste à quel prix, — eussent volontiers accordé répit et renvoyé au plus loin cette échéance importune. On crut pourtant prévenir tout prétexte aux réclamations futures en donnant à l'intrigue une satisfaction anticipée; et la reine-mère et le jeune roi, qui se trouvaient à l'heure même des élections dans l'Anjou et à Angers, se rendant à l'armée de Bretagne, y furent accueillis partout par l'allégresse populaire, heureuse en tout temps de se prêter aux déceptions d'un nouveau règne.

Les incidents divers des réunions préparatoires tenues à Angers, comme les délibérations des États, sont connus (1) et faciles à étu-

---

(1) V. aux Archives départementales, le cahier du clergé de Saumur et le procès-verbal des élections du clergé d'Angers, aux archives de la Mairie le registre des conclusions BB61, — et les deux collections imprimées de Buisson (1789) et de Barrois (1788) sur ces grandes assemblées.

dier; mais j'ai tout récemment rencontré, dans le greffe du tribunal civil de Saumur, entre autres documents curieux, le cahier du Tiers état de cette sénéchaussée, qui, dans une sphère plus restreinte, indique à sa façon le mouvement de l'opinion.

Les élections se firent sans grand bruit. Sur la convocation du sénéchal, Jean Bonneau, sieur de Maisonneuve, adressée à toutes les paroisses du ressort, les habitants avaient dû se réunir les 3 et 10 août, au sortir de vêpres, et nommer des députés chargés d'élire, dans une délibération définitive, le représentant de l'ordre du Tiers aux États, et les délégués qui, sous sa présidence, allaient rédiger l'expression des vœux communs du pays. Cette dernière assemblée se tint le 18 août, au palais royal de Saumur; mais le petit nombre des assistants témoigne suffisamment de l'indifférence trop justifiée des paroisses. Dix-huit membres seulement s'y trouvaient présents. Les habitants même « du boisle du château, » des faubourgs de la Croix-Verte, de l'Ile-Neuve, des Ponts et de St-Lambert, les baronnies de Mirebeau, de Montreuil-Bellay, de Doué, de Blaison, de Ramefort, les châtellenies de Chemellier, de St-Maur, de Vouzailles, de Cunault, de Méron, de la Grézille, de Cernusson, de la Haye-Fougereuse, du Coudray-Macouard, de St-Généroux, de Brain-sur-Allonne, de Neuillé, de Bournois, de Martigné-Briant, le Puy-Notre-Dame, Giseux, les deux tiers de la sénéchaussée avaient fait défaut aux convocations. Ainsi réduite pourtant, l'assemblée s'acquitta de son mandat, en élisant pour député aux États de Sens, maître Jean Hubert, conseiller du roi à la prévôté, et pour le suppléer, en cas de maladie, l'avocat Charles Jaunay. La rédaction du cahier de l'ordre fut confiée à Me Adam Lebeuf, assesseur et lieutenant particulier, Guillaume Bourneau, procureur du Roi, Hilaire Reveillé, Nicolas Fournier l'aîné, Antoine Maliverné, sieur de Château-Rocquet, Guy Drugeon et Nicolas Guérin, procureur des marchands de Saumur. Le même jour, ces délégués se réunirent, et, dès le lendemain au matin, Jean Hubert recevait, pour l'accomplissement de sa mission, une copie authentique du cahier du Tiers, qu'il avait charge de présenter d'abord aux députés du reste de l'Anjou, à Angers, et, avec eux, aux États.

En termes humbles et soumis, le Tiers y demande la résidence obligée des bénéficiers ayant charge d'âmes, la régularité des visites diocésaines par l'évêque, la nomination aux cures de gradués de mœurs et d'âge décents, avec une dotation fixe au minimum de 600 livres sur le revenu des abbayes voisines, l'attribution des crimes ecclésiastiques aux justices ordinaires, — exigence entre toutes déplaisante et qui allait soulever une opposition intraitable, — l'honnête emploi des deniers des pauvres et des hôpitaux, trop souvent dilapidés en œuvres étrangères, le retour aux règlements des États de Blois sur le fait des nobles, la suppression de la vénalité des charges, — article d'autant plus remarquable qu'il est présenté par des magistrats, et que, repris avec empressement par la Noblesse, il devint un instrument de guerre et comme une revanche promise des concessions arrachées, — la gratuité de la justice par l'attribution d'un salaire royal aux membres des cours judiciaires et par la suppression des abus et de faveurs inavouées, l'unité des poids et mesures, sollicitée depuis deux siècles, la réduction des tailles et l'inscription aux rôles de tout trafiquant, nonobstant son titre ou toute exception fictive, l'abolition enfin des pensions et le rachat du Domaine, — c'est-à-dire la ruine de la noblesse de Cour et la reconstitution d'une administration régulière et indépendante suivant la tradition de Sully.

Toutes ces réformes que devait appliquer seulement en partie la main vigoureuse des Richelieu et des Colbert, ne s'élevaient pas à des prétentions bien vives ; et cent soixante-quinze ans plus tard, il faut entendre avec quel autre accent d'autorité souveraine et de dignité s'affirmera la voix de la conscience publique. Mais qu'attendre de plus de la France du xvii° siècle, dévorée par une effroyable misère ? Alors que les paysans de la Guyenne et de l'Auvergne erraient par les champs, « paissant l'herbe à la manière des bêtes, » — le Mirabeau de ces temps-là, Savaron, sur ses biens et sa vie, en donna son serment au jeune roi, qui n'y voulait croire, — avant tout il fallait vivre. Convoqués à Sens, ouverts à Paris le 27 octobre, les États traînèrent quelques mois leurs délibérations confuses, traversées pourtant par de rudes et fières paroles qu'a recueillies l'avenir. Quand les conseils du roi furent las de ces turbulences, un ordre vint et mit dehors l'assemblée incertaine qui se dispersa sans autre adieu; mais les jours approchaient, sans qu'on les comptât, où la nation tout entière, inspirée d'une âme nouvelle, allait se lever debout dans sa force et dans son droit, et ses représentants, semer, coûte que coûte, à pleines mains, cette semence impérissable de vie et de liberté, — dont la moisson mûrit encore.

Célestin PORT.

Cahier du Tiers État de la sénéchaussée de Saumur aux États généraux de 1614.

AU ROY NOSTRE SOUVERAIN SEIGNEUR,

Sire,

Le Tiers Estat de vostre sénéchaussée de Saumur, peu assisté du Clergé, foullé de la Noblesse, altéré par les ministres de Justice, loue Dieu de ce qu'il vous plaist, de grâce spéciale, l'appeller et, s'il fault ainsy dire, conférer avecq luy des affaires plus importantes de vostre royaulme et recepvoir ses plainctes et justes doléances et remercye très humblement la Royne-régente du soing et de l'affection qu'elle a toujours eu et continue d'avoyr à la conservation de cest estat et la supplie très humblement la voulloyr continuer et recepvoir bénignement leurs plainctes.

Pour le Clergé :

Plaise à Sa Majesté ordonner que les évesques, curez et aultres bénéficiers, ayant charge d'âmes, résideront en personne en leurs diocèzes, cures et bénéfices, sans aulcunes excuses, sur peine de vacation de leursdietz bénéfices;

Que les dietz évesques et prélatz feront leurs visitations par leurs diocèzes à tout le moings une foys l'an, tant pour conférer les sacrez ordres et aministrer le sacrement de confirmation que pour faire autres choses dépendant de leurs charges ;

Qu'il sera pourveu par ellection auxdicts bénéfices et aultres, ayant charge d'âmes, de personnes d'âge, prud'homie, suffisance et autres qualitez requises par les sainctz décrectz et constitutions canoniques ;

Que aux cures et bénéfices ayant charge d'âmes ne sera pourveu que de personnes graduées; lesquelles cures seront dotées jusques à six cens livres de revenu annuel sur le revenu des plus proches abbayes ou prieurez conventuelz ;

Que la punition de tous crimes capitaux commis par les éclésiastieques soit atribuée aux juges royaux et non aux éclésiastieques, au moien de l'impunitté desdictz crimes ;

Et en cas que ceste plaincte ne soict receue, qu'il plaise à Sa Majesté ordonner qu'en chacun siège royal et ressort les évesques mettront ung vicegérant pour travailler à l'instruction et jugement des procès criminelz et cas privilligiez desdictz éclésiastiques et, à faulte de ce faire, sans autre interpellation, les juges royaux procedderont à l'instruction et jugement desdictz procès ;

Que les comptes du revenu des hopitaux et maladeryes se rendent és assemblées génerálles des villes et sans frais, sans que le reliequa desdictz comptes soict converty ou employé à aultres charges que pour les pauvres desdictes villes et paisans.

Pour la Noblesse :

Plaise à Sa Majesté ordonner que le reiglement faict pour la noblesse aux Estats de Blois sera exécutté et entretenu, selon sa forme et teneur ;

Que tous seigneurs, gentilzhommes et autres, qui ont usurpé et usurpent la quallité de noble et qui demeurent és maisons fortes et aultres, esliront domicille és maisons de leurs procureurs, qu'ilz nommeront en chacune ville et siège royal du ressort de leur demeure, pour y estre faictz et receuz tous exploictz de justice, tant en causes civilles que criminelles, qui vauront comme sy faictz estoient à leurs personnes ou domicilles ordinaires, dont l'asignation escherra huictaine ou quinzaine après, eu esgard à la distance des lieux ad ce qu'ilz puissent en estre advertiz pour envoyer deffenses à leur dict procureur, ou, sy mestier est ou que par justice soit ordonné, comparoyr en personnes, sinon qu'ilz eussent légitime et vallable empeschement, et, à faulte de ce faire, que les ajournements et inthimations, qui leur seront faictes à son de trompe et cry publicq au lieu et place ordinaire à faire criz et proclamations publicques, vaudront comme sy faictz estoient à leurs propres personnes ou domicilles ordinaires.

Pour la Justice :

Que les officiers de judicature et autres ministres de justice et de finance soient electifz et non vénaux et réduictz à l'anxien nombre du temps du Roy Loys douze par supression de mort ou remboursement;

Que la justice soit administrée sans aulcuns sallaires et qu'il plaise au Roy donner gaiges suffisans aux juges;

Régler les sallaires des advocatz, greffiers, notaires et sergens et abollir les greffes des affirmations, recepvoir des espèces, reigler les droictz des seaux et des presentations;

Qu'en chacune ville et siège royal il n'y aura qu'un degré de jurisdiction;

Qu'en toutte ville, où il y a siège royal et où il n'y a establissement actuel de juges consulz d'eaux et forestz, les juges ordinaires en congnoistront tout ainsy que font lesdictz consulz et juges des eaux et forestz ès lieux où ilz sont establiz; lesquelz juges royaux seront tenuz de juger, comme font lesdictz juges consulz;

Que les prérogatives et prévillèges, qui appartiennent à Sa Majesté par les coustumes de ce royaulme, tant de prévention et emption par appel que autres, seront inviollablement observez sans qu'il soit loisible à aulcun d'y contrevenir;

Qu'il ne sera plus besoing obtenir lettre en la petite Chancellerye pour la restitution en entier, pour le cas de droict commung, pour les lettres de bénéfice d'age et d'inventaire et pour les anticipations et estre relevé de l'*illico*;

Que touttes les coustumes, poidz et mesures seront réduictes en une;

Que pour obvier aux procez infiniz, qui naissent pour la demande de rentes foncières ou féodalles, les fresches ne pourront estre à l'advenir de plus haulte quantitté que de vingt bouesseaux et à ceste fin en sera faict division; et que l'on ne pourra demander que de cinq années d'aréraiges, à l'instar des rentes hypotecquaires, ne mesmes les mynœurs, sauf leur recours contre leur curateur;

Que les previillèges de Messieurs des requestes du Pallays et des Universitez pour le transport des jurisdictions soient du tout abollis, et touttes lettres d'évocations et atributions de jurisdiction à aultres, qu'aux juges ordinaires, soient du tout deffendues.

Tailles :

Qu'il plaise au Roy rédimer les tailles et aultres subcides à pareille somme qu'ilz estoient du temps du Roy Loys douziesme ;

Que le nombre des exempts sera retranché ;

Que tous les habitants des villes et faubourgs de quelque qualité qu'ilz soient, nobles ou privillégiez, tenantz boutiques ou faisant traficq, contribueront au paiement des tailles ou subcides ;

Que tous officiers de judicature, qui doibvent résidence actuelle, ne se feront pourveoyr d'offices qui les puissent exempter de la contribution desdictes tailles ;

Que tous les habitans des villes, qui ne servent actuellement, paieront tailles, quelque atestation de service, qu'ilz puissent avoir.

Pour le sel :

Qu'il plaise à Sa Majesté, que les deniers, qui se lèvent desdictes gabelles et subcides, seront emploiez aux charges ordinaires du royaulme, sans être divertiz à aultres usages et que toutes pentions seront abollyes ;

Que tous subcides et péages imposez tant par eaue que par terre, establis depuis trente ans, seront ostez ; mesmes que le droict que prennent les habitants de Nantes sur le vin d'Anjou sera pareillement osté, sans qu'il puisse estre restably à l'advenir ;

Qu'il sera libre à ung chacun de faire de l'eau de vie et icelle faire transporter dedans ou dehors le royaulme et le privillege particulier revocqué ;

Qu'il soiet faict deffences à tous marchans de faire aulcun monopolle et empescher que les marchans forains viennent dedans les provinces librement faire l'achapt des bledz et vins et aultres marchandises ;

Qu'il plaise à Sa Majesté suprimer dès à présent les mesurages par estimation, establis, tant audict Saumur que Angers et les mesurages actuelz tant d'Ingrandes que Nantes et tous les officiers desdictz mesurages et grenier à sel avecq les gabelles et, ce faisant, permettre le trafficq et commerce du sel partout, sans répréhension ne recherche, comme il estoit d'anxienneté, prenant au préalable par Sa Majesté, pour son droict et gabelle anxien sur les marays, la somme de quarante cinq livres par chacun muy de sel, à la mesure de Paris, suyvant les anxiennes ordonnances, considéré mesmes que lesdictz mesurages dudict Saumur et Angers par estime sont infructueux, comme aussy les autres d'Ingrandes et Nantes, à la grande foulle et charge du peuple et perte de Sadicte Majesté;

Sera très humblement suplié Sa Majesté de restablir le fonds de son domayne diverty, affin que les charges soient faictes et acquictées, mesmes par le paiement et continuation des rentes, gaiges et officiers dont les pauvres veufves et orfelins n'ont esté paiez depuis douze ans.

Les cahiers et articles cy-dessus ont esté faictz et dressez au pallays royal de Saumur en conséquence du procès verbal de Monsieur le seneschal dudict Saumur en la matinée de ce jour, par nous députez pour ce faire, soubsignez le dix huictiesme jour d'aoust 1614 :

Adam LEBEUF, BOUANEAU, REVEILLÉ, FOURNIER, MALHIVERNÉ, G. DAUGEON et A. GUTAIN. — PORTIN, pour greffier.

(Archives de Maine-et-Loire. Série B. *Sénéchaussée de Saumur.*)

PILLAGE
DE
L'ABBAYE SAINT-FLORENT près Saumur
EN 1562.

Ce furent de rudes mois à passer pour l'Anjou que les premiers mois de l'année 1562. Le transport des haines religieuses, longtemps contenu, éclatait tout à coup dans l'entraînement de la ferveur nouvelle, et, par un appel aux armes impuissant, jetait dans toutes les relations de la vie publique et privée le désarroi et la confusion. La surprise d'Angers (6 avril) par les huguenots, bientôt suivie de l'occupation du château et de la ville entière par les troupes catholiques, sous les ordres impitoyables de Puygaillard et de Montpensier, n'est qu'un épisode dont l'intérêt s'accroît par l'abondance des témoignages qui l'ont raconté. Mais à Beaufort, à Baugé, à Craon, à La Flèche, dans toutes les villes et dans tous les villages, les mêmes scènes de violence, aussitôt vengées, n'ont laissé dans les chroniqueurs contemporains qu'une trace incertaine et qu'il est difficile aujourd'hui de définir mieux. A Saumur même, qui allait devenir, avec Duplessis-Mornay, le centre et le boulevard de la Réforme française, on a peine à recueillir dans les documents quelques détails précis sur l'invasion première de la propagande bien antérieure à cette levée d'armes. C'est le 10 mai seulement, qu'une bande huguenote s'y présente, presque au lendemain de la reprise d'Angers par Puygaillard; elle y est accueillie, fêtée, installée aux postes de garde, — l'histoire en est aussi certaine que singulière, — par les officiers mêmes et les magistrats des sièges royaux. C'est au nom du roi qu'elle parade et occupe la ville, et cinq jours plus tard, au nom du roi, qu'un détachement s'établit dans l'abbaye fortifiée de Saint-Florent, poste important de défense, où les garnisons se succèdent et se remplacent, tant qu'il reste à piller dans les greniers et dans l'église; — au nom du roi encore que le lieutenant du roi, Bourneau, dresse inventaire en double et délivre quittance de ses rapines ; et par une étrangeté dernière, les images des saints brisées, les châsses fondues, les cérémonies du culte tournées en dérision publique, quand l'armée véritablement royale et catholique a repris pied en ville, les mêmes magistrats, chefs non désavoués des sectaires de la ville, restent maintenus dans l'honneur de leurs charges, et, il faut le dire, dans la familiarité aussi des abbés et des religieux, qui semblent tout craindre encore ou avoir tout oublié.

On trouve les détails les plus intimes sur ces scandales dans un volumineux document, bien inédit, que j'aurais voulu pouvoir donner tout au long, comme il mériterait d'être minutieusement étudié. C'est une *Information secrette faicte à Saumur* par sergents et notaires royaux, *à la requeste du procureur du Roi, de et sur certaines volleries, pilleries et saccaigemans* de l'abbaye Saint-Florent par le lieutenant général François Bourneau. Ouverte le 5 janvier 1563 (N. S.), close seulement le 8 février, elle contient les dires de 106 témoins, quelques-uns bénédictins de l'abbaye, d'autres, en plus grand nombre, simples gens de métier ou serviteurs ou ménagères curieuses, aimant à voir et à raconter. Malheureusement les dépositions se suivent au milieu de formules identiques et pour la plupart se ressemblent dans le récit des mêmes faits qu'anime seulement çà et là quelque détail nouveau, mais qu'il faut vouloir y chercher. J'en extrais comme la substance, en empruntant à l'*Histoire de l'abbaye Saint-Florent* par Dom Huynes, dont le manuscrit autographe est conservé aux Archives de Maine-et-Loire, les quelques pages également inédites, dans lequel l'auteur consciencieux a mis en œuvre les données de ce document original, resté inconnu aux autres historiens. J'ai seulement complété cet extrait, en commentant le récit de D. Huynes par une série de notes, puisées dans le texte même de l'enquête, chaque fois qu'il m'a paru y avoir bénéfice à rendre aux dépositions leur caractère de simplicité naïve. C'est, comme du même coup, signaler à quelqu'une de nos sociétés littéraires deux documents, précieux entre tant d'autres, dont la publication devrait tenter leur désir de bien faire et récompenserait en honneur leur bonne volonté.

Pillage de l'abbaye Saint-Florent, près Saumur, en 1562.

... Et s'ils attaquèrent nostre seigneur, ce n'est de merveille s'ils attentèrent contre St-Florent. La femme (1) de l'advocat Maczon estoit à toute heure à persuader le lieutenant François Bourneau (2), luy disant : Monsieur le lieutenant, que voulez-vous faire ? Que n'allez-vous quérir les relicques de S. Florent comme avez promis ? Les voulez-vous laisser là ? Cela vient mal à propos. Que n'accomplissez-vous vos promesses ? » — Le lieutenant poussé par ces sifflements diaboliques, — oultre qu'estant desjà hérétique et huguenot en son cœur et en ses actions, poussé par ces désirs avares, qui ont mis en disette, par punition divine (3), comme j'ay entendu dire à plusieurs, tous ceux qui descendent de luy, et on voit la mendicité de ces gens à l'œil, n'estant besoin d'autre preuve ; — y vint donc vers la my-may la mesme année 1562, accompagné de Jacob de Lavau, Guillaume de Lavau, son fils, Diogènes Guyolle et François Jousault (4), fermiers depuis deux ans du temporel de cette abbaye pour l'abbé commendataire, de Robert Lemaczon, advocat du Roy, Jean Lebeuf, juge de la prévosté, Jean Cherbonnier, receveur des traictes, Guy Lebeuf, lieutenant de la prévosté et de plusieurs autres (5) qui tenoient le party

---

(1) *Déposition de Vincende Foucault*, n° XLVII, dans l'*Information secrète* ms. petit in-folio de 216 feuillets. *Archives de Maine-et-Loire. Série H. Abbaye de St-Florent.*

(2) Plusieurs témoins attestent qu'il fréquentait la cène et avait fait baptiser son fils « à la huguenotte. » L'un d'eux déclare même avoir été soufleté par Mme la lieutenante et mené en prison pour avoir dit qu'on le menoit à perdition. Dix ans plus tard Bourneau fut la première victime, à Saumur, de la Saint-Barthélemy et périt égorgé de la main même du comte de Montsoreau.

(3) Le beau zèle de D. Huynes l'égare un peu. La famille Bourneau, qui ne s'est éteinte que de nos jours, n'avait cessé, au XVIIe siècle surtout, d'occuper d'honorables charges de magistrature et de tenir même, au moins par ses relations, un rang distingué dans les lettres. Ménage, Duchesne, Mingon, Ménard traitent comme un grand et savant personnage, de qui ils se tiennent obligés, Guillaume Bourneau, procureur du roi à Saumur, que D. Huynes eut dû payer de quelque reconnaissance. Celui-là était catholique, ardent comme un néophyte et en liaison d'amitié avec Pierre de Bérulle. C'est à ses instances que la ville de Saumur dut l'établissement des Oratoriens (1617-1618), comme l'atteste sa correspondance conservée à l'hôpital. Les Archives du département possèdent aussi sur la famille Bourneau un volumineux dossier, où nous reviendrons peut-être puiser un autre jour.

(4) Tous les témoins le désignent comme le principal sonneur, « se vantant qu'il estoyt abbé, grand vicaire et cellerier de ladicte abbaye. » *Déposit. de Loyse Lemonier*, n° LIII et alias.

(5) Les dépositions nomment Jacques et Guy les Godins, Brandelis Bourneau, le ministre de Spina, Gilles Lejeune, Alexandre Chevreau, fils, Marc Lebeuf, contrôleur du mesurage, Jean Lambert, greffier, Jacques Delalande, Guy Lebeuf, lieutenant de la Prévôté, François et René Maliverné, Mathias Thoripé et Guillaume Ogier, avocats, Jean et Joseph Les Moreaulx, Jean Lizière, Jean Lebeuf, François de Bources, Jean Pain, Guillaume de Boissy.

des huguenots et se fortifièrent dans Saumur, contre la volonté du Roy, bien qu'ils publiassent le contraire (1). Estans au port, ils commandèrent au batelier d'amener son bateau jusques aux arches, luy disants (2) qu'ils venoient boire du vin de l'abbaye, et qu'ils n'y feroient rien de mal. Estants arrivez dans l'église jusques au grand autel, Bourneau commanda qu'on abastit la chapse; sur quoy frère Pierre (3) Le Breton, secretain, aagé lors de vingt-huit ans, les priants qu'au moins ils luy baillassent les reliques, qui estoient en icelle — (en quoy est à remarquer l'imprudence de ce sacristain et des autres religieux lesquels ayants veu depuis plusieurs moys l'impiété de ces gens n'avaient mis ordre à leurs affaires, mais quoi? Quelques-uns d'entre eux estoient aussy impies), — ils luy respondirent : « Veux-tu encore idolastrer et faire idolastrer le pauvre monde, » et n'en peut rien avoir. Ils prirent donc cette chapse de S. Florent, son chef, le chef sainct Philippe, le chef sainct Martin de Vertou, deux bras (4), l'un de sainct Florent et l'autre de saint Serge, le pot de la Cène — (ce pot de la Cène estoit un petit vaisseau enrichy au dessus de bandes d'argent, selon qu'il est dit en un inventaire), — une petite croix d'argent, trois bastons couverts d'argent, une petite pierre de cristalin (5); — et ayant porté ces richesses jusques sur la grande porte et donné (6) des inventaires de tout ce qu'ils emportoient, di-

Baudoin et Jean Les Marteaux, sergents royaux, Jean Goullier, René Jacob et Pierre Oudry, notaires royaux, Daniel Drouet, Guillaume Aschard, Florent Jamay, greffier, Jean Galbert dit Pelletier, Jacques Admirault, sergent, Etienne Cosnes, Francis Amirard, Pierre Beaugirard, Florent de Lavau, François Vallier et René Corespin, apothicaires, Philippe Cresnet, Lévesque, Ollivier Jacob, Goyet et Bertrand Gourdineau, René Prieur, engagneur de Bougé, André Goujon, hôte de l'Ange, Joachim Drapeau, fils de l'hôtesse de La Corne, gendre de Goujon, Pierre Lévesque dit Fief Gourdon, les capitaines Thigné, Bourneaux, Latour, Corneille et Maguettière, Etienne Cirault, marchand, Jehan Milleran, « naguères prêtre, » et grand nombre d'autres.

(1) « ...Et disoient que ce qu'ils faisoient estoit pour le roy. » *Déposition de Pierre Cloquet, marchand potier*, n° IV, et toutes les dépositions.

(2) « Luy disant que ce n'estoit pour mal faire mais seulement pour boire du vin froid. » — *Déposit. d'Etienne Legangneux, poutonnier*, n° IX.

(3) V. sa déposition n° LXXXVI.

(4) « Sur lesdict port du coing Renard le lieutenant Bourneau et capitaine Tigné tenoient propos et confabuloient ensemble, touchant les dictes reliques et qu'ils n'avoient acen entre sy tan qu'on ne leur est derrobbé ung bras dudict chef St Florent. » *Déposit. de René Potrion*. n° XLIV.

(5) « Et estoient lesdictes choses encloses et enfermées en une chapelle appelée le Revestière et fourent levés les serrures par Pierre Jousselt à grant coups de marteau et clouds par le commandement du lieutenant Bourneau. » *Déposit. de Pierre Lebreton, sacristain*, n° LXXXVI.

(6) *Déposition d'Adam Gourdon*, n° LXXVI; — *de Pierre Lebreton*, n° LXXXVI.

— 18 —

sants que c'estoient pour les conserver au nom du Roy et de l'abbé et qu'ils les représenteroient en temps et lieu (1). Ils beurent du vin de l'abbaye, s'entretenants en mille gausseries et paroles de bouffons. Après ils firent porter ce que dessus au batteau près l'arche des moulins, et de là par eau descendans la rivière du Thouet et remontans par la Loire, ils arrivèrent au coin Roussart, chantans : « Nous tenons le galant (2) Florent; nous lay batterons bien la teste; — le bodinaige est descouvert; — voicy Florent qui marche sur les eaues; — mettez-vous à genoux devant luy et vous aurez de l'eau. » De là on porta la chapse (3) et le chef sainct Florent avec les autres reliques chez le lieutenant Bourneau (4), où ils firent fondre les reliquaires et mettre en lingots, disants que c'estoit pour faire de l'argent monnoyer au prince de Condé. Un nommé Guespin cependant estoit revestu d'une aulbe, ayant un bonnet carré sur sa teste et disoit, se raillant : « Priez tous sainct Florent et vous aurez de l'eau. » Un de ceux (5), qui virent rompre la chapse en la maison de Bourneau, dit qu'il vit qu'il y avoit dedans une petite chapse de plomb sur deux tréteaux, dedans laquelle y avoit un sac de cuir blanc fermé avec lacez de soye et de deux sceaux de cire blanche; que dans le sac il y avoit plusieurs ossements de sainct Florent et ne sceut ce qu'on en fit, y vit semblablement le chef de sainct Florent et deux autres chefs. Une autre tesmoin qui y estoit dit qu'il vint des lettres (6) en la chapse scellée en ferblanc et entendit le lieutenant Bourneau dire qu'il les falloit brusler, comme aussy toutes les autres reliques, à quoy s'op-

---

(1) *Déposit. de Jean Larioche, tiers-prieur*, n° LXXXVII; — *de Jacques de Noyelles*, n° XCV.

(2) *Déposition de Louis Dubertean, centurier*, n° I; — *de Pierre Lespignecix, aubergier*, n° III; — *de Pierre Cinquet*, n° IV, etc.

(3) Quatre ou cinq hommes fut requis pour porter seulement le chef St Florent et la chasse fut mise « sur une traine — que tenoit un attelage de bœufs. *Déposit. de Jacques Briand*, n° XLV, et alias. « Il partoyent en riotans en dérision, disant que jamays St Floret ne partit en si grand honneur. » *Déposit. de François Pasneau*, n° LIV.

(4) « Lesdicts Bourneau, Laboré, juge de la Prévosté, Lemacien, advocat du Roy, et plusieurs autres estant dans ladicte maison faisoient dépouiller à cheveu de Bourgs Richard, ung nommé Tyvou et ung nommé Lucis, captiveres, la chasse de ladicte abbaye et leur ot oster l'argent qui estoit autour d'icelle... et que lors ne voulurent contraindre de descrocher ladicte chasse ce qu'il ne voulut faire; et lors luy fut dict responce qu'ils la feroient brusler... » *Déposit. de Pierre Aurien, maistre menuisier*, n° XII.

« Le médecin nommé Merlon accoupiés la femme dudict lieutenant arrachoient des clous et autres choses d'argent de ladicte chasse et le faisoient fondre en la cuisine, luy-mesme. » — *Dép. de Jacquine Gilles*, n° XVII.

(5) *Déposition de Gabriel Pineau*, n° LXXXIII.

(6) « Des bulles ». *Déposit. de Guill. Pinteau*, n° CIII.

posa le capitaine La Thoigne, qui dist au lieutenant, que non, mais qu'il les falloit envoyer au duc de Montpensier pour la rançon de son fils; quant à l'argent, que ce seroit pour M. le prince de Condé (1). Ce faict, ces endiablez continuèrent, de jour en jour, à ruiner cette abbaye, brisèrent les autels et images. Le bas du grand autel estoit garny et couvert d'une table d'argent doré en laquelle estoient les images de nostre Seigneur et de ses apostres faisant la cène et autres images, le tout couvert d'argent doré. Le dessous de l'autel estoit semblablement garny et couvert d'une table ou contretable couverte d'argent doré, en laquelle estoient neuf images relevées en bosse, l'une de Nostre Seigneur, et les autres de quelques apostres et martyrs, sur lesquelles images et chacune d'icelles estoit un chapiteau d'argent doré et azuré. Au dessus estoit (2) la chasse de S*-Florent toute couverte d'argent doré. Aux costez du grand autel y avoit deux grandes pièces de broderie (3) de fil d'or et en soye, en l'une desquelles estoit figuré Octavian ne voulant faire adorer et en l'autre ledit Octavian et une Sibylle luy démonstrant l'autel du ciel et autres grands personnages. Tout cela fut dérobé comme aussy (4) l'image

---

(1) *Déposition de Colas Pinson*. — « De sçavoir ce qu'ils en ont faict, ne sçait, fors que le lieutenant et Tigné disoient, qu'il en falloit faire de la monnoye et que le prince de Condé leur avoit mandé qu'ils luy en envoyassent; et disoient qu'ils en avoient aussi bien affaire que luy. » — *Déposit. de François Bouvret*, n° LXXX.

(2) « Une grande chasse couverte d'argent doré, où il y avoit plusieurs piliers et ymaiges au tour. » *Déposit. de Gabriel Pinson*, n° LXXXIII.

(3) « Bientost après il deppousent et le brodeur Ferron s'adressèrent à Mongoffin, soy disant capitaine de la huguenotterye et luy baillèrent la somme de 30 livres que Messieurs les cellerier de Saill., chantres et autres de ladicte abbaye luy avoient promis moyennant qui leur délivrast les tapisseries et broderies et chappes de l'église; prins et receut ladicte 30 livres, leur disant : « Revenez ce soir et vous bailleray ce que demandez. » et au soir ledict deppousent et brodeur y allèrent avecques deux hommes de bois pour pouvoir apporter lesdictes choses, et y estant, le lieutenant avec ses soldatz, luy disant : « Bas seigneurs, baillez-nous ce que vous nous avez promis, » lequel Mongoffin leur fist responce qu'il n'en feroit rien et que ces soldatz ne vouloient souffrir aulcunement que personne emportast en ladicte abbaye que ceulx de leur religion... et s'ilz fussent demeurés là dedans, qui leur eussent couppé la gorge... et voyant ce qu'il n'y faisoit pas bon pour luy... le lendemain venu, s'en alloit chez ses parens. » *Déposit. de Pierre Lebreton*, secrétaire, n° LXXXIII. — Cf. la déposit. de Jean de Nepolles, n° XCV.

(4) « Estant au Cul-eux-Anes, luy fust mand en une charette à bœufs l'image de Moyse, pour icelle mener par eau à Saumur... et la mena jusques aux Chardonnetz la nuict; et là Jehan Gillet, orfeuvre, estant venu audict baptteau, dict qu'il estoit trop haulte heure pour icelle descharger en la ville et la fist charger sur une troyes pour l'emmener près la maison de sa belle-mère près les Chardonnetz et la fist enterrer en ung fossé où il dict qu'elle y fust bien huict jours; et dict que huict jours après, s'en revenant de la ville, vit le serviteur de Jenault avec un charretier qui déterroient ladicte ymaige... etc. » *Déposit. de Colas Digot*, saulnonier, n° LXI.

de Moyse, disans, ces impies, que le cuivre servit bon à faire artillerie ; les orgues dont le buffet nous monstre encore aujourd'huy leur valeur et grandeur, deux coffres de bois pleins d'ornemens, des chandeliers de cuivre, quatre anges de cuivre, deux pilliers d'airains. Un nommé Pierre Pinteau (1) abatit les images en l'église, arracha les clouz d'argent du grand autel ; les autres brusloient les images qui estoient de matière combustible, disants : « Voyez ; elles n'ont point de puissance ! Si elles en avoient, elles ne souffriroient qu'on les bruslast (2) ! » Il y avoit assay lors en cette abbaye un baston de bois poinct en vert en quelques endroictz et de rouge en d'autres, qu'on appelloit le baston de sainct Florent. Le haut estoit couvert d'argent doré, où y avoit une longue pierre de cristail servant de potence audit baston. Plus y avoit un psaultier nommé le psaultier sainct Florent, lequel avoit esté couvert d'argent autrefois. Ces impies prirent tout cela. Jacques de Lavau s'habilla en prestre par dérision et, se moquant, faisoit partie des cérémonies d'un prestre disant la messe ; puis luy et les autres se revestants de chappes, firent les processions autour des cloistres, ayants des livres en leurs mains,

---

« Une ymaige de Moyse estant en une charrette et une chartée de tuaulx d'orgues, de chandelliers et autres meubles. » *Déposit. de Christophe Hubert*, n° XXX.

« Abastirent les pilliers et anguelots de cuyvre, l'ymaige de Moyse, disant qu'elle servit bonne à faire artillerie pour combattre contre les hommes, disant que le chef S. Florent servit bon à faire des testons à soudoier les soldats de leur religion à donner secours au prince de Condé. » *Déposition de Léonard Coyy*, ministre des religieux, n° LXVII.

Michel Girod, marchand [...], n° XXX, [...] « par force et violence d'aller à St-[...] pour faire [...] de l'artillerie. Il y avoit y vit une ymaige de Moyse, deux pilliers d'oreil, quatre anges de cuyvre ; lesquelles choses furent fondues et mises en artillerie. »

(1) Jeanne [...], femme de Claude Ferron, dépose (n° LX) qu'elle vit « Pierre [...]
[illegible lines]
Déposit. de Vincende Pousset, n° XLVII. — « [...]
Déposit. de Antoine Villars, n° LV. — « [...] une pippe de sel. » *Déposit. de Jean Gourdon, boulanger*, n° LXVII.

(2) *Déposit. de Joachim Perrault*, n° LXVI.

huans » bruians comme des asnes (1); emportèrent les chappes et bruslèrent plusieurs lettres et papiers (2) servans d'enseignements pour le temporel de cette abbaye, mesme rompirent les plombs des bulles des papes — (c'est Maillard qui dist cela) — et en bruslèrent la pluspart. Un libraire (3) cassa plusieurs vitres en l'église. Ils prirent les aubes (4), disans qu'elles leur serviroient pour faire des chemises, rompirent les sièges du chœur, bref ne laissèrent que les pilliers et murailles en cette abbaye, deffendants aux religieux de continuer le service divin (5). Les fermiers de l'abbaye estans hérétiques et l'abbé commandataire, évesque de Saint-Pons estant peu affectionné au service divin, les religieux (6) se retirèrent presque tous de part et d'autre chez leurs parens pour estre sustentez, quelques-uns en la ville d'Angers. Ainsy toute l'abbaye demeura à l'abandon (7) jusques au temps que Monsieur de Montpensier grandement zélé pour la foy catholique, reprit la ville de Saumur. Les ennemys voulurent mettre en prison frère Jacques de Noyelle, disants qu'il avoit rompu deux ou

---

(1) « Dict avoir veu en icelluy chappes vestues à Pierre Jounault allant par les rues en se mocquant; et dict oultre qu'ils avoient une petite levrette, qu'ils appeloient la Messe; dict aussy que environ icelluy temps, du jour ne se recorde, vit Jacques de Lavau habillé en prestre en dérision et se mocquant, faisoyt partye des cérémonies d'un prestre qui dict la messe; puys après faisoient les processions avecques chappes autour des cloustres, ayant ung livre en la main, huchant et braillant comme asnes. » — *Déposit. de Julien Léger*, n° LIII.

(2) « Pierre Jounault, un nommé Pierre Bouchereau, de Doué, La Fosse, Ferré, Arthus escripvain. Chauché rompirent et brisèrent deux huys de fer pour avoir le trésor, qui est les livres, lettres, tiltres et enseignements; lesquels ils firent porter en une des chambres du château appelée la Chambre du Roy et... brusler la plus grand part et le reste demeurèrent en des poches. » *Déposit. d'Innocent Pelletier*, n° LXIII.

(3) « Ung libraire qu'il ne connoist, rompoit et brisoit les vitres de l'église. » *Déposit. de François Delugeon*, n° LXII; *et d'Innocent Pelletier*, n° LXIII.

(4) « Puripois père et enfans apportèrent de l'abbaye une chasuble et six aubes, disant que c'estoit pour leur faire des chemises. » *Déposit. d'Innocent Pelletier*, n° XLIII.

(5) « Deffendirent aux religieux de ne dire plus leur service et le premier qu'ils trouveroient en ladicte église faisant le service, qu'ils le canonneroient à coup de arquebouse. » *Déposit. de Philippe Bineteau*, religieux, n° LXXXVII.

(6) « Dict avoir veu ledict Jounault, cappitaine susdict, faire faire par force la santinelle ausdicts religieux jour et nuict, ensemble aux circonvoysins dudict bourg, puys après mettre lesdicts religieux hors ladicte abbaye, les menassant que s'ils revenoient, qu'ils leur couperoient la gorge et les jecteroient par dessus les murs. » *Déposit. de Jean Deshayes*, n° LXXII.

(7) « Ils ont tenu et occupé par force ladicte abbaye et bourg de St-Florent par l'espace de trois moys ou plus. » *Déposit. d'Adon Gourdon*, n° LXXVI; — « fut contrainct pour éviter la furye desdicts huguenots et séditieux s'absenter et s'en aller voir ses parans et amys où il demeura jusqu'au temps que M. le duc de Montpensier ayt recouvré la ville de Saumur. » *Déposit. de Jean Delaroche*, tiers-prieur, n° LXXXVII; *Id. de Philippe Bineteau*, n° LXXXVIII.

trois toises de murailles pour faire entrer en cette abbaye Monsieur de Richelieu et sa compagnie; mais toutefois il se sauva (1).

Le tout faict lors en ce monastère fut estimé à 100 ou 120000 livres. Quelques richesses estants eschapées des mains de ces sacrilèges tombèrent entre les mains de l'abbé commendataire et d'autres, lesquels sous prétexte de les conserver, en frustrèrent l'abbaye. Le 21ᵉ jour de novembre l'an 1512, frère Léonard de Monceaulx, chantre en cette abbaye, sçachant qu'on jettoit un monitoire pour connoistre ceux qui avoient volez l'abbaye, déposa par son serment qu'il avoit ouy dire que l'abbé Jacques de Castelnau avoit dégaigé une petite pièce de broderie qui estoit à Saumur; qu'icelluy abbé avoit aussy

---

(1) Voir sa déposition nº XCV. — Dans le manuscrit de D. Huynes on a inséré la pièce originale dont la teneur suit : « Mémoire touchant la conservation des sacrés ornements de St-Florent et autres reliques que nous possédons encore pour le présent en cette abbaye. La divine providence par ses secrets jugements aiant permis aux hérétiques calvinistes, pour le chastiment de nos péchés et l'espreuve des bons catholiques, de piller la pluspart des églises et monastères de ce royaume et en particulier celuy-cy, ne voulut pas qu'il fut entièrement despouillé des reliques et sacrés ornements de nostre glorieux patron et de quelques autres qui nous restent, inspirant par cet effect un cuisinier de ce monastère fort craignant Dieu, nommé Léopart Cupy, par une saincte et pieuse finesse, faisant le bon valet, en présence des sosdits huguenots et autres mauvais catholiques, qui estoient venus piller le monastère, de ramasser une brassée des sosdits sacrés ornements et autres reliques, lorsque lesdits huguenots eurent ouvert la grande chasse d'argent, où ils estoient révéremment conservés, et l'aiant fait choir, la voulant descendre, disant qu'il les emporteroit en la cuisine pour en faire bouillir la marmite, et ayant au préalable fait une fosse dans la vielle cuisine où est à présent la boulengerie... il les cacha dans icelle avec le bras d'argent, que nous avons encor à présent, où ... enchâssée une partie du bras de sainte Agathe, et semblablement la grande croix d'argent, qui se porte en procession, et quelques manuscrits, papiers, titres et escritures et tout ce qu'il avoit pu atraper de plus précieux, et couvrit ladite fosse de terre le mieux qu'il luy fut possible. Ce qu'ainsi heureusement exécuté et craignant que le fait ne fut découvert par lesdits huguenots qui s'amusoient à piller dans l'église et sacristie, il s'enfuit à Saumur, dont ceux s'estant apperçu le poursuivirent; mais aiant desjà passé le fleuve du Touet, ils tirèrent plusieurs coups d'arquebuses sur luy, par un desquels ne le peut atteindre et ce néantmoins, le poursuivant toujours, il se cacha derrière une haye, contre laquelle passant ne le peurent voir, quoyque luy les apperceut fort bien; et ainsi il se retira en la ville d'Angers où les religieux de cette abbaye s'estoient réfugiés dans une maison dite Saint-Florent, dépendant d'icelle, où il continua de les servir jusqu'à ce que... les religieux estant de retour en ce monastère, il leur monstra le lieu où il avoit caché les saintes reliques; les quelles ayant retirées, ils les colloquèrent sur l'autel, où elles estoient apparement, dans une petite chasse de bois peint, qu'ils firent faire pour cet effect...; d'où il appert que cette belle et grande chasse d'argent, qui avoit esté donnée par le roi Louis XI, fut ouverte dès lors; ce qui cependant n'est spécifié dans le précédent procès verbal; quoy qu'il soit certain qu'il y avoit dans icelle encore d'autres petites quaisses de bois plaines de reliques qui ne furent ouvertes par ces impies qu'à Saumur chez le sosdit Bourreau, lieutenant criminel. » — Ce mémoire est écrit de la main de Collinet, procureur de l'abbaye en 1692. La déposition de Léonard Cupy, qui figure dans l'enquête secrète (nº LXVII), ne dit pas un mot de ces circonstances et antérieuroit suffisamment à les contester.

demandé aux religieux une pièce de broderie où estoit la forme de l'entrée du Roy Loys onziesme en la ville de Poictiers, qui luy fut baillée; et depuis ces tapisseries ne parurent en l'abbaye. A ces demandes, l'abbé respondit qu'il les avoit mis dans la grand chambre du logis abbatial; que la première avait esté vollée l'an 1562 et la seconde l'an 1569, luy estant en son évesché. De Monceaulx dist de plus que le bruit commun estoit que M. de Jarzé, gouverneur à Saumur, avoit faict emporter en sa maison de Jarzé une pièce de broderie où il y avoit un Octavian; qu'il avoit veu en l'abbaye une crosse d'argent doré, qui fut baillée par les religieux à un gentilhomme nommé Destilly, demeurant lors à La Salle près Montreuil-Bellay et qu'il n'avoit souvenance l'avoir veu depuis. Icelluy de Monceaulx estoit auparavant enfermier, et le 18e jour de mars l'an 1563 l'abbé commendataire commanda à ses grands vicaires et fermiers de le recevoir pour intendant de la garde de cette abbaye; à quoy tous obéirent, les religieux gardans les advenues du monastère chascun son jour et rendans les clefs des portes à de Monceaulx qui les ouvroit tous les matins. Depuis on commença à garder cette abbaye comme forteresse (1). — Et bien que l'abbé fit faire enqueste secrette (2) contre ceux qui avoient pillé cette abbaye, le lieutenant Bourneau et les autres n'en furent toutes fois en peine. Au contraire nous voyons par plusieurs missives qu'il y avoit grande amitié entre icelluy Bourneau, Maillard, grand vicaire et l'abbé commendataire. Il est à croire que Maillard et l'abbé commendataire faisoient cela par maxime d'estat, pour n'estre empeschez en la jouissance du revenu de l'abbaye par ces justiciers de Saumur, auxquels de plus ils faisoient souvent des présents.

(*Archives de Maine-et-Loire*, HISTOIRE DE L'ABBAYE S.-FLORENT, par D. Huynes, mss. autographe, fol. 376 verso — 377.)

---

(1) « De par le roy. Il est enjoinct aux religieux abbé et couvent de St-Florent de tenir leur abbaye, chasteau et forteresse dudict lieu en l'obéissance du Roy et la munir et deffendre, et pour la tuicion d'icelle soubs l'obéissance dudict seigneur, prendre les armes et la fournir de munitions, sçavoir est, d'armes, vivres, pouldres et autres choses nécessaires pour le seureté et deffence de ladicte abbaye et chasteau dudict St-Florent. — Faict à Saumur par René Oudier, conseiller du Roy, nostre dict seigneur, lieutenant particulier de M. le sénéschal d'Anjou audict lieu, le 12e jour d'octobre mil Ve soixante-sept. » *Archives de Maine-et-Loire*. — Un mandement, adressé le 6 novembre suivant aux habitants de Saint-Maxe et de Saint-Barthélemy, les oblige « à faire guets et centinelles en l'abbaye et « chasteau chascun en son tour et ordre et y porter armes pour les conserver en l'obéissance « du Roy. » *Ibid*.

(2) C'est le document que nous avons cité.

LA BIBLIOTHÈQUE DE L'UNIVERSITÉ D'ANGERS.

Une *histoire* existe de l'*Université d'Angers*, complète au moins jusqu'au XIV° siècle, et puisée avec une conscience réelle et une critique intelligente dans des chartriers aujourd'hui à peu près détruits ou dispersés. C'est l'œuvre de Pierre Rangeard, dont le manuscrit, revu et corrigé par l'auteur, attend encore l'impression. Le mérite en reviendra pourtant à la *Revue d'Anjou*, si, comme on l'annonce — la nouvelle vaut qu'on se le dise — elle entreprend bientôt de se compléter par la publication de ce travail trop longtemps délaissé et qui honorera la vieille érudition angevine.

Les documents sur l'Université que possèdent les Archives départementales (Série D) sont de ceux qu'a consultés Rangeard, et les plus importants figureront sans doute à la suite du livre dans les Preuves, comme les y a réunis déjà le manuscrit de l'auteur. Une omission cependant nous a frappé, qui nous fournit l'occasion d'indiquer l'existence et l'organisation d'un des offices littéraires de nos grandes écoles, sans dépouiller par avance les enseignements, d'ordinaire si complets, de leurs historiens. Rangeard, en transcrivant les statuts intérieurs de l'Université, n'y a pas compris des statuts particuliers que leur date postérieure l'autorisait à réserver pour une époque qu'il n'eut pas le temps d'aborder; et Pocquet de Livonnière, qui a continué son travail, avec une science égale sans doute mais moins reposée, ne mentionne qu'une ou deux fois, en passant, la Bibliothèque de l'Université d'Angers.

Au témoignage de Mesnard, cité par Ménage dans les notes sur la vie de son aïeul Mathieu Ménage, la fondation première en serait due à Alain de la Rue, qui en 1376 quitta une régence de l'Université d'Angers, pour aller s'asseoir dans la chaire épiscopale de Saint-Brieuc. Par testament il fit don de tous ses livres « à la jeunesse studieuse » qu'il avait autrefois enseignée. Pour obéir à ses intentions, Auger de Brie, procureur général de l'Université, reçut mandat d'organiser la bibliothèque dans une maison depuis longtemps réservée pour les besoins divers de l'enseignement. Elle y devint, dès les premiers jours de son installation, publique et libre aux docteurs et aux étudiants. — Les « statuts de la librairie commune » nous indiquent dans quelles conditions, en déterminant les devoirs et les obligations du « libraire général » ou gardien des livres (1).

Le garde-administrateur de la bibliothèque était délégué par l'élection du recteur et de toutes les facultés et toujours révocable à leur volonté. Il fournissait un cautionnement, en garantie de sa gestion, et prêtait serment en assemblée générale de faire bonne garde et de rendre compte à toute réquisition de son dépôt, d'obéir aux ordres de l'Université comme aux injonctions

---

(1) *Sequitur statuta librariam communem Universitatis studii Andegavensis et ipsius custodem concernentia, facta anno Domini millesimo quadringentesimo tricesimo primo* (1431).

Primo statuitur et ordinatur, quod ille qui ad custodiam et regimen hujusmodi librariæ a modo deputabitur, per rectorem et universitatem Andegavensis studii supereligetur, qui data prius sufficienti cautione burgensi præstitoque juramento infra scripto in congregatione Universitatis de ipsa libraria fideliter custodienda ac etiam de reddendo de libris, voluminibus et quaternis ejusdem fidele compotum et reliqua, quotiens opus fuerit, locabitur in certa portione inferioris aut alterius partis domus ejusdem librariæ sibi per rectorem et collegium dictæ universitatis assignanda et ibidem morabitur gratis, solvendo tantum quadraginta solidos turonenses pro tertia parte sex librarum turonensium redditus, qui debetur pro tota domo hujusmodi librariæ, quandiu ipse librarius dictum officium exercendo occupabit inferiorem partem dictæ domus, quæ est juxta vicum gallice *de la Chaussée St-Pierre*, donec et quo usque facta fuerit alia mansio pro eodem ; quod quidem officium erit ad nutum et beneplacitum Universitatis revocabile. Juramentum vero prælibatum tenebitur ipse custos præstare sub his verbis :

De juramento a qualibet novo custode librariæ præstando.

Ego juro officium librarii generalis seu custodis librariæ communis Andegavensis a modo, quandiu eidem Universitati placebit, fideliter exercere ac ipsi Universitati obedire, rectori pariter et collegio doctorum et procuratorum pariter et reverentiam exhibere statutaque laudabilia tam antiqua quam nova dictæ Universitatis et librariæ hujusmodi diligenter observare nihilque per me vel alium directe vel

du recteur et du corps des docteurs, d'observer les règlements anciens et nouveaux, et de ne rien entreprendre à l'encontre sans l'autorisation supérieure.

Une fois ainsi installé, il recevait le logement gratuit dans la maison même de la Bibliothèque. Les collections occupaient au XVᵉ siècle l'étage supérieur d'un logis de la Chaussée Saint-Pierre, vis-à-vis la rue Godeline, aujourd'hui du Grand-Talon, et y furent maintenues même après la reconstruction du bâtiment des Grandes-Écoles, en 1477. Cet édifice, dont Bruneau de Tartifume nous donne un dessin, était ruineux déjà et condamné par la voirie municipale depuis longues années, en 1789. On est en train à cette heure même d'en déblayer de nouveau l'emplacement pour donner libre espace au futur théâtre. Le « garde-libraire, » logé au rez-de-chaussée, payait seulement pour toute redevance le tiers d'une rente de six livres due pour cette maison au seigneur du fief.

Tous les frais de gestion restaient d'ailleurs à sa charge, un

---

indirecte in contrarium facere aut ab eadem libraria alienare seu extrahere aut alienari seu extrahi vel deteriorari contra dicta statuta aut aliquid ipsorum maliiose permittere, nisi de licentia priva petita et obtenta a dominis rectore et collegio dictæ Universitatis. Sic me Deus adjuvet!

De generali regimine et custodia librariæ et librorum ejusdem per ipsum custodem gerendis.

Item quod ipse librarius generalis seu custos suis sumptibus geret et habebit custodiam et regimen hujusmodi domus atque librariæ communis ac omnium et singulorum voluminum, librorum, textuum, lecturarum, quaternorum, sisternorum atque peciarum ejusdem librariæ, prout in inventorio super hoc pro eadem libraria et universitate prædicta in duplo jam facto vel in posterum fiendo continebuntur.

De privilegiis, quibus gaudebit custos librariæ.

Item et pendente tempore, quo idem librarius generalis seu custos hujusmodi librariæ exercebit officium, gaudebit pacificis et pacuris, sicut et cæteri dictæ universitatis officiarii gaudere consueverunt et utuntur, omnibus privilegiis, franchisiis et libertatibus eidem universitati et suppositis ipsius concessis et concedendis.

Quibus personis aperietur libraria et quibus non, et de visitationes et clausura ipsius quotidie per custodem fienda.

Item quod ipse librarius generalis seu custos rectori singulisque doctoribus, licentiatis, baccalariis scholasticis et suppositis ejusdem universitatis et nulli alii sibi incognito, sine licentia collegii vel media et præsentia alicujus nobilis dictæ Universitatis suppositi, in hujusmodi libraria intrare patentibus seu ab eadem exire cu-

inventaire en double répondant à ses risques et périls de la conservation des livres latins ou grecs, des textes sacrés, des recueils ou leçons de droit, des divers manuscrits petits ou gros qui lui étaient confiés. En revanche, et cette faveur seule donnait assez de prix à la fonction, il jouissait, tant qu'il était en charge, de tous les priviléges, franchises et libertés attachés au titre envié d'officier ou de suppôt d'une Université.

La bibliothèque s'ouvrait de droit aux docteurs, aux licenciés, aux bacheliers, aux écoliers, aux suppôts des facultés. Les étrangers y obtenaient leur entrée facile, pourvu seulement qu'ils fussent présentés par quelque gradué ou autorisés par le collége; et l'admission une fois justifiée, l'étude restait pour tous libre et sans réserve ni gêne tout le temps déterminé par le règlement. Chaque soir, le garde était tenu de passer la revue du local, de replacer avec soin les livres dans leurs pupitres clos et de fermer les portes et les fenêtres, sauf en été où l'on laissait la salle se rafraîchir et s'aérer.

Défense absolue était faite d'ouvrir la salle la nuit, du coucher au lever du soleil, ni pendant l'heure des leçons ordinaires du matin ou de quelque leçon extraordinaire de docteur, sauf au

---

pientibus ostium per se vel alium aperire et confestim iterum claudere ipsumque et eorum singulos supra dictos in eadem studere, per tempus duntaxat ad hoc concessum et infra declarandum, sine impedimento seu dissimulatione permittere tenebitur, nec non eamdem librariam quolibet sero visitare et ostia ac fenestras omnes singulasque ipsius librariæ libros seu volumina aperta sollicite claudere similiter tenebitur idem custos, dempto tamen tempore æstivali, quo durante poterunt de nocte dictæ fenestræ, quæ sunt serratæ pro expellendo calorem et aerem attrahendo, sæpius aperiri.

Quibus horis dierum legibilium claudatur libraria et quibus non.

Item, et ne sub umbra hujusmodi studii aliqua forsan damna seu crimina vel maleficia in dicta libraria committantur seu ipsius occasione aliquid præjudicium dictæ universitati vel cuivis studentium prædictorum generetur quavis modo præfatæ, librario generali seu custodi hujusmodi librariæ per expressum prohibetur, ne ipse per se vel alium, a solis occasu usque ad ipsius ortum, durantequæ lectura ordinaris acta de mane in dicta universitate legentium nec non etiam durante lectura extraordinaria eorundem doctorum, in diebus legibilibus hujusmodi librariam alicui hominum aperire vel aliquem in eadem introducere seu remanere præsumat, dempto tamen rectore et doctoribus requirentibus ac aliis notabilibus viris eidem librario cognitis, qui causa forsan repetitionis aut responsionis vel disputationis publicæ fiendæ seu alia rationabili et honesta causa tunc in eadem libraria studere vellent et gratiose peterent; quod discretioni et periculo dicti librarii relinquitur.

recteur, aux régents et autres personnages notables, qui, pour préparer leurs leçons, des examens ou quelque thèse publique, demanderaient cette faveur à titre de service et sans autre droit que la bonne volonté du conservateur.

Les jours de congé ou de fête et pendant les vacances, la bibliothèque devait ouvrir sa porte, du lever au coucher du soleil, à tout suppôt de l'Université qui y viendrait frapper. On n'accorde ces jours-là de temps libre au garde que les heures strictement comptées pour le déjeuner et le dîner; et il vaut la peine de remarquer la pensée élevée de cette pratique intelligente, et de quel prix était alors estimée la recherche de la science, pour qu'elle dominât ainsi, à sa libre volonté, les susceptibilités de la dévotion légale, si minutieusement réglementée. On n'estimait pas conservé à travail servile ou défendu, fêtes ni dimanches, le temps passé avec les livres; et les vacances qui fermaient les écoles, conviaient maîtres et élèves volontaires dans des refuges studieux, qui de nos jours encore, à ces heures-là, deviennent presque partout inaccessibles.

Quibus horis non legibilium et festivorum atque vacationum aperietur libraria et quibus non.

Item et diebus non legibilibus et festivis ac etiam per tempora vacationum tenebitur idem custos, a solis ortu usque ad occasum ipsius, ostium hujusmodi librariæ singulis hujusmodi universitatis suppositis in eadem studere volentibus et pulsantibus aperire, dempta undecima diei hora pro hyemali tempore et decima pro æstate atque duodecima in jejuniis, ad prandendum omni tempore anni concessa, et alia hora, videlicet sexta post meridiem, ad cœnandum a festo Paschæ usque ad festum Assumptionis Beatæ Mariæ Virginis; quibus horis durantibus respective dictus librarius, clausa hujusmodi libraria, suam, ut moris est, refectionem pacifice assumet et libere.

Quibus diebus festivis per anni circulum claudetur et non aperietur libraria.

Item etiam, salvis et reservatis duntaxat diebus Nativitatis Domini, Circoncisionis, Apparitionis, Carnisprivii, Cinerum, Parascevæ Veneris Sancti, Resurrectionis, Ascensionis, Pentecostes, Trinitatis, Eucharistiæ, Nativitatis B. Joannis-Baptistæ, Passionis B. Petri et Pauli apostolorum, Omnium Sanctorum, beatissimi Martini hyemalis necnon quinque festivitatum B. Mariæ Virginis una cum festivitatibus singularum nationum dictæ Universitatis, ob quarum reverentiam et ne præmissorum occasione dictus librarius circa suæ salutis curam impediatur, volumus dictam librariam per dictos dies totaliter clausam teneri ac ejus aditum penitus interdici, nisi de beneplacito ipsius librarii vel de licentia dictorum rectoris et collegii seu pro aliquo doctore regente petente ipsam librariam dictis diebus aperiri; quod discretioni et periculo dicti librarii, ut dictum est, relinquitur.

On n'exceptait de ces mesures libérales que les fêtes de Noël et de la Circoncision, l'Épiphanie, le dimanche de la Septuagésime, le jour des Cendres, le Vendredi-Saint, Pâques, l'Ascension, la Pentecôte, la Trinité, la Fête-Dieu, la Saint-Jean, la Saint-Pierre, la Toussaint, la Saint-Martin d'hiver, les cinq fêtes de Notre-Dame et celles des patrons des cinq nations. Encore entendait-on bien surtout, — toute révérence gardée pour les Saints, — réserver ainsi au bibliothécaire la liberté nécessaire à l'accomplissement de ses devoirs religieux, et il restait d'ailleurs parfaitement autorisé à recevoir sous son bon plaisir, même ces jours-là, les travailleurs qui ne voulaient pas chômer.

Une partie au moins des manuscrits donnés en lecture étaient enchaînés à leur pupitre. On sait quelle valeur avait un beau livre, l'œuvre de quelque grand docteur, ou seulement combien rare était un bréviaire. Même dans les villes d'université, presque chaque église avait attaché à quelque pilier, le plus près possible de la place la plus sainte, pour écarter toute pensée de larcin, un de

---

De non tradendis libraris voluminibus seu libris catenatis sine licentia literatorie obtenta a rectore et collegio

Item quod idem librarius generalis seu custos nullum de voluminibus seu libris in dicta libraria positis et catenatis seu quamvis eorum librorum particulam, absque licentia doctorum, rectoris et collegii literatorie obtenta, quocumque colore exquisito, alicui tradat aut secum asportare permittat; quod si forsan aliquis invito vel ignorante dicto librario violenter, clam vel alias contrarium facere praesumpserit ipso facto ab eadem universitate, tanquam perjurus, ignominiose privetur cum infamia nota perpetua.

De visitanda singulis annis libraria in fine studii et ejus inventario reformando et reponendo cum clavibus pulpitorum in arca.

Item quod semel et quolibet anno, videlicet in fine studii, post missam defunctorum vel alia proxima die collegiali tunc advisanda, casu quo tunc fieri non posset, per rectorem et collegium praedictos visitabitur hujusmodi domus et libraria et reformabitur inventarium librorum atque quaternorum et cisternorum dicta libraria; quod quidem inventarium pro parte ipsius universitatis factum una cum omnibus et singulis clavibus pulpitorum dicta libraria infrumibile in arca dicta universitatis et ibidem inveniretur quoties opus fuerit.

De non faciendo murmur seu strepitum vel impetum in libraria et de hoc facientes excludendo.

Item quod nemini licet murmur seu strepitum vel impetum in dicta libraria facere aut alte loqui, quo caeteri studentes in eadem aut ipsorum aliquis inde debeant seu debeat circa suum studium perturbari; contrarium vero facientes et silen-

ces précieux manuscrits mis ainsi à la portée du pauvre clerc ou de l'étudiant. Un bréviaire, don du chanoine Geslin, figurait dans la chapelle Saint-Jean de l'église Saint-Laud, attaché à chaînons de fer, et n'y fut pas moins volé en 1478. Un autre gros livre, enfermé d'une grille, se voyait encore en 1685 contre et dehors le chœur, dans une croisée de l'église de Saint-Aubin. C'était un *Miroir historial* de Vincent de Beauvais, don de l'abbé Lucas, que le peuple s'était habitué petit à petit à regarder comme un grimoire de sorcier et les tailleurs à dépecer par bandes de parchemin pour prendre mesure à leur clientèle. Il a été recueilli pourtant et pourrait servir encore à l'instruction des étudiants dans la bibliothèque municipale (1). — Aussi les recommandations les plus rigoureuses sont-elles expressément renouvelées pour assurer la garde de ces trésors. Il n'est permis à personne, sous quelque prétexte que ce soit, de détacher ou d'emporter les livres, sans une licence par écrit des docteurs, du recteur et du conseil de l'Université. Tout artifice, toute fraude, toute violence ou sé-

(1) C'est le ms. 306. — V. le *Catalogue* de M. Lemarchand et *Roger*, p. 128.

tiam pacifico prestare nolentes statim a dicta libraria foras mittantur; quod si ad simplicem ejusdem custodis monitionem dicto casu sic factam exire renuerint, ipsos et eorum singulos in hoc culpabiles ex nunc pro tunc a dicta libraria et ingressu in eadem per mensem integrum proximo inde sequentem exclusi volumus pariter et privari.

De preferendo doctores regentes omnibus aliis et cedendo eis locum in libraria, quem petierint.

Item et quod doctores aut regentes in dicta Universitate volentes studere in aliquo de voluminibus aut libris ipsius librarie ceteris omnibus quibuscumque preferentur et requisiti per eosdem doctores cedent sibi locum sine difficultate, cedere quecumque excusatione cessante.

De non introducendo seu tenendo muliere, occasione peccati, in domo librarie.

Item quod nullus in hujusmodi domo seu libraria, etiam in habitatione dicti librarii seu custodis ejusdem, aliquam mulierem diffamatam seu suspectam aut quamvis aliam occasione peccati tenere seu introducere presumat. Quod si forte contrarium aliqui, quod absit, de facto attentare presumpserint, ipsos et eorum singulos ex nunc pro tunc ab eadem libraria et ipsius ingressu per mensem proximum inde sequentem ipso facto privatos decernimus, fructusque emui modo tam auditoris quam lectoris per dicti anni circulum declaramus frustratos; verum si dictus librarius seu custos per se vel submissam personam tanti criminis particeps inveniatur, ipsum, tanquam perjurum et reus pejorii inodatum, ab eadem libraria et ejus

duction, tentée au mépris de cette loi essentielle, entraîne d'elle-même l'exclusion du coupable. Il est chassé comme un parjure et frappé à toujours d'une marque ineffaçable d'infamie. — Chaque année, à la fin des études, le recteur et le conseil font la visite de la bibliothèque et le récolement de l'inventaire. Un double en reste enfermé dans le trésor de l'Université avec les clefs des pupitres où sont enchaînés les livres.

Le silence et le calme sont recommandés pendant les heures de travail. Le garde, après un avis non obéi, doit mettre à la porte les turbulents. Toute résistance est punie de l'exclusion pour un mois.

Les docteurs et les régents ont un droit privilégié pour la communication des livres, et le pupitre occupé par quelque lecteur leur doit être cédé par déférence à leur première réquisition.

Interdiction absolue d'admettre dans la maison, même dans la partie habitée par le conservateur, aucune femme suspecte, ou non, de renommée, pour éviter des tentations trop vives de péché

... *dia eo ipso privandum perpetuo, absque aliqua spe restitutionis, consensu, alium loco sui in dicto officio per rectorem et universitatem confestim instituendum declarantes.*

De nihil furando de libraria et quibus concedatur corrigere libros ejusdem et quibus non.

Item quod nulli omnino hujusmodi, quas a modo in dicta libraria studere et intrare contigerit, liceat in seu de aliquo librorum aut voluminum ejusdem aliquid furari, nullaque scindere, radere, scribere corrigerove seu falsificare quoquo modo præsumat in eisdem, nisi sit doctor aut licentiatus notabilis vel alia tam solemnis et scientifica persona quod de ipsius scientia et peritia sit merito confidendum, contrarium vero facientes et de hoc inde convicti sumarie in collegio ab ejusdem librariæ ingressu et studio in eadem ad arbitrium rectoris et collegii suæ dictorum privetur aut puniatur.

De lecturis scribendis taxandisque et ad usum ipsius libraria perpetuo conservandis.

Item quod dictæ librariæ generalis seu custos tenebitur suis expensis scribere aut scribi facere per unum vel per duos aut plures scriptores lecturas sibi per dictos rectorem et collegium tradendas et injungendas; quæ quidem lectura sit per quaternos suis, ut præfertur, expensis scripta et cum originalibus fideliter et cum diligentia collationata, erunt ipsius librarii et suorum heredum et ejus causam habentium, tali tamen conditione, quod, in casu, quo ipse librarius decedet vel recedet quoquo modo ab eadem libraria, omnes hujusmodi lecturas per dictos quaternos præmissis sumptibus scriptæ, medio justo pretio per rectorem et collegium,

aux jeunes étudiants ou même aux docteurs. En cas de scandale, les délinquants étaient interdits pour un an de l'entrée dans la maison et du bénéfice de leurs inscriptions aux cours ; mais le garde, convaincu de complicité directement ou par personne à son service, était mis hors d'emploi, et, pour lui ôter toute espérance de grâce, immédiatement remplacé.

Parmi les dangers qui menaçaient les collections, en dehors de cette manie de larcin qu'expliquaient assez, sans la justifier, la rareté et le haut prix des livres, il fallait les défendre encore de ce besoin inné de tout temps aux étudiants de tout âge de commenter par quelque autographe improvisé les méditations de l'auteur. De nos jours encore n'est-ce pas la plaie des bibliothèques et des collections publiques? et qui ne s'en souvient, sans en rire, n'eût-il fréquenté qu'en passant la bibliothèque Sainte-Geneviève, par exemple, si chère à la jeunesse du quartier latin? Ce n'est aujourd'hui, si l'on veut, pour chaque ouvrage qu'un exemplaire avili ou perdu ; mais au moyen âge, si l'œuvre même n'était pas,

---

ut infra dicetur, arbitrando et ipsi librario vel ejus causam habenti per eosdem collegium et doctorem pro et nomine Universitatis atque librariæ hujusmodi studentium ac legentium in eadem semper remanebunt.

De libris et quaternis librariæ, priusquam communicentur, taxandis et manuali signo signandis.

Item et ne dicta Universitas seu librarius hujusmodi a nonnullis malæ fidei possessoribus defraudetur, statuimus et ordinamus, quod omnes et singuli ejusdem librariæ libri tam catenati, si qui sint, ac etiam non catenati, quam quaterni seu sesterni, qui de lecturis prædictis modo præmissis scripti fuerint, antequam communicentur seu aliquibus studentibus distribuantur, per præfatos rectorem et collegium doctorum et procuratorum justa æstimatione auri vel monetæ fortis apprætientur et eorum pretium sub signo manuali scribæ seu notarii dictæ Universitatis in prima et ultima partibus coopertura cujuslibet ipsorum librorum quaternorumque et sesternorum ac etiam in inventario eorumdem scribatur et declaretur.

Quibus distribuantur libri non catenati et quaterni librariæ et quibus non et de modo hoc faciendi et salarium custodis exigendi.

Item et quod hujusmodi libri non catenati et quaterni atque sesterni, sicut dictum est, appreciati et signati, singulis licentiatis et baccalariis et, si sit opus, doctoribus regentibus ipsos petentibus et non aliis quam legentibus, nisi tanta sit eorum quaternorum copia quod aliis etiam studentibus non legentibus possint suffragari, per dictum librarium seu custodem distribuantur, pro quorum securitate et ut qualibet de ipsos reddendo sit magis sollicitus, præfatus custos a quolibet, qui aliquem dictorum librorum non catenatorum vel quaternorum seu sesternorum

comme le plus souvent, unique, chaque exemplaire du moins à lui seul formait une véritable édition, qui devait sa valeur propre à l'habileté de main, à la science, à la sagacité du copiste; et c'était vraiment alors faire tâche d'érudition et s'instruire que lire et relire des textes dont les variantes souvent essentielles renouvelaient l'intelligence, mais que des maladresses eussent discrédités. Aussi le lecteur inconnu était-il bien averti, sous de rudes peines, de n'avoir pas la présomption de faire ni rature ni addition ni correction ni surcharge au manuscrit prêté; comme, au contraire, bien venue et avec respect se recueillait l'observation de quelque docteur ou licencié de renom, ou de toute autre personne « scientifique et solennelle, » qui daignait gratifier l'ouvrage d'une part de son expérience et de son autorité incontestée.

En dehors de ce groupe précieux de livres, principal fonds de la bibliothèque universitaire, d'autres éléments de travail attiraient par des communications et des facilités bien autrement multipliées le public régulier des écoles; et la façon dont se recru-

---

recipiet, poterit exigere et recipere præ manibus, per modum pignoris, duplum supradicti pretii appreciati una cum quinque denariis, quos, pro quolibet libro quaternove seu sesterno per eum tradito, per quamlibet septimanam volumus eidem custodi super dicto pignore solvi pro satisfactione et salario ejus.

De emenda exigenda ab illis qui libros seu quaternos librariæ ultra XXX dies detinuerint.

Item et casu quo aliquis libros non catenatos seu quaternos aut sesternos hujusmodi vel ipsorum aliquem ultra unius mensis vel triginta dierum spatium contra dicti librarii vel alterius suppositi indigentis et habere requirentis voluntatem detinuerit, ipse librarius, lapso dictorum triginta dierum termino, statim de dicto pignore alium similem librum seu quaternum vel sesternum scribere aut scribi facere tenebitur; ita, quod si aliquid dicti pignoris supersit, hoc eidem librario pro emenda hujusmodi defectus volumus remanere et in suos proprios usus eodem casu convertendum declaramus.

De facultate concessa custodi librariæ vendendi pro aliis et non pro se libros et de salario ejus.

Item dicto custodi seu librario generali concessimus quod dicto tempore durante, quo hujusmodi officium exercebit, ipse possit et valeat omnes et singulos cujuscumque licitæ facultatis libros venales sibi ad vendendum traditos vendere et pro prena et salario ipsius exigere a quolibet emptore de viginti solidis duodecim denarios vel de viginti aureis unum aureum ejusdem vel similis formæ et ponderis; verum non denegare intendimus quin a singulis hujusmodi libros venditioni exponentibus aliquid ad ipsorum arbitrium dicto librario libere et voluntarie gratioseque donetur; sed emendi

taient ces collections particulières, indique comment, dès la naissance de l'imprimerie, qui devait bouleverser toute cette organisation primitive, le garde des livres se trouva par privilége le libraire qui les imprimait. — Le recteur et le conseil de l'Université communiquaient le texte des leçons des régents au garde conservateur de la bibliothèque, qui devait à ses frais en faire prendre des copies collationnées en nombre par des scribes. Ces textes restaient sa propriété. En cas de départ ou de mort du conservateur, la bibliothèque les achetait après expertise.

Ces exemplaires, plus faciles à remplacer, étaient librement prêtés à tout gradué faisant un cours, même au besoin aux docteurs régents qui le demandaient. Mais les manuscrits étaient au préalable appréciés, et la rentrée en était garantie par le dépôt du double de leur valeur d'estimation. Le garde percevait de plus à son profit et pour sa peine, sur chaque livre prêté, et par semaine, cinq deniers. L'emprunteur pouvait garder le livre tout un mois; au bout de trente jours, si l'exemplaire, attendu par quelque autre travailleur, réclamé par qui de droit, n'était pas rendu, la somme en dépôt payait les frais de copie d'un nouvel exemplaire, et le reste du gage, considéré comme amende, était adjugé au bénéfice du bibliothécaire.

---

hujusmodi libros pro se et postea vendendi dicto librario facultatem omnimodam sub pœna perjurii et privatione ab eodem officio denegamus.

De infractionibus hujusmodi statutorum a custode librariæ in collegio revelandis.

Item si contingat aliquem vel aliquos dictæ Universitatis Andegavensis suppositos, cujuscumque dignitatis, præeminentiæ, status, gradus, ordinis vel conditionis existentes, præmissa statuta vel ipsorum aliquod infringere seu in contrarium aliquid invite et ignorante dicto librario quovis modo attentare, ipsos et eorum singulos in hoc culpabiles, quotiescumque hoc fecerint, dignum ducimus pariter et jubemus per eumdem librarium sub pœna perjurii in proximo collegio inde sequenti revelandos cum facti expressione verissima et propter hoc secundum casus exigentiam et hujusmodi statutorum tenorem, per prædictos rectorem et collegium decernimus rigorose puniendos, salvo et reservato nobis et successoribus nostris jure super præmissis et quolibet ipsorum augendi, addendi, diminuendi, interpretandi, corrigendi, mutandi et reformandi in melius secundum casus seu casuum exigentiam temporumque et personarum varietatem, quoties opus fuerit et nobis placuerit, nonobstantibus quibuscumque juramentis per nos et per quemlibet nostrum alias prestitis et in futurum præstandis.

(*Archives de Maine-et-Loire.* D 6, fol. 150 v° — 162).

Enfin le garde en charge était autorisé à prendre en vente, pour le compte des auteurs ou des copistes, tous les ouvrages rentrant dans le cadre de l'enseignement universitaire, en percevant de l'acheteur cinq pour cent sur le prix de vente, sans préjudice de l'indemnité qu'il pouvait obtenir gracieusement de ses commettants. Mais, sous peine expresse de destitution, il lui était interdit d'acheter et de vendre pour son compte.

Ces statuts étaient obligatoires pour tout suppôt de l'Université, quelque fût son nom et son grade, et le garde de la librairie, en cas d'infraction, devait, sous peine de parjure, signaler les coupables à l'assemblée la plus prochaine du conseil et les livrer à la justice exemplaire du recteur et des facultés.

Le premier garde général de la librairie angevine, Simon Pommier, du diocèse de Coutances, fut installé le 30 janvier 1452 (N. S.). Mais déjà s'essayait dans le mystère et à quelques années de là allait se répandre par le monde cet art inouï de Jean Gutenberg, qui devait à jamais dégager la science de tout privilège et de toute servitude, en la livrant d'abondance à toutes les mains séculières tendues vers elle.

> Par ces nouvelles modes
> Aura maint escolier
> Décrets, bibles et codes
> Sans grand argent bailler.

C'est tout d'abord là le bienfait nouveau dont le sentiment saisit les contemporains. Il permet de regretter moins la dispersion des scribes et l'abandon de ces collections antiques, recueillies avec tant de peine, si longtemps choyées et devenues tout d'un coup indifférentes. On voit encore, le 1 janvier 1457(1), Jean Lemercier, alors garde de la librairie, consacrer, par ordre de l'Université, la somme de 4 écus d'or à l'achat des livres de Geoffroy de Salignac, après leur collation par Jean Bohalle. Mais bientôt la propagande nouvelle qui transformait les livres aussi bien que l'enseignement, entraîna ailleurs les maîtres et les étudiants, et le dégoût, on peut le dire, vint aussi vite des belles histoires enlu-

---

(1) D'après Pocquet de Livon., 1454. suivant Ménage.

minées que du grimoire des écoles et de ce grand art gothique que Fénelon traitait de barbare et que nous ont réappris à admirer Victor Hugo et Montalembert. Ainsi devenue déserte et à peu près sans but, la bibliothèque de l'Université (1) se laissa détruire et piller de toutes mains, comme cette autre « librairie » fondée à Saint-Maurice par un fameux chanoine et docteur *in utroque jure*, Thomas Girou (2), mort le 1 août 1422, en léguant ses précieux volumes à ses confrères de la faculté de théologie. L'une et l'autre collection était à peu près dissipée au commencement du XVII° siècle. Il n'existait plus alors à Angers que deux bibliothèques considérables, celle de Saint-Aubin, qui ayant suffisamment conservé son ancien trésor, l'avait accru encore, grâce aux libéralités de Galatoire de Marca, dirigées par le zèle intelligent et la science de Baluze, le secrétaire de Philippe de Marca, père de notre abbé; — et celle du Séminaire, qu'augmentaient d'année en année des achats suivis et l'heureuse pratique qui amenait au fonds commun, comme par une tradition établie, la bibliothèque particulière des directeurs. Un projet faillit aboutir qui aurait dès lors doté la ville d'Angers d'une bibliothèque publique, comme on pouvait au mieux l'entendre en ces temps-là. Nivard, un des trente académiciens, fit présent à la société, dans les premiers jours de l'année 1692, d'une collection considérable de manuscrits. « Plusieurs personnes de mérite » s'annonçaient disposées à donner de même leurs livres, et l'on avait « lieu d'espérer, disait le maire (3) en

---

(1) L'abbaye de Toussaint en possédait, croit-on, le Catalogue.
(2) Un *Pierre Comestor* en provient, dont une note rappelle cette libéralité et recommande le donateur aux prières de ses héritiers. C'est le mss. 25 de la Bibliothèque d'Angers. V. le *Catalogue*, par M. Lemarchand, p. 9. — Les comptes de la ville nous apprennent que ce personnage avait débuté moins riche et s'était élevé par la protection de la duchesse d'Anjou. « A messire Thomas Girou, docteur ès droictz canon et civil, pour don à luy fait par madite dame (la duchesse) de la somme de 100 l. t. à prendre pour une fois sur les deniers de la cloison pour luy aider à soy doctriner ès droitz dessus ditz et affere sa feste tel queen tel cas appert, ainsi qu'il appert par lettre de mad. dame données le 27° jour de juillet 1398. — 100 l. t. — *Et en marge* : Dicta Domina ordinavit in suo concilio, quod ista pars sic transiret et quod non recuperetur super dictum doctorem » (*Arch. de la mairie d'Angers*, CC. 3 f. 49).
(3) *Arch. de la mairie*. BB.99. f. 72.

exposant le projet au conseil de ville (3 avril 1692), qu'il se formerait, par ce moyen, une bibliothèque publique, ce qui serait une très-grande décoration pour cette ville et d'une fort grande utilité. » Le conseil, s'y intéressant comme le maire, vota les fonds pour disposer, dans la salle de l'académie, aux deux côtés de la cheminée, des rayons pour les livres, et au-dessus les portraits des illustres de la province, « et particulièrement de ceux qui voudront bien faire part de leurs livres et de leurs études au public. » Il s'était agi même un instant de bâtir un local spécial à quelques mètres de la salle des séances académiques, dont les plans et devis, dressés par l'architecte Jean Lecomte, furent approuvés sur place par l'intendant de Nointel. Pétrineau des Noulis devait en avoir la direction, et l'abbé Ménage avait promis ses manuscrits. Mais la misère des temps rendit vains tous les efforts: les jésuites de Paris héritèrent de Ménage, et le local projeté devint une buanderie, dont la construction fut un scandale presque littéraire. L'évêque Michel Le Pelletier, un moment aussi, avait eu l'idée de consacrer son palais épiscopal à cette bonne œuvre, et s'en laissa distraire à son tour, — sans se douter, bien sûr, de quelle façon les événements devaient y installer en maîtres la première et véritable bibliothèque publique d'Angers, qui eut tant de peine à en sortir. Mais c'est bien là une autre histoire !

LE ROI DE LA BASOCHE D'ANGERS.

Le roi de la Basoche est un de ces monarques aussi turbulents que fragiles — politique à part, — dont s'égayait avec force cérémonies le bon vieux temps, « que Dieu absoille ! » comme on disait alors, dans les chartes, des gens bien défunts. Élu par ses pairs, « bastiers » attendant leurs grades ou « clercs de v », tout frais émoulus de leur licence, il s'agissait avant tout pour notre prince de mener en bon train de joyeuse vie toute sa jeune clientèle de fils de famille, à ces premières heures où les familles émancipent leurs fils. La couronne si fort enviée n'était pas pour coiffer le premier venu. Bon air de visage, cœur dispos et langue vaillante, main prompte à l'épée et jambe à la danse, c'est là le patrimoine commun en tout temps à la jeunesse des écoles et qui n'eût guère suffi à tirer bien haut un candidat improvisé pour cette passagère mais triomphante royauté. Au nouvel an, aux Masques, au Sacre, en toute occasion propice et avisée du plus loin, il fallait trouver de quoi tenter et contenter amis et amies, magistrats ou grands seigneurs, grandes dames et demoiselles ou simples jolies filles, dont on s'en allait fêter publiquement la bienvenue de beauté avec fleurs et aubades glorieuses. Aussi bien tout est bénéfice pour des cœurs de vingt ans qui se paient d'un sourire ou de toute aventure ; et le jeune Lasnier eut même cette fortune, en 1620, conduisant le Sacre, d'échanger son bouquet avec celui d'une vraie reine, Marie de Médicis. Le soir venu d'ailleurs, dans les réunions de famille ou dans les « redoutes », d'autres aubaines moins solennelles n'étaient pas les moins chères sans doute à ces héros de la fête. — Mais tôt après se présentait le compte à régler des violons, trompettes, hautbois, fifres et tambours ; — et c'est la question qui d'abord avait dû s'imposer à toute ambition aventureuse, — cette terrible question financière, dangereuse à tant de monarchies. On cite des années, où il y eut interrègne, et où le trône demeura vide sans qu'aucun sujet basochien se sentît le cœur d'en essayer la majesté et d'y épuiser sa bourse. Dans ces temps néfastes, le corps entier s'abstenait des grandes fêtes ou ne venait qu'y chercher querelle à ces rustauds de boutique, « les clercs des marchands, » qui, plus modestes ou plus unis peut-être, s'en allaient sonnant leurs symphonies. C'étaient alors des luttes et comme une sédition, d'où les éclopés sortaient mécontents. Un de ces jours-là, maître Seureau, notaire royal, qui voulut y mettre son nez, l'y laissa, coupé net et sur le carreau.

Les deux documents que l'occasion nous fait réunir, offrent cet intérêt commun d'être en quelque sorte une justification de chapitres divers du budget de notre confrérie. L'un, — chapitre des contributions et recettes, — sur parchemin avec grand renfort de paraphes et d'éloquence rhétoricienne, donne acte à Mathurin Langloys, nouveau venu dans la pratique, de sa comparution avec serment devant le Conseil « és-halles » et l'admet à vassalité. Le monarque, sans autre fierté, a reçu « avec benignolance » l'hommage financier de ce sujet « d'estrange région, » et qui sans doute n'y vint pas avec autant d'empressement qu'on le veut bien dire. Il faut croire au moins que notre plumitif eut part au festin comme à l'écot, encore bien qu'en tout temps le sujet, qui paie, se contente de voir danser. — L'autre pièce, — chapitre des dépenses, — nous montre d'autres préoccupations royales et par quelles sollicitudes étaient préparés de longue main les plaisirs d'un peuple soumis et reconnaissant. « *Les meilleurs sauteurs en Poitou* », dit le proverbe; et qui donne vaillance, entrain et belle humeur aux danseurs, si ce n'est le ménétrier? C'est en Poitou que le conseil de ville recrutait ses musiciens pour la réception des gouverneurs et des rois. C'est là que Gaspard Varice enrôle sa bande de hautbois et de violons qu'il conduira la veille, la nuit et tout le jour du Sacre donner l'aubade sous les balcons enrubannés. La coutume certes en était bonne, et le sens commun, qui de nos jours court les rues, doit avouer qu'elles gagneraient parfois à s'illuminer d'un peu de gaîté.

Autre temps d'ailleurs, autres fêtes! Ces compagnons de

joyeuses amusettes se trouvèrent prêts, l'heure venue, pour les luttes héroïques; et la voix de la basoche angevine est une des premières qui répondit à l'appel de la jeunesse Bretonne, faisant tête à la noblesse et inaugurant résolûment la fédération patriotique du Tiers.

I.

Reception d'hommage de Mathurin Langlois, praticien.

(24 mai 1498.)

A tous ceulx qui ces présentes lectres verront Jehan Peluon, par la haulte et divine clémence Roy triumphant de la Basoche d'Angiers, salut.

Savoir faisons, comme dès piecza par meuré délibéracion des gens de nostre conseil eust été ordonné tous ceulx, qui de la plume font mestier, estre convocquez en nostredict conseil pour nous faire hommage une foiz en leur vie et payer le tréheux qui nous est deu pour l'entretenement de nostre dict royaulme et de noz hommes et subjectz, et il soit ainsi que nouvellement se soit esparé au dedans de nostre dict Royaulme Mathurin Langloys, qui aucunement s'est entremis du fait de la praticque et fait plusieurs exploictz basochiaulx soubz l'auditoire de maistre Jehan Belin, licencié, [nostre] lieutenant à Angiers et ou ressort de Monsieur le sennechal d'Anjou; pour laquelle cause nostre huyssier, par lecttres émanant de nous, l'eust convenu à comparoir personnellement oudict conseil sur les peines par nous induictes pour répondre à nostre procureur général à tout ce qu'il luy vouldroit demander et contre luy proposer; pour obvier ausquelles peines, ledict Mathurin Langloys s'est comparu et présenté en nostre grant Conseil, lors tenant ès halles, offrant à nous faire foy et hommaige et paiyer nos tréhuz et redevences, nous requérant très-humblement que luy voulsissions permectre et souffrir usez du fait de plume et le recevoir à homme et subject; savoir faisons que Nous, séant pour lors audict conseil, désirant acroistre et multiplier nostredict royaulme de gens d'estranges régions et aussi en obtempérant à la requeste dudict Langloys voluntairement à payé son proffieial et joyeux advenement; lequel Langloys avons receu de nostre bénigvolance à homme et vassal et luy avons permis pour l'advenir joyr par tout nostredict royaulme des droitz, honneurs, prouffitz, franchises et libertez basoziaulx; duquel Mathurin Langloys nous avons receu le serment de fidélité en tel cas requis et acoustumé; si mandons à tous nos hommes justiciers, vassaulx, subjectz et officiers présens et futurs que de nostre présent don et permission ils souffrent et laissent joyr et user ledict Langloys sans luy donnez aucun trouble ne empeschement et luy donnant confort, conseil et ayde, si mestier est.

Donné à Angiers en nostredict pallays et consistoire triumphal le xxviiie jour de may l'an de grace mil CCCC quatre vingts dix huyt

PELUON.

ALLAIN, receveur.

(Archives départementales de Maine-et-Loire. E. 3007.)

II.

Traité passé pour le Sacre avec des Ménétriers de Poitou.

(8 mai 1602.)

Le mercredi huitiesme jour de may l'an mil six cens deux apres midy,

Par devant nous Pierre Rogier, notaire royal à Angers, furent présens en leurs personnes Françoys Renard, demeurant à Lodun, Nicollas Pignon, demeurant à Thouars, et Martin Jamin, demeurant à Saint-Pierre de Mortin, tant pour eulx que soy faisant fortz, soubmectants eulx et chacun d'eulx, seul et pour le tout, sans division de personnes ne de biens, eulx et leur hoyrs et mesmes leurs corps, à tenir prison fermée, ont promis eulx trouver, la vigille de la feste Dieu prochaine venant, en ceste ville, maison de noble homme Philippes Varice, sieur de Travaillé, heure de dix heures de la matynée et amener avecq eulx ung homme capable et suffisant pour jouer de la taille des haultz boys de Poictou avecq lesdits establyz, qui aporteront leurs instrumens, le tout par sorte que les dictz quatre hommes concordent suffisamment et acomplissent les quatre partyes pour jouer à ladicte feste du Sacre prochaine et procession depuis sainct Maurice jusques à sainct Laurens, Angers, et pour jouer aussy ladicte vigille du Sacre, la nuict suyvante et tout le jour dudict Sacre, selon la vollonté, intention et conduitte de noble homme Gaspard Varice, sieur de Cantenay, à présent prince de la basoche, à ce présent ; lequel a promis, pour faire par les dessus dictz les charges comme cy-dessus est dict, pour tous lesdictz quatre hommes, ès temps susdictz, la somme de douze escus sol, sans qu'il soyt tenu leur bailler autre chose pour estre venuz du présent voyage ne pour leur en retourner ne venyr et retourner le prochain voyage à ladicte feste, que ladicte somme de douze escuz ; et seront nourryz lesdictz quatre hommes par ledict leur prince ledict jour de mercredy et jeudy, estans arrivez en ceste dicte ville ; et sur laquelle somme de douze escus ledict sieur prince a présentement baillé ausdictz establyz la somme d'un escu sol dont etc. — lesquelz establys promectent acertainer et mander de leurs nouvelles huict jours devant ladicte feste et de leur disposition avec asseurance dudict quatriesme homme, tout ce que dessus stippullé et accepté par les dictes partyes, à quoy tenir, etc.

Faict et passé audict Angers ès-présences de M° René Roger l'aisné et René Roger le jeune.

VARICE.   Francoys RENARD.
                    N. PIERON.
M. JANYN.   ROGIER.
ROGIER.

(Archives de Maine-et-Loire, série E. Minutes de Rogier, n° 74.)

LES ENFANTS DE FRANCE A FONTEVRAULT.

(1738-1754)

Aucun livre angevin, qui nous revienne en mémoire, n'a daigné seulement consacrer quelques lignes au séjour des jeunes enfants de France, filles de Louis XV, à Fontevrault. Sans envier le plaisir de combler cette lacune aux historiens futurs de la grande abbaye — et Dieu sait que les quatre coins du ciel sont en travail ! — nous voulons nous contenter de réunir ici deux documents qui sont restés non pas inédits, sans doute, mais certainement inconnus en Anjou, en les accompagnant de quelques actes authentiques dont les détails valent la peine d'être recueillis, et dont les formules même sont de nature à intéresser la curiosité.

Quand le successeur du grand roi consentit à reléguer les filles de France, « comme simples pensionnaires, dans un couvent à 80 lieues de la cour..., chez des religieuses de province (1), » il n'y avait point là de théorie précise ni de plan nouveau d'éducation royale, mais une simple question d'économie que le vieux cardinal Fleury, décidément maître, était parvenu à imposer. Ces sept princesses, traînées chacune par un service de dix femmes de chambre, de filles de garde-robe et tout un monde, « embarrassaient le château de Versailles, » comme ose l'écrire le respectueux de Luynes, et surchargeaient un budget qui allait avoir affaire à bien d'autres ménages. On peut voir, au premier bruit, dans les mémoires du cérémonieux courtisan, l'émoi de toute la

---

(1) *Mém. de Mme Campan.*

valetaille menacée et même des nobles habitués de Versailles et de Marly. Le voyage fut décidé le 18 avril 1738 et s'attarda de deux mois. Pendant ce temps, c'est à qui saurait apprendre ou le mieux redire les détails de la nouvelle. Quelle devait être la suite de Mesdames? Leur façon de route? Leur vie dans le cloître? Leur maison surtout? Quelle figure ferait l'abbesse? Et quel titre nouveau de cour lui soutiendrait la tête haute devant ces majestés enfantines? On sut bientôt que des sept enfants, quatre seulement partaient, Victoire et Sophie, et Louise, la pauvre contrefaite, et Félicité-Thérèse, qu'on disait si fort ressembler au roi de Pologne, son grand-père. Le soir du 16 juin, au retour d'une chasse, Louis XV reçut l'avis officiel, à Rambouillet, que le cortége avait pris la route de la Levée. Le voyage dura 13 jours. Un seul carrosse, entouré de l'escorte d'honneur, portait les quatre princesses; les deux aînées, Victoire et Sophie, — Victoire avait 5 ans à peine, — assises vers le fond, les deux plus jeunes sur les genoux de la sous-gouvernante, Madame de La Lande, et d'une femme de chambre, — deux autres femmes aux portières. Au devant, se hâtait un détachement de la bouche et le garde-meuble et les courriers et les gendarmes. On arriva, — le récit que nous publions raconte dans quel cortége et comment on essaya de charmer les premières heures et de rendre aimables les cloîtres et les grands habits de cérémonie de l'abbesse, fort inquiète de faire peur. Madame de La Lande, qui ne devait pas d'abord même s'arrêter, servit ce premier jour Mesdames à table, coucha, puis reprit la poste. En dehors des femmes, réduites à trois pour chaque enfant, il ne resta à leur service qu'un écuyer de bouche, assisté d'un maître-d'hôtel nommé par l'abbesse et chargé de fixer et de compter la dépense dont répondait la bourse royale. Mais du régime intérieur et des études et de la vie faite aux nouvelles Fontevristes, on n'en saurait guère rien dire si Madame Campan, qui n'y était pas, n'avait pris plaisir à nous raconter le témoignage assez sévère qu'en rendaient plus tard elles-mêmes les prisonnières émancipées.

« Madame Louise m'a souvent répété, dit-elle, qu'à douze ans elle n'avait point encore parcouru la totalité de son alphabet et n'avait appris à lire couramment que depuis son retour à Versailles (1). »

« Madame Victoire attribuait des crises de terreur qu'elle n'avait jamais pu vaincre, aux violentes frayeurs qu'elle éprouvait à l'abbaye de Fontevrault toutes les fois qu'on l'envoyait par pénitence prier seule dans le caveau où l'on enterrait les religieuses. Aucune prévoyance salutaire n'avait préservé ces princesses des impressions funestes que la mère la moins instruite sait éloigner de ses enfants. »

« Un jardinier de l'abbaye mourut enragé ; sa demeure extérieure était voisine d'une chapelle de l'abbaye où l'on conduisit les princesses réciter les prières des agonisants. Les cris du moribond interrompirent plus d'une fois ces prières. »

« Les gâteries les plus ridicules se mêlaient à ces pratiques barbares. Madame Adélaïde, l'aînée des princesses, était impérieuse et emportée ; les bonnes religieuses ne cessaient de céder à ses ridicules fantaisies. Le maître de danse, seul professeur de talent d'agrément, qui eut suivi Mesdames à Fontevrault, leur faisait apprendre une danse alors fort en vogue, qui s'appelait le *Menuet couleur rose*. Madame voulut qu'il se nommât le *Menuet bleu*. Le maître résista à sa volonté ; il prétendit qu'on se moquerait de lui à la cour, quand Madame parlerait d'un *Menuet bleu*. La princesse refusa de prendre sa leçon, frappait du pied et répétait *bleu, bleu ; rose, rose*, disait le maître. La communauté s'assembla pour décider de ce cas si grave ; les religieuses dirent *bleu* comme Madame ; le menuet fut débaptisé et la princesse dansa. Parmi des femmes si peu dignes des fonctions d'institutrices, il s'était cependant trouvé une religieuse qui par sa tendresse éclairée et par les utiles preuves qu'elle en donnait à Mesdames, excita leur attachement et obtint leur reconnaissance ; c'était Madame de Soulanges, qu'elles firent depuis nommer abbesse de Royal-lieu. Elles s'occupèrent aussi de l'avancement des neveux de cette dame ; ceux de la mère Mac-Carthy, qui les avait lâchement gâtées, portèrent longtemps le mousqueton de

_____
(1) T. I, p. 18-20.

garde du roi à la porte de Mesdames, sans qu'elles songeassent à leur fortune. »

Peut-être faut-il attribuer à l'ennui du passé quelques-uns de ces reproches. Il paraît bien au moins par le choix d'un instituteur honnête et savant qu'on avait pensé à faire mieux. Mais frappé dès les premiers jours d'apoplexie (1), il ne fut sans doute pas remplacé comme il eût fallu. Quelques années après, Madame sixième, Thérèse, atteinte dans une fête de la petite vérole, était inhumée dans le caveau des Rois d'Angleterre. Les trois autres vinrent rejoindre leurs sœurs à la cour des Pompadour et des Dubarry et s'y laissèrent heureusement oublier. Madame Louise, découragée, se retira aux Carmélites de St-Denis et y mourut avant l'heure en criant à son écuyer : « Au Paradis ! vite ! vite ! au grand galop ! » La postérité ne se souvient guère des filles légitimes de Louis XV que pour rappeler, comme une note honteuse de plus, à leur auguste père les glorieux surnoms dont il les honorait dans l'intimité : *Loque, Coche, Graille* et *Chiffe*.

I.

Entrée de Mesdames de France en l'abbaye de Fontevraud, le 28 juin 1738.

Mesdames sont arrivées icy sans cérémonie comme par toutes les villes où elles ont passé, n'ayant point été haranguées dans aucunes. Elles étaient cependant escortées par une partie de la maison du Roy ; elles avaient un écuyer, cinq exempts, 25 gardes du corps, quatre pages, un maréchal des logis, huit carosses attelés de huit chevaux, deux chaises, vingt fourgons pour le bagage.

M. l'Intendant de Tours accompagné du prévost d'Angers et de

---

(1) « Le 15e jour du mois de novembre 1738, Me Joseph de Piers, prestre, docteur en droit et instituteur des dames de France, est décédé d'apoplexie et le lendemain inhumé dans l'église des dames religieuses. » *Registres de la paroisse de S. Michel de Fontevrault.*

la maréchaussée de toute la province furent au devant de Mesdames et joignirent la maison du Roy, tous à cheval, qui en arrivant dans l'abbaye se rangèrent des deux costés de la cour, l'épée nue.

Mesdames arrivèrent à une heure après midy, précédées de quatre hoctons du Roy habillés en cottes d'armes, le maréchal des logis devant le carosse, après eux des pages à cheval à costé du carosse.

Mesdames entrèrent ; — il n'y eût que trois carosses qui entrèrent. La plupart des femmes descendirent dans la cour de l'abbaye.

Madame l'abbesse (1) reçut Mesdames à l'entrée d'une gallerie proche leur appartement, qui luy furent présentées par Madame de La Londe, sous-gouvernante des enfans de France et qui l'a esté du Roy.

Madame l'abbesse était en habit blanc, accompagnée seulement de Madame la duchesse de Lesdiguières, sa sœur, et de quatre religieuses, destinées pour estre auprès de Mesdames, aussy en habit blanc pour ne leur point faire peur, avec quatre petites filles, à peu près de l'âge de Mesdames.

La communauté était dispersée, les unes dans le jardin proche la gallerie, que nous nommons Bourbon, parce que c'est Madame Éléonore de Bourbon, abbesse, tante d'Henri IV, qui l'a fait faire ; les autres étaient aux fenestres des apartemens. Le Roy n'a pas voulu que la communauté fut assemblée pour ne pas faire peur à Mesdames.

Lorsque Mesdames passèrent, elles aperçurent qu'on les regardoit ; elles mirent la teste à la portière pour faire le salut, en portant leurs petites mains à leur bouche et les présentant ensuite hors la portière. Après être descendues de carrosse, elles entrèrent dans la gallerie ; on les conduisit dans leur appartement où on leur servit à dîner.

M. l'intendant de province fut au réfectoire, où on le mit à la table de Madame l'abbesse avec les principaux officiers de Mesdames. Comme la table de Madame l'abbesse est trop petite, on en plaça une partie à celle de la Mère grande prieure et de la mère prieure du cloistre, qui sont au mesme niveau de celle de Madame l'abbesse, et des deux costés du réfectoire étaient les pages et autres officiers gardes du corps, valets de pieds, hoctons du Roy et maréchaussée ; le tout montait à 230 personnes qui eurent à dîner ; après quoy on leur donna du caffé.

Le soir, après que tout le monde fut sorty, on fit des illuminations

---

(1) Louise-Françoise de Rochechouard de Mortemart.

et on tira 200 fusées. Le lendemain 29, on fit encore des illuminations et on tira autant de fusées que le soir précédent, n'ayant pu les tirer toutes la veille, parce qu'il faisoit un trop grand vent.

II.

Baptême de Louise-Marie de France.

Le 30e jour du mois de décembre 1738 ont été suppléées les cérémonies du baptême de Madame Louise Marie de France par le Révérend père Charles d'Aubigeon, prieur de Saint Jean de l'Habit, en nostre présence curé soussigné. Le parain a esté messire François Marc Antoine de Bussi, chevalier seigneur de Bizay, Espiers, Chassaigne, et mareine dame Marie Louise Bailli Adenet, première femme de chambre de Madame Louise Marie, en présence de très illustre et religieuse Madame Louise Françoise de Rochechouart de Mortemart, abbesse, chef et généralle de l'ordre de Fontevrand, qui ont signé avec nous. — *Signé sur le registre:* Louise-Françoise de Rochechouart-Mortemart, abbesse de Fontevrand, L. M. Antoine de Bussy, Marie Louise Bailly-Adenet, F. N. Canné, curé; F. Charles d'Aubigeon, prieur.

III.

Baptême in extremis de Thérèze-Félicité de France.

Le 27e jour de septembre 1744 ont esté suppléées les cérémonies de baptême à Madame sixiesme de France par le R. P. René Louis Cherbonnel, prieur de S. Jean de l'Habit et visiteur de Bretagne, en la présence de nous curé soussigné. Madame a esté nommée par ordre de Sa Majesté Thérèze Félicité. Messire Michel Macé, prestre curé de Vouvré et confesseur de Mesdames de France à Fontevrand, et dame Marguerite Suzanne Milsion, nourice de Madame cinquiesme et première femme de chambre honoraire de Mesdames, espouze de Messire Martin Tascher, cy devant valet de chambre de Monseigneur le duc d'Anjou et présentement exerçant la même fonction auprès de Madame cinquiesme, ont eu l'honneur d'estre désignés par Leurs majestés pour servir de parain et de mareine. Les dites cérémonies ont esté suppléées à raison du danger de la mort par ordre de très illustre et religieuse dame Madame Claire Louise de Montmorin de St-Hérem, abbesse, chef et généralle de l'abbaye royalle et ordre de Fontevrand, gouvernante de Mesdames de France à Fontevrand, dame Marie Agnès de La Bourdonnaye, sous gouvernante de madicte dame sixiesme, Messire François Joué, premier vicaire de nostre paroisse, et Messire René Leblanc, prestre habitué. — *Signé sur le registre*: Sœur Claire Louise de Montmorin, abbesse de Fontevrauld, Marguerite Suzanne Mihion, Macé, F. Cherbonnel, prieur de Fontevrauld, F. Durand, curé, F. Joué, R. Leblanc, prêtre, N. Moulin.

IV.

Relations des cérémonies qui ont esté observées pendant la maladie, à la mort et aux funérailles de Madame VIe de France, fille du Roy Louis XVe.

L'an 1744, le jeudy au soir 24 septembre, lorsque Madame Claire Louise de Montmorin, abbesse, générale de l'ordre de Fontevrault et gouvernante des enfants de France, donnait une feste, qui répondoit à son zèle et son tendre attachement à la famille Royalle à l'occasion de la guérison du Roy, Madame VIe se sentit indisposée d'une légère émotion de fièvre, qu'elle soutint sans se plaindre, pendant quelques tems, pour n'estre point privée du plaisir qu'elle y prenoit; mais Madame de la Bourdonnais, sa sous-gouvernante, dont la fidélité, l'attention et l'amour pour le service de la princesse ne lui avoient jamais laissé rien échapper sur sa santé, s'en apperceut et la conduisit aussitôt à son appartement, pour la mettre au lit.

La princesse passa assez tranquillement la nuit et se sentit le vendredy matin si peu de fièvre que cela ne faisoit impression, que parce que la moindre incommodité qu'on luy sçavoit, paraissoit toujours considérable.

Le samedy 26 au matin, la fièvre augmenta. La princesse se plaignit d'un grand mal de tête et commença à tomber dans l'assoupissement. M. Cosnard, le médecin ordinaire, déclara pour lors, qu'il y avait du danger. Il ordonna la saignée du bras, qui fut faite à 10 heures du matin et une autre du pied à 10 heures du soir, qui l'une et l'autre ne produisirent aucun bon effet; et la petite vérolle, dont la princesse était attaquée, ne parut point.

Le même jour, Madame l'abbesse en donna avis à la Reine qui estoit à Metz auprès du Roy.

Le dimanche 27 le danger parut évident. Le sommeil devint léthargique, la fièvre plus violente; et M. le médecin, après une saignée de pied, qui se fit à trois heures après midy, déclara la maladie mortelle.

Aussitôt Madame l'abbesse envoya un courier en cour à Metz pour informer Leurs Majestés et en recevoir les ordres.

A quatre heures après midy, le Révérend Père prieur entra, accompagné du R. P. curé et de son clergé, supléa les cérémonies du baptême à la princesse qui fut nommée Thérèse-Félicité et qui eut pour parain M. Macé, confesseur de Mesdames, et Madame Tâcher, l'une des premières femmes, pour marraine, conformément aux ordres que la Reine avoit donnés au mois de mars dernier dans une autre maladie dont la princesse fut attaquée.

A 6 heures et demie, la princesse eut une faiblesse si considérable qu'on crut que c'étoit son dernier moment.

Le R. P. prieur donna l'onction sur un sens, pourtant supléa les autres, voyant qu'il en avoit encore le tems et passa la nuit auprès de la princesse avec M. le Confesseur et M. le chapelain.

Jusqu'à dix heures, quoy qu'on eut appliqué les amplâtres de vésicatoires à la princesse, elle fut un peu moins agitée. Elle conserva la présence d'esprit, continua ses façons obligeantes aux personnes qui étoient auprès d'elle pour la servir, en les nommants sans les voir et les remerciants des services qu'elles luy rendoient.

Lorsque M. Macé luy présentoit de tems en tems la vraye Croix, elle se réveilloit aussitost et marquoit avec ses mains et sa bouche son empressement et sa piété pour la toucher et l'adorer.

A onze heures, la princesse eut quelques convulsions dans le visage et dans les bras. Elle ne se réveilloit de la létargie qu'à la faveur de quelques odeurs ou lorsqu'on luy faisoit prendre quelques adoucissements qu'elle ne refusoit jamais.

Le lundy à quatre heures du matin, le poulx se releva. La létargie sembla moins considérable. Le visage devint plus naturel et il n'en falut pas davantage pour donner quelque espérance aux communautés et aux personnes de la Cour, qui n'avoient cessés depuis le premier moment de la maladie de demander la guérison.

Le même jour, à cinq heures du matin, Madame l'abbesse demanda encore au médecin ce qu'il en pensoit; lequel déclara que ces signes étoient équivoques et que la princesse ne pouvoit en revenir.

En effet à huit heures et demie du matin, elle tomba en agonie, qui fut annoncée au son de la grosse cloche; — et un peu avant midy, finit enfin une princesse, qui par ses sentiments de piété, de grandeur et de bonté, mérite les regrets de l'Europe entier.

Dans le même moment Madame l'abbesse fit partir un courrier pour Metz et donna ses ordres pour les funérailles......

A quatre heures Madame l'abbesse, à la tête de toutes les dames religieuses de son abbaye, alla rendre ses devoirs à chacune de Mesdames, qui étoient séparées en leurs apartements et peu après le R. P. prieur avec ses religieux eut le même honneur.

Depuis quatre heures jusqu'à huit du lendemain matin on partagea les communautés pour se relever d'heure en heure et que la psalmodie du psautier ne fut point interrompue, les dames religieuses la nuit et les religieux le jour, jusqu'à la levée du corps qui se fit suivant l'ordre suivant :

Le mardy 29 à huit heures du matin, le R. P. prieur étant entré par la porte du sépulcre avec les religieux et un nombreux clergé, y ayant désigné à chacun d'eux son office, on commença ainsy la procession :

Un acolite précédoit avec le bénitier ; deux autres suivoient, chacun avec un encensoir à la main. Le sous-diacre portoit la croix entre deux acolites ; le clergé séculier et la communauté suivoient la croix, et les trois communautés des dames religieuses à leur rang ; — quatre diacres revêtus d'aubes et de dalmatiques pour porter le corps ; — les révérends pères, sous-prieur, La Huproye, Lesève et Durand, curé, revêtus d'aubes et de chappes pour porter les corniers du drap. — Le R. P. prieur, aussy revêtu d'aube, de chappe et d'étolle, le diacre à sa gauche, marchoit le dernier de tous, qui avoient chacun un cierge à la main.

Lorsqu'on fut arrivé près le lit de parade, le R. P. prieur officiant donna l'eau bénite, dit à basse voix *Si iniquitates*, *De profundis*, entonna *Exultabunt Domino*. Madame la grande chantre prit le grand *Miserere* et on retourna à l'église dans le même ordre qu'on en était sorti, les quatre diacres portant le corps, les quatre anciens religieux portant les coins, Madame l'abbesse marchant immédiatement après le corps et Mesdames les quatre sous-gouvernantes, deux à deux devant et derrière le corps.

En arrivant à l'église, on déposa le corps au milieu d'une chapelle ardente, illuminée d'un grand nombre de cierges, de même que tous les autels, et après les aspersions, encensements et l'oraison, on commença à neuf heures le service par la messe du Saint-Esprit qui fut chantée par les religieux dans le chœur des dames religieuses et dite par le R. P. sous-prieur à l'autel qui touche le tombeau des Roys d'Angleterre. Les dames religieuses de Saint-Lazare et de la Madeleine chantèrent la messe de la Sainte Vierge; à dix heures et à onze heures la grande communauté chanta celle de *Requiem*, qui fut dite au même autel par le P. prieur, officiant.

...... Après les derniers encensements et aspersions, pendant qu'on chantoit *in Paradisum*, l'antienne *Ego sum* et le *Benedictus*, on descendit dans le caveau le corps de très haute, très excellente, très puissante princesse THÉRÈSE-FÉLICITÉ DE FRANCE, fille du Roy Louis XV, morte en cette abbaye le 28 septembre 1744, âgée de huit ans quatre mois douze jours, étant née le 16 may 1736.

...(1) La grande communauté des dames Religieuses se disposent à faire un grand service solennel pour le trentain avec les vigiles et trois grandes messes, sans attendre les ordres du Roy, qui ne sont pas encore arrivés. — Ce 10 octobre 1744.

V.

Acte de décès de Félicité-Thérèze de France.

Le 28e jour de septembre 1744 Madame Thérèze Félicité de France est décédée âgée de 8 ans cinq mois (*sic*) et quelques jours. Son corps a été inhumé dans le caveau des Roys d'Angleterre par le R. P. prieur de Saint Jean de l'Habit, assisté de la communauté, du curé soussigné et de son clergé. Après les obsèques usitées en pareil cas et exprimées dans le Pontifical Romain, quatre des plus anciens prêtres religieux de l'ordre ont eu l'honneur de porter les quatre coins du drap mortuaire et le corps de Madame a esté porté par quatre diacres religieux (2). *F. Durand, curé.*

VI.

Baptême de Victoire-Louise-Marie-Thérèze de France.

Le 14 d'aoust 1745, Victoire-Louise-Marie-Thérèze, fille de très haut, très excellent et très puissant prince Louis, par la grâce de

---

(1) Nous supprimons ici comme plus haut le détail des divers services.

(2) « Elle a plus de sept ans, dit pour toute réflexion le Journal de Barbier. Ainsi on doit porter le deuil. »

Dieu Roy de France et de Navarre, et de très haute, très excellente et très puissante dame Madame Marie, princesse de Pologne, son espouze, née et ondoyée l'onziesme jour de may 1733, par M. l'abbé de Belfont, aumosnier du Roy, en présence de M. Jomard, curé de Versailles, a receu les cérémonies du baptême par haut et puissant seigneur Monseigneur Gilbert de Montmorin de St-Hérem, évesque-duc de Langres, pair de France, commandeur des ordres du Roy, en présence du curé de Fontevrault. Le parain a esté mon sus dit seigneur évesque-duc de Langres, comme fondé de procuration en lieu et place de très haut, très puissant et excellent prince Louis dauphin de France, et la maraine a esté très illustre et religieuse dame Madame Claire Louise de Montmorin de St-Hérem, abbesse, chef et généralle de cette abbaye et ordre de Fontevrault, gouvernante de Mesdames de France, comme fondée de procuration en lieu et place de très haute, très puissante et excellente princesse Marie Thérèze d'Espagne, dauphine de France. — *Durand, curé.*

VII.

Baptême de Sophie-Philippine-Élizabeth-Justine de France.

Le 14 d'aoust 1745, Sophie-Philippine-Élizabeth-Justine, fille de très haut, très excellent et très puissant prince, Louis par la grâce de Dieu Roy de France et de Navarre...... née et ondoyée le 27 juillet 1734 par très haut et puissant prince Monseigneur de La Tour d'Auvergne, archevesque de Vienne, premier aumosnier du Roy, en présence du curé de Versailles, a receu les cérémonies du baptesme par haut et puissant seigneur Mgr Gilbert de Montmorin de St-Hérem, évesque-duc de Langres, etc. — Le parain a esté mondict évesque-duc de Langres, comme fondé de procuration en lieu et place de très haut, très puissant et excellent prince Philippe, infant d'Espagne, et la maraine, ma dite dame abbesse sus-nommée, fondée de procuration en lieu et place de très haute, très puissante et excellente princesse Louise Élisabeth de France, infante d'Espagne. — *Durant, curé.*

VIII.

Confirmation des enfants de France.

Et le lendemain du sus dit mois Monseigneur l'évesque-duc de Langres a donné le sacrement de confirmation et fait faire la première communion à Mesdames Victoire et Sophie de France et a aussy confirmé madame Louise Marie. — En faveur des dites cérémonies Mesdames ont donné à la sacristie de la paroisse les vaisseaux de l'huille sainte du Saint Chresme et de l'extresme onction, deux burettes et un bassin et une petite custode pour porter le saint viatique aux infirmes, le tout en argent et marqué de leurs armes. Il y en a pour la somme de 374 livres. Madame l'abbesse a aussy fait présent à nostre sacristie d'un bel encensoir d'argent avec sa navette. *Durand, curé.*

(*Arch. de Maine-et-Loire. Fontevrault. Mss Lardier. — Et Registres de la paroisse Saint-Michel de Fontevrault*).

LETTRES

D'UN

LIEUTENANT DU RÉGIMENT DE MONTMORIN

Par ce temps de discussions militaires et de préoccupations belliqueuses, qui regardent vers l'avenir, j'ai rencontré (1), sans songer à mal, une bien simple et bien naïve correspondance de jeune officier qu'on me pardonnera de raconter. Il n'y a là ni révélation inattendue de diplomatie, ni plan, ni secret de grande politique, mais une confidence familière des conditions diverses de l'ancienne armée, complète en son petit cadre, du début à son dénouement. Histoire d'ailleurs, si l'on veut pour quelques instants, de parler soldat et de présenter les armes au commandement de l'actualité.

Gilles-Joseph Dufour Du Vau a dix-sept ans tout au plus, en 1746, quand il part de Saumur pour prendre service à l'armée de Flandres. Le canon de Fontenoy retentit encore et l'enthousiasme est partout. Notre jeune Angevin rêve sa part des jours de gloire. D'une famille nombreuse d'ailleurs il n'est pas le seul qu'a tenté le goût des armes, et son oncle, Le Doyen de Clenne, commissaire d'artillerie à Saumur même, lui prête aide et secours de tout genre. C'est sans aucun doute à l'influence de ce parent qu'il doit la lettre qui l'accrédite auprès de Royal-artillerie, seul régiment où restent attachées des charges de cadet. Celle qui lui est ainsi assurée lui permettra d'attendre. Il n'y restera pas longtemps.

---

(1) *Archives de Maine-et-Loire*. E. 3071.

Le voilà donc parti « avec sa petite cavale » douce et sûre et si bien appareillée, qu'elle fait ses cent lieues sans perdre un clou. C'est la première échappée où le voyage semble court et met gaîment sept grandes journées à gagner Paris. Arrivé là, à mi-chemin, il faut adresser un bonjour encore « à son cher tonton, » à sa chère tante, aux cousins, aux frères, à la sœur, à toute la famille, aux amis qu'il nomme « sans les nommer », et déjà et surtout la recommandation pressante : « qu'on n'oublie pas les envois d'argent! » Peut-être ce point là est-il l'important pour lui. A coup sûr, c'est, il faut l'avouer, le mérite qui a fait conserver ces lettres, documents de comptes, non d'histoire.

Notre jeune héros présenté, installé, logé, équipé de toutes pièces, ce qu'il en pense et ce qu'il lui en coûte surtout, il le sait bien dire. Laissons-le donc à son aise parler comme il sait, sans rien modifier que l'orthographe un peu trop novice et qui demanderait à passer par une autre école que celle du tir ou du peloton :

Bruxelles, ce 8 décembre 1746.

Mon cher oncle,

Je suis enfin parvenu, grâce à Dieu, au comble de mes souhaits. Je suis arrivé à Bruxelles en très-bonne santé, où est le bataillon en garnison, le 20 du mois dernier, à 9 heures du matin. Je fus chez M. de Fontenay, le même jour après midi; il n'y étoit pas; je laissai la lettre de M. de Brisard. Le lendemain lundi, à 9 heures du matin, on me dit qu'il étoit chez le major, M. de St-Hilaire, où je le trouvai. Je luy présentai la lettre du prince. Il ne m'en demanda pas davantage et me dit que cela suffisoit et qu'il m'alloit faire venir les lettres de réception comme cadet d'ordonnance. C'est le prince qui les donne; elles ne sont pas encore arrivées; elles ne tarderont pas. Il y a dans le bataillon sept places de cadet vacantes après moi et deux capitaines qui vont se retirer. Cela fera neuf après moi. Il m'envoya trois jours après un billet pour loger chez un habitant. L'hôte doit vous donner une chambre garnie, c'est-à-dire, un lit, une armoire, un coffre, une cheminée, deux tables, un miroir, des draps tous les mois, un lit pour le domestique et une écurie. Il faut manger à l'auberge ou faire ordinaire dans sa chambre, si vous avez un domestique cuisinier. Je fais ordinaire avec un cadet à 10 écus par mois, où les autres payent 12 écus à l'auberge, parce qu'il a un domestique cuisinier. Le pain vaut 2 sols la livre; la viande depuis 5 jusqu'à 10, 12 sols; le cochon 10, 12 sols; — le poisson n'est pas cher tel qu'à Saumur; le vin 30, 40 sols la bouteille. Il y en a de 14 sols, c'est un cantinier du bataillon qui le vend. M. de Fontenay boit de celui-là. Le bois se vend par mesure. Il n'y a que la valeur de 3 à 4 bûches et 2 fagots de Saumur, 100 sols. Les autres denrées à proportion.

Il n'y a point de nouvelles, si ce n'est qu'on fortifie Vilvort et Maline, qui ne sont qu'à 4 lieues de Bruxelles. Les hussards autrichiens font des courses continuelles depuis Namur jusqu'à Maline. Il n'y a pas plus de 50,000 hommes dans tout ce pays icy. Toutes les troupes descendent en France, par rapport aux Anglais. Si j'avais été seulement au siége de Namur, je profiterois de la gratification qui est de 25 pistoles par chaque cadet. J'ai fait la route seul depuis Paris jusques icy. J'ai couché une fois dans un lit dont la couette était remplie d'avoine, telle qu'on la donne aux chevaux, une autre fois sur la paille. Je n'ai point donné de repas pour mon arrivée. Cela ne se fait plus. Il m'en coûte pour mon voyage cinq louis passants : voilà ce que c'est que de loger dans les grandes auberges depuis Paris jusques icy; tout y est extraordinairement cher. L'habit uniforme et le surtout, 5 louis, encore le drap n'est pas trop beau ; 15 livres pour ma valise, 12 livres par mois et pour mon cheval à Bruxelles. Les pâtures y sont fort chères. Je n'ai vendu mon cheval que 24 livres par l'oreille (1). J'ai gardé tout l'équipage. Je n'en aurais pas un au même prix à l'entrée de la campagne..... Aussi vous me ferez grand plaisir, mon cher tonton, de vouloir bien m'en envoyer deux, un à poil et l'autre bâté avec un domestique.....; avec 710 livres je ferai la campagne, non pas comme un officier, mais comme un cadet. Mes appointements ne courront que du jour de la date des lettres (2) de réception; encore je ne les recevrai point, qu'après la campagne. Adieu, mon très-cher oncle, en attendant de vos nouvelles, j'ai l'honneur d'être avec un profond respect — Votre très-humble et

---

(1) C'est-à-dire sans frein ni rênes, ni équipement, comme on vend le vin, la goutte, sans fût.
(2) Elles vinrent le 22 du mois. Ses appointements étaient de 16 livres 13 sols par mois, retenue faite de 2 deniers par livre pour le fourniment.

— 58 —

très-obéissant et affectionné *Dufour*, cadet au régiment royal-artillerie, bataillon de Fontenay, chez M. Vatelot, m⁰ charron, dans la rue de Louvain, près la chapelle St-Antoine, à Bruxelles. — Ne mettez point Duveau ; on ne me connaît que sur le nom de Dufour. — J'assure bien de mes respects ma chère tante, mes cousins, toute la famille Guéniveau et surtout Mme et Mlle de Plassé, Mme et Mlle Vincent, en attendant le premier de l'an, à qui j'aurai l'honneur d'écrire, — non pas à Mlle Vincent.

Bruxelles en Flandre, 25 février 1747.

..... Mes compliments à M. Charpentier. Je lui ai bien des obligations. Ce seroit à propos que tous les jeunes gens qui veulent aller au service fussent chez lui pour apprendre le ménagement et à n'être point délicats. Je n'oublierai jamais les bontés qu'il a eues pour moi et je sens bien aujourd'hui ce que je ne sentais pas en ce temps là. La campagne commencera le 4 ou 5 avril. Les officiers qui ont leurs postes dans les pays arrivent de jours en jours avec quantité de recrues. M. le maréchal comte de Saxe, arrivera dans cette ville ces jours ci. On compte que le Roi se mettra à la tête de ses troupes en Flandre. Il y a eu le lundi gras grande réjouissance en l'honneur du mariage de Mgr le Dauphin. Comédie gratis pour tout le monde, feu d'artifice après la comédie, grande illumination dans toute la ville, grand souper à 10 heures, grand bal qui a duré depuis minuit jusqu'à 8 heures du matin, où le commandant de la ville, les seigneurs et princes, qui demeurent dans la ville et qui ont leur bien dans le pays, ont assisté. Les officiers n'y ont entré qu'avec l'habit uniforme et non masqués, et les bourgeois ne le pouvoient qu'ils ne fussent masqués. On parle beaucoup de la paix et que l'on ne fera pas la campagne entière.

Notre cadet, comme on voit, a bon cœur ; et les nouveaux plaisirs, que le roi lui sert gratis à profusion, ne lui font oublier ni Mlle Vincent — quel dommage qu'il ne lui ose pas écrire ! — ni son vieux principal qui, paraît-il, avait la main rude, mais à qui il n'a pas gardé rancune. — Déjà pourtant sa fortune a pris une face nouvelle. L'artillerie n'a pas d'avenir, est envahie par les grosses bourses et chaque grade s'y paie à un tarif inabordable.

Il a trouvé mieux : des protecteurs et une lieutenance dans le régiment de Montmorin et tout ce qui s'ensuit avec l'occasion propice à la bonne volonté; — mais un cheval! qui lui donnera un cheval?

Bruxelles, 26 mars 1767.

Ma sœur vous aura sans doute mandé mon changement de cadet dans Royal-artillerie à lieutenant dans le régiment de Montmorin. Cela ne doit point vous surprendre, attendu le risque que je courois par la dépense qu'on y fait et les sommes qu'on doit donner de poste en poste auxquels on monte. M. de Claveau vous avoit bien dit qu'il en coûtoit 1200 livres pour être sous-lieutenant, de plus 100 livres pour lieutenant en second, 700 livres pour lieutenant en pied, 3000 livres pour être capitaine en second, 10000 livres pour être capitaine en pied. Cela fait 15000 livres que je ne pourrois jamais payer. Je suis lieutenant et 25 après moi, sans qu'il m'en coûte rien et je ne crains point la réforme, attendu que le régiment n'est que de trois bataillons et qu'il ne sera jamais réformé. Je n'ai point fait cela, mon cher tonton, sans me consulter non-seulement aux MM. de Montalembert, qui m'ont fait l'honneur de me procurer la lieutenance, mais encore à tous les capitaines du bataillon, qui ont parlé pour moi à M. de Montmorin, colonel du régiment. Les MM. de Montalembert, chevaliers de St-Louis et capitaines au bataillon de Fontenay, avoient deux lieutenances, que M. de Montmorin leur avoit données; ils en ont donné une à un de leurs parents et l'autre qu'ils m'ont fait l'honneur de me donner. Ils me présentèrent eux-mêmes à M. de Montmorin, qui me reçut avec beaucoup de politesse et d'amitié. Il me dit lui-même que tous les lieutenants du régiment étoient pauvres et qu'ils ne faisoient pas de dépenses. Il y a de l'une et de l'autre condition. Il seroit disgracieux pour moi de ne pouvoir pas faire la campagne, n'ayant pas d'argent et un cheval. Il ne faut pas qu'il soit de grand prix; une rosse, cela suffit. »

9 avril 1767.

Je n'ai besoin aucunement que de 10 à 12 louis et un cheval. Je suis le plus content du monde. Mes lettres de lieutenant en pied sont du 7 mars et M. de St-Hérem de Montmorin, notre colonel, m'a déjà parlé pour me mettre dans l'état-major, c'est-à-dire, me faire garçon-major, qui porte la canne; c'est bien mon avancement, mais il y en a de plus anciens que moi qui peuvent demander la place. J'en serai sûr à l'entrée de la campagne et je vous le manderai. Ainsi, mon cher tonton, vous pouvez bien juger que je ne me fais pas haïr dans le régiment de Montmorin, puisque le colonel veut me mettre dans l'état-major. J'avancerai toujours avec les amis et les protections que je me suis faits. Ainsi, mon cher tonton, ne m'abandonnez donc pas dans un aussi beau chemin... Sans argent je ne puis entrer en campagne... Je suis lieutenant dans la compagnie du meilleur capitaine du régiment et la 4ᵉ compagnie du premier bataillon. Il s'appelle M. de Josselin. Il m'appelle son vicaire et me fait mille amitiés... Votre très-affectionné neveu, *Dufour de Pontagon.*

Le nom de *Pontagon* (1) est un nom de guerre que l'on m'a donné et que j'ai pris. Je vous prie de le mander à ma sœur afin de mettre sur l'adresse des lettres que l'on m'écrira : à *M. Dufour de Pontagon, lieutenant au régiment de Montmorin, à l'armée de Flandres, en Flandres.*

26 *avril* 1747.

... Je vous ai marqué il y a quelque temps que M. de Montmorin m'avait parlé sous paroles couvertes pour me faire garçon-major à ce que je croyais, mais la thèse est bien différente, c'est pour me faire l'aide de camp de M. son père, qui est maréchal de camp. Il me présenta lui-même à M. son père, qui me reçut pour occuper cette charge. Sitôt que j'eus fait part de la réception de cette nouvelle charge à ces Messieurs, eux-mêmes, qui l'avoient demandé pour moi, m'achetèrent sur le champ un cheval convenable pour cette charge, qu'ils payèrent de leur propre argent, en me disant : « Tu ne dois point t'inquiéter de l'argent que nous te prêtons; nous te connaissons de trop grands sentiments d'honneur pour que tu ne nous le rendes pas, quand tu en recevras de chez toi. » Ledit cheval coutoit onze louis d'or, argent de France. Mais... l'ancien aide de camp du capitaine, parent de M. de Montmorin, ayant appris que je

---

(1) Il dit ailleurs : Le nom de Pontagon ne doit pas vous surprendre. C'est que M. de Montalembert avait demandé la lieutenance pour un de ses parents appelé Pontagon.

prenois sa place, attendu qu'il s'étoit démis de sa charge, a redemandé ladite charge à M. de Montmorin, qui lui a redonné. M. son fils me fit avertir à l'ordre le lendemain d'aller lui parler chez lui; je n'y manquai pas... Les Messieurs de Montalembard furent très-surpris de cette nouvelle-là et me dire de ne point perdre courage, et de ne point m'inquiéter du cheval, qu'ils le retenoient pour eux; ce sont bien là de grandes marques d'amitié! »

J'ai bien peur qu'il n'y ait dans cette histoire de cheval quelque conte en l'air dont l'oncle se doute. Car Pontagon — puisque Pontagon il y a, et ce nom, qui le prit à la guerre, ne le quitta plus et remplaça à jamais l'autre, — fait de si beaux serments de véracité qu'on n'y peut trop croire. Son cheval enfin, s'il l'eût, ne lui servit guère et demeura au gîte, pendant qu'il fallait suivre à pied le drapeau qui du moins marchait au combat. C'est du champ de bataille de Lawfeld que partent maintenant les lettres, et voici le récit après la victoire :

Au camp de la bataille de Lawfeld, ce 8 juillet 1747.

Mon très-cher oncle, je ne doute point que vous ayez appris ce qui s'est passé depuis le premier de ce mois. Je vous prie de m'excuser si j'ai été si longtemps à vous le mander. C'est que depuis le 28 de juin, au soir, nous n'avons pas cessé de marcher nuit et jour, et cela sans équipage. A peine avons nous de la paille pour nous coucher. Le 2 du mois nous attaquâmes les ennemis qui étoient retranché dans un village appelé Lawfeld, proche Maestrick. Notre régiment ne donna pas le matin. Cependant nous y avons perdu deux hommes de morts et trois de blessés par le canon et mon drapeau cassé par le haut d'un boulet de canon. Cela ne doit pas vous surprendre parce qu'on tire toujours sur les drapeaux, du plus loin qu'on les voit approcher, surtout ceux du premier bataillon. Le soir on nous fit marcher sur les cinq heures avec les régiments qui n'avoient pas donné, pour attaquer les ennemis par leur droite; mais ils prirent la fuite à notre aspect, et on fut contraint de leur envoyer la cavalerie et les dragons pour les obliger de se retirer à Maestricht en passant la Meuse, où il en a resté un grand nombre des leurs. Enfin la bataille a duré depuis dix heures du matin jusqu'à deux heures après-midi avec un feu continuel. Le soir on ne tira pas un coup de fusil, si ce n'est quelques pièces de canon. Je ne puis vous dire au juste la perte d'hommes de part et d'autre. Ce qu'il y a de sûr, c'est que nous avons acheté le champ de bataille bien cher, ayant perdu plus que les ennemis. On dit que cela se monte à 17 ou 18,000 hommes de part et d'autre. Je ne connois de blessés du pays que M. Desessards, de Chinon. C'est une contusion causée par une balle morte qui lui a attrappé la jambe gauche ; cela ne l'empêche pas de suivre le régiment. Il regrette beaucoup M. de Reux, de Chinon, qui a eu le malheur d'y être tué, après avoir essuyé tout le feu dans le village. M. du Tronchay, Messieurs de la Machefolière, et Messieurs du Petit-Thouars sont en très-bonne santé. Après cela, mon cher tonton, je puis dire avoir vu une bataille! Le comte de Lowendal marche avec son armée à Berg-op-zoom et à Lilo pour en faire le siège. On compte que nous ferons ensuite celui de Maestricht. Je le souhaiterois afin de sortir de ce camp empestiféré. »

Mais ce n'était pas là son seul vœu, et l'ambition lui était venue avec la fumée de la gloire. Son régiment allait s'accroître d'un bataillon, et si sa chère tante, tous ses parents, M. et Mme Desmé, y voulaient entendre aussi bien que l'y engageaient, à l'en croire, son colonel, son lieutenant-colonel, plusieurs capitaines et ses protecteurs, MM. de Montalembert, Pontagon s'assurait de mettre sur pied une compagnie et de passer ainsi d'emblée capitaine. Le roi fournissait 105 livres par recrue, le fusil et la baïonnette; mais il fallait trouver le reste en écus et d'abord l'agrément du Roi. Si l'oncle ou la sœur auraient expédié ces mille petits écus, qui devaient suffire, on ne le peut dire ; mais toute démarche fut perdue, l'agrément du Roi ne vint pas, et les anciens de grade furent préférés sans passe droit, miracle plus rare encore que l'argent. Il fallut donc prendre son mal en patience, et laisser faire aux distractions que promettait largement l'hiver : « On parle beaucoup d'une forte entreprise qui est une descente en Zélande. On a déjà commencé à faire construire un grand nombre de bateaux plats et on fait apprendre à ramer aux soldats du régiment de La Morlière-infanterie et dragons. On parle aussi de la paix : cela s'accorde comme chien et chat !..... » écrit-il de l'Écluse (18 décembre 1747), et six semaines plus tard, il commandait un village perdu dans l'île de Cazan, du nom de Nivelite, « parmi les sauvages qui, lorsqu'ils nous voient, croient voir le diable. Nous n'entendons nullement leur langue qui est flamande et hollandaise..... Vous ne doutez pas qu'après une garnison pareille on ait un très-grand besoin d'argent. » A la bonne heure ! encore faut-il s'entendre ! — Mieux servi au printemps, il est devant Maestricht et y rencontre au camp des compatriotes, les Du Petit Thouars et Guéniveau qui lui font bonne chère ; et, parlant avec eux de l'Anjou, l'idée lui vient d'y aller reprendre l'air du pays en semestre. Le froid, la boue, la fatigue des tranchées l'avaient, à défaut d'autre mésaventure, rudement éprouvé. D'ailleurs, la garnison de Maestricht s'est rendue, les trêves sont signées ; pendant qu'on va reprendre le pied de paix et réformer les volontaires inutiles, notre jeune homme, bien pourvu, bien recommandé, aimé, fêté, bon enfant pour tout dire, et qui n'a rien à craindre, aura tout le temps de revenir à la vie de garnison. Il se ravise pourtant, sans en donner le fin mot. Mais ses lettres dès lors sont remplies de détails sur les misères de cette réforme de l'armée qui de fait fut terrible et telle qu'on n'en avait vue encore jamais. Douze régiments étaient supprimés et tous les autres rudement réduits. On ne s'était attaqué pourtant d'abord qu'à la cavalerie, aux dragons, aux troupes légères et aux compagnies franches ; et déjà c'était une pitié ! On n'a pas idée de ces misères ! « Jusqu'à de vieux chevaliers de St-Louis, écrit-il, contraints de rendre leur croix aux gouverneurs des places où ils sont, pour pouvoir mendier l'aumône et obligés de faire perdre l'argent des dettes qu'ils ont faites, ayant mangé tout leur bien au service. »

Ils ont fait mendier la main qui tint les armes !

s'écriait déjà un siècle auparavant le grand d'Aubigné, dans ses *Tragiques*. Barbier, témoin plus calme, ne s'émeut guère. « Cela met sur le pavé, dit son Journal, un grand nombre de jeunes gens qui servoient depuis quelques années dans les troupes en qualité de lieutenants, sous-lieutenants et même de capitaines, et qui sont embarrassés après avoir été officiers de prendre aucun autre état et qui n'ont plus ni paie ni qualité et se trouvent sans bien. Cela doit apprendre aux jeunes gens des familles bourgeoises, qui sont à portée de choisir différentes professions pour gagner leur vie, de ne pas se livrer si imprudemment au métier militaire, qui les flatte d'abord par le brillant et par la fainéantise, et dans lequel on obtient aisément des places en temps de guerre, quand on a besoin de troupes. »

Pontagon pourtant n'a rien à craindre. Il se garde bien « une poire pour la soif, » mais « il n'est pas dans le cas de la réforme, » et il reste au premier rang à Thionville pour voir évider les cadres. « Des volontaires royaux de 2 600 hommes il n'y a que 600 hommes de conservés, et de 250 officiers, il n'y en a que 25. L'on espère que l'infanterie française ne sera pas si mal traitée. La réforme ne se fera que dans le mois de février prochain. — Pour moi je ne crains rien ! » répète-t-il encore. — Oh ! les belles espérances et le bon billet de logement que lui a donné le roi ! Février est venu, et de notre lieutenant personne n'a plus de nouvelles. Il écrit enfin, mais « si interdit » qu'il le peut à peine.

« Je n'ose vous apprendre le mal qui me tue ! Cependant il faut bien se résoudre pour pouvoir y porter remède, quoiqu'il soit bien difficile. Il faut auparavant que je vous déclare ma maladie, non-seulement la mienne, mais celle de plus de mille de mes camarades qui en sont attaqués. Bref à ce discours, qui ne feroit que vous attrister. Je vous dirai donc que tous les lieutenants d'infanterie sont réformés !... Il n'y a que le premier lieutenant qui reste, attendu que le Roi conserve les officiers de fortune au préjudice des autres. Il n'y aura plus que 4 drapeaux pour deux bataillons, qui seront portés par des officiers de fortune et le premier lieutenant conservé avec les mêmes appointements de 30 livres. Les bataillons ne sont plus que de 13 compagnies, y compris celle des grenadiers. Les 24 derniers capitaines en second feront le service de lieutenant avec les mêmes appointements de 66 livres par mois ; nous pourrons chanter tous ensemble un couplet de la chanson :

   Ça, partons ! compagnons d'infortune !
   Quittons un pays d'ingrat ;
   Allons, dans un autre climat,
   Allons chercher fortune !

On croit, il veut faire croire qu'il prend ainsi gaîment son parti, mais lui-même n'y tient plus, et, en finissant sa lettre, il l'avoue : « les larmes l'aveuglent ! » — Sa carrière était finie, brisée ; on a beau faire, on ne recommence pas sa vie ! et puis l'entrain, la foi de la première jeunesse, et puis la chance ! Il n'est qu'une heure pour tout cela qui ne se retrouve plus.

Aux premiers jours (avril 1749) du printemps, si frais, si gai, le long des luisettes de la Loire, notre angevin débarquait du coche à Saumur, le gousset vide à tel point, — après les arrhes payées, 6 livres ! — que son frère l'avocat avait dû venir l'attendre pour le dégager du messager. — A quelques dix ans de là, je le retrouve capitaine — mais dans l'inoffensif régiment provincial du Mans, retraite ordinaire des réformés ; — puis comme il atteignait ses trente ans et qu'il était à bout d'avenir, il se maria (19 avril 1763) et fit souche d'angevines, qui devinrent Mesdames Valette de Champfleury et de la Berrurière de St-Laon. — Et voyez l'aventure ! j'achevais ce récit, de plume rapide, quand est entré chez moi un petit neveu — je l'ignorais bien ! — de Pontagon, un magistrat, s'il vous plaît, tout nouvellement assis — on eût dit autrefois, sur les fleurs de lys, — qui connaît, comme personne, son monde ancien du Baugeois et du Saumurois, et qui n'a pas été surpris, ô merveille ! d'entendre parler de son grand-oncle.

LE MÉDECIN DES PAUVRES

(1450-1455.)

Se figure-t-on de nos jours un hôpital sans médecin, quatre, cinq hôpitaux dans une même ville sans un seul docteur attitré ou même sans visite aucune de docteur? C'était là, il paraît bien pourtant, jusqu'au XVIᵉ siècle, la condition des pauvres, originaires ou habitants d'Angers, quoique les aumôneries ni autres refuges ne manquassent. Encore moins y manquaient malades et infirmes du pays d'Anjou ou de régions lointaines, qui trop souvent y venaient finir leurs jours « par défaut d'un bien petit remède. » Au lieu de trouver là soulagement espéré, le mal, qu'un peu de soin eut guéri, s'envenimait dans l'air empesté par la réunion de tant de misères à l'abandon, jusqu'au jour où, l'été venu, plus souvent encore l'automne, la contagion s'évadait de ces refuges pour s'abattre tout ardente sur la ville. On voyait alors une fuite, tête baissée, de tous les gens en place, magistrats, abbés, curés, bourgeois, grands seigneurs, voire même et surtout des médecins qui couraient en hâte prendre l'air des champs sans souci de leur clientèle; triste désertion qu'autorisait trop facilement la défaillance de la conscience publique et contre laquelle protestait seulement, par la constance et la modestie du sacrifice, le dévouement de quelques bons cœurs. Parmi ces braves gens que le danger n'effrayait pas, et que leur solitude mettait tout d'un coup en évidence, Maurice Le Peletier, ou de son vrai nom populaire Maître Maurice, simple licencié en médecine, peut-être trop pauvre pour avoir pu acquérir le bonnet fourré de docteur, s'était fait, sans profit mondain ni recherche de salaire, par seule inclination de charité, le médecin ordinaire des pauvres, visiteur assidu des aumôneries et des hôpitaux, accessible et secourable au premier venu. C'est lui, quand les mauvais jours menacent et qu'il s'agit d'aider par d'énergiques remèdes la miséricorde divine inutilement implorée, que désignent unanimement au choix du prince les seigneurs de son conseil, « gens d'église, nobles, bourgeois et habitants d'Angers. » Par les lettres patentes ci-jointes, données en son château le 1ᵉʳ mars 1450 (N. S.), le bon roi René confirme au maître charitable le mandat volontaire qu'il s'était donné et lui attribue la charge publique de faire une visite régulière, deux fois par semaine des hôpitaux et aumôneries de la ville et des faubourgs.

Dans d'autres villes et à Angers même, longtemps auparavant (1) et bien plus tard encore, les bourgeois, inquiets de leur

---

(1) « A maistre Boniface de Savonnières, maistre en médicine et physicien du seigneur comte d'Anjou retenu de nouvel à fère résidence pour lire en la faculté de médicine et veoir et visiter les malladies des habitants de ladicte ville aux gaiges de cent livres tournois par an ainsi que plus à plain est contenu ès-lettres dudict sieur données à Angers le 4ᵉ jour d'avril 1402, pour un an commençant le 1ᵉʳ jour de juillet 1403 et finissant le dernier jour de juing 1404, cent l. t. (*Archives de la Mairie d'Angers*. CC3 f. 108 et fol. 115 vᵒ).

— « A maistre Jacquemin de Blandrate, physicien du roy de Sicile, la somme de 20 escuz d'or qui donnez lui ont esté par ledict sieur pour paier le louage de la maison où il demeure à présent et à fin de le entretenir au mieulx que faire se pourra en ceste ville d'Angers, par mandement dudit seigneur, donné le 7ᵉ jour d'octobre 1455.

» A maistre Jacquemin, médicin, 12 l. 7 s. 6 d. t. pour paier le louage de la maison où demeuroit ledict Jacquemin.

» A maistre Jacquemin, le medicin de la Royne de Sicile, la somme de 8 escuz d'or, moitié de la somme de 16 escuz d'or à luy ordonnez pour le louage de son logeis en la ville d'Angers (1457). (*Ibid.* CC3 f. 138 vᵒ, 165 vᵒ, 175.)

Voir aussi dans l'ancienne *Revue d'Anjou*, t. II, p. 197, la lettre du roi René (5 mars 1472), qui attribue à Mᵉ Nicolas Wyart, docteur en médecine, 100 l. t. de pension sur les deniers communs de la ville d'Angers. Ce maître Nicolas, docteur ès-arts et en médecine, protonotaire du Saint-Siège, abbé commendataire de Saint-Michel-en-l'Herme, était en 1482 médecin de Guillaume de Tancarville, seigneur de Montreuil-Bellay, qui lui fit don de la terre et seigneurie de Blangy-sous-Poix. Il fut enterré en 1488 dans une chapelle de Saint-Maurille d'Angers, où Bruneau de Tartifume a relevé son épitaphe mutilée (Mss, *Angers*, f. 345).

Une dernière citation montre jusqu'où s'étendait la sollicitude du conseil de ville : « 20 *février* 1501 (N. S.). Sur la requeste que Johan Maillet, demourant à Brochesac, a fait faire audict conseil par laquelle il requeroit que le plaisir de nosdits sieurs fust luy donner telle somme de deniers que leur plaisir seroit par

chère santé, s'attachaient par maints avantages, priviléges d'honneur, gages ou exemptions, quelque maître « physicien, » de haut renom, sollicité ainsi à faire résidence et à s'occuper de leur personne. La mesure était utile, intelligente, de bonne police et d'administration habile, mais elle ne paraît pas s'être inspirée de la même pensée généreuse, qui tente ici un premier essai d'assistance médicale, uniquement au service des pauvres et des gueux. On comprend combien l'œuvre est nouvelle, à la résistance seulement qu'elle rencontre, et si mince que soit l'indemnité attribuée à maître Maurice, chaque retour de compte la menace, souvent plus d'un la supprime, et quand elle s'inscrit définitive mais réduite, on dirait plutôt une concession gracieuse accordée par hommage à un dévouement incontesté, que la rémunération légitime d'un office public. Tant est lent et souffre à s'imposer le progrès des mœurs et de la raison, même sous le coup des nécessités sociales les plus pressantes! tant vient vite aussi l'oubli du progrès conquis! Et il n'y a pas si longtemps que dans tous les hôpitaux de France les misérables, vivants mourants, gisaient quatre à quatre par grabat, et qu'à Angers, pour acclimater l'industrie des filatures, on n'imaginait pas de faveur plus précieuse, de privilége plus rare que d'assurer aux artisans nouveaux-venus, par une réserve bien enviée, à chacun son lit de malade dans l'hospice!

1.

Lettres du roi René portant nomination d'un médecin des pauvres à Angers.

René, par la grâce de Dieu, Roy de Jéhrusalem et de Sicille,

---

chacun an, pour estre et demourer subgect à la dicte ville de venir tous les sabmedis de l'an en ceste ville servir les manans et habitans d'icelle à renouer les membres et ossemens qui seroient rompus ou comrogez et à donner plusieurs remèdes à la santé des personnes, laquelle requeste oye et considéré par Messieurs dudict conseil que ledict Maillet vient ordinairement tous les sabmedis en ceste dicte ville et qu'il fait et donne plusieurs grans services et remèdes aux corps des personnes et autres considérations, a esté conclud et ordonné que pour ceste fois sera donné audict Maillet la somme de 60 s. t. pour luy aider à avoir une robe et luy donner courage de venir encores au temps à venir en ceste dite ville par chacun sabmedi. » (*Arch. de la ville*, BB12, f. 25.)

duc d'Anjou, per de France, duc de Bar et de Lorraine, conte de Provence, de Forcalquier et de Pymont à Jehan Landevy, à présent receveur général des deniers de la cloison d'Angiers et à tous autres qui par le temps à venir auront la charge de ladicte recepte génerallle d'icelle cloison, salut.

Comme en ceste ville d'Angiers ait plusieurs aumosneries et hospitaux à recevoir et logier les povres malades pélerins et passans païs, èsquelles aumosneries et hospitaulx est afflué ès temps passez et afflue par chascun jour tant de cedict païs d'Anjou que d'autres plusieurs païs, régions et contrées, plusieurs malades et enfermes pélerins et autres de plusieurs vocacions, qui souventes fois chéent en malladies diverses; et ne leur est donné aucune provision, par ce que nulle persone expert ne s'en donne garde; et souventes fois par deffault de bien petit remède finissent leurs jours et par deffault d'avoir mis ordre et provision de donner aucun aide de vivre en ceste dicte ville d'Angiers à aucun homme expert et congnoissant en la science et praticque de médicine, mesmement pour visiter lesdicts povres mallades et passans païs èsdictes aumosneries, hospitaulx ou ailleurs où se [retirent](1) lesdicts povres habitans d'icelle et forsbourg qui n'ont de quoy se faire donner provision, et leur donner le remède, conseil et secours selon les cas. plusieurs desdicts povres mallades et de malladies bien curables se soient mors et meurent chascun jour par deffault dudict remède, conseil et provision; par quoy plusieurs corrupcions, malladies contagieuses et autres plusieurs infections, mortalitez et inconvéniens par fréquentacion et conversacion des ungs ou autres se sont souventes fois ensuies et avenues et mesmement en ceste derraine saison de autonne, lesquelles encores durent et se continuent et est grant double que plus facent, si Dieu de sa grâce ne y estend sa miséricorde et aussi que provision leur soit donné par les gens en tant que possible leur est, et plus peuvent avenir et s'y continuer par le temps avenir, si ladicte provision n'est sur ce donnée, laquelle est très nécessaire ainsi qu'il nous a esté remonstré par les gens de nostre conseil et plusieurs des plus sufflsans des habitans de nostre dicte ville d'Angers et païs d'Anjou: Pour quoy Nous, ces choses et autres considérées, désirans à ce pourveoir et aider et subvenir par charité au bien de la chose publicque, aussy pour obvier aux graves

---

(1) Je supplée ce mot qui me paraît omis dans la copie.

maux, périls, domaiges et inconvéniens qui par deffault de ce pèvent advenir, mesmement considéré que en chascune bonne ville de ce royaulme a ung médicin aux gaiges et pensions de la ville pour faire les visitacions, provisions et choses des susdictes, Nous dument acertené des sens, suffisance, expérience, dilligence et autres bonnes vertuz et mérites estans en la personne de maistre Maurice Le Peletier, licencié en la faculté de médicine, qui par longtemps a praticqué en ceste dicte ville, lequel ainsi que avons esté et suymes suffisamment informez, a souventes foiz de sa bonne inclinacion et charité visité et visite lesdicts povres mallades èsdictz hospitaulx et aumosneries, conseillé sans proffit mondain et aver les povres gens de tous estaz, qui conseil lui ont demandé par eulx ou autres en leurs enfermitez et malladies, bien recommandez et fait tout le bien aide et secours, qu'il a peu et peut, sans aucune satisfaction et paiement ou autre proffit pécuniel en avoir eu, à icellui maistre Maurice pour ses causes et autres pluseurs justes et raisonnables à ce nous mouvans et mesmement à la prière, requeste, exposicion et remonstrance de pluseurs notables bourgeois, marchans, manans et habitans de ceste dicte ville, avons ordonné et ordonnons par ces présentes, que ledict maistre Maurice aura et prendra dorenavant par chascun an par voz mains des deniers de ladicte cloaison, c'est assavoir de chascun en son temps, la somme de 40 livres tournois, de troys moys en troys moys, par esgal porcion, c'est assavoir à chascun terme de troys mois la somme de dix livres tournois à commencer le premier payement au dernier jour de may prochain venant ; lequel maistre Maurice par ce moyen est et sera tenu désoresmès ou temps avenir aller et se trouver deux foiz par chascune sepmaine pour le moins èsdictes aumosneries ou hospitaux de ceste dicte ville et forsbourgs d'Angers, c'est assavoir ès aumosneries de saint Michel du Tertre, saint Jullien, saint Jehan l'Évangéliste, saint Espérit, l'aumosnerie de Fils-Prestre, l'aumosnerie de Brécigné et en toutes les autres aumosneries ou hospitaux et ès autres lieux où il aura mallades en icelle ville et forsbourgs et llecques visiter lesdicts mallades et leur donner tout le meilleur conseil, confort et aide, remède et secours que meulx faire le pourra en sa conscience, et de ainsi le fere et accomplir bien et deuement sans nulle faulte avons fait prendre et recevoir dudict maistre Maurice le serment sollempnel sur les sainctes Euvangilles par lesdictes gens du conseil ; si vous mandons et expressément enjoignons et à chascun de vous, si comme à lui appartiendra, que doresenavant vous paiez, baillez et délivrez par chascun an audict maistre Maurice des deniers de ladicte cloaison pour la cause dessusdicte, en faisant ce que dict est, ladicte somme de 40 livres tournois aux termes et par la forme et manière que dit est ; et par rapportant ces présentes ou vidimus d'icelles pour unes fois collationné à la chambre de nosdictz comptes comme il appartient avecq quittance suffisante dudict maistre Maurice de ladicte somme, tout ce que paié en aurez, nous voullons estre alloué en vos comptes et rabatu de vostredicte recepte par les gens de nosdictz comptes et ailleurs, partout où il appartiendra sans difficulté, non obstant les autres charges qui sont sur ladicte cloaison et quelxconques ordonnances, mandement ou deffence faict ou affaire en ce contraire.

Donné à Angers soubz nostre scel ordonné pour lettres de justice, en absence de l'autre, le premier jour de mars l'an de grâce mil quatre cens quarante neuf. Ainsi souscript et signé au doux du repli de la marge desdictes lectres : Pour le conseil du Roy de Sicille, estant à Angers, où estoient maistres Gilles de La Réauté, juge d'Anjou, maistre Allain Lequeu, archidiacre d'Angers, président, maistre Pierre Guiot, lieutenant à Angers et ou ressort, Robert Jarry et Thibaut Lambert, maistres et auditeurs des comptes dudict sieur et autres plusieurs conseillers dudict sieur, gens d'église, nobles, bourgois et habitans de la ville d'Angers. G. Rayneau. R^{te} visa. G. de la Réauté, visa Allain.

(D'après un vidimus du 11 juillet 1450.)

Archives de Maine-et-Loire. E. 3504.

II.

Mandement du Sénéchal d'Anjou qui maintient l'allocation du médecin des pauvres.

Jehan Landévy, receveur de la cloaison d'Angiers, maistre Maurice Lepelelier, médicin nous a remonstré et dict que faictes difficulté de lui paier sa pension de trente livres par an qu'il a droit de prendre par don du Roy, nostre maistre, sur ladicte cloaison, obstant certaine ordonnance et commandement que vous avons faicte de non paier pour l'avenir, fors les charges ordinaires; et pour ce que avons sceu que ledit maistre Maurice fait très-bien son devoir ès chouses pour lesquelles il prent ladicte pension et que icelle pension de XXX livres lui a esté ordonnée pour bonne et juste cause, Nous vous mandons et commandons que ledict maistre Maurice Lepeletier paiez de sadicte pension de XXX livres de l'année derrenier passée, si paié ne l'avez; et pour aucunes causes à ce nous mouvans voulons et vous ordonnons que lui paiez et continuez seulement doresmavant par chacun an la somme de vingt-cinq livres aux termes et en la manière que avez acoustumé lui paier lesdictes XXX livres sans difficulté, et tout ce que paié lui aurez par la manière que dit est, vous sera alloué en vos comptes et rabatu de vostre recepte par les maistres auditeurs de la chambre des comptes à Angiers ou autres commis ou à commettre à l'audition de vosdictz comptes, auxquels ordonnons ainsi le faire sans difficulté, non obstant quelconques ordonnances, restrinctions ou deffenses par nous faictes sur le faict de la dicte cloison à ce contraires, pourveu que ledict maistre Maurice Lepeletier les informera par chacun an pour le temps avenir par aucuns des gens du conseil du Roy nostre dit maistre, qu'il ait vacqué et besongné à la charge pour laquelle il prent ladicte pension de XXV livres tournois.

Fait à Angiers et signé de nostre main le deuxiesme jour d'avril après Pasques l'an mil CCCC cinquante et trois.

BEAUVAU.

(Archives de Maine-et-Loire. Ibid. d'après un vidimus.)

III.

Extraits des comptes de la cloison d'Angers.
(1452-1453)

A maistre Maurice Lepeletier, medicin, la somme de 27 l. 10 s., c'est assavoir 20 livres, à cause de ses gaiges de ceste présente année et lesdictes 7 livres 10 s., résidu de ses gaiges de l'année 1452, 27 l. 10 s.

En marge une note dit : *Constat, ut dictus Mauricius ad visitationem pauperum infirmorum præbuerit operam, ut tenetur.*

A maistre Maurice Lepeletier, licencié en médicine, pour avoir vacqué à la visitacion des pauvres malades estans ès-aumosneries et hospitaulx de ceste ville et leur donner conseil et aide de médicine et pour aucune récompense de ce que il n'a pas esté paié de ses gaiges qui autres fois lui ont été ordonnés de 40 livres tournois par an par lettres patentes du Roy de Sicile pour fère les choses des sus dictes; laquelle ordonnance de gaige depuis lui a estée recindée tellement que, par les lettres patentes dudict M. le sénéchal donné à Angers le 2º jour d'avril après Pasques l'an 1453, ledict maistre Morice doit seulement avoir par an 25 livres; les quelles X livres tournois sont pour récompense, comme dict est, desdictz gaiges du temps par avant le 8º jour de février 1451, que par autres lettres dudict Monsieur le sénéchal lui avait esté faict récision desdictz 40 livres de gaiges à la somme de 30 livres tournois par an.

(*Archives de la Mairie d'Angers* CC. 4. F. 100 v°, 101, 107 v° et 154 v°.

LIVRES ET MANUSCRITS.

I.

« Père très-cher, écrit un frère de l'abbaye de Vendôme (1), à Odricus, son abbé, nous voulons que vous sachiez ce qu'est devenu le manuscrit, dont vous avez entendu parler : il a été acheté à très-haut prix de Martin, qui est aujourd'hui évêque, par la comtesse d'Anjou. D'une fois, pour avoir ce livre, elle lui donna 100 brebis; une autre fois, pour le même livre, un muid de froment, un second muid de seigle, un troisième muid de mil; aussi, et pour la même cause, 100 brebis; une autre fois encore, un certain nombre de peaux de martre; enfin le jour que la comtesse partait avec le comte, elle donna, pour acheter des brebis, quatre livres d'argent, dont elle demanda raison au retour. Ce furent alors des réclamations à propos du manuscrit vendu, que la comtesse régla définitivement en faisant remise de la dette. »

---

(1) *De omeliari Haimonis.*

Domino suo abbati O. frater R. orationes in Christo. Pater karissime, scire vos volumus, quod codicem, de quo audivistis, precio magno à Martino, qui est modo presul, comitissa emit. Una vice, libri causa, C oves illi dedit; altera vice, causa ipsius libri, unum modium frumenti et alterum sigalis et tercium de milio; iterum hac eadem causa, C oves; altera vice, quasdam pelles martirinas; comque separavit se a comite, quatuor libratas, ovium emendi causa, ab illa accepit. Postquam autem requisivit denarios, ille conqueri cepit de libro; illa statim dimisit illi, quod sibi debebat, ut jam ulterius librum non requireret...... (1047-1050).

(*Cartulaire de la Trinité de Vendôme*, d'après la copie conservée aux Archives de Maine-et-Loire, charte 119.)

Qu'était donc ce manuscrit si précieux, que ne payait pas suffisamment le don de deux et trois cents brebis ? Le titre de la charte nous l'apprend : un de ces recueils d'homélies ou d'instructions populaires, tirées la plupart des vies des Saints et qui servaient aux offices des dimanches ou des jours de fêtes. La grande dame de dévotion si ardente, Agnès de Bourgogne, femme du comte Geoffroy Martel, avait amplement déjà témoigné de ses libéralités pieuses. Ayant beaucoup offensé le Seigneur, dit la chronique, elle avait pris soin de beaucoup l'apaiser. C'est elle qui, avec son mari, avait fondé l'abbaye même de la Trinité et l'église Saint-Georges de Vendôme (1032), plus tard encore Lesvière, à Angers (1040), abbaye presque égale à l'abbaye-mère, — à Poitiers, l'église Saint-Nicolas et une aumônerie, — à Saintes, enfin, l'abbaye Notre-Dame (1047). Elle devait choisir bientôt ce dernier asile pour y vivre et mourir déchue et répudiée ; et il n'est pas hors de propos de rappeler qu'elle trouvait là une bibliothèque si considérable que le comte Geoffroy Martel avait attribué à la seule reliure des livres de ce monastère la dîme entière des peaux de biche que lui payait l'île d'Oléron.

II.

Le 10 janvier 1467, vénérable et religieux frère Pierre Trépigné, prêtre, jadis prieur, et, en dernier lieu, par la grâce d'un bref apostolique, pensionnaire du prieuré-cure du Lion-d'Angers, c'est-à-dire, y touchant pension sur les revenus, passe son testament devant l'official d'Angers (1). Il demande et supplie

---

(1) Universis presentes litteras inspecturis et audituris, officialis Andegavensis, sede episcopali vacante, in Domino salutem. Notum facimus per presentes, quod coram nobis in jure presens et personaliter constitutus venerabilis et religiosus vir frater Petrus Trepigne, presbiter, quondam prior et nunc auctoritate apostolica pensionarius, seu, quod vixerit, pensionem annuam habens et obtinens super fructibus prioratus curati de Leonio, Andegavensis diocesis, membri immediate dependentis a monasterio Sancti Albini, Andegavensis dioce-

les religieux de Saint-Aubin, de qui dépend son ancien bénéfice, qu'ils fassent l'honneur à son corps de le transporter dans leur église, qu'ils veuillent bien aussi l'accompagner processionnellement pendant toute la traversée de la ville et lui conserver leurs prières; et, à cette fin, il investit l'abbaye de deux dons précieux : un calice d'argent fin, doré à l'intérieur et à l'extérieur, avec sa patène d'argent également doré, le tout estimé à vue d'œil dix écus d'or, — et, en premier lieu, un Missel, écrit en lettres de forme, c'est-à-dire, en grands caractères gothiques, sur parchemin, pour l'usage des moines de Saint-Aubin. Le livre est relié entre deux planches de bois, sur lesquelles est accolée une première peau de cuir, teinte de ce rouge vif, qu'on appelait alors *brésil*. Par dessus s'applique une couverture de cuir blanc, formant housse, et fixée aux plats par des *boulons* sans doute de cuivre doré ou d'argent. Le donateur décrit minutieusement ce missel, dont il ne peut se résoudre à se séparer, et dont il se réserve, sa vie durant, le libre usage. J'aurais voulu réjouir sa mémoire en retrouvant son cher manuscrit, où je l'ai

---

sis, ordinis sancti Benedicti, submittens sponte se et sua quæcumque bona, dedit, cessit, quietavit... tenoreque presencium dat, cedit, quietat... conventui dicti monasterii et ad usum religiosorum ejusdem... unum librum missalem, scriptum in littera formata in membrana seu pergameno ad predictum usum dicti monasterii Sancti Albini Andegavensis, in quo quidem missali, in inicio ejusdem, continetur kalendarium et in secundo folio ejusdem kalendarii, in inicio ejusdem folii, sic scribitur in littera rubea : *Signa in sole et luna et stellis*, et nichil aliud scribitur in ipsa prima linea; in inicio vero XV^a folii prima linea continet verba sequentia: *Fratres, nemini*; in folio octuagesimo, prima linea continet verba sequentia : *Discipuli congregati propter metum*; in inicioque ante penultimi folii prima linea continet verba sequentia : *Deus dixit illi : Jhesus resurget*; et nichil aliud in illa linea scribitur; primaque linea penultimi folii continet, prout sequitur : *et jubeas per, qui cum patre*, nec plus continet; quod missale fuit et est religatum inter asseres, coopertum proxima coopertura ejusdem libri corio rubeo, vulgariter nuncupato *Bresil* gallice, juncto eisdem asseribus cum colla, gallice *colle*, et

inutilement cherché, — à la Bibliothèque d'Angers, dernier et sûr asile, qui en a recueilli tant d'autres venus de Saint-Aubin.

III.

Vers la même époque, et presque au même temps où Furst et ses associés établissaient auprès de l'Université d'Angers un dépôt de leurs œuvres encore si nouvelles, le chapitre de Saint-Laud commande aux artistes experts en l'art ancien des livres, un Épistolier et un Évangéliaire.

Geoffroy Fricot, appelé en chapitre, s'engage à écrire le texte du manuscrit, conforme au modèle qui lui est fourni par les chanoines. Le volume, contenant 20 lignes par page, devra être rendu complet, avec cotes et rubriques, prêt à livrer à l'enlumineur. Par chaque cahier de huit folios, dont on lui fournit le parchemin, l'écrivain perçoit 12 sols 6 deniers. Il s'engage de plus à ne com-

---

insuper coopertum alio corio albo ad modum gallice *d'une housse*, que pellis superior est suta cum clavibus jungentibus, gallice *boullons* eisdem asseribus una cum dictis coriis seu coopertoriis; nec non unum calicem argenti verreati deauratione infra et extra cum platena argenti eidem calici aptata eciam deauracione verreata, videlicet dicto calice cum platena argenti verreati valente communi estimatione, ut creditur per aspectum eorum, summam decem scutorum auri vel circa,..... reservato tamen, prout idem Trepigne reservavit et retinuit sibi quoad vixerit, usum seu usumfructum dictorum libri, calicis et patene... Et mediante hujusmodi donatione... idem frater Petrus Trepigne peciit et supplicavit eidem conventui... corpus suum post obitum ejusdem T. processionaliter per religiosos associari, quamdiu devehetur seu deportabitur per villam Andegavensem et abhinc usque ad ecclesiam predicti Sancti Albini, etc.; in cujus rei testimonium et fidem sigillum curie nostre presentibus duximus appendendum et apposuimus die decima mensis januari anno Domini MCCCCLXVII; presentibus ad hoc discretis viris Theobaldo Trepigne, etc. — *Archives de Maine-et-Loire* : Saint-Aubin, prieuré du Lion-d'Angers.

mencer aucune autre œuvre que celle-là ne soit achevée (1) (19 octobre 1470).

Le travail, à cinq mois de là, jour pour jour, passe aux mains de l'enlumineur, nommé Adamiet (2). Pour trois grandes scènes historiées, il lui sera dû 27 sols et demi, — 17 sols et demi pour cent autres lettres d'or tant grandes que petites, — et, par dessus le marché, 15 sols en rendant l'ouvrage (17 mars 1471 N. S.).

Enfin « le livre des Épistoles, » ainsi soigneusement écrit et enluminé, est remis aux soins de Michel Prestreau, qui, moyennant 40 sols, se charge de le « relier, tympaner et dorer bien et profitablement » (30 mars 1474). L'œuvre est parfaite dès lors et ira prendre place bientôt sur les pupitres du chœur, jusqu'au jour, où quelque bel in-folio, sorti net et clair des presses, le reléguera au rebut gothique, destiné peut-être aux gargousses d'un brave artilleur républicain.

IV.

En dehors de ces artistes, chargés officiellement à prix débattu de la parure des livres, on trouve en tout temps et nulle part plus

---

(1) Ultima die presentis capituli generalis fuit facta convencio inter dominos de capitulo et Gaufridum Fricot, scriptorem in modum qui sequitur : videlicet quod isdem scriptor promisit dictis dominis bene et fideliter scribere unum textum epistolarum et evangeliorum, secundum volumen sibi ab ipsis traditum, continentem viginti lineas ex quolibet latere ; et debet reddere dictum opus tactum, rubricatum, cotatum et promptum ad illuminandum. Ipsi vero domini sibi debent tradere pergamenum. Et fuit facta hec convencio : pro quolibet quaterno continente octo folia debet habere predictus scriptor summam duodecim solidorum seu denariorum Turonensium ; et promisit supradictus scriptor nullum aliud opus inchoare, quoad usque presens finiatur. Actum in presenti capitulo XIX octobris anno Domini MCCCCLXX, presentibus et testibus Guillelmo Hervault et Petro Joaynnez presbiteris. (*Arch. de Maine-et-Loire*. Reg. capit. de St-Laud d'Angers, t. 2, f. 65.)

(2) Eadem die (19 mars 1471 N. S.) domini mei convencionem fecerunt cum Adamieto illuminatore pro illuminatione duorum librorum videlicet epistolarum et evangeliorum, in modum qui sequitur, videlicet, pro tribus historiis debet habere viginti septem solidos cum dimidio, pro centum aliis litteris aureis tam magnis quam parvis, decem septem solidos cum dimidio, et super totum in fine sibi promiserunt dare quindecim solidos. (Ibid. f. 18 v°.)

souvent que dans les manuscrits d'abbayes ou d'églises, des enlumineurs d'un autre genre, assez et plus qu'il ne faut libres d'allures et de paroles, qui, gratis et de pure bonne humeur, décorent de leurs fantaisies à la plume, — dessins ou rimes, — les pages vides ou inachevées. Il serait parfois difficile de citer honnêtement ou de décrire ces impromptus de plumes oisives ; mais parfois aussi cette rencontre inattendue d'une pensée souriante et de forme ailée, au milieu de lourdes et tristes pages, égaie l'esprit tout d'un coup et réjouit le travail.

L'un a souffert dans son droit et s'indigne (1) :

> Droyt est enseveli et léauté est morte!
> Justice ront le col à celui qui la porte.

L'autre, d'autres en grand nombre sont amoureux et parlent doucement de leur peine, comme si leur amie les entendait :

> Vous êtes moyen et je suis voustre!
> Pensez de bien garder le noustre.

> ——

> Je pence en vous, pencez en moy;
> M'amour avez, gardez la moy!

C'est, au contraire, un philosophe, revenu de toute illusion du monde, qui a tracé ces maximes (2) :

> Despendre et po a
> Planté cuider et po sa } voir
> Parler sans dire ne sans
> Sont les sentiers de po valoir.

> ——

> Avoir peu d'a
> Fait souvent a } voir
> Grand désir d'a
> D'autrui gens l'a

---

(1) Au dos d'un censif de la seigneurie de Montbron XIVᵉ s.
(Arch. des Deux-Sèvres.)
(2) Archives de Maine-et-Loire. Fontevrault. Censif de 1468.

> Si tout le sens de cet monde savoies
> Ou temps présent, et point d'argent n'avoies,
> Et fusses aussi bon saint que saint Poul,
> — Si tu n'as rien, — on te tendra pour foul.

Le secrétaire du chapitre de Saint-Maimbœuf d'Angers connaît l'importance de ses fonctions et les rappelle à ses confrères ainsi qu'à lui-même par la bouche du bon ange qui signale à la récompense divine les chanoines exacts et consciencieux dans leurs devoirs des offices et du chœur, et par celle du mauvais ange, qui a mission de noter les absents, les retardataires, les affairés en d'autres maisons que l'église (1) :

> *Angelus bonus :*
> Scribo presentes, cantantes atque legentes,
> Ut si sint digni sacri spiraminis igni.
>
> *Angelus malus :*
> Hic ego sum missus, cum penna scribere jussus
> Absentes, non cantantes, tarde venientes
> Et cito recedentes.

Voici un écolier, clerc de Saint-Aubin, au service de l'infirmier François de La Court, qui, son travail achevé, n'imagine rien de mieux que de chanter une ballade en l'honneur du censif, son œuvre, et de son maître, l'infirmier (2) :

> C'est le papier des rentes et des lieux
> De l'enfermier de l'abbaye sainct Aubin,
> Faict escript l'an mil cinq cent XX et deux,
> D'un escollier, qu'est nommé Mathurin,
> Clerc du convent, qui l'a faict tout ainsi
> Comme voyez qu'il est, soit long ou court,
> Affin qu'il serve, tous jours soir et matin,
> A l'enfermier dict Franczoys de la Court.
>
> Quant les rentiers vouldront faire le sourt
> De payer rentes deubs à l'enfermerye,

---

(1) *Reg. capit.* fol. 740, au milieu des délibérations de l'année 1405.
(2) *Arch. de Maine-et-Loire.* Saint-Aubin. Censif de 1522, fol. 305.

On leur pourra mepttre termes à court
Et les cogez payer sans asserye
Par ce papier extraict sans tromperie
Et faict tout vray, sans y faire auchun bourd,
Des vieulx livres trouvez en ceste abbaye
Pour l'enfermier dict Franczoys de la Court.

 Chascune article confrontée bout à bout,
Aussi les noms des rentiers trouverez,
Les noms des rues, généralement tout
Ce que est deu au prédict enfermier;
Dont, enfermiers qui subséquent serez,
Soit-il en vie ou bien après sa mort,
Trestouz serez tenuz de Dieu prier
Pour l'enfermier dict Franczoys de la Court.

 Prince ne fut oncques tant curieux,
Fust-il des champs ou de ville ou de court,
De mepttre au nect ses choses, dire peulx,
Que l'enfermier dict Franczoys de la Court.

C'est encore un gai compagnon, de bourse légère et content de peu, qui se rappelle et chante le temps où il était pauvre et malhabile à en « faire rire les mouches. » Le talent lui est venu sans le guérir de sa belle humeur ni remplir son escarcelle : mais la page est pleine et la griffe est mise. Vivat! Noël (1)! Il a une heure de liberté!

  À mon premier commencement
  Que je commencès à escrire,
  Je escrivoys sy doulcement
  Que je faysoys les mouches rire,
  Ainsy, que comme commandement
   Est bien souvent
  Que en ma bourse n'a point d'argent!
   Amen! Nouel!

En contraste avec nos deux clercs, qui prennent la vie en souriant, je sais bien ce dont souffre ce troisième, si fort irrité, qu'il

---

(1) Au dos d'un contrat de 1544. Série E. 1697.

en perd tout son latin. Où est le bon temps où les prêtres avaient un ménage ? Et comment avoir cœur à célébrer la fête du saint pape qui a détruit ces pratiques ? « Il n'y a pas de race d'hommes qui offense plus la divinité que les mauvais prêtres ! » — C'est le cri de la conscience, mais, tout bas, j'ai bien peur qu'il ne veuille dire : A qui la faute s'il me faut lutter ainsi, — et peut-être ajouter : Si j'ai été vaincu ! — Tout soupçon est permis contre qui s'abandonne à écrire de ce latin-ci (1) :

O bone Calixte, nunc omnis clerus odit te!
Olim bresbiteri poterent exoribus uti;
Hoc destruciseti tu, papa quend fuisti.
Ergo tuum festum nunquam celebratur honestum.

Per nullum genus hominum Deus magis iritatur, quam per mallos sacerdotes.

V.

Le document qui suit, d'un ton tout différent de ces drôleries, n'a pas besoin de commentaires. Je le signale à ces amoureux du XVIIe siècle, qui, sous prétexte qu'il a toléré *Tartuffe* avec Molière et les *Satires* de Boileau, nous le donneraient volontiers, s'il les en fallait croire, comme l'âge d'or, pour la presse, de toutes les libertés. La lettre est adressée de Paris à Foullon, lieutenant criminel de Saumur, et contient une théorie claire et simple qui ne se perd pas en phrases : saisir, condamner, exécuter sur l'heure la sentence. Il ne s'agit, il est vrai, que de livres de protestants, mais ces gens-là, sous un nom ou sous un autre, sont de tous les temps, et le nôtre aurait tort de se décourager pour envier les mœurs et les lois de ce passé.

Monsieur,

Incontinent la vostre receue, j'ay esté voir Monsieur l'advocat général Talon. Monstré le livre qu'envoyez, il m'a dict, que cette

---

(1) Sur la couverture intérieure d'un registre de remembrances du Plessis-au-Jen. XVe siècle. E. 1045.

affaire devoit estre jugée et instruicte dans deux heures et exécutée sur le champ; que la voye que y deviez tenir estoit un matin d'aller avec le procureur du Roy en la maison du libraire, — faire inventaire des exemplaires du livre, — l'interroger sur le champ, s'il ne l'a pas imprimé, — le condamner à 60, 80 ou 100 livres d'amande ou d'aumosne payable par corps et sans déport pour avoir imprimé le livre sans permission, — et par cette effect sur le champ luy faire payer la dite somme en laquelle le condemnerez, — par toutes voyes ordonner que les exemplaires dudit livre seront supprimés et luy faire défense sous peine de punition corporelle d'imprimer à l'advenir des livres de cette qualité, sans permission. Mondict sieur Talon dict que ne devez faire aulcune information, seulement interroger le libraire, puis le condamner et faire exécuter vostre sentence sur le champ, qui sera rendue à la requeste du procureur du Roy, que cela doibt est faict promptement, sans donner temps à ceux de la Religion de réclamer et de se pourvoir. Il m'a tesmoigné grande affection de vous servir. De ma part, je luy ai dit les ressentiments que receviez de l'honneur de celle qu'il vous avoit escrit et que sans une affaire, qui vous est survenue, vous fussiez venu l'en remercier de vive voix....

Ma femme vous remercie de l'honneur de vostre souvenir; elle vous baise très-humblement les mains et à Mademoiselle. M. Richard faict le semblable et moy pareillement, qui suis et serai toute ma vie, Monsieur, vostre très-humble et très-obéissant serviteur, DE RIDDO. — *De Paris ce 28 mars 1648.*

L'adresse porte : *A Monsieur, Monsieur Foullon, conseiller du Roy et lieutenant criminel de Saumur, à Saumur.* — Et Foullon a encadré d'un trait d'encre les recommandations essentielles et mis en marge le mot : *hic.* — Au dos il a ajouté : *Contre un imprimeur* (1).

---

(1) *Archives de Maine-et-Loire,* famille Foullon. E. 2493.

LES SŒURS DE CHARITÉ
A L'HOPITAL SAINT-JEAN
D'ANGERS.

(1633)

Un nom bien humble et bien inconnu, mais digne entre tous de respect et d'amour, est celui de Mme Legras, née Louise de Marillac, la fondatrice des Sœurs de charité. Il existait, depuis 1617, une association de dames nobles unies dans une même pensée de bienfaisance ; mais bientôt détournées par le monde, préoccupées d'autres soins, et le zèle aussi allant s'attiédissant, elles avaient délaissé leur œuvre à des servantes malhabiles et sans dévouement. Mme Legras, libre de ses actions depuis la mort de son mari, trop pauvre d'ailleurs pour être admise à faire profession dans un couvent, s'adjoignit quelques demoiselles et reprit la tâche. Chaque année, au printemps, elle quittait la ville et allait par les chemins se vouer au service des pauvres malades. Le coche s'arrêtait au premier village ; on saluait l'ange gardien, on courait à l'église voisine, puis à l'hôpital ou au chevet de l'infirme délaissé. Mme Legras parcourut ainsi les diocèses de Beauvais, de Paris, de Senlis, de Soissons, de Meaux, de Châlons et de Chartres, *avec des fruits et des bénédictions qui ne se peuvent concevoir*. Mais ce qui nous touche et nous intéresse de plus près et ce qu'à cette époque aucun récit ne mentionne, elle vint à Angers, non pas seulement en 1639 (1), alors que son œuvre,

---

(1) Elle revint sinon à Angers au moins en Anjou en 1646, et n'eut pas à se louer partout de la même hospitalité. Le P. Gobillon a publié, dans sa Vie de la vénérable Louise de Marillac, le récit qu'elle fit alors de son voyage à Nantes : « Nous eûmes l'honneur au Pont-de-Cé d'être chassés de l'hôtellerie où nous arrivâmes un jeudi fort tard, mais en sortir de cette chère maison, nous trouvâmes une bonne dame qui nous recueillit bénignement » (page 169).

appelée partout, envoyait partout ses saintes filles, mais dès 1633, avant même que la communauté ne fût définitivement fondée. Saint Vincent-de-Paul, qui avait accepté la direction de la conscience de M°° Legras, lui donnait par écrit, à chaque voyage, une instruction pour la diriger sur la route, elles et ses compagnes : « Qu'elles soient bien humbles à l'égard de Dieu, cordiales entre » elles, bienfaisantes à tous et à édification en tous lieux. » M°° Legras, à son tour, lui rendait compte de tout ce qui se passait, et n'entreprenait rien d'extraordinaire que par ses avis.

C'est à cette pratique qu'est due la lettre que nous publions. Avec un abandon ravissant de grâce et de naïveté, elle y raconte à son directeur toutes les pensées du voyage, les prières du matin pour obéir aux instructions données, « de faire chaque jour leurs » petits exercices, ou avant que les coches partent ou sur les » chemins, » la descente au village, la visite à l'hôpital et aux pauvres enfants de Dieu, le séjour chez les jésuites d'Orléans, où l'hôpital est riche sans que les pauvres s'en trouvent mieux, Blois, Amboise, Tours, Chouzé, Saumur, Angers, les prières et les saintes pensées, les petits jeux de ses compagnes et les réponses de Catherine « à mourir de rire. » Elle a horreur des huguenots à l'égal de la peste ; mais avant tout elle est douce et tendre de cœur ; elle répand l'aumône et délivre les faux-sauniers ; et l'on voit bien, pour parler comme elle, qu'elle aime bien les pauvres et qu'elle est à la joie de son cœur parmi eux ; d'ailleurs elle ne fait point la réformée, vit à bon escient, va à sa paroisse et ne se repent que d'une chose, c'est d'avoir refusé de se laisser peindre à la mode des bonnes bourgeoises d'Angers. En revanche, elle joue au trictrac et s'en confesse à son directeur qui dut être facile au pardon, y jouant volontiers — et même y trichant, dit-on.

Au milieu de l'amas de l'immense correspondance adressée au R. P. Faure, par les novices, vieux ou jeunes, de la congrégation de Sainte-Geneviève, soupirs mystiques, élans d'amour et autres productions écloses à l'ombre de la solitude et de l'oisiveté, je me suis senti tout ému de rencontrer à l'improviste une douce lettre de femme, écrite, non plus du cloître où la foi s'exalte en s'allanguit, mais en pleine route, au sortir de l'école ou de l'hôpital du pauvre, avec cet élan de charité, cette sainte naïveté des cœurs sensibles, cet enthousiasme candide du dévouement, cette éloquence enfin des âmes simples, qui ne trouve pas d'incrédule.

Mon révérend père (1),

Par la miséricorde de Dieu nous avons tous les jours entendu la sainte messe. Dès que nous étions en carrosse, je disais *in viam pacis* et tous me répondaient. Puis je leur remettais en mémoire les points de l'oraison, après laquelle nous disions l'*Angelus*.

Quelque fois le premier de nos entretiens était des pensées de notre oraison et puis en quelque discours plus récréatif ou de nos distractions ou de nos songes; quelquefois à faire la guerre à ceux qui avaient dit quelque chose de travers; puis Grandnom lisait quelque demi-heure du Pèlerin de Lorette, puis deux de nos filles chantaient les litanies du Saint Nom de Jésus et nous autres répondions la même chose qu'elles avaient chanté. Quand nous passions en quelque village, nous saluions l'ange gardien, et au village où nous devions arrêter, je demandais assistance particulière à notre Seigneur.

(1) Bibliothèque Sainte-Geneviève à Paris. — Cabinet des MSS. Collection de lettres adressées au R. P. Faure (année 1632). Il n'est peut-être pas inutile, pour expliquer l'existence de cette lettre dans cette collection, de rappeler que le R. P. Faure était d'Angers.

Nous donnons ici le texte exact de la lettre de Madame Legras : c'est ainsi, ce nous semble, qu'il la faut lire, dans toute la parure de son ignorance.

« Mon Révérend père,

» Par la miséricorde de Dieu nous avons tous les jours entendu la S^te messe. Des que nous estions en carrosse, je disois *in viam pacis* et tous me respondoie. Puis je leur remettois en mémoire les poincts de l'oraison, après laquelle nous disions l'*Angelus*.

» Quelque fois le premier de nos entretiens estoit des pensés de nostre oraison et puis en quelque discours plus récréatif ou de nos distractions ou de nos songes, quelque fois à faire la guerre à ceux qui avoient dit quelque chose de travers, puis Grandnom lisoit quelque demi heure du Pèlerin de Lorette, puis deux de nos filles chantoient les Litanies du S^t nom de Jésus et nous autres respondions la mesme chose qu'elles avoient chanté. Quand nous passions en quelque village, nous saluyons l'ange gardien, et au village

À Étréchy, notre première dînée, j'arrivai à l'église et demandai s'il y avait un Hôtel-Dieu. Je trouvai quelques petits enfants avec lesquels je raisonnai, et me vint en pensée qu'ils étaient enfants de Dieu. Je ressentis une joie avec eux en leur faisant dire leur *Pater*, qui me fit passer la petite tristesse que j'avais eue la matinée de mon départ. Toutes les heures que ma montre sonnait soit dans le carrosse ou dehors, nous disions un *Ave Maria* en nous remettant en la présence de Dieu, et demandais l'accomplissement de sa sainte volonté.

À Étampes, notre première couchée, passant devant l'église, je m'y fis descendre et envoyai voir où était l'Hôtel-Dieu qui se trouva être loin. J'y fus pourtant à pied avec seulement ma fille et mon laquais. Je m'adressai à une jeune religieuse qui se trouva être la supérieure. Je me mis auprès d'elle à l'entretenir pendant que mon laquais était allé acheter quelque chose pour donner aux malades; et comme je lui parlais de la nécessité d'un directeur, elle me regarda au visage : j'étais faite avec un collet bas sans vertugadin, comme une servante; elle me dit : quelle femme êtes-vous? êtes-vous mariée? J'ai tant ouï parler d'une Mademoiselle Acarie, mais je pense que vous en êtes une autre; et commença à me dire comme elle avait eu volonté d'être aux hospitalières; qu'on l'avait choisie pour être supérieure de six

---

où nous devions arrêter, je demandois assistance particullierre à nostre Seigneur.

» A Estrechy nostre premierre dînée, j'arivé à l'Eglise et demanos s'il y avoit un hôtel-dieu. Je trové quelque petits enfans avec lesquels je m'aresonné, et me vint en pensée qu'il estoient enfans de Dieu. Je ressenty une joie avec eux an les fesant dire leur *Pater* qui me feit passer la petite tristesse que j'avois heue la matinée de mon départ. Toutes les eures que ma montre sonnoit, soit dans le carosse ou de hors, nous disions un *Ave Maria* en nous remettant en la présence de Dieu et demander la complissement de sa ste volonté.

» A Estampe notre premierre couchée, passant devant l'Eglise, je m'y fis descendre et envoyé voir où estoit l'hôtel-dieu qui se trouva estre loing. J'y fus pourtant à pied avec seulement ma fille et mon laquais. Je m'adresé à une jeune Religieuse qui se trouva estre la supérieure. Je me mis auprès d'elle à l'entretenir pendant que mon laquais estoit allé asseter quelque chose pour donner aux malades; et comme je luy parlay de la necessité d'un directeur, elle me regarda en visage : j'estois faitte avec un colet bas san vertu-gadin, comme une servante; elle me dit : quelle femme este vous? este vous

religieuses qui sont là sans réforme, mais que depuis deux ans, elle n'avait encore rien fait : je l'encourageai fort. Elle me dit qu'il faudrait qu'elle vînt à Paris, je lui offris ma maison : j'avais bien désir de prier Dieu pour elle. A l'hôtellerie j'entendis dire que l'hôtesse avait une grande affliction de son fils; je passai mon après-soupée à l'entretenir; puis donnai le sujet d'oraison et l'examen à l'ordinaire.

Le lendemain, à la dînée, à Angerville, je ne trouvai point d'Hôtel-Dieu. Je fus à l'église pendant que le dîner s'apprêtait; après lequel je descendis, où je trouvai quantité de pauvres qui m'attendaient et aussi des enfants et grandes personnes qui faisaient de l'étamine. Je commençai par leur faire faire le signe de la croix, dont la plupart ne le savaient pas faire; et me firent grand pitié; ils me semblèrent de bonne affection. Je fus coucher à Artenay, où je fis le grand catéchisme à l'église, je crois vous l'avoir mandé; puis dînai à Orléans où j'arrivai à jeun aux Pères Jésuites, pour y communier, car c'était le jeudi et j'admirais comme partout je trouvais tout à point ce que je pouvais souhaiter, tant pour l'âme que pour le corps. Leur Hôtel-Dieu est riche à ce que l'on m'a dit, mais les malades n'en sont pas

---

mariée? j'é tant ouy parler d'une Mlle Acarie, mais je pance que vous an este une aultre ; et commenca à me dire comme elle avoit heu volonté d'estres aux hospitalierres, que l'on l'avoit choisi pour estre superieure de six religieuse qui sont là sans reaforme, mais que depuis deux ans, elle n'avoit encore rien faict. Je l'encouragé fort. Elle me dit qu'il faudroit qu'elle vînt à Paris ; je luy orfris ma maison ; j'avois bien désir de prier Dieu pour elle. A l'ôtellerie j'entendis dire que l'ôtesse avoit une grande afliction de son fiis; je passé mon après soupée à l'entretenir, puis donné le sujet d'oraison et l'examen à l'ordinère.

• Le lendemin, à la disnée, à Aniersville, je ne trevé point d'ôtel-Dieu. Je fus à l'église pandant que le disné s'aprestoit, après lequel je dessendis où je trevé quantité de pauvre qui m'attendois et aussy des anfans et grande personne qui fesoient de l'estame. Je commensa par leur faire faire le signe de la crois dont la plupart ne le savoient pas faire, et me firent grande pitié. Ils me semblèront de bonne afection. Je fus coucher à Artenait, où je fis le grand catéchisme à l'église, je crois vous l'avoir mandé, puis disner à Orléans où j'arrivé à jeun aux pères Jésuites pour y communier, car s'estoit le jeudy, et j'admirois comme par tout je trevé tout à point ce que je pouvois souhetter tant pour l'ame que pour le corps. Leur autel-Dieu est riche à ce que l'on m'a dit, mais les malades n'en sont pas mieux.

mieux : il y a peu de religieuses et qui ont des servantes sous elles à qui elles se fient trop.

Je m'étais proposé d'y faire quelque séjour pour affaire ; je ne sais comment je m'y déplus si fort ; j'étais logée chez des huguenots. Je laissai tout là et m'en allai coucher à Cléry, où je visitai et fis dire le lendemain la sainte messe à Notre-Dame et dînai à Saint-Dié, où je trouvai l'église fort bien servie ; les pauvres et les enfants mieux instruits que en pas un lieu. Je fus coucher à Blois, où je trouvai beaucoup de dévotion, mais l'Hôtel-Dieu point visité et mal en ordre. Je parlai à une de mes cousines, qui est fort dévote, qui me dit que le père Lallement, supérieur des Jésuites, les avait bien exhortées à le visiter, mais que peut-être Dieu avait-il permis que j'y allasse pour leur faire croire que, à Paris, les femmes de qualité y vont et que elles seront incitées d'y aller. Je ne m'y arrêtai point à cause de la rougeole qui était chez mon oncle, de sorte que j'allai dîner à Escure et coucher à Amboise, où Dieu me fit bien des grâces. Leur Hôtel-Dieu est pauvre ; l'on y retire tous les passants, estropiés et orphelins, mais non pas les malades. Il y a un marchand qui y a fait une fondation pour une maîtresse d'école, devant laquelle j'interrogeai les pauvres, et la priai de me venir voir le lendemain, ce qu'elle fit,

---

Il y a peu de religieuse, et qui ont des servantes soubs elles à qui elles se fient trop.

» Je m'estoient proposée d'i fère quelque séjour pour afaire. Je ne say comment, je m'i displu si fort. J'estois logée chés des Huguenos. Je lessé tout la et m'en alé coucher à Cléry, où je visité et fis dire le lendemain la sainte messe à Notre-Dame et diner à Saint-Dié, où je trevé l'esglise fort bien servie, les pauvres et les anfans mieux instruits que an pas un lieu. Je fus coucher à Blois, où je trevé beaucoup de dévotions, mais l'ôtel-Dieu point visité et mal an ordre. Je parlé à une de mes cousinnes qui est fort dévote qui me dit que le père Lalement, supérieur des Jésuiste, les avoient bien exortée à le visiter, mais que peult estre Dieu avoit-il permis que j'y alasse pour faire croire que à Paris les femmes de qualité y vont et que elles seront incitée d'i aler. Je ne m'i aresté point à cose de la roujolle qui estoit chés mon oncle, de sorte que j'alé diner à Escure et coucher à Amboise, où Dieu me fcit bien des graces. Leur Hautel-Dieu est pauvre. L'on s'y retire tous les passant, estropiet et orphelin, mais non pas les malade.

» Il y a un marchan qui y a faict une fondation pour une mettresse

et en fus bien édifiée. C'était le premier dimanche du mois, je me confessai et communiai aux Pères Minimes, et l'après-dînée, ne laissai pas de repartir coucher à Tours, où je vis le plus bel Hôtel-Dieu et mieux ordonné que pas un ; et, le lendemain, communiai à Saint-François-de-Paule, où étaient les indulgences et grand concours de peuple, et l'après-dînée, je partis et allai coucher à Laugeais, et vins le lendemain ouïr la sainte messe à Chouzé, qui est de cet évêché-ci, et le bon prêtre qui … dit la messe aurait bon besoin, comme je pense, de voir une mission ; même il me vint en pensée d'en dire quelque chose à M. d'Angers : les petits enfants y sont si peu instruits! De là je vins à Saumur, où je séjournai ce jour-là le mercredi tout entier, et le jeudi y communiai, en même temps que tous mes gens. Ils y ont eu bien de la dévotion. Dès que nous avisâmes le lieu, nous chantâmes le *Te Deum*.

Je m'oubliais de vous dire notre après-dînée : nous disions quelquefois notre chapelet en deux chœurs, tous les jours les litanies de la sainte Vierge, et les autres rechantaient les mêmes, afin de les dire doublement.

Notre récréation durait bien autant que nos prières. Quelquefois

---

d'escolle devant laquelle j'ynterrosgé les pauvres et la prié de me venir voir le lendemin, ce qu'elle feit, et ans fus bien édifiée. S'estoit le premier dimanche du mois; je me confessé et communié aux Pères Minimes, et l'apresdinée, ne lessé pas de repartir coucher à Tours où je vis le plus bel autel-Dieu et le mieux ordonné de pas uns, et le lendemin comunier à St-François de Paulle, où estoient les induljences et grand concours de peuple; et l'apresdinée, je party et alé couché à Langes, et vint le lendemin ouyr la sainte messe à Chousé, qui est de sest Esvesché ycy, et le bon prestre qui y dit la messe auroit bon besoin, comme je panse, de voir une mission ; mesme il me vint en pansée d'an dire quelque chose à M. d'Anjers. Les petits anfans cy peu instruits ! De là je vins à Somur, où je séjourné se jour là, le mercredi tout antier et le jeudy y communié, encore tous mes jents. Ils y ont éhu bien de la dévotion. Dès que nous avisâme le lieu, nous chantâme le *Te Deum*.

» Je m'oublie de vous dire nostre apresdinée. Nous disions quelquefois nostre chapelet en deux cœurs, tous les jours les litanies de la Sainte Vierge et les autre rechantois le mesme, afin de les dire doublement.

» Nostre récréation dureit bien autant que nos prières, quelquefois nous jouions à ne dire ni oui ni non, et ceux qui le disaient payaient un *Ave* à celui qui l'y pouvait prendre. Nous chantions *Alleluia* et d'autres hymnes, mais tout cela si gaîment qu'un de mes fermiers, qui était à cheval, était ravi de nous voir. Je voulais montrer à Catherine à bien lire et la prononciation; elle faisait des réponses et des discours à rire jusques aux larmes; enfin, mon père, il est bien aisé de servir Dieu à ce prix-là ! A mon arrivée à Angers, il vint deux Messieurs au-devant de moi qui m'empêchèrent d'aller à l'Hôtel-Dieu, ni à l'église, et puis, il était tard.

J'arrivai droit céans où je trouvai un souper magnifique, et tant de monde à me recevoir qu'enfin l'on me traita du grand. Le lendemain je n'eus le loisir que d'entendre la messe. MM. de la Justice et tous les principaux de la ville me vinrent visiter et encore le jour d'après; j'eus grand peine à me dérober pour visiter l'Hôtel-Dieu, que je trouvai en assez bon ordre. Il y a une bonne tourière qui a fait vœu d'y finir ses jours au service des malades, ce qui leur a été un grand bien; principalement elle a soin de leur salut. Depuis, j'ai été visiter deux fois les prisonniers dans cette pensée que notre Seigneur disait en l'Evangile : J'ai été prisonnier. Je leur donnai des images et chapelets et délivrai de

---

nous jouions à ne dire ne ouy ne nom et seux qui le disoient poyoyent un ave à celuy quy luy pouvoit prendre. Nous chantions allelaya et d'autres imnes, mais tout cela sy gaiement [que] un de mes fermiers qui estoit à cheval estoit ravy de nous voir. Je voulois monstrer à Catherine à bien lire et la prononciation, elle fesoit des responce et des discours à rire jusques aux larmes ; enfin, mon père il est bien aysé de servir Dieu à ce prix là. A mon arrivé icy, il vint des messeurs au devant de moy qui m'anpechèrent d'aler à l'ostel-Dieu ny à l'Église et puis il estoit tart.

« J'arrivé droit céans ou je trevé un soupé magnifique et tant de monde à me recepvoir que anfin l'on me tréta du grand. Le lendemain, je n'us le loisir que d'entendre la messe. MM. de la justice et tous les principaux de la ville me vinrent visiter, et ancore le jour d'après, j'eus grand peine à me desrober pour visiter l'Ostel-Dieu, que je trevé en assés bon ordre. Il y a une bonne tourousaire qui a fait vœu d'i finir ses jours au service des malades, qui leur a esté un grande bien, principalement elle a grand soing de leur salut. Depuis j'ai esté deux fois visiter les prisonniers dans seste pansée que nostre Seigr disoit en l'Évangille : J'ay esté prisonnier. Je leur donné des images et chapelets et délivré de pauvres sossoniers qui

pauvres faux-sauniers qui me firent grand pitié. Ce qui est déplaisant, c'est que tout est su dans la ville et toujours l'on en dit plus qu'il n'y en a. Dimanche, je fus à vêpres à une religion où, contre ma coutume, je fus deux heures devant le Saint-Sacrement, et là il me vint en pensée comment je pourrais parler du catéchisme devant ces demoiselles de céans que je m'imaginais en avoir grand besoin. Je me résolus d'aller aux pauvres Renfermés, où je les amenai et interrogeai les enfants assez bien instruits. Il y a un bon ecclésiastique qui en a grand soin. Mon père, cela réussit si parfaitement bien que Mlle Le Fèvre, qui est mariée à un conseiller et qui a quatre enfants, me dit au retour y avoir pris très grand plaisir, et qu'elle ne savait presque rien de tout cela, et m'ajouta : « L'on voit bien que vous aimez bien les pauvres et que vous êtes à la joie de votre cœur parmi eux. Vous paraissiez deux fois plus belle en leur parlant. » Mon père, cela est admirable que Dieu me donna la hardiesse de parler en présence de leur ecclésiastique et, pour le moins, cent personnes qui m'écoutaient, et puis après me payèrent de tant de louanges ! Même ce bon prêtre me dit qu'il s'estimerait bien heureux de pouvoir finir ses jours auprès de moi sans gages ni récompense, mais seulement pour ouïr les paroles qui sortiraient de ma bouche : voilà ses propres termes.

---

me fire grand pitié. Ce qui est desplaisant, s'est que tout est seu dans la ville et tout jours l'on an dit plus qu'il n'y an a. Dimanche je fus à vespres à une Religion où, contre ma coustume, je fus deux heures devant le Saint-Sacrement, où là il me vint an pansée comment je pourrois parler du Catéchisme devant ces damoiselles de céans que je m'imaginez an avoir grand besoing. Je me réso!us d'aller aux pauvres anfermés où je les mené et intérogé les infans assés bien instruits. Il y a un bon ecclésiastique qui an a grand soing. Mon père sela réussy si parfaittement bien que Mlle Le Fevre qui est mariée à un conseillé et qui a quatre enfans me dit au retour y avoir pris très grand plaisir, et qu'elle ne savoit presque rien de tout cela, et m'adjouta : « L'on voit bien que vous aymés bien les pauvres et que vous este à la jouaie de vostre cœur parmi eux. Vous paroissés deux fois plus belle en leur parlant. » Mon père sela est admirable que Dieu me donna la ardiesse de parler en présence de leur ecclésiastique et pour le moins san personne qui m'escoutoient et puis aprés me paière de tant de louange ! Mesme ce bon prestre me dit qu'il s'estimeroit bien heureux de pouvoir finir ses jours auprès de moy sans gages ni rescompance, mais seulement pour ouyr les paroles qui sortiroient de ma bouche : voilà ses propres termes.

Or sus, mon père, c'est à vous que j'écris et dans la confiance que vous louerez Dieu et l'aimerez pour sa miséricorde infinie. Il m'a fait des grâces à Saumur et ici que je ne puis vous dire et nonobstant mon extrême infidélité ; c'est ce qui me doit ravir d'amour vers lui. Mon père, priez-le qu'il rabaisse mon orgueil par quel moyen il lui plaira, je suis prête à tout perdre et tout quitter, préférant l'humilité à toutes les consolations et biens. L'exemple de mon Sauveur est bien puissant, qui a quitté le sein de son père pour la venir pratiquer dans la pauvreté et l'anéantissement.

Or, revenons à l'effet du catéchisme ; c'est que depuis, ces bonnes demoiselles viennent prier Dieu avec moi, quand je donne le sujet de l'oraison, mais principalement une qui est fille ; or, je la trouve bien touchée, je la peux dire gagnée. Il y a une bonne femme dévote qui me vint voir et me dit que si j'étais ici un an, je convertirais toute la ville ; je vous assure qu'elle me fit bien rire. Deux choses leur plaît ici, que je ne fais point la réformée, que je vis à bon escient et que je vas à ma paroisse. Dernièrement ils me pressèrent fort de me faire peindre ; ils ont un homme qui l'entend parfaitement (1) : c'est celui

(1) Nous ignorons quel peut être ce peintre, si ce n'est Lagoux, dont Claude Ménard parle ainsi : Propriam artis suæ peritiam vultibus humanis ad vivum repræsentandis sic exhibuit excellentem, vix ut alium Gallia etiam in ipsa diligentia similem collocaret, quod ipsum testari possim qui per tot quod vixit annos arte sua laudando solertiam, peritiam, quin et ipsa etiam Parisiorum Lutetia tot excellentium pictorum gloriosa monimentis in hac picturæ portione minorem se ingenua et laudabili voce professa est.
(*Rerum Andegavensium Pandectæ*, fol. 208. — Biblioth. d'Angers. Mss.)

» Or sus, mon père, s'est à vous que je escrits et dans la confiance que vous louerés Dieu et l'aimerés pour sa miséricorde infinie. Il m'a faict des grases à Somur et ycy, que je ne vous puis dire et nonobstant mon extrême infidelité ; s'est ce qui me doit ravir d'amour vers luy. Mon père, priés le qu'il rabaise mon orguil par quel moyen il lui plaira, je suis preste à tout perdre et tout quitter, préférant l'umilité à toutte les consolations et biens. L'exemple de mon Soveur est bien puissant, qui a quitté le sin de son pere pour la venir pratiquer dans la pauvreté et anéantissement.

» Or revenons à l'éfait du catéchisme ; s'est que depuis, ses bonnes damoiselles vienne prier Dieu avec moy, quant je donne le sujet de l'oraison, mais principallement une qui est fille : or je la treve bien touchée, je la peult dire gaignée. Il y a une bonne femme dévote qui me vint voir et me dit que sy j'estois ycy un an, je convertirois

qui a peint feu Monsieur; et c'est la coutume : il n'y a si petite bourgeoise qui ne le soit, et, après leur mort, on met leur portrait à l'église auprès de leur tombe. Or, je leur refusai et m'en suis repentie; car il me semble que c'était par une fausse humilité de ne vouloir pas paraître si vaine que de se faire peindre, et qu'il y a plus de vertu à le faire par condescendance. Je jouai dernièrement une heure au trictrac et me suis résolue de leur obéir en ce qui ne sera point péché, c'est-à-dire jusqu'à ce que j'aie votre réponse; car je ferai tout ce que vous voudrez. Vous savez que je suis, pour l'amour de notre Seigneur et de sa sainte Mère,

Mon révérend père,

Votre très-humble et obéissante servante.

Angers, ce 16 avril 1633.

---

toutte la ville. Je vous assure qu'elle me fit bien rire. Deux choses leur plait yey, que je ne fès point la réformée, que je vis à bon esciant et que je vas à ma paroisse. Dernierrement ils me présère fort de me fere pindre. Ils ont un homme qui le l'antent parfaitement; s'est celuy qui a pint feu Mr et s'est la coutume; il n'y a ey petitte bourjouayse qu'il ne le sait, et après leur mort l'on met leur pourtrait à l'esglise auprès de leur tombe. — Or je leur refusé et m'an suis repantie; car il me semble que s'estoit par une fose humilité de ne vouloir pas paroistre cy vesne que de se faire pindre et qu'il y at plus de vertu à le faire par condessendance. Je jouay dernierrement une heure au trictrac et me suis ressolue de leur obéir an ce qui ne sera point péché, s'est à dire jusque à ce que j'aye vostre responce, car je feré tout ce que vous vousdrais. Vous savès que je suis pour l'amour de nostre Seigneur et de sa sainte Mère,

» mon Révérend père,

» Vostre très humble et obéissante servante.

» *D'Anjers, ce 16 avril 1633.* »

La signature manque.

La lettre porte pour adresse : *à Monsieur, Monsieur Vincent de Paul, supérieur des Prestres de la Mission, à Saint-Lazare.*

Mᵐᵉ Legras revint à Angers en 1639, cette fois appelée par la ville même (1), qui lui demandait quelques-unes de ses filles pour le service de l'hôpital. C'était en plein hiver : « la bonne demoiselle » était souffrante ; sa santé, depuis longtemps délabrée, de tout temps incertaine, lui commandait de rester : elle partit. En arrivant chez l'abbé de Vaux, grand vicaire du diocèse, qui lui avait offert sa maison, elle tomba malade. A cette nouvelle, Vincent de Paul lui écrivit pour lui donner du courage, et à l'abbé De Vaux pour le remercier de ses bons soins. La première de ses lettres a été publiée (2). La seconde est inédite. Nous la donnons ici, ne pouvant mieux finir :

De Paris, ce dernier du mois et de l'an 1639.

Monsieur,

La grâce de nostre Seigneur soict avecq vous pour jamais. Je ne puis vous remercier assez affectionément ny humblement, au gré de mademoiselle Le Gras et au mien, de la charité, la non pareille, que vous exercez vers elle et vers ses filles ; je vous en remercie en la manière que je le puis, Monsieur, et prie nostre Seigneur pour l'amour duquel vous faictes tout cela, qu'il soict luy mesme vostre remerciment et vostre récompense, et vous ofre tout ce que je puis en la terre pour le ciel et toutes les recognoissances qui me sont possibles devant Dieu et devant le monde. La voila doncq tombée malade ceste bonne demoiselle. *In nomine Domini.* Il faut adorer la sagesse de la Providence divine là dedans ; je ne la vous recommande pas, Monsieur ; vostre lettre me fait voir combien elle vous tient au cœur

---

(1) Les actes capitulaires de cette époque n'existent pas dans le chartrier de l'Hôtel-Dieu, aujourd'hui déposé aux Archives du département, mais, à l'année 1651, on trouve : Et ledit jour (19 septembre), nous avons résolu d'escrire à Mademoiselle Legras, pour la prier de nous envoyer encore trois sœurs servantes.... attendu l'affluence et le grand nombre qui est à présent à l'Hostel-Dieu, qui ne peuvent estre serviz comme nous le désirions, attendu que lesdites sœurs servantes sont en trop petit nombre et sont souvent malades à cause du trop grand travail. (*Régistre capitulaire*, 1651, page 5.)

(2) Cohillon, p. 87.

et celle qu'elle m'escript aussi ; je voudrois estre en lieu pour vous libérer du soing que vostre bonté en a et de la peine qu'elle en prend. Nostre Seigneur veut adjouster le fleuron de ce mérite à la couronne que nostre Seigneur vous va façonnant ; je luy escris un mot. Je vous supplie, Monsieur, de luy envoyer ma lettre et de me regarder comme une personne que nostre Seigneur vous a donnée, et qui est en son amour et celuy de sa sainte mère vostre très humble et très obéissant serviteur.

Vincent de Paul.

L'original de cette lettre que possèdent les Sœurs de l'Hôtel-Dieu d'Angers, nous a été communiqué avec un empressement et une bonté dont nous ne saurions trop nous montrer reconnaissant, sachant le prix infini qu'y attache leur pieux souvenir !

LE SIÉGE DE ROCHEFORT-SUR-LOIRE
(1562).

Le capitaine Marais ou Des Marais, noble homme Jacques de St-Aignan, est le héros d'une aventure, fameuse dans l'histoire de nos guerres angevines. Ardent au combat comme au prêche, à peine retiré du coup de main qui venait de livrer pour quelques jours aux huguenots la ville d'Angers, il surprit, dans la nuit du mardi au mercredi 30 avril 1562, le château des Ponts-de-Cé, désarma les habitants du bourg, puis, au bout de quatre jours, s'y trouvant mal en sûreté, se rejeta quelques lieues plus bas en Loire sur la vieille forteresse de Rochefort, qui coupait le fleuve et interceptait le ravitaillement d'Angers, redevenu catholique. De là il tenait les champs, courait sus aux moines et poussait ses pillards jusqu'aux portes de la ville. Ce fut toute une guerre de l'en débusquer. Dès le 15 mai, le duc de Montpensier l'y vint chercher avec 200 hommes et du canon; mais l'escalade fut rudement repoussée, et il fallut penser à régler le siége. Le 21 mai pourtant, St-Aignan accepta une capitulation qui lui garantissait, ainsi qu'aux siens, la vie sauve et libre sortie pour les chefs avec leurs armes, à charge de rendre sous quatre jours le château. Son fils, âgé de quatre ans, fut livré par lui en ôtage, et descendu dans un panier par une corde, aux bras du sieur de Villeneuve, son parrain, qui servait dans le camp ennemi. Mais averti sans doute d'un piége, au jour convenu, le capitaine refusa net de quitter la place, se mit à s'y fortifier, et profitant d'une heureuse sortie qui avait déconcerté les assiégeants, il courut à Saumur chercher quelques renforts pour sa bande épuisée par la guerre et les maladies. Au retour, en chemin, ses recrues, prises de peur, se dispersent; lui-même ne peut qu'à grand peine rentrer dans la forteresse investie de plus près par les lieutenants de Montpensier.

Le 31 juin, le canon, amené de Nantes et d'Angers, attaque les murs; le 2 juillet, la brèche s'ouvre à l'assaut qui par deux fois est repoussé. Le feu reprend huit jours après. Les assiégés refusaient de se rendre à discrétion, quand un traître livra une poterne. Réfugié dans une tour, Des Marais tint seul encore avec un dernier compagnon, tué bientôt à ses côtés, et ne se rendit épuisé que sur la foi de Puygaillard qui lui promettait la vie sauve (10 juillet).

Mais à Angers, Montpensier, qu'on trouva à vêpres, refusa même de voir les prisonniers et les renvoya au bourreau. St-Aignan fut rompu sur une croix avec deux de ses capitaines, et exposé vif sur la roue où il resta six heures, d'autres disent douze heures à mourir, demandant en vain qu'on l'achevât. Son corps, attaché à l'instrument de son supplice, fut traîné jusque sur la roche de St-Symphorien, et exposé en face du vieux château féodal « où les corbins ont chanté pour lui et l'ont mangé. »

Nombre de récits (1) nous sont restés de cet épisode, témoignages le plus souvent contradictoires et haineux, comme il convient aux champions des colères civiles, — et M. Mourin, tout récemment, l'a raconté en historien. La relation contemporaine qui suit, en laissant dans l'ombre bien des renseignements plus utiles peut-être, ajoute aux faits connus déjà quelques détails nouveaux sur cette lutte désespérée. La passion en est naïve et toute populaire, d'expression malhabile mais où parfois éclate un trait imprévu d'énergique accent. Je ne me souviens pas avoir lu ailleurs l'histoire de cette embûche tendue par St-Aignan à des gentilshommes à qui il fausse sa foi; mais vrai ou non, le langage du huguenot est bien du temps, sinon de l'homme, et rappelle assez cette théorie sur l'honneur juré, que Brantôme prête à Montpensier, et dont les vaincus devaient bientôt faire l'expérience. Notre témoin catholique n'a pas d'ailleurs l'idée qu'aucune composition ait été passée à la dernière heure du combat, et il nous montre

---

(1) *Louvet*, p. 260-270, dans la *Revue d'Anjou*, 1854, t. I; — *Roger*, p. 426, — *Théod. de Bèze*, *Hist. des Églises réformées*, t. II, p. 344; — *De Thou*, l. XXX, p. 10; — *Grandet*, mss. 618, t. X, p. 34; — *Archives de la Mairie d'Angers*, BB29; — *Mourin*, *La Ligue et la Réforme en Anjou*, p. 49-53.

sans pudeur aucune le vaillant capitaine acculé dans sa tour et
« pris comme un veau. » Ce n'est pas ainsi, à quelques trente
années de là, que sortaient de ce même repaire de Rocheffort les
Saint-Offange, ces autres brigands, qui savaient mieux à temps
se vendre leur prix à bons écus comptants ou bien garantis.

La Prinse de Rocheffort.

En l'an 1563, le 4ᵉ jour de may entre le dymanche et le lundy, noble homme Jacques de Saint Aignan, sieur du Marays, paroisse de [Faveraye] (1) en ce pays d'Anjou, huguenot et tenant pour les huguenots, accompagné de plusieurs souldars, entrairent au dedans du chasteau de Rocheffort et le prinrent et se logèrent dedans, parce que longt temps avoit qu'il n'y avoit eu personne demeurant; lequel Marays et ses alliez, après avoir esté par l'espace de cinq ou six jours, flst cources au bourg de Rocheffort et print des pipes de vin, des farynes, du froment, des chars, pour mener audict chasteau pour sa provision; et quatre ou cinq jours après, print plusieurs vesselle d'estaign, linge, couettes, travers-lictz, orillers, couvrechiers, tables, banc, traicteaulx, charlictz, poiles, chaudrons, que plusieurs autres extancilles de ménaige en grant nombre et en pluseurs maisons dudict bourg; et fut tout mené audict chasteau; et après ce faict, prins des prisonnyers de ce dict bourg, qui mena audict chasteau; quoy voyant messieurs dudict Rocheffort, qu'ils n'y pouvoient y résister, vont par devers Monseigneur le duc de Montpencyer, gouverneur d'Anjou, du Mayne et Turaine, lequel estoit Angiers, luy suppliant que son bon plaisir fust leur donner secours pour meetre ledict Marays hors dudict chasteau, ce qu'il acorda. Et le sabmedy, vigille de Penthecoste l'an susdict, mondict seigneur de Montpancyer envoya messieurs les capitaynes Foycy et Puygaillard avecques plusieurs souldars; lesquels aryvèrent au bourg dudict Rochefort; et les conduysoit le sieur de Vauboesseau,

---

(1) Le nom est resté en blanc dans le mss. On voit encore, sur les bords du Layon, les ruines du manoir incendié en 1793.

qui estoit capitaine dudict chasteau ; lesquelx tous ensemble se vont camper au vieil chasteau de Sainct Simphorien et en la chapelle dudict lieu, et de plaine aryvée, envyron une heure ou deux davent jour, comme les souldars dudict Marays, qui estoient audict bourg, qui pilloient en plusieurs maisons, fut raporté aux dessusdictz capitaines, eulx estans au presbitaire dudict Rocheffort, que ledict Mar..ys et ses souldars estoient audict bourg, qu'ilz pilloient, s'en vont vers le Martreau où ils trouvèrent les pillars, et en fut tué deus des souldars dudict Marays et fut tiré plusieurs coups de harquebuses. Ce faict, s'en vont camper audict lieu de Sainct Simphorien et s'entre-donnèrent plusieurs coups de harquebuses et en fut tué plusieurs des souldars de nos capitaines.

Et le mardy des fériers (1), l'artillerye d'Angers ariva audict camp et fut assiégée partie de sur Sainct Simphorien, et partie de soubz : et fut tiré plusieurs coups de canon; dont ledict Marays et ses souldars tiroient à force de harquebuses et tuèrent plusieurs de nos souldars ; et dura ledict camp jusques au jeudy, auquel jour ledict Marays voulut parlementer avecques les capitaines ; ce qu'ilz firent. — Et fut acordé entre lesdictz capitaines et Marays comme s'ensuyt : c'est assavoyr que ledict Marays sortiroit tous dudict chasteau dedans quatre jours, luy et ses souldars, luy avecques ses armes et ses souldars avecques leurs espées et dagues ; et bailla ledict Marays en oustaige son filz, qui estoit aigé de quatre ans, et fut descendu par son père avecques une corde et ung panyer, ou ledict filz estoit dedans. Ce faict, le camp se despartit et s'en va à Angiers et aussy...... (2).

Et le cinquiesme jour ensuyvant que ledict Marays avoyt promys quicter ledict [chasteau], ne le voulut rendre et fist plusieurs courses sur les subgectz de Rochefort ; et les pillèrent fort dont l'ung des capitaines avecques plusieurs souldarts et une trompecte feurent envoyez d'Angiers par Monseigneur le duc de Montpancyer pour sommer ledict Marays et amenèrent son filz, suivant la [trève] : et que ledict Marays leurs respondit qu'il ne laisserait point sa...... et qu'il estoit roy du pays et vouloit que tout luy fust contributif.

Et le jour du Sacre ensuyvant, ledict Marays envoya une lettre à nosseigneurs de Vauboesseau, La Boyre et La Haye qui estoient au lieu des Noullis (3), qui estoient attendant que ledict Marays, laisseroit

---

(1) D'après la fête, *feriarum*
(2) Ici et plus loin, il manque un mot dans le mss., qui est déchiré.
(3) Dans la paroisse de Saint-Aubin-de-Laigné.

ledict chasteau, comme il avoit promys, affin d'eulx mettre dedans pour le garder; lequel Marays leurs manda que incontinant lesdictes lectres veues, qu'ils eussent à aller audict chasteau et qu'il avoit délibéré de s'en aller et qu'il les vouloit mettre dedans. Et incontinant lesdictes lettres veues par lesdictz gentishommes, montèrent à cheval et s'en vont audict chasteau, où ilz s'en trouvèrent mal; quar ledict Marays les fist monter au dedans dudict chasteau par la poterne d'icelluy; et quant ils furent au dedans dudict chasteau, après avoir parlementé quelque peu ensemblement, ledict Marays dist auxdictz gentishommes, que le prince de Condé, son roy, lui avoit mandé, qu'il eust à les prendre prisonnyers, et après toutes remontrances faictes par lesdictz gentishommes, que soubz umbre de promesse et de bonne foy, qu'ilz estoient venuz à son mandement et qu'il ne feroit pas bien d'eux retenir prisonniers, icelluy Marays leurs respondit qu'il n'y avoit plus de foy entre les hommes ne paranté ne amys, et ce disant ces propox, commance à leurs faire laisser leurs armes, qu'ilz avoient avecques eulx, ce qu'il leur fut bien grief, et après, les mena en ung cachot qui est en la tour de la Trésorye dudict chasteau, où les pauvres gentishommes feurent longuement et mal traictez par ce meschant tirant et ses souldars, leurs disant tous les jours, qu'ilz les penderoit et les feroit mourir; et ilz feurent jusques à ce que le camp y fust retourné avecques l'artillerye. Et fut l'on contrainct d'avoir deux grosses pieczes de la ville de Nantes pour faire brèche audict chasteau; ce qu'il fut faict; et en attendant ledict camp et artillerye fut envoyé d'Angiers le capitaine de Beauregard, lieutenant du capitaine de Puygaillard; lequel luy et ses souldarts se campèrent en la chapelle de Sainct Simphorien et ès maisons de la court dudict chasteau, où ilz furent troys ou quatre jours au davent dudict chasteau, et se tiroient force coups de harquebuze les ungs aux autres, et ledict Marays en tua plusieurs souldars et le capitaine Petit Pré y fut envoyé avecques cent ou six vingts souldars, dont ledict Beauregard s'en retourna Angiers. Et après que ledict capitaine Petit Pré et ses souldarts furent arrivez au bourg de Rocheffort et qu'ilz eurent faict bonne chair et avoient bien bu, s'en vont audict chasteau et firent plusieurs coups de harquebuzes à l'arivée; et la nuyt enclose, ledict Petit Pré commanda asoyer son guect et sentinelles; ce qu'il fut fect. Mais le premier guect où estoit un nommé Serazin et le tabourin parlèrent la nuyt audict Marays et furent traistres; quar ils advertirent ledict Marays que ledict Petit Pré et ses souldars estoient en ladicte chapelle de Sainct Simphorien, qui estoient endormys et qu'ils faisoient beau marché de leurs corps. Et quant ledict Marays entandit ces parolles, il se délibère de y aller, ce qu'il fist; et envyron une heure davent jour, ledict Marays et ses souldars sortirent dudict chasteau et s'en vont à Sainct Simphorien où estoient ledict Petit Pré et ses souldars, tous endormyz, lequel ledict Marays deffist et occist, même ledict Petit Pré et bien cinquante de ses souldars, et leurs coupèrent la gorge et auchuns s'en fuyrent; et ledict Marays et ses souldars prinrent les armes que ledict Petit Pré et ses souldars avoient, comme de douze arquebuzes et pistolles, douze ou quinze picques et hallebardes et espées, dagues et autres munytions qu'ils avoient avecques eulx et argents et habillements et portèrent au dedans dudict chasteau; et le lendemain ledict Marays fist bruller les maisons de ladicte basse court, tellement qu'il n'y demeura rien; et fut grand pitié de tout cella; et lesdicts mors furent enterrez au jardin du dict Sainct Simphorien par auchuns de la paroisse dudict Rocheffort. — Et le 27e jour de juyn l'an susdict la gendarmerye d'Angiers vint audict Rocheffort; et y estoient le capitaine Foycy, le capitaine Puygaillard, le capitaine Beauregard, le capitaine Varanes, le capitaine Lestrades et fort belle compaignye de souldars; lesquels dressent leur camp en ladicte chapelle de Sainct Simphorien et ès envyrons; et Dieu sçait comme il fut tiré de coups de harquebusades, tant ceulx du camp que de ceulx de Marays, qui estoient dedans ledict chasteau de Rocheffort; et en estoient à tous jours tué ou blessé de nos souldars par ledict Marays; et estoit pour les conduyre le capitaine Tortail et plusieurs souldars tous habillez de hocquetons rouges, qui estoient vaillans et bien hardiz.

Et le mercredy premier jour de juillet l'an susdict l'artillerye [commença] à tirer et fut assise partie sur la mothe du vieil chateau de [Saint Simphorien] et partie au bas de la prérye dudict lieu; et les deux grosses [pièces ont] commancé à tirer et en fut tiré deux coups d'emprès de Dyeusi [et en] fut donné deux coups dedans la tour de la Trésorye et passèrent [oultre], dont Marays en fut bien estonné et le cueur commancé à luy tra[mbler]; et la nuyt suyvante, les dictes deux grosses pièces furent montez sur ladicte mothe dudict viel chasteau de Sainct Simphorien, et le jeudy 2e jour du moys d'aoust, lesdicts canons commancé à batre devers les ponts dudict chasteau et commancé à faire brèche à une tour, tellement que Marays fut bien estonné; et le vendredy troysième jour dudict moys d'aoust fut canonné de telle façzon que ladicte tour fut abatue et la brèche faicte, non pas qu'elle fut raisonnable ; touteffois les vaillans capitaines et souldars commancèrent à donner et à aller à l'assauct à ladicte brèche. Le capitaine Foicy fut blessé d'ung coup d'arquebuse et le capitaine Beauregard et le capitaine Voranes y furent tuez et quelques ungs souldars avecques coups de pierres que le méchant Marays et ses souldars gectaient de dessus les murailles ; quar il faisoit mauvays monter à la brèche et failloit avoir plusieurs [souldars] à y aller tant par dessus le roc que à la brèche ; et icelluy jour de vendredy le ventre défaillit audict Marays et à ses souldars ; quar quelques ungs de ses souldars et luy, quand il vit quelque nombre de nos capitaines et souldars [au dedans] dudict chasteau, s'en va retirer au dessus de la grosse tour dudict chasteau [où il fut] prins comme ung veau et comme sy jamays il n'eut porté armes [et livré] au capitaine Puygaillard qui le print prisonnier ; et fut mené au bourg [de Rocheffort] avecques ung nommé Julien Laguiecte et Jehan Peuvert, ses alliez ; et le sa.nedy, les capitaines Foicy et Puygaillard menèrent lesdicts Marays, Laguiecte et Pauvert Angers à Monseigneur le duc de Montpancyer. Luy, estant à vespres aux Cordeliers, ne voulut les voirs et commanda qu'ils feussent défaictz, ce qu'ils furent, scavoir ledict Marays rompu sur la roe et lesdictz Pauvert et Laguyecte [rompuz] au costé dudict Marays à l'heure de cinq heures du soir, et le corps dudict Marays le bourreau l'amena le dymanche à Rocheffort et le mist sur la mothe Sainct Simphorien sur la roe, où les corbins ont champté pour luy et l'ont mangé.

Et c'est la fin dudict Marays huguenot. — Et les souldars entrèrent au chasteau de Rocheffort. Dieu sçait comme ils firent leurs mainage] ; il n'y demoura ferrure, ne claveures, ne autres meubles quelxconques ne [rien] que tout ne fut emporté ; et y fut faict dommage de plus de mil escus, pour les meubles seullement, tant d'artillerye, armures, pouldres, ferrailles que aultres ustencilles de meubles.

(*Archives de Maine-et-Loire, Série E. Famille St-Aignan.*)

LES BOULANGERS D'ANGERS.

Les boulangers d'autrefois formaient, ainsi que les bouchers, les marchands de bois, les poissonniers, un des *quatre métiers* de la ville d'Angers, c'est-à-dire, relevant uniquement, sans être réglementés en corporation, de la police des bourgeois, longtemps déjà avant l'établissement de la Mairie. La ville en prenait à son compte la surveillance et s'attribuait le bénéfice des amendes, qui la payait largement de ses peines. Le revenu en était donné à ferme, et l'on voit qu'au XVe siècle, il rapportait plus de 60 livres par an, somme considérable pour le temps. L'intérêt public avait d'ailleurs seul fait créer cette police dont le but n'avait rien de fiscal, au contraire de la pratique imposée dans les divers fiefs laïcs ou religieux où les droits pécuniaires, s'adressant à une recette sûre, devenaient dans nombre de cas le principal motif du seigneur à la protection bienveillante dont il honorait l'exercice de la boulangerie.

Ainsi dans la Doutre, à peine le Ronceray bâti (1028), la comtesse Hildegarde avait établi un four et en avait fait don à sa nouvelle abbaye. Seule, l'abbesse recevait par cette grâce le pouvoir d'y installer des boulangers et d'interdire à tout ouvrier d'Outre-Maine d'y fabriquer dans son fief ou d'y vendre pain en dehors du temps des foires. Les colporteurs pouvaient seulement plus tard y promener leur marchandise, mais non pas y tenir banc; et tout pain étalé était saisi et le marchand mené en justice. C'est le droit que l'abbesse maintint à l'occasion, même contre le prévôt du comte, et que le comte lui reconnut solennellement après enquête (1).

---

(1) Constructa ecclesia S. Mariæ Caritatis, fecit comitissa Hildegardis furnum unum et statuit pistores, qui ie ex facerent panem ad vendendum: ne unquam Transmedunnenses pistores in toto burgo S. Mariæ panem venderent, nisi in

Dans la ville, le principal marché au pain se tenait à la Place Neuve, où les boulangers de la Doutre, aussi bien que ceux de la ville, étaient tenus d'approvisionner « une chambre » sous peine d'amende arbitraire et de prison. La taxe du pain était établie par le juge de la Prévôté sur le rapport de visiteurs jurés, qui allaient sur place s'enquérir du prix des blés à Doué, à Beaufort, à Brissac, au Lion-d'Angers, marchés régulateurs au XVIe siècle. Les boulangers en tout temps se plaignent que la taxe est trop faible, et le public, en tout temps, que le pain est trop petit, trop léger, mal cuit ou chargé d'eau. Peu à peu et pour mieux rester maîtres des cours et du secret des ventes, les boulangers avaient établi l'usage de ne prendre achat et livraison de leurs blés qu'aux Ponts-de-Cé. A défaut de lettres-patentes que la ville demande en vain pour obliger formellement à traiter les affaires, comme au temps ancien, à Angers, on ne put rien, sinon multiplier les mesures de police et de répression.

Il ne se faisait à Angers (1) jusqu'au XVIe siècle que deux sortes de pain, pain blanc « ou sacé » de pur froment, et pain noir, dit de faitise ou faitisage, comme on dirait pain de paille. Ce fut toute

---

feriis nominatis. Transactis autem feriis, si quis Transmeduanensis pistor panem vendens inveniretur, ablato pane, fugaretur. (*Bib. d'Angers*, mss. 700. — *Cartul. du Ronceray*. Rol. 3, ch. 74). — Cum ecclesia S. Mariæ Caritatis a priscis temporibus habeat jura constituta in burgo suo, scilicet ne aliquis homo possit vendere panem suum, ita quod capiat ibi estallum, nisi portando in capite suo vel aliquo modo ad collum suum, contigit ut quidam venditores panis caperent ibi locum ad vendendum panem suum sine jussu et absque voluntate sanctimonialium et vicarii earum. Quod videns Barbotus Teherti, tunc villicus, abstulit panem et projecit.... Et quæsivit comes jura et institutiones quæ erant in burgo S. Mariæ a Pagano Fulberti et a Giraldo villico et ab aliis qui bene noverant. Dixerunt et firmaverunt viri supradicti, quod nullus homo posset ibi vendere panem absque voluntate dominarum vel famuli earum. Hoc concessit comes et comitissa et curia..... (*Ib.* Rol. 2, ch. 85).

(1) Du moins, les règlements n'en reconnaissent pas d'autres. En 1128, une charte de le Roë nous montre le comte Foulques et son ami Lisiard, un jour du mois de mai, dans le cloître de Saint-Jean-Baptiste d'Angers, déjeûnant de fromage blanc, faute de trouver du pain d'orge, le seul que, pendant ce mois, voulut manger Lisiard, à cause de sa corpulence excessive. « Hac concessio facta fuit in claustro Sancti Johannis, mense maio, talibus interisignis, quod supradictus Lisiardus comedebat in eodem claustro, caseum cum lacte, quod sibi frangebat supradictus comes Fulco quia non poterant reperire panem ordaceum, et Lisiardus nolebat alio pane uti in illo mense, propter grossitudinem corporis. » (*Cartul. de la Roë*, ch. 128.)

une affaire quand les boulangers s'avisèrent en 1510 de mélanger seigle et froment et de mettre en vente le nouveau pain méteil. A vrai dire, le meilleur de l'invention, si elle eût pu être acceptée complète, était de prétendre s'exempter, pour cette fournée spéciale, de la taxe et de la police qui ne l'avaient pas prévue, et qui, à croire les maîtres, ne devaient s'appliquer qu'aux façons de pain antérieurement admises. La résistance fut grande. On leur déniait jusqu'au droit d'innover ainsi. A bout de compte, la taxe y fut mise, mais le pain de méteil fut accepté; et, il paraît, très-fort goûté, d'abord de froment et blé pour moitié, bientôt et pendant de longues années, de froment pour les deux tiers. En aucun cas les boulangers ne devaient employer que blé de Beausse, et le bénéfice qu'on leur reprochait, c'était trop souvent de frauder, de cuire farine de blé d'Anjou, estimée bien inférieure, en vendant l'une pour l'autre au même prix. A toutes plaintes, ils répondaient par des protestations et des plaintes réciproques, et surtout en réclamant, s'il fallait mieux faire, au lieu de règlements de police vexatoires et incertains, des statuts qui érigeassent leur métier en communauté, comme étaient les autres. La ville le leur refusa encore en 1537, en imposant seulement l'obligation à tout compagnon de prêter serment avant de boulanger; et c'est malgré la ville que les maîtres obtinrent et firent vérifier ces statuts de 1544, que nous publions et contre lesquels l'échevinage déclare, au premier mot, qu' « il sera défendu virilement » (*Archives municipales*, BB 23 f. 6.)

Pour prévenir à l'avenir l'inexpérience et les fraudes des compagnons, ils devront dorénavant avoir fait apprentissage chez les maîtres ou fournir chef-d'œuvre devant trois gardes élus du métier, par deux ou trois fournées de deux ou trois espèces de pain blanc; le chef-d'œuvre admis, payer les gardes, à chacun 5 s. tournois « sans aucun banquet ne disner, » et, le serment prêté, alors seulement tenir ouvroir. Certaine réserve spéciale, faite dans l'intérêt des mœurs des boulangères, donne à sourire et rappelle volontiers la chanson qui les laisse croire trop promptement « induites à paillarder, » ici pour les beaux yeux des garçons, ailleurs pour les écus faciles des financiers.

Un autre ennemi du métier, c'était le forain, qui, de Brissac ou d'Avrillé, de Rochefort surtout et de Bouchemaine, venait chaque semaine trois fois, le mercredi, le vendredi et le samedi, étaler à la ville son pain meilleur et à meilleur prix. Les statuts réglementent cette concurrence et lui font défense de s'exercer en ville autrement qu'à des jours, à des lieux, à des prix déterminés. Défense aux hosteliers, aux taverniers et à toute manière de revendeurs — la liste en est longue, — de s'y entremettre pour cette marchandise privilégiée. Par contre, les maîtres sont tenus de garantir leur pain et d'avoir une marque spéciale qui serve au public de contrôle au poids et à la qualité du pain vendu.

Les abus étaient devenus, en certains temps, si flagrants que nombre d'habitants s'étaient imaginés d'acheter leur farine et de la porter à cuire, contre redevance, y trouvant encore gros bénéfice, dans des fours particuliers. Le métier s'émut de ces pratiques ; mais la ville soutint résolûment et maintint le droit du public. En 1708, dans une visite générale, trois maîtres seulement évitèrent l'amende ; tous les autres furent trouvés nantis de pain pesant un poids inférieur au poids garanti. Deux années auparavant, en 1706, la communauté avait annoncé à la mairie l'intention de modifier ses statuts, et l'on n'apprit le succès de ses démarches que par la plainte des forains. L'article 1er de la réforme nouvelle entendait leur interdire d'apporter du pain de moindre poids que de deux livres ; mais comme l'ordonnance de confirmation avait déclaré ne vouloir rien innover aux ordonnances et règlements antérieurs, la ville y mit opposition et, pour mieux s'autoriser, dressa immédiatement une enquête. Le maire, afin de se rendre bien compte des motifs intéressés de cette innovation, envoya acheter sur-le-champ, chez deux maîtres boulangers, deux pains blancs mollets, chacun d'une livre, qu'il paya chacun 22 deniers, et se fit apporter au même instant deux pains de pareille qualité vendus par des forains des Ponts-de-Cé, qui se trouvèrent peser cinq quarterons et coûter seulement 18 deniers la pièce. Le pain de froment sacé des forains pesait de même cinq quarterons et se vendait au prix de la livre des boulangers. Enfin la fouasse « ou pain broyé » des Ponts-de-Cé et de Brissac, payée 10 deniers, en pesait trois de celles qui se vendaient 5 deniers en ville. On constate de plus, au bénéfice des trois espèces importées du dehors, des mérites évidemment supérieurs de goût et de salubrité, « soit par la qualité de l'eau de la rivière de Loire dont le pain est pétri, ou par le soin des boulangers forains qui vendent leurs marchandises mieux conditionnées pour en avoir le débit. » L'assemblée générale des paroisses fut de l'avis du maire et soutint l'opposition (14 décembre 1706). A cinquante ans de là, une enquête démontra que si fort que se plaignissent les boulangers, la taxe du pain conservait toujours à Angers un écart à leur profit de plus de 3 deniers par livre sur la taxe de Saumur, Tours, La Flèche et le Mans (février 1759. — *Archives Municip.* BB 103-119).

A cette époque, quatre sortes de pain se vendaient en ville : le pain « mollet ou coupé », composé de la fine fleur du plus beau et plus pur froment, — le pain de froment sacé composé de toute la fleur, — le méteil — et le pain de seigle. Le méteil, par des ordonnances du lieutenant-général de police des 8 et 29 juillet 1760, avait été ramené à sa composition première, seigle et blé des meilleurs d'Anjou, par moitié. En 1761, les boulangers proposèrent de le remplacer par la confection d'un nouveau pain qu'ils avaient pratiqué depuis une quinzaine d'années, et qu'ils nommaient pain bis-blanc. Ils le composaient de farines « moulues à bis », en prenant la première et la seconde fleur de farine « sans y employer aucun rebut ». Le seigle, à leur dire, devenait rare, remplacé partout dans la culture angevine par le froment. Ce dernier, ayant l'écorce forte et brune dans la plupart des fonds, produisait beaucoup de farine, mais qui moulue à bis, de façon à se broyer mieux et à produire davantage, gardait toujours une teinte un peu brune. Le public expliquait autrement ces apparences et accusait ce pain malsain de n'être qu'un composé de rebuts, de recoupes et de farine de son moulue à blanc et remoulue. Les paroisses, à l'unanimité, le député de Saint-Maurice excepté, rejetèrent l'innovation. Les boulangers en appelèrent au Parlement, qui tenait encore l'affaire pendante en 1775 ; mais on peut croire que l'arrêt ne fut pas rendu ou qu'ils le perdirent, car en mai 1789 les seules qualités de pain taxées sont le pain mollet, qui vaut 3 sous 9 deniers la livre, — le pain de froment, 3 sous 6 deniers, — le pain de méteil, 2 sous 9 deniers, — le seigle, 1 sou 7 deniers. Sur ces deux dernières façons, aux prix de la taxe, la police reconnait que les boulangers sont en perte, et il leur est accordé une indemnité jusqu'à ce que le prix du blé ait amené une compensation régulière. — Mais à trois mois de là, c'est le Comité de la Milice angevine, qui siége au château, et qui a charge de veiller à l'approvisionnement de la ville. Sur la plainte qui lui est portée que les boulangers refusent de fournir du pain ou le vendent de qualité mauvaise, leur syndic, Jouin, mandé en séance, reçoit l'ordre d'assembler sa communauté et de lui enjoindre de boulanger à suffisance et de bon pain, sous peine de voir démolir les fours et enmurer les boutiques des récalcitrants. — C'est la morale de l'histoire.

Statuts des maîtres boulangers d'Angers (1544).

Ce sont les articles qui ont esté délibérez, advisez et accordez par les officiers ordinaires et gens du conseil du roy, nostre sire à Angiers pour mettre bon ordre et police au faict du mestier de boullangier et panneterye ; et lesquels articles ont esté baillez auxdietz boullangiers pour statuts de leur dict mestier, et ordonné que par l'advenir ils seront gardez et observez jusques ad ce que par le roy ou MM. de son conseil aultrement en soict ordonné.

Premièrement que pour obvier aux abus et inconvéniens qui se sont trouvez au temps passé et pourront pour l'advenir en la chose publicque, à l'occasion de ce que plusieurs jeunes compaignons non expérimentez audict mestier se avencent souventes fois de tenir et lever ouvrouer de boullangerie au dedans de lad. ville et faulxbourg d'Angers, jaçoit qu'ils ne soient suffisans ne exprimentez audict mestier ; par quoy leur pain a esté trouvé souventes fois mal cuyt, labouré et mal boullangé ; et pareillement aulcuns, qui sont gens du mestier déshonnête, desrogent à boullangerie, se sont parcy devant advancez à boullangier et se y pouroient entremettre pour l'advenir, a esté ordonné que doresnavant ceulx d'aultre mestier ne aulcun aultre venans de dehors ou compaignons de quelque estat qu'ilz soient, ne soient receuz audict mestier, sinon qu'ilz ayent esté apprentifz ou serviteurs aveeques les dictz maistres ou les aulcuns d'eux ou qu'ilz soient approuvez suffisans par les boulangers et gardes dudict mestier.

2° Item et lesquelz compaignons, qui vouldront passer, n'y seront receuz plustôt qu'ils ayent faict chef d'œuvre ou faict dudict mestier, tel qu'il leur sera baillé et advisé par lesd. maistres, et lequel ilz seront tenuz faire davant deux ou troys maistres boullangiers jurez et gardes dud. mestier, après qu'ils auront esté esleuz par la communauté, seront présentez à justice et se mueront et changeront d'an en an, synon qu'ilz soient continuez du consentement de ladite communauté et lesquelz gardes, après qu'ilz auront esté esleuz par les aultres boullangiers et présentez à justice, auront la charge de examiner et assister au chef d'œuvre que feront ceux qui vouldront estre passez maistres et en feront lesd. gardes rapport de leur expérience et suffisance à justice qui recepvera le serment d'eulx de bien et loyaulment se y gouverner et garder et observer les statutz d'icelluy mestier, ainsy que cy après ils seront déclarez.

3° Item que chacun compaignon, qui vouldra estre receu pour maistre boullangier sera tenu faire par davant iceulx gardes deux ou troys fournées de deux ou trois espèces de pain blanc, c'est assavoir du pain blanc fleuré ou mouillé, du pain de bouche ou de fouillée; et se est trouvé suffisant, lors sera présenté à justice par lesdictz gardes et receu, en faisant le serment tel que dessus, pourveu que sera tenu paier, avant que lever son ouvrouer, à chacun des gardes dudict mestier et qui auront veu faire le chef-d'œuvre, cinq solz t. pour leur sallaire, sans aucun banquet ne disner.

4° Item que tous lesdictz compaignons, serviteurs et aultres, qui seront reprins et convaincuz d'avoir entretenu chez lesdictz maistres boullangiers leurs femmes et filles et induictes à paillarder ou qui feront tel autre soubztraict deshonneste chez eulx, seront refusez estre receuz à ladicte maistrise.

5° Item et seront tenuz lesdictz boulangiers de ladicte ville et jaillage d'Angiers faire leur pain, tant blanc que brun, bien boullangé, bien cuyt et labouré et chacun pour son poix.

6° Item que chascun desdictz boulangiers aura son merc sur peyne de 10 s. t. d'amende et duquel chacun sera tenu merquer son pain boulangera ou fera boullanger à pareille peyne et desquelz mercs justice aura l'empreinte, avant qu'ils soient receuz à tenir ne lever ouvrouer de boullangerie.

7° Item que lesdictz boullangiers feront leur pain au pois et pris qui leur sera ordonné par justice et selon les saisons et le pris qui sera trouvé ou bled, qui vauldra, sur peinne d'amende arbitraire et de prison jusques à paiement.

8° Item pour ce que par cy davant plusieurs boullangiers, craignans leur pain estre trop légier, l'auroient abreuvé d'avant, par ce moien se monstroict mal cuyt, qui estoyt un grand abbuz, est enjoinct de bien à l'advenir cuyre, labourer et bien ouvrer leur dict pain sur peyne d'amende arbitraire.

9° Item et pour le pain de fouillée et aultre pain brun, si lesdictz boullangiers sont surprins de y faire abbuz, la justice y baillera pris en la manière accoustumée.

10° Item et pour le pain de fouillée y sera faict de pris différend parce que, le pain blanc fleuré ou de bouche cuit, le pain de fouillée de deulx deniers doibt plus pezer que le pain blanc d'icelluy pris, parce qu'il est la pluspart de rebut, et le pain blanc doibt estre de fine fleur et par ce quant au poix, y sera gardé l'instruction anxienne.

11° Item lesdictz boullangiers seront tenuz eulx garnir de bledz et de farines, chacun selon sa puissance, et s'ils n'en peuvent recouvrer, auront recours à justice, pour y donner provision, ad ce que la chose publique n'ayt soufferte de pain; aussy seront tenuz lesdictz gardes venir chacune sepmaine au jour de sapmedy rapporter le pris du bled, pour leur estre donné pris au pain tant blanc que bis, le tout en la manière accoustumée.

12° Item et se vendra le pain de lad. ville et jalliage d'Angiers à la place Neufve, à la place Sainte-Croix, à la Poissonnerye et ès lieux accoustumés qui leur seront ordonnez; et oultre les ponts, se vendra à la place et puits Nostre-Dame; et néantmoins seront tenuz lesdictz boullangiers en tenir de vénal et marchand sur leurs fenestres, et est entendu qu'ilz paieront les droictz des estaillaiges, appartenant au Roy, comme ils ont accoustumé.

13° Item est prohibé aux boullangiers des champs vendre et amener pain en ladicte ville d'Angiers pour le vendre, sinon trois fois la sepmaine en la manière accoustumée, c'est assavoir au mercredy, vendredy et sabmedy, ausquels troys jours lesdictz boullangiers forains ne pourront vendre leur pain, sinon ès lieux qui leur seront ordonnez en ladicte ville par lesdictz officiers; et ne pourront les hosteliers ou taverniers vendre pain venant des champs sous peynne d'amende.

14° Item lesdictz boullangiers des champs ne pourront vendre aucun pain pour le revendre à regrats à leurs fenestres ne aultrement, sur peynne de perte dudict pain et de 20 s. t. d'amende pour chacune fois ; et ne viendront en la sepmaine que ausdictz troys jours et ne enfraindront ledict statut sur peine d'amende arbitraire.

15° Item et quant au pain des boullangiers de ladicte ville d'Angiers, pour ce qu'il est d'ung poids et d'ung pris, il est permys ausdictz boullangiers de le bailler et de le revendre en regrat en la manière accoustumée, et, qui le vouldra, achapter, affin que les habitants de ladicte ville et passans par icelle puissent plus à leur ayse estre fournis; et s'il est trouvé faulte audict pain vendu à regrat, elle sera corrigée selon les autres ordonnances du mestier sur ce faictes; et ne pourra le regrattier vendre ledict pain à plus hault pris que eut pu faire ledict boullangier qui l'a faict, sur peynne de l'amende dessusdicte.

16° Item lesdictz maistres boullangiers feront ou pourront faire toute manyère de pain tant blanc que brun et icelluy estaller, tant sur leurs boutiques que lieux ordonnez et accoustumez; et si aulcuns aultres, qui n'auroient esté, comme dict est, receuz par justice comme scavans et expers, se avencent en ladicte ville et forsbourgs de tenir ouvouer pour vendre, leur pain sera prins par iceulx maistres jurez et gardes dudict mestier, appelez avecques eulx un sergent ; et seront ceulx, qui y seront surpris, condamnez pour la première fois en soixante sols d'amende et au dessoubz et confiscation de leur pain; et si lesdictz non receuz ne jurez contreviennent, seront pugnis d'amende arbitraire ; toutefois n'est pas prohibé que les compaignons fétissiez boullangiers ne facent fétissier brun ou bien chez eulx ou ailleurs pour la despence des mesnaigiers de ladicte ville, sans le revendre.

17° Item est deffendu à tous marchands barbiers, cousonniers, pelletiers, carrelleurs de soulliers, pennescheulx, taverniers, chaussetiers, chappelliers, gaingniers, selliers, escardeux, pintiers, parchemyniers, sainteturiers, maquignons de chevaulx, fourbisseurs de harnois, revendeurs, revenderesses de gresses et de chandelle, de poisson sec, de non sec, se entremectre de vendre aucun pain tant blanc que brun, sur peynne de perdre leur pain, que on trouvera sur leurs fenêtres, et de l'amende de 60 s. t., synon qu'ils tentissent tavernes, auquel cas ils en pourront avoir pour la despence des allans et venans et hostes, sans le estaller dehors ne aultrement l'expouser en vente en lieu publicq.

18° Item est ordonné que, pour faire ladicte visitation du pain en ladicte ville, y aura l'un des maistres dudict mestier avecques le juge de la Prévosté ou son lieutenant ou aultre commys de par icelluy, le greffier de la Prévosté ou un sergent, et quelque aultre homme notable visiteur et maistres boullangiers, lesquelz ou l'ung d'eulx en absence des aultres pourront faire ladicte visitation et seront creuz de leur rapport; et est entendu que celluy, sur lequel on trouvera aulcune faute ou abbuz, doibt estre inthimé pour veoir faire le rapport à justice et pour veoir procéder à l'exécution de l'amende ou aultrement, ainsi qu'il appartiendra par raison et selon ce que dit est dessus.

19° Item est ordonné que les femmes veufves jouiront des privilléges desdicts maistres boullangiers, pour ce qu'elles auront varletz et serviteurs expertz qui seront présentez à justice par lesdictz jurez et depputés, et jureront y servir la chose publicque sans y faire fraulde ni abbuz.

Faict à Angiers par nous, François Le Bret, licencié ès lois, juge et garde de la Prévosté royal d'Angiers, à la requeste et en présence des avocats et procureur du Roy, le 26° jour de janvier l'an 1543 (N. S. 1544).

(*Bibliothèque d'Angers, Mss. 590*).

Ces statuts furent homologués par le Roi au mois d'avril suivant, et confirmés par Henri II en juin 1551 et par Charles IX en janvier 1570. Ce dernier exempta en même temps les enfants des maistres de faire chef-d'œuvre.

LES CARMES PATRIOTES

(1326)

Quand les religieux Carmes parvinrent à s'installer, sinon, comme les Cordeliers, au cœur de la ville, du moins dans la Doutre et derrière l'enceinte, il y avait près d'un siècle qu'ils campaient aux portes et s'y voyaient refuser un refuge. C'est en 1283 que leur provincial amena sept frères en Anjou et les établit, comme il put, dans une petite maison près Saint-Laud. Un premier don les mit à l'aise, en leur livrant la maison de Caseneuve, où, malgré le curé de la paroisse, l'évêque Guillaume Lemaire les autorisa à fonder couvent, église et cimetière. Mais leur situation restait d'autant plus précaire qu'elle les plaçait sous les coups du château, sur le chemin de tous les assaillants et de tous les routiers, hôtes réguliers des faubourgs. On voit ailleurs combien d'efforts l'ordre tenta pour obtenir l'entrée à demeure en ville ; un document nouveau explique à quelles résistances se heurtaient ces étrangers. La ville se défiait d'eux, non pas le menu peuple peut-être, volontiers curieux des « religions » nouvelles, mais ceux qui tenaient les clés des portes, les gens de justice et les docteurs de la loi, confidents de rumeurs méchantes. On parlait de brigues et de trahisons découvertes en des villes lointaines avec les Anglais, les Bayonnais, les ennemis les plus rapaces de la France, accusation sourde et inavouée qui éclata sans doute dans la rumeur publique à l'heure où l'avènement d'un nouveau comte avait fait essayer d'une tentative nouvelle et à laquelle nos religieux jugèrent alors nécessaire de répondre. La lettre du maire de La Rochelle qu'ils produisent, est un certificat de patriotisme qui leur fait honneur, mais qui ne leur servit guère, non plus qu'à diverses reprises les bulles réitérées des papes, empressés à solliciter pour eux des conditions de sécurité meilleures. Ils étaient encore à Caseneuve en 1363, et, pour fuir les fureurs des guerres anglaises et bretonnes, ils allaient se décider à quitter le pays, où se décourageaient même « les bonnes gens ayant dévotion à leur ordre, » quand une bonne dame, Tiphaine de Moussay, leur abandonna tout son bien dans un des plus pauvres quartiers (1363). Le comte Louis, tout nouvellement évadé d'Angleterre, se prêta au bienfait, et l'accrut de quelque largesse. Les Carmes entrèrent. Il ne leur resta plus qu'à se défendre, — la guerre dura longues années, — contre leurs voisins, les curés de la Trinité, l'Hôpital, le Ronceray, les Augustins et les Filles-Dieu.

Certificat de patriotisme délivré par la mairie de La Rochelle aux religieux Carmes (1326).

A tous séneschaus, baillifs, prévos et justicers du Royaume de France, qui ces présentes lettres veiront et orront, Aymeri Du Pois, maire de la commune de La Rochelle, salut et dilection. Complainz se sont à nous les frères de nostre Dame du Carme, demorans dedens les suburbes de La Rochelle, quar aucunes persones, en injure et en grant préjudice des dis religious et grant diffame de leur religion, ont semé et dit et affermé en la cité d'Angers et aillors, que les dis religious donoient et ont donné par le temps passé favour, conseil et ayde aus Angleis et Bayonès et aus autres anemis de nostre sire le Roy de France et de la ville de La Rochelle et que il avoient fait leur peoir de trahir la dite ville de La Rochelle ; et par ceste cause, nous ont requis les dits frères, que nous leur donissons et otroissons nos lettres de lour fame et conversacion, à fin de oster les mauvaises paroles desus dites contre eaus et lour dite religion ; pour laquele chouse nous enclinans à lour requeste raisonable, faisonz assavoir à tous et espécialment aus justicers de ladite cité d'Angers et aus docteurs et maistres régens et non régens en l'estude de ladite cité, que nous n'avons trové par fait ne par présumption les dis religieux en riens ne de riens couppables en vers nostre seigneur le Roy de France ne envers la dite ville de la farmine dessus dite ne de aucune autre mauvaité, négligence ou deffaute; ains les avons tenus jusques au jour de la date de ces présentes lettres et encores tenons pour bons et loyaux Religieux et de bonne fame et honeste conversacion; et ceu nous vous certeffion par ces lettres pendanz sayelées dou sayau de la mairie de La Rochelle qui furent faites en La Rochelle le samedi emprès saint Viaire l'an de grâce mil CCC et vingt et sis.

Aventure

Place du sceau qui est perdu.

(*Archives de Maine et Loire.* — Carmes d'Angers. — Parchemin original.)

LES STALLES ET LES TAPISSERIES

DE

SAINT-PIERRE-DE-SAUMUR.

L'histoire de l'art français intéresse de jour en jour davantage. On recherche, on conserve, on aime les œuvres antiques, objet longtemps d'un banal dédain ; et de l'œuvre mieux comprise la curiosité intelligente remonte et veut faire honneur à l'ouvrier. Ce que la critique la mieux avisée ne peut que deviner par conjecture, on le demande, de science certaine, aux archives qui gardent encore bien des secrets. Un tableau sans nom, un bas-relief sans date, une pièce de bois ou d'ivoire, ciselée par la main d'un inconnu, double ainsi tout d'un coup sa valeur d'étude ou même son prix de marchandise par le rapprochement fortuit d'une induction heureuse ou l'enseignement direct d'un document précis, qui en fait un spécimen, un modèle, le type d'une école, la relique d'un art perdu. A un autre point de vue, et quand les œuvres mêmes sont détruites, les documents les décrivent, parlent de l'artiste, indiquent les conditions du travail et abondent enfin en données précieuses qui permettent d'apprécier ce que valaient pour les contemporains l'œuvre et l'homme qu'il faut bien aussi ne pas savoir surfaire.

I.

Les stalles de l'église Saint-Pierre de Saumur existaient encore il y a trente ou quarante ans, et n'ont disparu, sans que j'en aie pu savoir d'autres renseignements, que dans les travaux qui depuis cette époque ont renouvelé l'église. Ce sont les *frères et sœurs de la confrérie des prêtres fondée en l'honneur du Saint Sacrement de l'autel* qui en avaient fait les frais et surveillé l'exécution, dans des années de ferveur, où tous les ornements, les chappes et le mobilier du culte avaient été rajeunis ou transformés par le zèle des paroissiens. Piniart et Raoulet Michau, menuisiers, en passèrent avec eux le marché le 13 mars 1474 (n. s.), à raison de 11 livres tournois par stalle haute ou basse ; mais, au bout d'un an de travail, découragés et en perte de temps et de peine, ils laissèrent l'œuvre et quittèrent le pays. La tâche inachevée fut presque immédiatement reprise et confiée cette fois, non plus à forfait, mais à journées réparties entre de nombreux maîtres, Georges Lefèvre, Jean de Vernoil, Philippe Amy, Pacquet de Gasvres, Pierre Blatuet, occupés à l'œuvre pour une part inégale et entretenus, pendant le travail, de pain, de pitance, de vin blanc *et de quelque bonne victuaille aux grandes fêtes.* Georget Lefèvre, qui semble à lui seul avoir entrepris un des côtés du chœur, y travailla plus de deux ans (1476-1478), comme l'attestent, à défaut des marchés perdus, les comptes détaillés dont suivent les extraits.

II.

C'est la fabrique de la paroisse et non plus une confrérie dévote, qui près d'un siècle plus tard complète la décoration du chœur de Saint-Pierre, en commandant aux meilleurs maîtres une riche tapisserie où se déroulaient en groupes variés les *histoires* de la vie du saint patron. Robert de Lisle est l'artiste à qui l'on s'adresse pour peindre sur toile les dessins et modèles de l'œuvre (1542). Son nom indique peut-être une origine flamande ; mais à coup sûr il était dès lors fixé à Angers, où dix ans plus tard on le retrouve occupé par la ville (1) à organiser

---

(1) « A Robert Bélocier, marchand, 12 l. 10 s. t. pour la vendition de 20 draps de toille toille baillez à Robert de Lisle, peinctre, pour servir aux édifices et bas-

les pompes de l'entrée du roi Henri II (1551). On le voit d'ailleurs si bien en vogue et retenu au château de Serrant par des travaux si importants, que nos paroissiens, en peine de l'y relancer et n'ayant pu obtenir qu'une partie de la tâche promise, sont réduits à recourir à un autre peintre pour l'achever. Jean de Lastre, qui fournit les cinq dernières *histoires*, habitait, comme Robert, la ville d'Angers, sans que je me souvienne avoir rencontré son nom dans aucun autre document du temps. — Des marchands tapissiers de Tours se chargèrent de la confection matérielle de l'œuvre sur les patrons de nos artistes, artistes eux-mêmes et aidés d'artistes capables d'apprécier et de refaire au besoin, comme on le voit dans le compte, les patrons qui dirigeaient leur travail.

Ces tapisseries, encore aujourd'hui conservées dans l'église Saint-Pierre, comprennent deux séries. La première représente la vie de saint Florent, et provient, croyons-nous, de l'église voisine, Notre-Dame de Nantilly. On l'a plusieurs fois décrite, et M. Courtiller, de Saumur, en possède le dessin complet par Hawke, artiste d'un talent très en vogue en Anjou il y a quelque trente ans. L'autre composition comprend actuellement cinq pièces, dont une simple et quatre doubles, représentant chacune deux scènes de la vie de saint Pierre, patron de l'église pour laquelle elle a été expressément commandée. C'est cette dernière œuvre dont le détail est donné par notre marché, et qui, dès maintenant, peut être attribuée à une date précise et à un artiste certain. Chaque cadre, entouré d'une ornementation à peu près identique, a son sujet déterminé par une légende en rimes françaises, que nous avons relevée, non sans quelque peine dans l'ombre des greniers sacerdotaux.

---

tisons faicts pour ladicte entrée du roy, 20 mai 1551. » (*Archives municipales d'Angers*, CC 13, fol. 86.) — « A Robert de Lisle, la somme de 30 s. t. pour l'achapt de vert d'azur et de vert de vézie pour faire les peinctures qu'il convenoyt faire à ladicte entrée du roy, 14 avril 1551. » (*Ibid.*, fol. 86.) — « Aux peinctres de Lisle et Lagout, tant pour avoir drogues que pour leurs peines, m^{es} XI l. XVI s. » (*Ibid.*, CC 14.)

I.

Lorsque Thabite en Poppe mourut,
Sainct Pierre y vint qui tost la secourut ;
Dont croire en Dieu plusieurs gens incita ;
Car promptement il la résuscita.

Thabite est couchée sur son lit à baldaquin carré et se soulève à la voix de Pierre. A gauche deux pages admirent. Cette pièce de tapisserie ne contient pas d'autre scène. Les scènes suivantes se tiennent deux à deux sur une même pièce.

II.

Au languissant de mal presque péri
De ce que j'ay je teuvre mon thrésor.
Sainct Pierre dist : je n'ay argent ne or ;
Ai nom Jesus ; un tou, tu es guéri.

III.

Ananias, ayant devant sainct Pierre
Du champ vendu faussement dict le pris,
D'avoir menti tellement fut repris
Qu'il to... mort, puys porté fut en terre.

On emporte sur le premier plan Ananias ; à droite se tient saint Pierre ; à gauche, groupe d'hommes et de femmes effrayés.

IV.

A Pierre dist Jésus, comme lisons :
Va-t-en pescher, un poisson tu prendras,
Dont le tribut pour nous aux Juifs rendras,
Affin que point ne les scandalisons.

La même pièce, et pour ainsi dire la même scène, est divisée en deux. A droite, Jésus donne l'ordre à saint Pierre, tandis qu'au centre, et presque sans qu'aucun ornement forme sépara-

tion, un autre saint Pierre, tenant d'une main sa ligne, tend de
l'autre un poisson à un soldat. Au fond, la foule et Jérusalem.

V.

> Quant Jésus-Christ, entre autres ses miracles,
> Soy transforma, Pierre luy a dict : Maistre,
> Il nous est bon en ce lieu icy estre,
> Si deulx faisons ici troys tabernacles.

Jésus apparaît à Pierre, à Jacques et à Jean. Pierre dit [dans un phylactère] : *Domine, bonum est nos hic esse; faciamus hic tria tabernacula* (Marc, 9).

VI.

> Sainct Pierre fut prisonnier enchesné
> Par Hérodes, mais l'ange hors l'a mys.
> S'est vestu, s'en va tout deschessné,
> Moyennant Dieu, visiter ses amys.

Pierre, à la fenêtre de sa prison, parle avec un ange, et ses fers tombent par morceaux; à gauche, les gardiens s'affaissent épouvantés; l'un deux se met en défense et tire son épée. A droite, d'autres gardes entourent Hérode et ne s'aperçoivent pas du miracle.

VII.

> Théophilus en Antioche fist
> Approprier une grant basilique,
> Et à sainct Pierre une chaire on y mist
> Pour y prescher la loy évangélique.

Dans une basilique, saint Pierre est assis à droite sur une chaise curule, la tiare en tête et revêtu des ornements épiscopaux. Devant lui, à quelque distance, un groupe de juifs debout admire sa parole et témoigne qu'elle les touche. Un d'eux porte un manteau fourré, dont la bordure inférieure laisse voir dans les replis ces lettres inscrites : P QVI NARIE MC HO.

VIII.

Sergens de bas pris
Ont sainct Pierre pris;
Sans qu'il eut mespris,
D'Agrippa ont repris
Dont ilz ont forfaict
Qui son procès faict.

Des soldats amènent saint Pierre, lié de cordes, devant Agrippa assis et tenant le sceptre. A sa droite, debout, se tient un docteur à bonnet carré plat et à grande barbe, qui regarde et médite, belle et remarquable figure.

IX.

Quand par Néron est condamné sainct Pierre,
Comme Jésus ne veult estre pendu;
A souffert mort en la croix estendu,
Mais les pieds hault et le chief vers la terre.

Au centre, saint Pierre attaché sur la croix, la tête en bas; à droite et à gauche, des bourreaux; à droite, Néron donnant l'ordre du supplice.

Compte pour la façon des stalles du chœur de l'église de Saint-Pierre de Saumur
(1474-1475).

Despence et mise de deniers faicte par les procureurs pour la façon des chaeres qui ont esté encommancées à faire au cuer de ladite église de Saint-Pierre, du cousté devers la chapelle de Monsieur Saint-Jehan :

A Pierre Pintart, menusier, lequel et ung nommé Raoullet Michau, aussi menusiers, ont prins à faire les dites chaeres et fournir de toutes matières pour la façon d'icelles, ainsi que plus applain appert et est contenu ou marché sur ce fait le XIII° jour de mars mil IIII° LXXIII, qui est au pris de XI livres tournois par chacune chaere, tant hault que basse, a esté payé sur ce audit Pintart, en oultre les sommes de deniers contenues et déclerées ou précédant (1) compte desdits procureurs, montans IIe XXVIII livres XII sols II deniers tournois, la somme de XIIII livres VII s. VII deniers tournois, comme appert par quictance dudit Pintart donnée le XIIe jour d'avril après Pasques mil IIIIe LXXV (1475), pour ce, cy............ XIIII l. VII s. VII d.

Audit Raoullet Michau, menusier, compaignon dudit Pintart, ont payé lesdits procureurs sur la façzon desdites chesres, en oultre les sommes de deniers contenues oudit précédent compte, la somme de XXXV l. IX s. X deniers tournois, comme appert par quictance dudit Raoullet Michau, donnée le XXVIIe jour de may l'an dessusdit mil IIIIe LXXV, pour ce, cy...&.................. XXXV l. IX s. X d.

Audit Raoullet Michau ont payé lesdicts procureurs, par autre part, sur la façzon desdites chesres, la somme de VIII livres II sols VI deniers tournois, pour ce, cy.............. VIII l. II s. VI d. t.

Somme LVIII l. XIX s. XI d.

Autre despense et mise de deniers pour le parachèvement d'un des coustez desdites chesres, c'est assavoir de cellui du cousté devers la chappelle de monsieur saint Jehan, que lesdits Pintart et Raoullet Michau avoient encommancé; lequel cousté desdictes chesres lesdits Pintart et Michau n'ont pas parachevé et l'ont lessé imparfait, et s'en sont allez et absentez du pays pour la perte qu'ils disoient y avoir selon le marché autresfoiz sur ce fait, et à ceste cause et du consentement des paroissiens de ladite paroisse, comme appert par lettres de leurdit consentement données le XXVIIIe jour de may mil IIIIe LXXV (1475), lesdits procureurs ont fait parachever ledit cousté des dites chesres par les ouvriers cy après nommez et à journées ; et pour ce faire ont payé les sommes de deniers qui s'enauivent :

A Georges Lefevre, menusier, pour avoir besongné de son mestier à parachever le cousté desdites chesres ès mois de juign, juillet, aoust, septembre, novembre et décembre mil IIIIe LXXV (1475), ont payé lesdits procureurs, sur ce qu'il pouvoit estre deu audit Georget, pour avoir besongné durant le temps dessus dict, la somme de VIII livres V sols tournois, comme appert par quictance dudit Georget donnée le premier jour de janvier l'an dessus dict mil IIIIe LXXV, pour ce, cy..................................... VIII l. V s.

---

(1) Ce compte est perdu.

A Jehan de Vernoil, menusier, pour avoir besongné de son dict mestier à parachever le cousté desdites chesres et y avoir vacqué par troys mois entiers durant le temps dessus dict, la somme de VII livres X sols tournois, qui est à raison de L sols tournois par moys, pour ce, cy.. VII l. X s.

Audict Jehan de Vernoil, pour avoir besongné de sondit mestier èsdites chesres par ung autre moys ou temps dessus dict, la somme de XL sols tournois, cy.. XL s.

A Philippon Amy, menusier, pour avoir aussi besongné à faire le cousté desdites chesres, qui estoit imparfait, comme dit est, par deux moys et demy, ou temps dessus déclaré, la somme de IIII livres XVII sols VI deniers, et pour la faczon de XIX coulombectes qu'il a faictes pour lesdites chesres, la somme de LX sols tournois, qui est ensemble la somme de VII livres XVII sols VI deniers tournois, comme appert par quictance dudit Amy donnée le IIII° jour de septembre l'an mil IIII° LXXV, pour ce, cy.............. VII l. XVII s. VI d.

A Pacquet de Gasvre, aussi menusier, pour avoir besongné de son mestier durant le temps dessus dict à faire lesdictes chesres par ung moys entier, contenant XXIII jours ouvrables, la somme de LV sols tournois, comme appert par quictance dudit Pacquet donnée le XIIII° jour d'octobre l'an mil IIII° LXXV, pour ce, cy................ LV s.

Audit Pacquet de Gasvre, par autre part, pour avoir besongné èsdites chesres durant ledit temps par l'espace de XXIII journées, la somme de LXXV sols VII deniers t. comme appert par quictance donnée le XX° jour de novembre l'an dessus dit mil IIII° LXXV, pour ce, cy.. LXXV s. VII d.

A Pierre Bis[tu]et (1), aussi menusier, la somme de XIIII l. V s. t. pour avoir besongné de son dit mestier à faire les dites chesres par le temps et espace de six mois entiers, c'est assavoir juign, juillet, aoust, septembre, octobre et novembre et partie de décembre mil IIII° LXXV, qui est à raison de XLII s. VI d. t. par moys, comme appert par quictance donnée le XV° jour dudict mois de décembre l'an dessus dict IIII° LXXV, pour ce, cy................... XIIII l. V s.

A Olivier, menusier, pour avoir aussi besongné esdites chesres par demy moys durant le temps dessusdict, la somme de XVII s. VI d. t. pour ce, cy.. XVII s. VI d.

---

(1) Ces deux lettres sont effacées.

A René de Cassy, pour son varlet, qui a pareillement besongné esdites chères durant ledict temps par deux moys et demy, la somme de XXV s. t. qui est X s. par moys, pour ce, cy............ XXV s.

Pour despence de pain faicte par lesdicts menusiers dessus nommez par eulx faicte durant le temps qu'ils ont besongné à faire le cousté desdictes chères et dont cy dessus est faicte mencion, qui est par l'espace de sept moys environ, a esté payé par lesdicts procureurs la somme de XIII livres V d. t. pour ce, cy....... XIII l. V d.

Pour despence de pitance faicte par lesdicts menusiers durant ledict temps qu'ilz ont besongné esdictes chères, ont payé lesdicts procureurs la somme de XV l. XV s. X d. t. qui est à raison de XII s. VI d. t. par chacune sepmaine ou environ, pour ce, cy. XV l. XV s. X d.

Pour troys pippes de vin blanc, que lesdicts procureurs ont achaetées pour la despence desdicts menusiers durant ledict temps qu'ilz ont besongné esdictes chères (1), la somme de dix livres dix solz t. qui est à raison de LXX s. t. chacune pippe pour ce, cy... X l. X s.

Autre despence et mise de deniers pour la façzon d'un des coustez desdictes chères que lesdicts procureurs ont fait faire ouvrer ou cuer de ladicte église de Sainct-Pierre, du cousté devers la chappelle de Nostre-Dame, tant pour la paine et salaire des ouvriers qui ont fait lesdictes chères que pour achact de boys et autres choses nécessaires pour la façzon d'icelles.

A Georget Lefèvre, menusier, lequel a fait marché aveecques lesdicts procureurs et a promis faire de son mestier de menuyserie le cousté desdictes chères, c'est assavoir celluy qui est du cousté devers ladicte chappelle de Notre Dame, en le fournissant de tout boys nécessaire pour faire ladicte besongne et de logeys et ustencilles de maison, à la somme de deux cens soixante livres t. tant pour la façzon desdictes chères que pour ce qui luy povoit estre deu de reste pour la façzon de l'autre cousté desdictes chères, comme appert plus applain par ledict marché sur ce fait et passé soubz les contractz de Saumur le VIII° jour de janvier mil IIII° soixante quinze ; sur quoy a esté payé audict Georget par lesdictz procureurs la somme de sept

---

(1) On trouve dans une autre partie du compte : « pour l'achact d'un mouton que les dicts procureurs ont baillé aux menusiers qui besongnoient ès chères de ladicte église de Sainct-Pierre le jour de l'Ascension Notre Seigneur mil IIII° LXXV, pour ce, VII s. VI d. »

vingts quatorze livres tournois, comme appert par quictance dudict Georget donnée le cinquiesme jour de may l'an mil IIII° soixante dix sept, cy rendue, pour ce, cy........................ VII^{xx} XIIII l.

Audict Georget ont baillé lesdictz procureurs sur ledict marché desdictes chaires, comme appert par quictance donnée le VI° jour de juillet l'an dessusdict mil IIII° LXXVII, la somme de vingt livres tournois, pour ce, cy............................ XX l.

Audict Georget, sur ledict marché ont baillé iceulx procureurs, comme appert par quictance donnée le XI° jour de novembre l'an dessusdict IIII° LXXVII, la somme de vingt livres t. pour ce, cy.. XX l.

Item plus, audict Georget, sur ladicte besongne, le premier jour d'avril IIII° LXXVIII, comme appert par quictance donnée le XXIX° jour de mars après l'asques mil IIII° LXXVIII................ XX l.

A Jehan Piau, pour XIIII toysses de meubrures qu'il a baillées pour faire lesdictes chaires, la somme de X s. VI d. qui est à raison de IX d. la toyse, comme appert par quictance, pour ce, cy. X s. VI den.

[Il faut laisser le détail, qui serait trop long et fastidieux, des bois acquis ou donnés pour être employés au travail des chaires, des plateformes, des marchepieds, des portes, et dont partie était amenée de Chinon, — et terminer par quelques extraits qui intéressent nos maîtres-d'œuvre :]

A messire Guillaume Bérart, prestre, pour le louage de sa maison, en laquelle ung nommé Raouellet Michau, menusier, a demouré pour l'espace d'un an, comme il a besongné èsdites chaires, la somme de L s. t., comme appert par quictance, pour ce, cy............. L l.

A Gilles Hubert, pour le louage de la maison de Fontaines, en laquelle ledit Georget Leseure, menusier, a demouré par deux années [le chiffre est omis].

A Jehan Puisson, claveurier, pour avoir fait l'éguille qui porte le pupitre d'un des coustez des chaires de ladicte église, cy, XVI s. VIII d.

..... A Guillaume Liénart et André Violète, maczons, pour avoir rompu les murailles d'un cousté et d'autre du cuer de ladicte église de Saint-Pierre, et maczonné ès lieux où il estoit necessaire pour assoir lesdictes chaires, et pour avoir pavé le cuer de ladicte église et muré l'usserie du gardien, où à ce faire ils ont vacqué par XLVII journées, dont lesdictz procureurs ont payé la somme de VI livres XII s. t., comme appert par quictance desdictz maczons, pour ce, cy.. VI l. XII s.

A Morice Violète, aussi maczon, pour avoir vacqué à besongner de son mestier pour faire l'assiète desdictes chaires, la somme de XXIIII s. t. qui est à raison de 2 s. t. par jour pour paye et despens, pour ce, cy.. XXIIII s.

Comptes de l'église Saint-Pierre de Saumur, 1475-1480.

Mise faicte pour la toille dont on a faict les patrons de la tapisserie du cuoeur (1512).

Premièrement, a esté achepté pour faire ladite toille trente livres de brin par une part, qui a esté troys soulz quatre deniers la livre, vallant.. C s.

Item pour quinze livres d'aultre brin, au pris de troys soulz six deniers la livre, vault.................................... LII s. VI d.

Item pour la façon d'une pièce de toille, contenant vingt huyt aulnes, au pris de deux soulz pour aulne, vault ladite toille la somme de LVI s.

Baillé à la gardianne, pour avoir mys ladite toille par quatre fois en la bué, à ce qu'elle fust plus unye à getter les couleurs par dessus, et pour l'avoir orlée,.. X s.

Item pour l'avoir layée à la rivière et mise en du bran, affin qu'elle fust plus unye,... XII d.

Item pour avoir desvydé ledit filet,............... VIII s. IIII d.

Pour le vin de marché de ladite toille,................. XV d. t.

Aultre mise faicte pour les patrons de ladite tapicerye.

Baillé à maistre Robert de Lisle, peinctre, demourant Angiers, pour estre venu dudit lieu exprès pour marchander lesdits patrons, pour sa despense luy fut donné................................. XXVI s. IIII d.

Pour le coust d'une obligacion passée par P. Outin entre ledit de Lisle et lesdits procureurs,............................... XII d.

Baillé audit Robert de Lisle, quant il apporta une des hystoires desdits patrons, pour partie de sa despence,.......... XII s. VI d.

Baillé à ung homme qui apporta une desdites hystoires d'Angiers,.. II s.

Baillé pour le louaige d'une beste pour estre allé jusques au lieu de Serrant, Jacques Hamelin et moy, pour solliciter ledit de Lisle, par ce que n'en oyions aulcunes nouvelles,.................. VIII s.

Pour la despence de nous deux,.................. XLII s. VII d.

Item baillé audit maistre Robert, pour avoir apporté deux aultres des hystoires de ladite tapicerye, ... XII s.

Item pour estre allé jusques audit lieu d'Angiers, pour encor solliciter ledit maistre Robert, par ce qu'il ne rendoit la besongne, comme il estoit obligé, ... XXVII s. VI d.

Item baillé à maistre Nycollas Moreau, pour avoir apporté douze aulnes de ladite toille pour y faire besongner ung aultre painctre, V s.

Item pour une main de papier à mectre entre lesdits patrons, de peur qui ne s'effassassent, ... X d.

Item pour une missive baillé à ung homme qui alloit à Angiers. X d.

Item pour la façon desdits patrons estant de longueur de unze aulnes, à trente soulz par aulne, vallent XVI livres X s, XVI l. X s. Pour le vin de marché, ... V s.

Item pour recompenser ledit de Lisle pour lesdits patrons qu'il avoit faictz, par ce que ladite toille estoit plus large que son aulne de plus d'ung quartier, est dit par l'obligation qu'il auroit la somme de deux escuz sol, ... IIII l. X s.

Aultre mise pour lesdits patrons où a besongné ung aultre painctre.

Baillé à maistre Jehan de Laistre, painctre, pour la façon de cinq hystoires de la vie monsieur saint Pierre, estant en toille, à raison de trente sept soulz six deniers tournois pour aulne de ladite toille ayant cinq quartiers de large, qui est pour........ XX l. XII s. 6 d.
Pour le cust de l'obligation, ... II s.
Pour le vin de marché, ... II s. 6 d.

Aultre mise pour la dicte tapicerie.

Baillé pour la despense de deux tapiciers de Tours, venuz pour marchander ladicte tapicerye, qui sejournèrent deux jours, venuz exprès, ... XXII s. VII d.

Item baillé pour la despence dudict tapicier, quant il apporta une des pièces de ladicte tapicerie, pour avoir sejourné ung jour et demy, luy deuxiesme, et avoir souppé et couché le jour d'avant, .. XXX s.

Item, par l'advis de plusieurs des frères (1), luy faict (sic) baillé, pour le recompenser d'avoir rabillé les faultes de ses patrons en faisant ladicte tapicerye, et comme il y avoit esté promis, XLVIII s. VI d.

---

(1) De la confrérie du Saint-Sacrement, desservie en l'église Saint-Pierre, lesquels frères avoient fait les frais de ces ornements du chœur.

Item pour leur en aller,............................... XV s.

Item, quand il apporta le patron qu'il refflat de la prinse de saint Pierre, pour avoir disné, souppé, couché et disné le lendemain,.. XIS. VII d.

Item pour sa despence d'aller et venir,.......... XVIII s. VI d.

Item pour le cost de l'obligacion,...................... II s.

Item pour la façon et advancement de ladicte tapicerye, tant de celle qui est livrée que de celle qui est à livrer, luy ay baillé la somme de six XX douze livres sept soulz, ainsy qu'il appert par neuf quittances, pour ce,....................... VI^{xx} XII l. VII s.

Plus, pour doubler ladicte tapicerye, tant pour la façon que pour troys aulnes de toille,............................ XV s. XI d.

St-Pierre de Saumur, Comptes de 1542-1545, fol. 29-31.

(Archives de Maine-et-Loire.)

QUESTIONS ANGEVINES

I.

LA BELLE AGNÈS.

« Un riche bénéficier, chanoine de Saint-Laud, nommé Pierre Fréteau, entretenait publiquement, dit Bodin, comme sa maîtresse une des plus jolies femmes d'Angers, qu'on appelait à cause de sa rare beauté *la belle Agnès*. Cette dame avait le malheur d'être très-jalouse et son amant était quelquefois infidèle. Ne pouvant fixer à son gré cet inconstant, elle résolut de se venger de ses perfidies. Un jour, ou plutôt une nuit que le chanoine oubliait matines en dormant près d'Agnès, la belle, avec le rasoir de Fulbert, mit fin à ses infidélités; mais cette violente correction coûta la vie au bénéficier. La dame fut arrêtée, mise en jugement et condamnée à être brûlée vive : ce qui fut exécuté sur la place qui est au-devant de l'Académie d'équitation et qu'on nommait alors la place des Lices. Tout ce quartier, qui lui appartenait, fut confisqué, et pour perpétuer le souvenir du crime et de la punition, on éleva, sur le lieu même où était le bûcher, une colonne de 18 à 20 pieds de hauteur, sur laquelle fut placée la statue d'Agnès. Dans la suite, la colonne et la statue furent transportés au coin de la même place, à l'angle formée par le clos des Récollets et la rue du Faubourg-Saint-Laud; mais le peuple, ayant oublié peu à peu l'origine de ce monument, lui rendait en passant les mêmes honneurs qu'aux images des Saints; ce qui obligea d'enlever la statue et de la remplacer par une croix que l'on voyait encore en 1790 (1). »

Voilà certes une piquante et joyeuse historiette, connue déjà et rappelée depuis par maintes allusions, mais que le livre de Bodin surtout a popularisée. Les détails en sont aussi précis que possible, et si le ton du récit sent le badinage, c'est affaire de goût de le préférer de temps à autre aux madrigaux des troubadours et à la cantate éternelle de l'école de Marchangy qui allait s'épanouir vers le bon temps même, où notre Angevin écrivait. Du reste, homme vraiment supérieur, — ses lettres et sa vie en témoignent mieux encore que son livre, — et d'une bonne foi constante, le vice de sa science, qui encore avec cette réserve est réelle et sérieuse, c'est de n'avoir eu à son service, dans le bouleversement général des études et la dispersion des bibliothèques, que des matériaux de seconde et de troisième main, les manuscrits, par exemple, de Rangeard, œuvres consciencieuses et de valeur appréciée, mais qui, dans leur allure plutôt littéraire qu'historique, n'épuisent pas et quelquefois troublent les sources.

Par une chance heureuse Bodin emprunte cette fois de première main et s'en réfère à son auteur, notre vieux et naïf causeur « avec un beau ris, » comme dit sa devise, Bruneau de Tartifume. Sa *Description d'Angers*, que Bodin cite, est le recueil le plus riche et le plus sincère de renseignements de tous genres sur l'ancienne ville. Bruneau en visite pas à pas toutes les églises, les couvents, les places, les divers édifices, signale avec soin les monuments épars, relève les inscriptions, décrit avec un à-propos, qui n'est pas sans critique, toutes les antiquités qu'il rencontre, et ajoute partout, avec une candeur véritable, le dessin à la description. On peut s'imaginer s'il s'arrête devant cette croix de Saint-Laud, dont il a tant de fois, lui le fureteur assidu des rues angevines, entendu raconter l'histoire. Il la note en cheminant, et comme aux derniers pas de son voyage; et Bodin, — il faut le dire à son honneur, — s'est contenté, avec une réserve bien rare,

---

(1) T. II, p. 93, édit. de 1847.

de moderniser l'antique relation sans l'embellir autrement d'accessoires empruntés.

Du temps de Bruneau déjà, la colonne de la belle Agnès, « devant la maison de Caseneuve, vis-à-vis du pavillon qui est sur les Lices, » avait été refaite et transformée. Louvet (1) nous apprend que ce déplacement eut lieu le 7 décembre 1621, aux frais « d'un homme fort pieux et dévotieux, allant par les provinces, » quelque Vincent de Paul ou quelque Bouvard scandalisé, qui la fit, « je ne sçay avec quelle permission, » remarque Bruneau, — « par un zèle de piété superstitieuse, dit Ménard, » transporter où plus tard la vit Bodin. Mais « j'ay veu, ajoute
» Bruneau, et considéré le premier pilier avec ladite figure d'une
» femme ayant une bride en la main droite, un rolleau en la
» gauche et une boulle soubz le pied gauche. La bride dénote
» qu'il faut brider ses passions, *docet mentis cohibere furores*;
» le rolleau, que l'advenir nous est caché,

> L'homme ne sçauroit cognoistre
> Si un lendemain doibt estre.
>
> (RONSARD.)

» la boule, qu'il n'y a rien de stable au monde et que toutes choses
» y roullent. Ledit pillier estoit esloigné du pavillon de ladicte
» maison de 16 pas ou environ. Le pillier qui s'y voit à présent
» en est esloigné de 35 pas environ (2). » — Et sans y épargner sa peine, après tant de philosophie, il donne de bonne grâce un dessin du pilier moderne qu'il a sous les yeux, surmonté d'une croix patée avec un *Jesus-Maria* dans une gloire, — et puis, de mémoire sans aucun doute, l'image ancienne qu'il vient d'interpréter à sa manière.

C'est la figure d'une femme, debout, vêtue à l'antique, et portant des attributs qu'on ne reconnaîtrait guère sans les précédentes explications. Quant à la symbolique très-peu populaire qui les accompagne, elle sent trop l'école et l'imaginative pour contenter. J'aime bien mieux Louvet, qui, sans tant de malice, à son ordinaire,

---

(1) *Revue d'Anjou*, 1855, t. II, p. 262.
(2) Bibliothèque d'Angers, mss. 871, 3ᵉ partie, p. 16.

nous dit en passant que « cette effigie représentait une Justice. » Aussitôt l'idée se précise mais du même coup nous autorise à rejeter le dessin et les fantaisies du peintre; — et l'imaginant à mon tour, suivant la forme antique et solennelle, je la mettrais debout ou assise, avec une épée nue dans la main gauche, dont Bruneau peut-être n'a plus vu que le tronçon, dans la droite, une balance, dont les fléaux pendants et brisés lui ont sans doute donné l'idée de ce frein qu'il veut donner aux passions. C'est précisément ainsi que la décrit une note anonyme d'un contemporain (1) de Louvet et de Bruneau, et Claude Ménard (2) ne se rappelle pas autrement non plus cette statue qu'il avait vue autrefois peinte dans sa jeunesse et que de son temps la tradition déjà modifiée donnait pour celle d'une fille coupable d'avoir étouffé son enfant, fils d'un prêtre. Le dessin qui devait remplir la page de son livre, manque à la copie informe qui nous en reste; mais, par une chance inespérée, je le retrouve, à la dernière heure, en original, dans le cabinet de M. Joyau. L'aspect de la colonne, appareillée joint sur joint, y est tout différent du dessin qu'en a laissé Bruneau (3), et ici, comme l'ont vue notre anonyme et Ménard, on y reconnaît vraiment l'effigie assise de la Justice. Or ce qui me semble prêter à ces deux témoignages une véritable autorité, c'est l'explication qu'ils donnent, nouvelle et très-simple, d'un détail du monument qui évidemment a été, comme le reste, on peut le soupçonner, mal interprété. Vers le faîte du pilier rond, qui s'en va s'amincissant, deux longues barres de fer avec crochet le traversent s'entrecroisant, et Bruneau,

---

(1) Voici cette note telle que je l'ai prise, malheureusement je ne sais plus où, si ce n'est, je crois, dans les papiers Grille :

« Le grand poids, où l'on voit au haut d'une colonne, dans les Lices, une croix. Au lieu de cette croix il y avoit la figure d'une femme assise dans une chaire, ayant un pied sur une boule, tenant en sa main droicte une balance et dans la gauche une espée toute nue. Au-dessous de cette figure il y avoit des crochets de fer pour y mettre des grandes balances. Un gentilhomme fit oster et changer en une croix cette figure. »

(2) Mss. 875, t. II, p. 73.

(3) « Je crois celui-ci plus fidèle, dit une note de M. Toussaint Grille. La colonne est bien celle que j'ai vue, et j'en tire cette induction pour le reste. »

qui n'est pas en peine, nous enseigne que ce sont « les branches de fer èsquelles les os d'Agnès furent attachez ». Il ne pense pas que la criminelle, d'après son récit même, fut brûlée, et surtout que ce pilier, à l'en croire aussi, est postérieur au supplice dont il consacre la mémoire. Tout au contraire, d'après les données nouvelles, ces crochets de fer seraient les supports de grandes balances, et la statue qui couronnait le faîte, présidait au *Controle royal*, au *Poids-le-Roi*, au *Grand-Poids*. Pétrineau des Noulis, qui avait bien étudié l'antiquité angevine, a eu connaissance de la note manuscrite et du dessin, et il s'en réfère pourtant (1) de façon assez dure à la légende. A mon humble avis, il a tort. C'est sur la place des Lices que jusqu'au xııı° siècle fut le grand marché, *vetus forum*, comme disent encore les chartes de ce temps, et probablement l'ancien forum antique. Qu'on y ait délaissé là ou continué le contrôle, à la porte Toussaint, vis-à-vis du château royal et de la Chambre des comptes, dans une place consacrée, on peut dire de tout temps, aux réunions publiques, je n'y vois aucune invraisemblance, et j'insiste d'autant moins d'ailleurs que je n'ai voulu constater qu'un fait, je crois, bien établi : il n'y avait rien de commun entre la dame à la tunique flottante, qui trônait aux Lices, et notre nouvelle Héloïse.

Reste l'histoire de ces amours tragiques, qu'à défaut de monument expiatoire, avait consacrées la mémoire populaire. J'en ai quelquefois douté pourtant. Non pas que je misse en question la chasteté de certains chanoines, — les registres capitulaires, qui disent tout, ont survécu aux ormeaux discrets des cloîtres de Saint-Laud ; — mais certains détails, sous leur forme au moins légendaire, arrêtent la réflexion incertaine. Cette Agnès, dame de la place, ou, suivant Bodin, du quartier des Lices, m'inquiète. Les Récollets, Lesvière, Saint-Aubin, Toussaint, le Roi et Saint-Laud surtout étaient maîtres dans ce quartier-là. De plus il en coûtait

---

(1) « Si cette figure est la croix des Lices à Angers, comme je le crois, dit-il, Ménard s'est grossièrement trompé. Cette croix a été mise à l'occasion d'un assassinat d'un chanoine. Voyez les *Mémoires* de Louvet. Ce fut au commencement de ce siècle ou à la fin de l'autre. »

si peu, donnant le nom du chanoine et de la belle, de se rappeler pour le redire, dans quel siècle au moins s'affichaient ces exemples-là. Bruneau, bonhomme, n'en demande pas si long à son grand-père ; mais Bodin, qui écrit en historien, raisonne et rattache avec esprit ce détail des mœurs publiques aux mesures prises en synode par l'évêque Bouvery contre les désordres de son clergé.— En 1564, ajoute résolûment Berthe, mss. 896, qui le compile.

C'est peu qu'un tel point de repaire, simple conjecture, qu'une conjecture peut détruire ; et une recherche sérieuse veut d'ordinaire s'engager sur des indices meilleurs, avec quelque espoir au moins de chance heureuse.

J'ai cherché pourtant, et je le dis vite : j'ai trouvé. L'histoire vraie, — car il y a une histoire, — est bien autrement terrible et triste que la légende. La voici en deux mots, comme je la recueille dans les registres capitulaires de Saint-Laud (1) :

Le vendredi 17 août 1543, maître Silvestre Frétard, chanoine-prébendé en ladite église, y fut enterré dans la chapelle à gauche du chœur. La veille, il avait été trouvé, à son logis, égorgé dans

---

(1) Voici le texte complet du registre, conservé aux Archives départementales :

Die veneris decima septima dicti mensis augusti, anno 1543, sepulture traditum fuit corpus defuncti magistri Silvestri Fretard, dum viveret, canonicus dicte ecclesia Sancti-Laudi, in eadem ecclesia, in capella, que est sita juxta sinistram partem chori ejusdem ecclesie, me notario illius ecclesie presente. ENNOU.

Et tout autour du texte, entre les blancs, dans les marges et sous la signature du notaire, trois notes d'une autre main complètent cet acte de sépulture : « Nota, dit l'une, Festard tué, sa servante nommée Agnès, pendue et brûlée, estoit accusée d'avoir tué son mestre. Par après fut justifié qu'elle estoit innocente ; » — une autre : « Ledit m⁰ Silvestre Fretard fut tué au logis canonial, qui est sur le grand chemin. La servante qui s'appeloit Agnès, fut pendue aux Lices, estant accusée d'avoir tué son maistre. Un an après, un vitrier fut pendu à Chasteaugontier, qui confessa que c'étoit luy qui avoit tué ledict Festard, qu'il avoit entré la nuict dans ledict logis, avoit levé une louzange d'une vitre, avoit entré en sa chambre, l'avoit tué et l'avoit volé ; et ladicte Agnès fut pendue innocente. » Enfin une dernière : « Festard tué, sa servante nommée Agnès, pendue et brûllée aux Lices ; par après, justifiée innocente du meurtre. » — Ces trois notes coup sur coup accumulées, témoignent de l'émotion qui gagna le chapitre et la ville au premier bruit de la triste nouvelle.

son lit. Sa servante fut accusée d'avoir tué son maître ; elle ne put se défendre, fut condamnée, pendue et brûlée aux Lices. Elle s'appelait Agnès.

A un an de là, un vitrier, jugé pour quelque méfait à Château-gontier, au moment d'être pendu, avoua qu'étant à Angers, l'an passé, il avait pénétré de nuit dans le logis de Frétard, avait enlevé une vitre et assassiné le chanoine, pour le voler à l'aise. Il ne restait plus qu'à honorer la mémoire de la pauvre Agnès.

Pourvu seulement qu'on n'aille pas s'aviser de mettre l'aventure en drame, ou, — qui pis est, bien sûr, en roman historique !

II.

L'HOTEL DE LANCREAU.

Il y a eu à Angers deux hôtels de Lancreau, tous deux dignes de mémoire, — tous deux bien connus, car il n'est faiseur d'historiettes qui ne les ait mêlés à quelque anecdote,— tous deux bien plutôt inconnus, car il n'est personne absolument qui ne les confonde dans une erreur légendaire, — tous deux autrefois rue Saint-Michel, existant tous deux encore à leur place antique, quoique la rue Saint-Michel ait perdu l'un d'eux, tout d'un coup dépossédé au profit d'un nouveau venu, aussi ancien que lui, — et qu'une rareté archéologique a frauduleusement recommandé au détriment même de ses légitimes traditions. C'est là une série de paradoxes, que j'ai peur de transformer trop facilement en banalités d'évidence.

I.

La terre de Lancreau est un petit fief dans la paroisse de Chantocé que possédait jusqu'au XVIe siècle une famille noble en portant le nom. Le manoir venait d'être rebâti avec douves et fossés, quand vers 1538 il fut acquis par Guillaume de Lesrat, qui devait lui donner une bien autre illustration.

La famille de Lesrat était à cette époque, depuis un siècle, une des plus puissantes d'Angers. Déjà, au dire du bénédictin Roger, Jean de Lesrat passait de son temps (1491) pour le premier homme de la ville. Mais c'est Guillaume surtout qui fonda en Anjou l'influence politique de la maison, en y transportant à demeure et son foyer domestique et le centre de ses actives et lointaines relations. Né dans la petite ville, alors angevine, de Villiers-Charlemagne, son doctorat passé et ses premiers succès remportés de haute lutte au barreau, une occasion l'avait emmené à Rome, où il devint sans peine auditeur de Rote, puis chargé de missions actives, puis, ses preuves faites d'homme de main autant que de parole, mis par le pape Clément VII à la tête d'un corps d'armée, qui, sous ses ordres, fit merveille. Il était déjà chevalier, comte et destiné aux plus hautes dignités de la cour romaine, mais les instances de sa famille et de l'ambassade française, appuyées du titre de conseiller au grand conseil du roi, le décidèrent au retour. Sept ans après il était installé à Angers dans la charge de lieutenant général, et, en 1557, dans la présidence nouvellement créée du présidial. Les guerres civiles et religieuses le mirent suffisamment en évidence sans compromettre sa popularité. Il mourut le 19 juillet 1563 au retour d'un voyage en cour et fut enterré dans l'enfeu de sa famille à l'église Saint-Michel-du-Tertre. Mais il faudrait sans doute raconter cette curieuse existence autrement encore que d'après son épitaphe, qui l'appelle Père de la patrie. Son fils aîné, Guillaume, « ayant toutes les perfections qui peuvent être en un homme de bien pour rendre la justice » (*Louvet*), lui succéda dans la charge du présidial qu'il quitta plus tard pour le Parlement de Bretagne. Son second fils, Guy Lesrat des Briottières, chanoine d'Angers, conseiller au Parlement de Bretagne, puis président et lieutenant général d'Angers, et, pendant la tyrannie de Bussy d'Amboise, sénéchal de Nantes où il avait émigré, revint mourir à Angers en 1583, où son aîné fut rapporté mort en 1586 ; — tous deux hommes de mérite et de littérature, ayant inauguré, pour le dire en passant, l'art de faire des livres avec des arrêts et des harangues de palais, mais sans laisser oublier le grand président, leur père, dont le souvenir resta toujours populaire à Angers pendant les absences trop fréquentes de ses fils.

C'est bien certainement à lui qu'était due la reconstruction, sinon la construction première de l'hôtel patrimonial des Lesrat, comme l'atteste son titre de Lancreau, resté à la demeure, où il s'était plu à vivre et que ses enfants eurent presque hâte de déserter. Elle s'élevait à la porte du palais, sur un terrain autrefois dépendant, comme tout le quartier, du temporel de l'aumônerie voisine de Saint-Michel. Au-devant seulement, sur la rue, une large et profonde cour, bordée quelque temps de petites maisons, puis déblayée, formait au logis une entrée princière. Quand la maison devint vide par la dispersion ou l'indifférence de la famille, la ville, toujours en peine de loger quelque grand seigneur, y songea pour faire honneur à son hospitalité.

Le 7 mars 1598, le roi Henri IV, qui avait couché aux Ponts-de-Cé, s'en vint escorté des habitants en armes jusqu'à la porte Saint-Aubin, d'où « il fut conduit en la rue Saint-Michel, par le palais, au logis de feu M. le président de Lancreau. » A peine entré et libre des cérémonies, le roi s'en alla jouer une partie de paume au Pélican avec d'Épernon et Lavardin et n'en dormit que mieux le soir dans son lit de brocart semé de fleurs de lis d'or. — Le mercredi 8 août 1614, l'hôtel était de nouveau en fête pour la visite de la reine-mère Marie de Médicis et du petit roi Louis XIII. Cinq ans plus tard, le 16 octobre 1619, la reine y revint, mais seule et sans son fils, passé déjà sous une autre tutelle. Malheureusement le logis, quoiqu'il eût servi quelque temps au maréchal Boisdauphin, était déjà tout à l'abandon. La ville en fit refaire à la hâte les jardins, étayer les salles, restaurer, parer les appartements d'honneur par charpentiers et maçons à son service, et remit aux mains de la souveraine, alors séditieuse, une belle clef neuve en argent doré. Mais le délabrement du gîte était tel que Marie de Médicis s'y trouvant mal à l'aise, n'y voulut rester que le temps à peine de remettre en état le logis Barrauld. Quelques mois tout au plus après sa sortie, le 2 novembre 1620, le Père Mathurin Dugué, agissant au nom de la communauté de l'Oratoire, prenait possession de l'hôtel et de ses vastes dépendances. Il l'avait acquis l'avant-veille 18440 livres de Françoise Harouys, veuve de Pierre Bernard de la Turmelière et fille de Charles Harouys de la Rivière, président au présidial de Nantes, mari de Françoise de Lesrat, héritière de Guillaume Lesrat de Lancreau.

Tous ces détails que je puise et recueille dans les actes mêmes, ne sont certainement pas connus de façon aussi précise; mais le fait principal l'est depuis longtemps ; et Louvet, Roger, Rangeard, Péan de la Tuilerie, Bodin, Blordier-Langlois, tous ceux même encore qui s'oublient à d'autres aventures, ont raconté — au moins une fois, — que les Oratoriens se sont installés définitivement en 1620 dans l'hôtel de Lancreau (1).

N'est-ce pas indiquer de façon bien nette et suffisante l'emplacement certain d'un hôtel que tous les récits anciens placent avec raison dans la rue Saint-Michel, où se trouvait son unique entrée, mais que les récits modernes ont seulement le tort d'y chercher encore. Le porche est tombé, la *Cour du roi*, ainsi dénommée depuis les visites royales, attaquée de çà de là, nivelée, rasée, bordée, envahie par une église nouvelle, s'est transformée, et, la voirie municipale aidant, la rue de l'Oratoire et la rue Flore se sont fait passage à travers les ailes du vieux logis et ont comme déplacé l'Oratoire même, en égarant l'imaginative des chroniqueurs.

Les Oratoriens ont beaucoup bâti, beaucoup entrepris, terminé peu d'entreprises. Il n'est pas à croire qu'il reste rien autre chose que quelques murs de l'hôtel historique du président de Lesrat : — mais c'est à l'Oratoire pourtant qu'il faudra saluer, quand la mémoire reviendra aux cœurs angevins, le souvenir, sinon du piètre Louis XIII et de sa triste mère, tout au moins du grand Henri, le roi le plus français, j'allais dire le plus parisien de notre histoire.

II.

Tout au contraire une illusion s'est produite, que la réflexion n'eût pas eu de peine à confondre mais qui a dérouté tout d'abord les récits sans autrement les déconcerter. L'hôtel de Lesrat

(1) M. Godard-Faultrier, qui a rendu assez de services aux antiquités angevines pour qu'on le nomme, fait mieux dans cette question Il nie le fait en affirmant que les Oratoriens se sont établis « dans la maison de Lancreau et non pas à Lancreau, ainsi qu'on l'a prétendu. » C'est une erreur d'un autre genre et dont l'origine est curieuse. Elle repose uniquement sur une de ces fautes typographiques, dont fourmille le livre de Péan de la Tuilerie, qui a en effet imprimé *Lancreau*, au lieu de Lancreau. M. Godard évite ainsi d'ailleurs une inconséquence, mais non la confusion des deux histoires.

disparu, on en est venu, par une inconséquence qui s'explique sans se justifier, à décorer de sa tradition usurpée et de l'honneur des visites royales un second logis voisin, dans cette rue Saint-Michel où l'on cherchait vainement l'autre, et que d'une voix unanime — et avec raison — le populaire désigne du nom d'*hôtel de Lancreau*. Tout ce qu'on en a raconté étant faux, il reste entièrement à en retrouver l'histoire.

Au fond d'une large cour, s'élève le vieil hôtel mutilé, à fenêtres et frontons autrefois fleuris et écussonnés, dont la seule aile existante, à gauche, porte au pignon la date : 1589. Converti aujourd'hui en ouvroir, l'édifice a subi bien des transformations, mais il garde encore pour mériter une visite, — on est sûr d'y trouver une aimable et douce bienvenue de sœur, — une de ces œuvres de la Renaissance dont l'art un peu sensuel et excessif saisit toujours pourtant d'un charme imprévu. Dans la salle principale, où travaillent autour de quatre tables alignées les pauvres enfants de la maison, s'ouvre une vaste et haute cheminée, dont le manteau, comme les pieds, est surchargé d'arabesques et d'entrelacs capricieux. Au-dessus court une gracieuse frise, surmontée de trois pilastres blancs cannelés, avec couronnement de riches moulures à lozanges et quatrefeuilles, entre lesquels s'encadrent, dans un triple rang de bordures ornementées, deux plaques de marbre noir, portant en belles majuscules grecques des sentences de philosophie morale. On comprend combien il a pu être agréable de mettre là devant, à se chauffer, Henri IV et d'Épernon, Louis XIII et Marie de Médicis, qui auraient pu vraiment y rêver des élégances de leur Louvre (1).

A la fin du XVIe siècle, dès avant la date de 1589, seul titre qu'ait conservé l'hôtel, il appartenait à François Bitault de la Raimberdière, élu échevin le 15 décembre 1564 et maire d'Angers le 1er mai 1582. On le voit dès 1571 traiter pour l'agrandis-

---

(1) On peut signaler encore sur la fenêtre de l'aile droite, dans la cour postérieure, un écusson effacé, et au rez-de-chaussée la porte en bois de la cuisine, qui date de la construction primitive. M. d'Andigné, en vendant l'hôtel aux sœurs, s'est réservé la propriété de ce curieux meuble.

sement de son terrain avec les Cordeliers, et c'est bien certainement à lui qu'est due la construction de ce nouveau type des opulentes demeures de magistrats municipaux, dont les Barrauld et les Pincé lui avaient laissé déjà des modèles à défier toute envie. Il tenait le logis primitif de la succession directe des frères Jacques et Jean de La Vallée, qui, partagée et advenue en partie aux Ayrault, se trouva de nouveau réunie par le mariage de notre François Bitault avec Renée Ayrault, la sœur du grand justicier. Leur fils, François Bitault de Chizé, mari de Renée de Charnières, était conseiller du roi en son conseil, maître des requêtes de l'hôtel, intendant de justice en Languedoc. L'hôtel, qu'il avait à peu près délaissé, revint à Pierre Ayrault, sieur de la Lande et de la Moizandière, lieutenant général criminel, mari en premières noces (1600) d'Anne Boylesve de la Moroûsière, et fut apporté successivement en dot ou en héritage par Anne Boylesve (1618) à Pierre Lechat, sieur de la Touche, lieutenant général d'Anjou, et par Perrine Lechat, leur fille, à Louis Boylesve de la Gillière, lieutenant général au présidial d'Angers, mort en 1708. C'est dès lors et pour un temps l'*Hôtel de la Gillière*, et sous ce titre qu'il figure sur le plan d'Angers, publié par Simon en 1736.

On voit quelle série de nobles et puissants maîtres l'avaient maintenu en sa splendeur. Il ne perd rien de sa tradition opulente en passant encore par le mariage de Françoise-Madeleine Boylesve de la Gillière à Pierre Leroy de La Potherie, seigneur de Chandemanche; et des documents certains nous permettraient aisément de revoir dans tout son luxe évanoui la demeure seigneuriale. A l'entrée, dans l'antichambre, des tapisseries de haute lice, représentent l'histoire de Joseph; à côté, la *Chambre de Madame* est parée de portières de velours rouge à galon d'or, avec lits de damas à fonds rouge et fleurs aurore; pour haute lice, les *divinités de l'Olympe*; — au bout d'un petit couloir, une chapelle, l'autel garni de points d'Espagne, avec carreaux à prier de satin bleu, et nombre de tableaux sur l'autel et sur les lambris; la grande salle couverte d'un tapis de Turquie, outre sa cheminée splendide, se pare d'un lustre de cristal, avec garniture de porcelaine fine, six figurines et plusieurs statues de marbre ; sur les murs, les *Métamorphoses d'Ovide*, en tapisserie ; — au bout la *Chambre dorée*, décorée de *l'histoire de saint Julien et de saint Clément*, en haute lice ; au-dessus, le cabinet du maître, enrichi d'une très-belle et savante bibliothèque de jurisprudence et d'histoire, et, sur les murs, la *légende de Pharaon* ; à côté, les chambres des enfants et des domestiques. Dans le garde-meuble, en réserve pour les grandes occasions, l'*histoire de Jacob*, en tapisserie de Flandres (25 aunes de tour), et la *bataille de Pharsale* (28 aunes de tour), en haute lice d'Angleterre. On a l'idée, sans grande peine, du mobilier qui devait faire figure dans cet encadrement aristocratique (1).

Une dernière vicissitude était enfin réservée à l'hôtel des Bitault, des Ayrault, des Lechat, des Boylesve et des la Potherie. Par

---

(1) Voici tout au moins le détail des tableaux. Je résume autant que possible le document qui me le fournit. « Premièrement, 8 parquets d'ébène, enrichis de grotesques et ornements de cuivre doré, qui renferment quantité de tableaux sur cuivre, représentant l'*Histoire d'Astrée et de Céladon*, et autres petites figures peintes en camayeu ; un petit paysage oblong avec son cadre, peint à gaze ; un tableau de vases, tapis et fruits ; — dans la salle, deux tableaux sur la cheminée ; sur la porte, le *roi Louis XIV* peint en Hercule ; — dans la chapelle, une *Vierge* avec un petit Jésus et un Saint-Joseph derrière, une *Vierge* tenant le petit Jésus avec un Saint-Jean, la *Présentation de Jésus au Temple*, une *Vierge* « en manière de Raphaël » avec un petit Jésus et une Sainte-Catherine, un *Saint-Sébastien*, une *Vierge* avec un petit Jésus et un Saint-Jean qui se caressent, une « *Sainte-Anne* faisant lire la sainte Vierge, éclairée d'une chandelle », une *Vierge* avec un petit Jésus et un Saint-Jean qui l'adore, un *Saint-Sébastien* en buste, sur l'autel, une *Vierge* à genoux, avec un petit Jésus, Saint-Jean debout, Saint-Joseph derrière la Vierge, deux tableaux de *fleurs*, un *Saint-Jean l'Évangéliste*, une *Sainte-Potentienne*, un *Ecce Homo*, une *Assomption*, le *Jugement universel* sur bois, accompagné des quatre docteurs de l'Église, un petit tableau oblong « d'un *Christ portant sa croix*, les bourreaux et les Maries suivent avec Saint-Jean » ; une tête de *Saint-Pierre* en mignature, une petite *Vierge* donnant à téter au petit Jésus, avec deux autres petits tableaux en mignature ; — dans la galerie, « un tableau représentant une *Musicque* », un grand tableau d'une *sainte Famille*, quatre grands tableaux de poissons, de fruits, « de pièces de chair » avec figures et personnages ; une *Famille de gueux*, de neuf figures, « un tableau de nuit de *Psyché* avec l'*Amour* qui dort » ; — dans la chambre qui mène à la galerie, un tableau d'*oiseaux, lièvres et fruits*, sur la cheminée, une *guirlande de fleurs*, un tableau représentant une *Tête de Saint-Jean* dans un plat ; — enfin, dans la *chambre dorée*, une *Lucrèce* en grand, et *Suzanne* avec les deux vieillards. — Arch. de Maine et Loire, Série E. 3161. Inventaire après le décès de Pierre Leroy de la Potherie, 1628.

acte du 13 avril 1787, Urbain Leroy de la Potherie, seigneur de La Bourgonnière, vendit sa maison de la rue Saint-Michel à Marie Rodais, veuve d'Édouard Pissonnet de Bellefonds. Depuis plus de 60 ans, le fief de Lancreau, acquis sur Jacques Avril (25 octobre 1688), était entré dans la famille, et les Pissonnet de Bellefonds de Lancreau, qui, en venant s'installer dans l'hôtel autrefois *de la Gillière*, faisaient revivre à son profit l'antique nom, ainsi deux fois populaire, d'*hôtel de Lancreau*.

Tous ces détails, pour être bien précis, sont peut-être aussi trop arides et de peu d'élégance ; et il m'eût été facile, je crois, d'y intercaler quelque fadaise. Mais à quoi bon perdre le temps du monde ? Et quel plaisir, quel honneur d'écrire, si ce n'est au moins en toute illusion pour le régal, comme on disait autrefois, « des honnêtes gens » ?

III.

LA GODELINE.

On restaure en ce moment, dans la rue *du Grand-Talon*, un hôtel de grande et belle apparence, dont le caractère nettement tranché, à défaut de la date, 1641, inscrite sur un tuffeau, accuserait suffisamment une œuvre des dernières années du règne de Louis XIII. Le grand corps du bâtiment, autrefois évidemment encadré de deux ailes, ne garde plus que celle de l'ouest, surmontée d'une lucarne armoriée. En bas, sur la rue, des lignes de petites fenêtres en plein cintre présentent cette décoration d'un faux air roman, si commune à Angers dans les édifices de cette époque, moins originale que bizarre. Tous les angevins connaissent celui-ci, mais ils seraient bien en peine, je gage, de lui donner un nom ou d'en rien dire. Aucun de « nos annalistes » n'a trouvé le temps d'en parler — et pour cause. Je sais pourtant quelque chose de son histoire, qu'il vaut la peine de redire et qu'il est facile surtout de raconter en moins de temps qu'il ne m'a fallu pour l'apprendre.

I.

La rue du *Grand-Talon*, primitivement *des Écuyers* (XIIIe siècle) et, par corruption, *de l'Écurie*, doit son nom d'aujourd'hui à l'enseigne d'un rôtisseur-pâtissier-traiteur, qui tenait au XIIIe siècle ses fourneaux tout flambants aux abords de la rue Saint-Laud. Mais jusqu'au XVIIIe siècle, comme aussi du plus loin qu'on y puisse entendre, de son vrai nom, du nom populaire et cher aux oreilles angevines, c'est la rue *de la Godeline*, — et *la Godeline*, c'est notre hôtel. Le mot en soi a comme un murmure de gaîté gentille, qui donne à penser de quelque maison de plaisir ou tout au moins de plaisance. Je ne sais ce qu'il en faut croire ; mais les titres nous montrent que, dès les premières années du XIIIe siècle, le logis avec son enclos appartenait à l'évêque de Nantes et resta pendant trois cents ans du domaine de son évêché. Comme son collègue de St-Malo, qui avait vers le même temps en St-Barthélemy son manoir entouré de vignes, le prélat Nantais trouvait à Angers, en pleine ville, au milieu de vastes jardins, un pied-à-terre ou un refuge, à mi-chemin de sa cathédrale et de la métropole. C'est à l'évêque Galeran, je crois, qu'en est due l'acquisition première. Errant pendant près de dix ans, après son élection, sans occuper son siége épiscopal (1241-1250), on le voit l'année même où il revient s'installer à Nantes, aggrandir sa maison de la *rue des Écuyers*, à Angers, de la maison et du jardin voisin acquis par lui du prêtre Guillaume d'Aunet et de Tiphaine « la prêtresse » (1). Il y revint au moins une fois, allant à Rome, et s'y arrêta en 1255, pour assister à la translation des reliques de saint René. Ses successeurs y firent sans doute des apparitions de plus en plus rares, puis peu à peu le délaissèrent. Une partie des dépendances, plus tard même de l'habitation se donnait à louage. Au devant, de l'autre côté de la rue, ouvrait une petite place où débouchait par une venelle sombre la maison *du Moulin*, centre des écoles universitaires,

---

(1) « *G. Dei gratia Nannetensis ecclesie minister humilis, in Vero salutari salutem. Noverint universi, quod cum Guillelmus de Aunet, presbiter, et Thephania dicta pretrossa vendidissent nobis et ecclesie Nannetensi domum suam cum orto et aliis pertinentiis, sitis in feodo beati Petri Andeg. prope domum nostram in vico qui dicitur aus Escuiers..... dictum capitulum beati Petri Andeg. predictam venditionem ratam et gratam habens, nobis et ecclesie nostre liberam concedit et concessit, ut dictam domum pacifice teneamus ad voluntatem nostram... salvis tamen dominio ipsorum et quinque solidis assignatis, diu est, ipsis annuatim pro quodam anniversario faciendo. Conventum insuper extitit quod post mortem nostram quilibet noster successor, in ecclesia Nannetensi creatus episcopus, primo anno tantummodo, semel in vita sua, pro vendis et aliis redevenciis dictos quinque solidos censuario dicte ecclesie beati Petri duplicabit.... Datum mense junio anno Domini M^o CC^o quinquagesimo.* » Arch. de Maine-et-Loire, Saint-Pierre. B. f. 16.

— qui s'en déplacèrent à peine en 1472, pour aller loger, tout à côté, dans la rue Chaussée-Saint-Pierre. On peut penser si pendant de longues années *la Godeline* (1) fut à portée d'entendre de beaux tapages d'études et d'étudiants. Tout d'un coup, à la fin du XVe siècle, ses destinées s'élèvent et en font le centre même de la cité angevine : l'Hôtel-de-Ville.

La mairie, « octroyée » en 1475 par Louis XI, s'était organisée tant bien que mal et de haute lutte, grâce à l'habileté doublée de ruse et d'énergie du premier maire Guillaume de Cerisay, « esleu, ordonné, institué et establi en nostre présence, dit le roi (2), d'un commun accord, sa vie durant, » c'est-à-dire imposé d'autorité sur la ville, ainsi que le sous-maire, autre compère. Même sous le coup pourtant des internements et des proscriptions, même sous la terreur du vieux roi, impitoyable à tout rebelle et qu'une dévotion subite ramenait bien souvent à Béhuard, les Angevins n'avaient pas cessé de défendre pied à pied et à tout risque leurs franchises antiques dans l'exercice mal aisé des grâces nouvelles. La charte municipale, après huit années à peine d'expérience, était à la fois menacée par les officiers royaux qui demandaient qu'elle fut « abattue, cassée, annulée » et par tous les ordres de la ville, qui la voulaient transformer à leur usage et avaient appris à s'en servir. Les « rancunes, clameurs et dissensions (3) », qui ne se contenaient plus, éclatèrent à la première nouvelle de la mort de Louis XI (1 décembre 1483) ; et l'avénement du nouveau roi se célébra par l'octroi d'une charte nouvelle (12 juin 1484), sollicitée, débattue à l'avance par les deux partis, qui, en réduisant certains droits et priviléges, attribuait au moins aux Angevins la nomination annuelle de leur maire et l'administration libre de leurs deniers

---

(1) Je trouve pour la première fois ce nom sur un acte de 1369, par lequel l'évêque de Nantes, Daniel Vigier de Guémené, arrenta un emplacement voisin, *quandam parvam plateam Andegavis manerio nostro de vico Armigerorum contiguam*. Le scribe ajoute au dos du parchemin : *domus prope Godeline*, et encore : *littera de Godeline*.

(2) Dans la charte de création de février 1475 (N. S.)

(3) Charte de 1484.

patrimoniaux. Sans même attendre la ratification royale et au lendemain du pacte consenti, après discussion solennelle, entre les commissaires du roi et les bourgeois, le 4 mai, Guillaume de Cerisay avait dû quitter l'administration municipale, et le premier maire élu, Guillaume de Lespine, entrait en sa charge. A quelques semaines de là, une des premières délibérations de la mairie transformée déléguait deux échevins pour aviser à l'installation régulière du conseil dans une maison qui fut au moins maison de ville.

Avant la charte de Louis XI, le conseil des bourgeois réglait d'ordinaire les affaires communes dans une salle de la chambre des comptes, avec les officiers du prince; depuis les premiers jours de la mairie naissante, les séances assez irrégulières avaient dû se tenir dans une chambre à louage, entre les deux tours, au-dessus du porche de la porte Chapelière, organisation toute improvisée et à peine provisoire. Il fallait quelque nouveauté publique à l'organisation de la mairie nouvelle. Le 29 juillet 1484, une convention particulière délia la ville du bail passé pour la porte Chapelière avec la veuve Jarry, qui lui rendit ses meubles, « coffres, comptouers, selles, avecques une prison de boys et autres ustencilles et certaines armoires cousues o crampons de fer et ung tubevent faiz à neuf »; le même jour, un autre acte traita avec Colas Guyet, qui sous-louait des fermiers de l'évêque de Nantes ce qui restait de logement habitable en la maison de *la Godeline*. Depuis un mois déjà, avant tout autre négoce, la ville y avait installé ses maçons, charpentiers, menuisiers, couvreurs, qui y besoignèrent pendant tout l'été (1). A l'hiver tout était prêt, et le concierge institué par le maire prit la garde du logis et des archives. Angers avait dès lors son hôtel

---

(1) Estat de la despence et mise faicte en la maison d[e Gode]line, que tiennent et occupent Messieurs de la mairie d'Angers, laquelle maison lors que lesdits sieurs de la mairie la prindrent pour faire leur maison de ville estoit en ruyne et a esté requis y faire des réparacions nécessaires, lesquelles ont esté faictes par Jehan Fall[e]t, ainsi que cy après est desclairé, ès moys de juinga, juillet, aoust et septembre l'an 1484.

Archives municipales CC. 4, f. 77.

de ville, où sa vie allait pouvoir s'organiser à l'aise dans son activité indépendante. Si la cité fut en fête ce jour là, les Angevins l'ont si bien oublié qu'il me faut venir leur montrer la place inconnue du foyer, où pour la première fois s'assit maîtresse d'elle-même leur magistrature communale !

La mairie se pouvait croire tout à fait à demeure dans *la Godeline*, usant et abusant du gîte sans réclamation aucune depuis trente ans, quand en 1514 le nouvel évêque de Nantes, François Hamon, revenant du concile de Latran, envoie parler de sa maison d'Angers. Le maire pourtant, et quelques conseillers de ville, amis particuliers de l'évêque, l'apaisent pour cette fois tant bien que mal ; mais tout le monde a compris que l'affaire est à reprendre et qu'il y faudra énergiquement aviser. Dès 1520 la question se reproduit. « Messieurs, écrit l'évêque, à vous, tant comme je puis, me recommande. Messieurs, par cy-davant avez tenu et occupé une maison mienne à cause de mon éveschié de Nantes, dont n'ay esté et ne suys desplaisant ; car en ce et plus grant chose vous pouvez croire que vouldroys faire plaisir et me employer pour vous.. » Mais ses deux délégués, Léonard Guidonis, son official, François du Tertre, son secrétaire, expliquent à nouveau nettement qu'il entend toucher ses loyers et redevenir maître. La ville laisse suffisamment comprendre qu'elle se croit quitte et que la restauration du logis faite à ses frais est une indemnité qui peut suffire ; mais elle négocie ; elle se trouve en peine. Elle a essayé de prendre à temps ses mesures, mais sans succès. L'achat de la *Cour-Jouye*, projeté en 1519, n'a pas abouti ; la maison de la porte Chapelière, où elle a mis la main de vive force, et par expropriation, en 1520, n'est prête ni restaurée ; avant même qu'elle soit libre ou habitable, elle déplait déjà et ne suffit plus. Le conseil offre à l'évêque de la lui céder en échange et le prie par maintes lettres gracieuses, de prendre patience, de vendre à bon prix l'hôtel ou d'en passer nouveau bail (1520-1525). En fin de compte, un dernier bail est consenti pour trois ans, en juillet 1526 ; mais dès novembre le maire Jean Cadu notifie expressément au conseil qu'il faudra prendre un parti et que l'évêque entend rentrer dans sa demeure

En conséquence, au mois de février 1527, un marché fut passé par le maire avec Pierre Boismery et maître Michel, maîtres d'œuvres, pour la construction de la grande maison près les Halles. Les travaux n'étaient pas encore achevés en 1531 (1). Pourtant la mairie s'y installa au milieu de l'été de 1529. Au printemps de cette même année elle siégeait encore, et depuis près d'un demi siècle, — il faut le redire, pour que la mémoire au moins en revive, — dans la maison Godeline, vide aujourd'hui de tout respect et de tout souvenir. Plus de trente maires, élus là, y ont dirigé, dominé tous les tumultes de la vie publique du vieil Angers, et parmi eux, nos plus grands maires, les Binel, les Fallet, les Barrault, les Fournier, les Cadu, les Landévy, les Poyet, les quatre Pincé !

Tout a péri de cette tradition communale ! L'évêque de Nantes ne revendiquait la place que pour l'arrenter à meilleur prix à des particuliers. En 1563, la *Godeline* et ses jardins étaient ainsi venus aux mains de Françoise de Bardi, veuve de Laurent Duplessis. Elle céda le tout le 17 février à Jacques Thévin de la Chotardière, trésorier des finances au duché de Bretagne, qui amortit même la rente dont la maison était chargée vers l'évêque. En 1610, c'est un des hôtels de Richard de Boistravers, qu'il était question de louer pour le logement du maréchal de Bois-Dauphin. Charles Davoust de la Marignerie, conseiller au Présidial de La Flèche, et Joseph Le Coq de Villiers, greffier des finances au bureau de Tours, en héritèrent et le vendirent le 14 janvier 1617 à noble homme Gabriel Jouet de la Saulaye, procureur du roi en la Sénéchaussée, maire d'Angers de 1613 à 1625. Sa veuve, Philippe Esnault, l'aliéna de nouveau à Claude Dupont, sieur du Ruau, le 14 avril 1638. L'hôtel déjà bien souvent remanié depuis le XVe siècle, dut alors subir une reconstruction complète et prendre sous ce nouveau maître la

---

(1) Je prie que l'on compare ces dates aux dates qui courent dans tous les livres. Tous les récits placent l'hôtel de ville primitif à la porte Chapelière, où il n'y eut jamais qu'une « chambre », comme disent les registres, à peine suffisante aux réunions très-rares pendant les huit années du mairat imposé de Cerisay, et — sa translation directement aux Halles en 1490, suivant d'autres en 1489.

physionomie qu'il a conservée jusqu'à nos jours, comme l'atteste la date 1641 qu'il porte encore. Vis-à-vis, à la lucarne restaurée de l'aile gauche, éclate l'écusson chargé *de trois coquilles, deux et une, et une molette en cœur.* Il serait curieux de pouvoir vérifier l'attribution inconnue de ces armoiries, qu'il faut se garder de confondre avec celles des Louet (1). Plus tard encore, *la Godeline,* déchue et à peu près abandonnée à des locataires, faillit de nouveau revenir aux honneurs publics. Quand il s'agit en 1716 de rétablir la Monnaie d'Angers, l'intendant Chauvelin acquit notre hôtel le 20 janvier 1717 du sieur de la Rochefordière, conseiller au Parlement de Bretagne, mari de la demoiselle Dupont; mais un arrêt du Conseil d'État rompit le traité (22 avril 1721). La maison était habité en dernier lieu par l'avocat Marchand de La Roche et appartenait à M⁽ᵐᵉ⁾ Provenza de Mauny, qui le légua par testament du 25 brumaire, an XII, à M⁽ᵐᵉ⁾ Innocente de Lantivy, femme de Pierre Leroy de la Potherie de Neuville. C'est depuis 1841 la pension Chevrolier.

III.

J'ai eu une fausse joie. Je m'étais laissé dire et j'avais cru que la ville était pour moitié dans la restauration du vieil édifice dont je viens d'esquisser l'histoire. M. Chevrolier m'a détrompé. Mais puisqu'à lui seul en revient la charge et l'honneur, qu'il y prenne cœur et plaisir, je l'en prie, et qu'il glorifie, comme il convient, la tradition retrouvée de la cité. Cette façade blanche et nue saura parler, s'il le lui veut dire, et mieux encore, au cœur de ces jeunes générations, qui se succèdent là en grand désir d'appren-

---

(1) On a désigné aussi bien à tort comme l'hôtel Louet, qui se trouvait tout près de la Mairie aux Halles, un hôtel de la rue du Grand-Tabar, le premier à gauche en entrant par la rue Chaussée-Saint-Pierre. C'était l'hôtel des Grimaudet dont héritèrent seulement à la fin du XVIIᵉ siècle, par alliance, les Louet de la Pommeraie, qui ne l'habitaient pas. La cage de l'escalier conserve encore dix-huit admirables caissons du XVIᵉ siècle, sculptés d'armoiries ou de gracieuses arabesques. Un préau du rez-de-chaussée, le premier, à droite, porte la date de 1577.

dre. Je voudrais, chez lui surtout, mais dans toutes nos écoles aussi, qu'après l'histoire de la grande patrie, qui devrait passer avant toute histoire, un jour, une heure vint et revint de temps en temps où les souvenirs de la petite patrie, de la commune, de la ville, où chacun est né et doit vivre, fussent racontés avec piété à nos enfants, et que chaque Angevin au moins put dire, en passant devant la Godeline :

Ici fut le premier Hôtel-de-Ville d'Angers.

1484-1529.

DEUX BANQUETS.

Je réunis par aventure deux documents bien étrangers l'un à l'autre, mais qui se compléteraient très-bien si l'envie prenait à quelque désœuvré d'écrire l'histoire de l'évêché d'Angers, au point de vue tout temporel de la cuisine et de la gastronomie. Ces fêtes-là sont passées et même on peut dire que ces deux pièces inédites sont comme les derniers témoignages d'usages et de cérémonies déjà insupportables aux mœurs nouvelles du XVIᵉ siècle, et qui, en Anjou du moins, allaient être supprimées.

J'ai raconté ailleurs, dans l'ancienne *Revue d'Anjou*, ce qu'étaient les fêtages de Saint-Maurice. Ces repas, assez déplacés entre les offices des plus grands jours, restaient pourtant chers aux chanoines, comme des heures de libre réunion et un souvenir de l'ancienne vie commune. En revanche, les dignitaires, l'évêque entre autres, qui, à lui seul, en devait cinq fois par an l'obligation, en ressentaient mieux tous les ennuis et ne cessaient d'en signaler le scandale. Notre menu de 1512, quoique d'une fête inférieure et qui n'était traitée qu'aux dépens d'officiers du chapitre, témoigne de la bonne chère qui attendait les invités. Poulets, pigeons et chevreaux même par douzaines, demi-cent d'oisons et de lapereaux, mouton à merci, bœuf et rognons de veau, arrosés de fin vin blanc d'Orléans, ne font aucun tort au dessert, où l'on n'oublie pas surtout les bouquets des quatre tables et les couronnes ou chapeaux de roses, dont se parait le front des convives. D'ailleurs tout était réglé d'avance par des constitutions capitulaires qui ne laissaient guère rien à l'initiative plus ou moins récalcitrante du dépensier, et trop peu aussi peut-être à la reconnaissance des hôtes. L'évêque, qui le plus souvent prêtait son palais à ces fêtes, s'en fatigua le plus vite, et après de longs débats, procès, arrêts, contre-arrêts du Parlement, celui qui précisément obtint, un peu de guerre lasse, presque autant que par droit, gain de cause, fut l'évêque Bouvery, de qui notre second document s'apprête à célébrer l'installation.

Il s'agit du banquet que devait encore chaque nouveau prélat, dès sa première entrée en son palais épiscopal, à son clergé d'Angers et aux officiers de la ville et de la province. On y voit ici invités la cathédrale et tous les chapitres, chapelains compris, d'Angers, l'abbaye Toussaint, l'Hôtel-Dieu, ensemble quatre cent soixante-quatre convives, servis dans l'église même de Saint-Maurice, à onze tables, celle de l'évêque, avec soixante privilégiés ou dignitaires, installée dans le transept, ainsi que sept autres tables de cent cinquante convives, le reste dans la nef avec les buffets volants de l'échansonnerie. Dans la salle haute du palais, là même où se lit encore l'inscription de la piscine solennelle (1), à deux tables siègent les barons, les nobles, les abbés, d'une part ; de l'autre, les officiers du roi et ceux de la maison de ville, cent personnages d'importance, égaux en nombre au contingent fourni par l'Université, qui se réunit, presque chez elle, dans le réfectoire où se tenaient à d'autres jours les leçons de ses docteurs. L'affaire n'était pas mince de traiter d'un même coup toute l'aristocratie des trois ordres dans une bienvenue qui laissât bon souvenir. Aussi quels calculs et que de recrues ! Quel agencement de toute la maison et du service épiscopal ! C'est une armée qui s'organise pour le coup de feu, avec chefs et capitaines, les bandes à leur poste en ordre d'attaque, les éclaireurs en vedette, le corps des troupes frais et dispos, les valets et goujats armés en guerre. Ce que ce détail pourtant d'une mise en scène familière ne nous montre pas, c'est le rôle même de l'évêque, que nous a si curieusement raconté un des prédécesseurs de Bouvery, Guillaume Lemaire, dans son naïf et précieux journal. La consécration terminée, après la messe, à travers la foule qui s'empresse autour du nouveau pasteur, il rentre à grand'peine

---

(1) Elle appelle au lavement des mains les clercs et les chevaliers et renvoie plus bas les vilains :

Clericus et miles : pergant ad cetera vilas ;
Non locus hic primus ; decet illos villa et imus.

dans son palais, quitte les vêtements de cérémonie, revêt un rochet neuf, un surplis, un manteau, et la mitre en tête avec la coiffe qui protège les traces de l'onction sainte, il prend place à table. Le seigneur de Grattecuisse lui vient verser l'eau à laver dans un bassin d'argent, qu'il emporte, avec les serviettes, pour son gage. Les tables bénies, l'évêque assis dans sa grande chaise d'honneur, ayant à ses côtés ses frères les suffragants de l'archevêché de Tours, le baron de Chemillé pose devant eux la nappe et deux pains, et fait l'office complet de pannetier; le baron de Blou sert le premier plat sur deux écuelles superposées d'argent, assisté, pour le reste du service, par le sieur de Courcillon ; enfin, après le premier plat, le baron de Briolay sert à boire le premier coup et emporte la coupe pour son gage. Qui n'a pas lu — au moins dans Bodin — la description singulièrement affaiblie des cérémonies antiques qui dès le temps de Lemaire dégénéraient en vaines querelles moins d'étiquette que d'intérêt servile? Les quatre barons qui n'avaient pas assisté l'évêque de Rohan à son sacre en 1499, figurèrent, mais ce fut la dernière fois, à celui de Bouvery, dont l'épiscopat allait avoir à faire face aux premiers assauts de la Réforme.

I.

La mise du festaige du Sacre de l'année mil cinq cens et doze faicte par Mathurin Lemoyne, boursier des anniversaires de l'église d'Angiers, par l'ordonnance et commandement de Messieurs maistres Mathurin de Drye et Pierre Petit, chanoines de la dicte église d'Angiers, commissaires, commis et depputez, quant à ce, de par Messieurs les doien et chappitre d'icelle église (1512).

Premier.

A Ambroys Ballerian, boulangier du chapitre, pour trente dozaines de pain blanc (1), à III d. le coupple.................. XLV s.

---

(1) Ou comme on a dit longtemps : Pain de chapitre. *Pain de chapitre et eschaudés, Mengeres si le demandes,* dit un Noël de Lucas Lemoigne, curé de Notre-Dame-du-Puy-de-la-Garde en Poitou.

Item pour quatre douzaines de pain d'assiette (1), à III d. le couple.. VI s.

Item pour deux douzaines de gros pain pour les sonneurs, cuysiniers, roustisseurs et pour donner pour Dieu............... XX s.

Item à la Cireulle et à Jehan Séjourné, poulaillers, pour sept douzaines de poullets et cinq douzaines de pigeons, vallant, l'un portant l'autre, chacune douzaine VIII s. IIII d., pour ce............. C s.

Item quarante oysons vallant III s. pièce, pour ce...... VII l.

Item treize chevreaulx en baillant pires, ventres (2) et testes vallant chacun VIII s. IIII d., pour ce................ CVIII s. IIII d.

Item quarante lappereaux de garenne et de maille (3), vallant la pièce II s. VI d.. C s.

Item pour ce qu'il se trouva peu de viandes, parce qu'il y avoit grant monde aud. festaige, y eut deux de messieurs qui officièrent et ne furent point servis, aussi les deux corbeliers qui servirent aud. festaige ; a esté acheté en oultre quatre poullets, quatre pigeons, troys oyçons, troys quartiers de chevreau et troys lappereaux, vallans à la raison que dessus............. XXVIII s. II d.

Item à Colles Coffin, maistre boucher d'Angers, pour dix roignons de veau, vallant chacun rougnon III s., et vingt poictrines, vallant chacune II s., pour ce........................... LXX s.

Item aud. Coffin, pour la chair de cinq moutons et demy, vallant chacun mouton XXII s. VI d., pour ce........... VI l. III s. IX d.

Item aud. Coffin, pour ung cymier (4) et ung tourneau (5) de beuf pour le potaige (6) des febves, vallans ensemble VII s. VI d.

Item aud. Coffin, pour cinquante livres de lart blanc pour larder, et quinze livres de chair sallée, pour ledit potaige des febves (7), pour chacune livre, l'un parmy l'autre, XV d., pour ce. IIII l. I s. III d.

---

(1) On sousentend : « pain de tranchoire, » tranches de pain sur lesquelles on découpait et on mangeait les viandes — « de demi pié d'emple et quatre doie de large de lonc, cuit de quatre jours devant et beau, » dit le *Ménagier de Paris*. La sauce doit servie à part dans un plat pour deux conviez.

(2) C'est-à-dire ce qu'on appelait la fressure dans le chevreau.

(3) Cour ou enclos fermé de pieux.

(4) Chair de la croupe.

(5) Le gîte, aujourd'hui.

(6) Plat avec sauce.

(7) Les pois ou les fèves au lard formaient un des plats de grand luxe, même encore au XVIe siècle. On ne connaissait pas encore les petits pois, dont raffolaient les dames du temps de Mme de Maintenon.

Item pour une pippe de vin blanc prinse chez ledit Petit, l'un desd. commissaires, la somme de VI l. X s. t. et pour ung poinçon de vin (1) d'Orléans, prins chez M. Barroud, acheté par mesd. sieurs les commissaires, la somme de VI l. I s. VIII d., pour ce.. XII l. XI s. VIII d.

Item en vin pour les cuysiniers, roustisseurs, clesiers et autres servans à la cuysine et aussi pour les sonneurs, tant pour la vigille du sacre que pour le jour................................. XXXV s.

Item à l'appoticaire, pour dix onces de pouldre blanche (2) pour le potaige de febves, vaillant chacune once XVIII d., pour ce. XV s.

Item en saffran (3) pour led. potaige..................... V s.

Item en œufs pour led. potaige........................... V s.

Item à la Racipoulde, pour avoir fourny sud. festaige de liage, verres, pichers et butz, comme de coustume,.............. XL s.

Item à la Racipoulde pour verres et pichers cassez, III s. IIII d.

Item à Michelle la Rousselle, fructière, pour ung boisseau et demy de febves... XVII s. VI d.

Pour demy cent de pommes de (4) Caspendu et deux cens de naulaye... XVII s. VI d.

Pour deux cars de cerises, l'un de homaine et l'autre de mosche... VII s. VI d.

En feuillée, jonchée et herbes pour le potaige et pour demy boesseau de groiselles (5), pour faire le vergeult........ III s. IIII d.

Item pour quinze chappeaux et quatre bouequets, comme de coustume... V s.

Item en six fromaiges..................................... XV s.

En boys et fagot et pour l'amenaige et aussi pour le charbon... XXV s.

Item au tappicier, pour avoir tendu et destendu la tappicerie au reffectouer et fourny de clou, comme de coustume......... V s.

---

(1) C'est-à-dire de vin de gala, les vins d'Orléans ayant alors grande réputation.

(2) Composé d'herbes aromatiques séchées et réduites en poudre.

(3) « Le safran doit estre mis en tous les potaiges, saulces et viandes quadragesimales. Sans le safran, nous n'aurions jamais bonne purée, bon pois pelé ne bonne sauce, » dit l'auteur de l'Apologie pour Hérodote, Henri Étienne, cité par Legrand d'Aussy, t. II, p. 208.

(4) Court-pendu en hardin, suivant la Quintinie.

(5) Le verjus de raisin vert n'était pas connu ; on le faisait d'ordinaire de jus d'oseille avec quelques brindilles de jeune vigne. Ici, c'est avec le jus de groseille. Il s'en faisait une consommation incompréhensible pour nos goûts.

Item en vergeult vieil, gros sel et menu............ IIII s. II d.
En ballaiz... III d.
En deux seilles....................................... II s.
Item à Petit Jehan Séjourné, cuysinier, pour avoir abillé le disner de lad. feste pour luy et ses gens, aussi pour avoir fourny de vesselle, broches, roustissouers, tasses, potz et autres choses. LXX s.
Item à ung tonnelier, pour avoir abillé six cuviers et avoir fourny de cercle et presté et pour paye et despens......... III s. IIII d.
Item à deux hommes qui ont porté et rapporté du reffectouer et cuysine les ustancilles et necty lead. refectouer et cuysine et à deux femmes pour avoir lavé la vesselle, fréby les paelles et servy à la cuysine, à chacun des quatre X d. t., pour ce ... III s. IIII d.
Item pour avoir fait porter hors la ville les vuydanges des viandes et autres bourriers....................................... XX d.
Somme toute............................. LXVIII l. VIII s. XI d.

PETIT. — DE BAYE.

(*Bibl. d'Angers, mss. 641.*)

II.

Nombre des personnes du festin de l'entrée de Monsieur d'Angers (juin 1542.)

L'église cathédrale : en dignitez et chanoines, XXX ; chappelains, VII^{xx} ;

Sainct-Lau : chanoynes, IX ; — chappelains, XXX ;
Sainct-Martin : chanoynes, XII ; — chappelains, XXX ;
Sainct-Pierre : chanoynes, XII ; — chappelains, XXX ;
Sainct-Maurille : chanoynes, VIII ; — chappelains, LII ;
Sainct-Jehan-Baptiste : chanoines, X ; — chappelains, XIII ;
Sainct-Mainbeuf : chanoines, VIII ; chappelains, XIIII ;
Toussainct : religieulx, XVI ;
Sainct-Jehan-l'Évangéliste : religieulx, X ;
La Trinité : chanoynes, curez, chappelains et habituez, L.

Nombre : IIII^{xx}LXIIII personnes, qui sont à cinq personnes pour plat, IIII^{xx} XIIII platz, qui seront assiez comme s'ensuyt :

Premier.

Le long de la croyzée est la table de Monsieur pour soyxante personnes, qui sont XII plats.

La cuysine de lad. table se fera en la cuysine ordinaire du pallays.

Cuysinier Belot, et fournist de paticier led. Belot.

Escuyer de cuysine......

Maistres d'hostel : le maistre d'hostel de Monsieur; l'esleu Richer, qui prandront telz serviteurs qui leur plaira.

Eschanczon : Dominique et ses aides, qui sera au mélieu du buffet et s'assoira au bas et mélieu de lad. croyzée, qui sera fourny de la sommelerye et cave du palays; par la viz de lad. croyzée, par Pierre Cocon et Poictevyn.

La panneterye et dessert se fera au logis du selleur et se rendra la vesselle par la gallerye en la court près lad. cuysine.

Lesd. Cocon et Poictevyn porteront les corbeilles au dessert de lad. table.

Noguette et son varlet descendront la vesselle.

Femmes pour laver la vesselle : Barbe, la Noguette, la clousière de la Fouacière, la mestayère du Coulombier, la Guerrandelle, la Patrie.

Fourniront d'eaue et de boys lad. cuysine le clousier du boucher, son frère et quatre autres qu'il a promys amener ; aussi fourniront l'eschanczonnage de lad. table de Monsieur les dessus nommez d'eaue.

En lad. croisée, par le meillien et travers d'icelle, seront assises six tables et la table de la sallette où seront mis pour cent cinquante personnes, XXX platz.

Cuysiniers : Belot les nommera aux escuyers de cuysine et m{res} d'hostelz cy aprez nommez, semblablement les paticiers, pour faire leur addresse.

Escuyers de cuysine :

Pour la première, le curé de saincte Croix.

Pour la deuxiesme, Pierres d'Oyseau, sr de la Millardière.

Pour la troisiesme, maistre Guy Lemaire, sr du Boullay.

Maistres d'hostez, pour deux tables, du cousté du selleur, messieurs du Boullay et Grignon.

Pour deux tables ou mélieu de celle de la sallecte, monsr le controlleur Richer.

Pour les deux tables de devers la secretairerye, monsr Quétier.

Lesquelz maistres d'hostelz eliront et prandront telz serviteurs qu'ilz leur plaira et en tel nombre qu'ilz verront pour faire leur sert

dessert et pour mectre à boire, qu'ilz chargeront les fournir et suyvre, sans aller les ungs sur les autres soit à prandre le service de l'une cuysine pour l'autre, en manière que l'un ne serve l'autre mais se contentent et se tiennent chacun à sa charge.

L'eschanczonnerie desd. sept tables sera aux deux bouetz dud. buffet de lad. croyzée et y seront pour eschanczons et verse-à-boyre Guyon Restif, Michau Bigot, qui prandront chacun deux hommes telz qui leur plaira, gens honestes, pour leur apporter le vin et l'eaue.

Le voyrier les fournira de voyres et esguyères.

La panèterye et déserte sera au logis de la secretairerye, où les serviteurs trouveront corbeilles pour recevoir les desertes.

Pour porter boys et eaues pour lesd. cuysines : Jehan Rabineau de Beaucouzé, Michau Souvestre, Blaisin Souvestre, Jehan Quénouault, le moulinier de Villemerez, son filz.

Pour la deuxiesme : le varlet de Pelle, le clousier de la Fouacière, le varlet dud. clousier, Michau Rouillière, le varlet du Bois-l'Abbé, le mestayer du Coulombier.

Pour la troisiesme : Jehan Pillault, Jehan Perrault, André Guerrandeau, Damyers, Maillet, Thomas Hayes.

Femmes pour laver la vesselle pour lesd. troys cuysines : la Gillotte, sa fille, la Chuppée, la Chappelaie, la Réveillonne, la Bougée, la Gauvaigne, la cousine de Patry, Marie Bellemère, la chambriere Boyvin, Katherine Vincent, la Trimerelle.

La vesselle se descendra par les fenestres de lad. secretairerye regardant sur la grant court en paniers et par cordes.

En la nef de la salle seront mises troys tables tout le long, reservé qu'en la premiere du meillieu y aura divises et séparations pour mectre troys buffectz pour servir d'eschanczonnerye pour lesd. troys tables, où se assiéront quarante platz pour deux cens personnes, cy.. XL platz.

Qui seront serviez des troys cuysines de la grant court par la viz et escalier ordinaire.

Cuysiniers et paticiers pour lesd. troys cuysines : Belot les nommera aux escuyers de cuysines et maistres d'hostels cy après nommez :

Escuyers de cuysine :

Pour la premiere, Nouel Labbé.

Pour la deuxiesme, Mr le visiteur Laguet.

Pour la troisiesme, René Jolivet.

Maistres d'hostelz pour la table devers la court, de xv platz : y en faut deux, scavoir : Maurice Lemercier, Nicolas Allain.

Pour la table du mellieu sera Jehan Hellouyn le Jeune, Alexandre Loignet.

Pour la troisiesme sera Guy de Clermont, René Jolivet, qui prendront leurs serviteurs comme dessus.

Les eschanczonneries seront aux troys buffetz du mélieu.

Eschanczon pour la première : Jacques Allain, qui prandra ung homme.

Pour la deuxiesme : Franczoys Bonneau, qui prandra ses deux varletz.

Pour la troisiesme.....

La panneterie et dessert sera au logis du secretaire où l'on trouvera corbeilles.

Pour servir lesd. buffetz de vin,

Pour le 1er.....
Pour le 2e.....
Pour le 3e.....

Pour porter boys et eaue : pour la première : Jehan Éveillon, son voysin, Planeenault, Goujon de la Croix Pellet, Guérin, son voisin.

Pour la deuxiesme, Collier, le clousier du Baschesne, le groux René Ribe, son varlet, Hanry, Jehan Desbarres, Collas Martin.

En la salle haulte y aura deux tables tout le long, où seront mis à chacune huyt platz, où se assoiront en la première les barrons nobles et abbez ;

En la deuxième, les officiers du Roy et ceux de la maison de ville, où sera aussi huyt platz, qui sont seze platz pour cent personnes, qui seront serviz de la sallecte basse par l'escallier acoustumé, le dessert par la viz en la voulte près ladicte sallecte.

La panneterye en la petite chambre du coign.

Maistre d'hostel pour les nobles : Monsieur de la Belonnière, qui amènera ses serviteurs.

Escuyer de cuysine : Maistre René Delanos.

Maistre d'hostel pour la ville : Sire Franczoys Dodinet.

Escuyer de cuysine : René Delanos.

Cuysinier et paticiers : Belot les nommera.

Pour tirer le vin en la cave et pour le porter au hault de lad. viz : Troptost, Loys de la Voulte, Blateau, son gendre, Champchalles.

Pour servir d'eaue et boys : le clousier de la Maison-Blanche, le clousier de l'Aubépin, son gendre, son filz, Guillelme Du Jardrin, Diau.

Ou réfectouer,

L'Université, où sera mis sèze platz pour cent personnes, qui seront servis des cuysines de la secretairerye.

La panneterye aud. lieu.

Cuysinier et paticiers : Belot les nommera.

Escuyer de cuysine : Nicolas Guyet et son filz.

Maistres d'hostelz : Francoys Fousquet, Francoys Marchant, Philippes Bourguignon.

Au buffect : Pelle, Gillart, Rousseau.

Au dessert : M**re** Jehan Rabineau.

Hommes pour porter boys et fournir d'eaue à la cuysine : Bessonneau, René Noury, Tardif, Maunoir, Malidort, son varlet, les deux Husulx.

Femmes pour laver la vesselle : la Bastonnée, Jehanée Panchèvre, la Girarde, Jehanne de chès Chappe, Marie Gauvaing, la Macée.

Périchon, concierge, fournist de linge pour lediet réfectouer ;

La Vozée et la Nourie pour la grant salle et pour la salle haulte.

Le garde Haran fournira d'ypocras blanc et noir, qu'il fera en la grant voulte, et en fault, à raison de choppine pour plact, quarante potz d'un et 40 potz d'autre.

Jehan Ravault de la Paislerye fournira des voyres et esguières.

Coquereau, du bourg St-Jacques, fournist de tables, traicteaux et bancs selles.

Fault une corde au puyz avecques deux gaines.

Maurice Riolte, boullengier, qui fournira de 400 douzaines pain blanc de 3 den. piecze ; et fournira de pain d'aulmone 20 douzaines, qui sont 480 pains, qui seront mis en troys parties, qui sont pour 1440 pauvres, qui auront pareillement chacun du vin le tout, en l'abbaye de Sainct-Nicolas.

Il y a boys et charbon pour les cuysines.

Fault huyt reffrédissouers pour mettre par les buffects.

Fault parler au capitaine du guet pour empescher la foule du peuple.

Fault portiers pour la grant porte de la court, pour la porte de l'église au pallays.

Pour tendre la grant salle :

La tapisserie de Petrarque,
Les piecezs de furet,
Les Banchers de la nation d'Anjou.
Pour la salle haulte :
Les Preux.
Pour la chambre de Monsr :
Les fleurs de lys sur rouge et les lictz de can.
Troptousf tendra et aportera les tapiceries.

Pour dressez le poille et chaise : Grézil, sellier, René Coquereau, menuisier, Denys Gain, serreurier, et la lingère, qui se trouveront en l'église St-Aulbin, à cinq heures du matin.

Porteront la chaize par dessoubz, Jehan Rousseau, le clerc de l'enfermerye, qui se trouveront aud. lieu à lad. heure.

Fault en toille pour grosses nappes et serviettes pour les cuysines soixante aulnes, qui sont deux douzaines touailles et deux douzaines de serviettes.

Le linge pour essuyer la vesselle se prandra chez mademoiselle de Losserye.

Lart (1)
Sel
Verjust
Vinaigre
Herbes.

(Arch. de Maine-et-Loire. Série G. *Évêché d'Angers.*)

---

(1) Il est livré en 13 fois 514 livres de lard au cuisinier, sans autre indication.

LES THESMOPHORIES DE BLAISON
(1775-1777)

Il était une fois dans notre Arcadie d'outre-Loire, — c'est Blaison que je veux dire, — un petit groupe de braves gens, « attachés à la patrie par des emplois différents », bourgeois ou demi-campagnards, maîtres pourtant chacun d'un petit domaine, et, par raison comme par goût, étudiant au point de vue de leur bourse la raison de l'impôt et du revenu. On se rencontrait au village : — « Comment vont vos blés, vos foins, vos chanvres ? Connaissez-vous mon vin nouveau ? » — On y revenait pour le plaisir de se réunir, et chacun d'ailleurs n'a-t-il pas son secret d'expérience qui pèse aux bons cœurs, s'il n'est confié ? Une rencontre ainsi d'aventure n'est pas pour suffire à s'entendre. « J'ai la *Gazette* ; apportez le *Mercure*. » Un plus avisé arrivait avec quelque volume de Quesnay, l'édit nouveau de Turgot, le premier livre de Necker, l'*Inégalité* de Rousseau, un livret de l'Ami des hommes. Les esprits s'échauffaient ! les cœurs se montaient ! le progrès ! la liberté ! le monde en marche et déjà sur le bord d'un horizon inconnu ! la patrie en travail d'une société nouvelle ! — et tout finissait par quelque plaisanterie. « Mais nous voici des savants finis ! nous parlons, nous raisonnons comme une académie ! si nous l'écrivions à la *Gazette* ? »

Ils étaient huit ! huit hommes de cœur et de raison, s'aimant de bonne amitié, sûrs d'eux-mêmes et de leurs voisins, marchant résolûment d'un même pas, en se sentant les coudes, vers un même but sans qu'aucun recule ! Mais, il me semble, il n'en faudrait pas davantage pour conquérir le monde ! — Ils n'allèrent pas si loin ! Ils l'écrivirent à la *Gazette* (1).

---

(1) *Gazette d'agriculture*, 27 janvier 1776, n° 8.

Et qui connaît aujourd'hui, qui connaissait alors à la ville et plus loin encore où ils voulaient qu'on les entendît, les deux *Malécot*, — Louis-Joseph, avocat au Parlement, notaire royal et procureur fiscal de la baronnie de Blaison (1); Jean-Baptiste, ingénieur géographe du roi, plus tard conseiller en l'Élection de Châteaugontier ; — les trois *Commeau*, — deux frères de Gohier et Commeau-Ducormier, de Saint-Rémy ; — *Breau*, expert à Blaison, *Priou* et *Duveau*, agriculteurs à Grézillé ? Et où, dans quel temps donne-t-on son temps à des inconnus ? Ils ne cherchaient pour eux ni bénéfice, ni gloriole. Une boutade de plaisanterie, prise gaiement au sérieux, les lançait en quête de la science. Ils lui firent ce sacrifice, en gens de Blaison, nés français, s'adressant à des savants de France, de prendre cet air de grec qui se prête à tant de mystères, et pouvant s'appeler la Société des Bons-Amis, qui eut fait rire, ils mirent résolûment sur leur enseigne, éclairée pour le dehors, ce grand nom des *Thesmophories*, en Thesmophores déterminés à fêter mensuellement le culte antique de Cérès : *Les Thesmophories de Blaison!*

En réalité, qui fut étonné ? La *Gazette* et aussi Messieurs d'Angers, les chanoines et gens de lettres du Bureau d'agriculture. Cotelle, son secrétaire perpétuel et doyen du chapitre Saint-Martin, avoue sa surprise et n'en revient que pour applaudir à cette initiative « de citoyens éclairés ». Ils avaient prouvé de la meilleure façon qu'ils étaient gens d'esprit. Ces programmes que nous réimprimons pour remettre en honneur une tentative si complètement oubliée, montrent avec quelle candeur et quelle simplicité de bon sens ce petit groupe de « patriotes, » comme ils aimaient à s'appeler, courait à la recherche désintéressée de la science et payait d'exemple. La liasse de correspondance et de mémoires, que j'ai sous les yeux, indique assez l'esprit qui animait tous leurs travaux. Il est évident qu'on n'a pas affaire ici à des lettrés; le style va de lui-même et l'orthographe le suit,

---

(1) C'est à son brave et digne fils, que nous devons la communication de ce qui reste des archives des *Thesmophories*.

comme elle peut, en boitant. On y reconnaît avant tout de bons bourgeois de campagne, qui aspirent à plein cœur l'air des champs et ne s'enrhument pas à la rosée. Par hasard, l'un d'eux, c'est *Duvau*, je crois, s'émancipe et termine une thèse en enfourchant, tant bien que mal, Pégase. Sa prose vaut mieux et donne l'idée d'un homme sensé, pratique, qui raisonne et médite avant et après l'expérience. Il tenait la plume comme secrétaire, recevait les lettres à Grézillé et préparait les réponses qu'on approuvait en séance. On se réunissait chaque mois, tout un jour, chez Toussaint *Breau*, à Blaison. L'un des *Malécot*, je crois, présidait, s'il y eût jamais présidence. D'abord improvisée et libre, la causerie, pour obtenir un résultat utile, s'était imposée des lois et un ordre du jour réfléchi à loisir. Les questions indiquées à l'avance entraient à leur tour en discussion. C'est à cette heure que la pensée vint de provoquer au dehors quelques bons esprits, en sollicitant l'envoi d'opinions indépendantes qui renouvelassent et prissent à partie leurs théories communes. Le premier appel des associés, publié dans les derniers mois de 1775, soumettait sans phrases et sans se recommander autrement que par leur bonne volonté « aux amateurs » les neuf questions du prochain trimestre. Le succès de cette initiative fut aussi complet qu'on pouvait l'attendre. L'opinion publique s'en occupa quelques semaines; on en causa, on en médit; ce fut un petit événement; mais deux ou trois travailleurs, comme il arriverait en tout temps, répondirent seuls à cette invitation lointaine de travailleurs inconnus. M. de Butret, des Sociétés royales de Paris, de Tours, d'Orléans, le célèbre économiste-agriculteur, s'empressa, au premier mot, d'envoyer ses encouragements et ses livres et d'aborder, comme il l'entendait, la question, alors naissante et à peine comprise, de la grande et de la petite culture. La Société n'entendait encore par là que la culture à la bêche ou à la charrue et n'était pas éloignée d'accepter l'opinion de cet académicien d'Angers, qui aurait voulu condamner à mort l'introducteur de la charrue dans un pays où les bras ne manqueraient pas pour le maniement de la bêche. « Toute fatigante qu'elle est, écrivaient nos amis à de Butret, si les seigneurs arrentaient à blé toutes leurs terres, hors ce qui fait la décoration de leurs châteaux, et que ces arrentements se fissent à des béchoteurs, nous verrions bientôt fuir l'oisiveté mère des vices, des financiers, maltotiers, gabeleurs, laquais, mendiants, et les mœurs ramèneraient l'âge d'or », et ils invoquaient Jean-Jacques ! — Un autre, un voisin, M. de Longueil, un grand seigneur (1), de l'Académie des sciences et de la Société royale d'agriculture d'Angers, « couronné des lauriers de Mars et de l'olive de Minerve » (O Thesmophores!), traita d'un seul coup les trois questions de janvier 1776. Mais à part un ou deux mémoires anonymes, ce fut tout à peu près ce que fournit la correspondance extérieure, quelques sollicitations, voire quelques remerciements qu'on lui crut devoir adresser. Nos associés faisaient le reste et prenaient à leur charge leur part commune de l'étude et de l'amusement. *Duveau* à son tour traite et prend le parti de la petite culture : « que le fermier soit en bas de soie ou n'ait que des guêtres ! mais point de métayage » (1re question d'avril 1776), — de même, sur l'avantage des diverses cultures (janvier-mars 1777) ; *Malécot*, sur le bonheur relatif des conditions (3e d'avril 1776) ; *Commeau-Delaroche*, sur la culture de la vigne (mai-novembre 1776) ; *Breau*, sur la taille (mai 1776), les plantations d'arbres, la culture des chanvres (septembre 1776, février-avril 1777) ; *Malécot aîné*, sur la taille aussi de la vigne (mai 1776) ; *Commeau-Chaunière*, sur l'utilité des jachères (novembre 1776) ; *Commeau du Cormier*, sur la culture comparée du chanvre et du blé (mars 1777).

En dehors de ces discussions de théorie pure, touchant d'ailleurs directement à la pratique pour des hommes qui raisonnaient d'expérience ou qui la cherchaient, chaque membre propageait les procédés de la science agricole, répandait les semences, introduisait par l'exemple des cultures nouvelles. La Société s'était spécialement proposée de provoquer, par des démarches actives auprès des puissances, toutes les améliorations matérielles d'in-

---

(1) Il habitait le château de la Giraudière, aujourd'hui à M. De Grand-Launay.

térêt public, que son zèle désintéressé se trouvait en mesure de signaler. Elle en trouva sans sortir de son canton.

On la voit, dès 1776, s'adresser, par un mémoire spécial, à la Société d'Agriculture d'Angers, bureau officiel, composé de gens en charge, de personnages d'autorité, et lui exposer l'urgence — elle dure encore! — de la levée projetée de Juigné jusqu'à Saint-Rémy. Le lit de la Loire, réduit par les plantations de luisettes sur la rive droite, s'exhaussait si vite en se rejetant vers la rive gauche, que les prairies se trouvaient déjà à un niveau inférieur et mal défendues par un banc de terre raviné naguère par la dernière inondation. Il importait à dix paroisses que les eaux ne prissent pas leur direction régulière sur une riche région où vivait le bétail de tout le pays. Le Bureau d'Angers remarqua le mémoire et le recommanda si bien, qu'un ingénieur reçut la mission spéciale d'étudier le projet indiqué et, en fin d'examen, l'approuva, n'était l'argent qui manqua.

Un autre mémoire de nos amis exposa cette fois directement à l'intendant que l'Aubance, retenue par la chaussée de Longueville, couvrait pendant six mois de l'année cent cinquante arpents d'excellent terrain et enfiévrait une admirable campagne. Pour rendre la santé et la richesse à ces misérables paroisses, que fallait-il? Percer deux arches d'écoulement et curer le lit du ruisseau (9 juin 1777). Ce fut Necker en personne qui répondit (13 décembre). Là encore l'idée était reconnue excellente et pratique, mais les premiers fonds manquaient, — « du moins quant à présent; et cependant je prendrai une connaissance particulière de cet objet. » Ces derniers mots sont ajoutés par le ministre, de sa propre main, à sa signature.

Que deviennent de ce moment nos bons amis? Je n'en sais que dire. Il est probable que ces réunions, fêtes attendues de chaque mois, se continuèrent comme en famille et qu'ils ne perdirent rien de leur beau zèle à s'y instruire. Peut-être aussi les accidents de la vie, dans ces jours-là si rapide, en jetant hors du cercle ami quelqu'un des fidèles, mirent-ils le désarroi dans l'association rustique. Toujours semble-t-il qu'elle ait suspendu absolument toute vie extérieure, et je ne trouve plus d'elle aucune trace. Me trompé-je? A vingt ans de là,—que de choses dans ces vingt ans! — l'*Almanach de Maine-et-Loire* (an VII, p. 95), par une exception unique, signale à l'admiration des Angevins « un fait civique, » extraordinaire, sans exemple. D'un même coup, le 13 nivôse an VI, à l'appel d'une pauvre paroisse, — c'est encore Blaison que je veux dire, — tout le canton se lève. Depuis la guerre, ses chemins brisés et délaissés étaient devenus inabordables. Nulle aide à attendre des services publics partout en détresse. En un moment, tout est debout, enfants, bourgeois, paysans, les municipaux en tête, citoyens de toutes les communes, avec armes de travail, charrois et chevaux, pour achever en un jour la tâche volontaire de la corvée républicaine. Me trompé-je? ou ces braves gens, si prêts à s'enrôler pour le bien public et à faire acte dévoué de leur bonne main, ne sont-ce pas nos bêcheurs ou les fils de leurs œuvres d'il y a vingt ans, nos patriotes, nos Thesmophores?

PROGRAMME DES THESMOPHORIES.

I.

Des personnes que l'amitié rassemble tous les mois, désirant joindre aux agréments de la société celui de leur instruction, se sont proposés d'augmenter le plaisir de se voir, par des questions relatives à leur état; en conséquence, elles ont arrêté de discuter les Questions suivantes dans leurs entrevues de Janvier, Février et Mars 1776.

Janvier 1776.

Première Question.

Y a-t-il dans le produit beaucoup de différence entre la grande et la petite culture?

Deuxième Question.

Quelle est la différence du coût entre ces deux cultures?

Troisième Question.

La grande culture nuit-elle à la population? En chercher les preuves dans les différentes Élections de notre Province.

Février 1776.

Première Question.

Dans la classe des Prairies artificielles, quels sont les semis auxquels on doit donner la préférence relativement à nos terreins?

Deuxième Question.

Est-il une manière propre à dessécher les récoltes de ces Prairies artificielles, pour en faire des fourrages d'hiver?

Troisième Question.

Quelle est, après le défrichement de ces Prés artificiels, l'espèce de semence qui peut le mieux convenir à la terre défrichée?

Mars 1776.

Première Question.

Généralement parlant, le quartier ou deux boisselées et demie de terre produisent-elles plus ensemencées en graine quelconque qu'affiées en vigne?

Deuxième Question.

Les Pays vignobles sont-ils plus riches en général que les Pays de culture?

Troisième question.

LA culture des vignes est-elle plus propre à la population, que la petite culture des terres?

COMME la Société se propose de donner ses Questions par trimestres, elle prie les Amateurs de vouloir bien répondre à ses vues, et d'envoyer des Mémoires qui y auraient rapport. On les adressera francs de port, par la Poste de Brissac, à M. DUVAU, à Grésillé. La Société voudroit, en couronnant les pièces, pouvoir y mettre des prix ; mais les Amis qui la composent, ne sont pas dans le cas de faire ces généreux efforts ; ils ne peuvent que témoigner leur bonne volonté, en s'empressant de profiter des lumières du Public.

II.

SECOND TRIMESTRE.

Des questions proposées par la Société Agronomique de Blaison.

Tandis qu'une Feuille hasardée dans le Public y produit des sensations si différentes, ses Auteurs sont dans la dernière surprise, qu'elle ait pu en occasionner. Leur Société qu'une plaisanterie a formée sous les auspices de l'amitié, n'a eu d'autre objet que d'en serrer les liens par une instruction intéressante et en même temps amusante. Ils n'aspirent point à l'honneur d'être Auteurs, mais ils ont une envie sincère de s'éclairer sur leurs devoirs ; attachés à la Patrie par des emplois différents, qui occupent leur temps fructueusement, ils se font un grand plaisir de lui dérober un jour, tous les mois, pour se livrer à l'amitié et à la culture des talents vraiment utiles.

Tel est l'objet de la Société de Blaison, qui, en faisant des questions, a cru les devoir faire d'une utilité générale, pour ne point se cantonner à son seul district. Si elle a été assez heureuse pour que son premier Programme ait mérité quelqu'attention, elle l'a été encore plus de se trouver, dès sa naissance, honorée des témoignages d'estime de personnes connues dans la République des Lettres. L'encouragement qu'elle en a reçu est trop flatteur pour ne pas exciter de plus en plus son zèle. Comme elle ne s'ennuiera que sous les auspices de la bienveillance, elle s'abandonne volontiers à la critique des gens mal-intentionnés ; en conséquence, elle donne avec confiance son second Trimestre des questions qu'elle discutera dans les mois d'Avril, Mai et Juin, en réitérant ses invitations à ceux qui la jugent en bonne part de vouloir bien honorer ses Séances de quelques mémoires. On les adressera, francs de port, par la Poste de Brissac, à M. Duvau, à Grézillé.

La Société se croit obligée de corriger un défaut d'expression dans son premier Programme. Elle avertit que par la petite culture, elle n'entend que la culture manuelle ou à la bêche, et que, par la grande culture, elle entend toutes celles qui se font à la charrue. Elle donne cette explication, parce qu'elle sait que ce défaut d'exactitude de sa part a occasionné des équivoques.

AVRIL 1776.

Première Question.

Les Propriétaires des grandes terres auroient-ils plus de profit à en arrenter à bled les terres, que de les affermer ?

Seconde Question.

Y auroit-il un moyen de rendre la culture manuelle plus florissante qu'elle ne l'est ?

Troisième Question.

Si la culture manuelle ne fait pas tant de riches que la grande culture, ne fait-elle pas plus d'heureux ?

MAI 1776.

Première Question.

Peut-on déterminer à peu près à quel âge on peut arracher les vignes ?

Seconde Question.

Est-il plus avantageux d'arracher les vieilles vignes, que de les rajeunir en noyant les souches ?

Troisième Question.

Quelle est la meilleure manière de tailler la vigne dans notre Province ?

JUIN 1776.

Première Question.

Peut-on déterminer la propriété de chaque fumier ou engrais par leur dégré de chaleur et leurs sels, et les classer relativement au besoin de chaque graine ? l'expérience ayant appris que des degrés de chaleur, inégalement développés, occasionnent des fleuraisons trop rapides et par conséquent des brimes.

Seconde Question.

Peut-on avec des terreaux modifier la chaleur des fumiers ordinaires relativement aux graines que l'on a à semer?

Troisième Question.

Au moyen d'un thermomètre placé en terre et d'un autre placé dans l'air libre, pourrait-on déterminer les degrés de chaleur les plus propres à une prompte et égale germination, tant des graines farineuses que légumineuses, et en dresser une table pour ne semer que dans des temps propres et ne pas courir les risques de perdre la semence par un trop long séjour en terre?

Si cette expérience est possible, comme elle demande du temps, la Société n'en attend pas la solution dans ce dernier mois; mais elle désireroit que quelques personnes la voulussent tenter et lui faire part de leurs observations.

III.

QUESTIONS

Que la Société des Thesmophories de Blaison discutera dans le courant de l'année 1777.

Si le plaisir, que procure des occupations honnêtes et instructives, est la vraie sagesse, la Société des Thesmophories a sans doute à se féliciter de sa formation. Ses Séances, toujours consacrées à l'examen des Questions dont les associés se chargent tour à tour, sont terminées par les amusements qu'inspirent la décence et l'amitié.

Dans ces dernières Assemblées, la Société s'étant apperçue que le nombre de ses Questions de l'année dernière était trop considérable, relativement au nombre des Thesmophores, elle arrêta de n'en donner qu'une par mois, sur laquelle chaque Associé fournira un Mémoire: elle espère, par ce moyen, avoir une meilleure discussion et de meilleurs résultats. Les mois de Juillet et d'Août seront toujours le temps de ses vacances.

L'attention de la Société à ne donner que des Questions d'une utilité générale lui fait croire que leur examen ne sera pas pour elle seule et que les Amateurs continueront de lui envoyer des Mémoires. On les adressera toujours à M. DUVAU, Secrétaire des Thesmophories de Blaison, à Grézillé, par la poste de Brissac.

Comme les vues patriotiques, qui ont concouru à la formation de la Société et qui maintiennent son existence, ont été favorablement accueillies de l'autorité supérieure ainsi que du Public, elle met avec plaisir au jour, sous les mêmes auspices, l'idée de ses travaux pendant la présente Année.

Janvier 1777.
Première Question.

Est-il plus avantageux de mettre en culture des terreins sujets aux inondations, que de les apréier ou même en faire des pâtures?

Février 1777.
Seconde Question.

Ne peut-on pas, dans les terreins les plus ingrats, semer des chanvres et même des lins d'été, en préparant auparavant la terre par un semis de vesseau, dans le mois de Septembre, que l'on rembourreroit dans le temps de la semaille des chanvres ou lins, pour servir d'engrais ?

Mars 1777.
Troisième Question.

Un terrain également propre à la culture du bled et des chanvres ou lins, seroit-il plus productif, ensemencé en froment qu'en chanvre ou lin ?

Avril 1777.
Quatrième Question.

Les fruits des arbres fruitiers, plantés dans les champs, peuvent-ils dédommager du tort que ces mêmes arbres font à la terre et aux ensemencés ?

Mai 1777.
Cinquième Question.

Dans les Paroisses de Blaison, Gohier, S. Rémi de la Varenne, S. Sulpice sur Loire, Charcé, Coutures, Chemellier et Grézillé, la vigne rouge serait-elle aussi productive que la blanche, et, comparaison gardée, le vin rouge y serait-il supérieur au blanc ?

Juin 1777.
Sixième Question.

Quelle est la raison qui empêche dans les Paroisses de Blaison, Gohier, S. Rémi de la Varenne, S. Sulpice sur Loire, Charcé, Coutures, Chemellier, Grézillé et circonvoisines, la plantation et la culture de la vigne rouge ? Si le vin rouge y est supérieur au blanc ?

Septembre 1777.

Septième Question.

Un propriétaire de soixante arpents de terres et prés et de vingt quartiers de vignes auroit-il plus de profit à faire valoir son bien, que de l'affermer pour mener un commerce proportionné à sa fortune ?

Octobre 1777.

Huitième Question.

Seroit-il plus avantageux de placer trente mille livres en bien de fonds que de les verser dans le commerce ?

Novembre 1777.

Neuvième Question.

L'arbitraire qui règne dans les campagnes, pour la répartition de l'impôt, est-il nuisible à l'Agriculture et à la population ?

Décembre 1777.

Dixième Question.

Pourroit-on détruire l'arbitraire qui règne dans les campagnes pour la répartition de l'impôt ?

III.

TROISIÈME TRIMESTRE.

Des questions que la Société des Thesmophories de Blaison discutera à ses séances de septembre, octobre, novembre et décembre 1776.

Le temps de la moisson fournissant aux associés des occupations indispensables, ils ne tiendront pas leurs séances dans les mois de juillet et d'août, pour se livrer aux travaux de la campagne. Leurs vacances seront consacrées à recueillir les fruits de leurs expériences.

L'amitié rassemblera la Société au mois de septembre prochain ; l'abondance espérée des récoltes y fournira des entretiens utiles sur les comparaisons du produit aux dépenses ; tel en effet se croit des revenus, qui ne s'en trouveroit que de négatifs, s'il savoit bien faire l'état de ses avances foncières, primitives et annuelles.

L'économie rurale est toujours le premier objet de la Société des Thesmophories, qui se permet aussi quelquefois de jeter ses regards sur tout ce qui peut coopérer au bien public. La pureté de ses intentions l'assure de celles des honnêtes gens qu'elle interroge avec confiance. C'est de la discussion que naît la lumière et la vérité, et c'est de cette manière que la Société veut s'instruire. Elle s'empresse de faire ses sincères remerciements aux Anonymes qui lui ont envoyé des mémoires, auxquels elle doit des éloges distingués : elle réitère en même temps ses invitations aux Amateurs de lui en envoyer sur ses questions, tant des précédents programmes que du présent. On les adressera à M. Duvau, secrétaire de la Société, à Gresillé, par la poste de Brissac.

Septembre 1776.

Première Question.

Quelles sont les avances foncières, primitives et annuelles de la culture manuelle ?

Seconde Question.

Quelles sont, dans notre Province, les avances foncières, primitives et annuelles de la culture à bœufs.

Troisième Question.

Quel est, dans notre Province, le produit net de chacune de ces deux cultures ?

Octobre 1776.

Première Question.

Quels seroient les avantages et les inconvénients politiques qui résulteroient de l'arrentement des terrains, aux cultivateurs mêmes ?

Seconde Question.

Si les biens donnés à moitié sont dans un état de culture languissante, tandis que ceux affermés à grain ou à argent sont dans le meilleur état possible, ne seroit-il pas expédient, pour le bien général de l'Agriculture, de défendre les baux à moitié ?

Troisième Question.

La brièveté des baux à ferme ne nuit-elle point à l'Agriculture ?

Novembre 1776.

Première Question.

Y auroit-il, en quelques cantons de notre Province, du profit à ne diviser les terres qu'en deux moitiés, dont une seroit emblavée, et l'autre en repos ou jachères ?

Seconde Question.

Seroit-il plus profitable d'herbager les prés que de les garder à foin ?

Troisième Question.

Au lieu de fumer ou terroyer les vignes pour plusieurs années, ne vaudroit-il pas mieux les fumer ou terroyer un peu tous les ans ?

Décembre 1776.

Première Question.

L'Agriculture peut-elle être considérée comme mère des Loix ?

Seconde Question.

Si l'Agriculture est mère des Loix, quelles sont les premières qu'elle a pu dicter aux hommes ?

Troisième Question, donnée pour avis.

L'expérience a démontré à un homme éclairé que le grain qui vient des terres graissées avec des charrées donne une farine rude, qui se lie difficilement en pâte et dont le pain est sec. Après s'être assuré par de nouvelles expériences, ne pourroit-on pas suppléer les charrées par des marnes, dont la Touraine et notre Province même abondent ? On sent combien il seroit intéressant, pour le bien de l'humanité, de faire de nouveaux essais, afin de donner au public les résultats importants de ces épreuves.

QUESTIONS ANGEVINES

IV.

OGERON DE LA BOIRE.

Je tiens la solution d'un problème qui depuis assez longtemps préoccupe trois ou quatre chercheurs de l'Anjou et tout autant, pour le moins, de Parisiens.

Il a été placé, au mois d'octobre 1864, près du portail intérieur de l'église Saint-Séverin de Paris, à gauche, au-dessus du bénitier, un marbre, avec une inscription rappelant qu' « en cette » paroisse est mort, le 31 janvier 1676, Bertrand Ogeron, sieur » de La Bouère en Jallais, qui, de 1664 à 1675, jeta les fonde- » ments d'une société civile et religieuse au milieu des flibustiers » et des boucaniers des îles de la Tortue et de Saint-Domingue. » Mais ce petit monument, béni par un Angevin, évêque actuel de la Réunion, n'a trouvé là sa place, qu'en dépit de le pouvoir élever sur le berceau de l'illustre coureur d'aventures.

Où est né Bertrand Ogeron de La Bouère?

« En Anjou, » disent les auteurs. — « A Angers, » affirme le bénédictin Roger, en rappelant les vingt-cinq campagnes du vaillant capitaine et « l'estime de tous nos braves » acquise « au vice-roi » de l'île de la Tortue. Mais l'absence de toute date certaine maintenait le doute, accru surtout, s'il faut le dire, par ce vain titre de La Bouère, qui s'ajoute d'ordinaire et souvent supplée à son nom. Dès les premiers jours de mon arrivée à Angers, j'étais mis à même de prendre une part active aux recherches de M. Margry, conservateur adjoint des archives de la Marine, venu exprès en Anjou, et comme lui, après les premières chances à Angers même épuisées, de suivre l'idée préconçue qui nous égarait au milieu des Mauges. Qui ne connaît, en effet, près Jallais, le vieux château de La Bouère? et qui ne serait tenté d'ajouter un nouveau renom à ses souvenirs ? Mais les familles de La Bouère, de Cordon, de Gazeau y forment une succession constante qui ne laisse, dès la première étude, aucune trace vide où se puisse glisser le nom nouveau. Inconnu d'ailleurs dans ce pays, on le rencontre partout le long de la Loire, aux Ponts-de-Cé en 1615 pour un mariage, en 1637 pour un enterrement, à Saint-Lambert-du-Latay aussi haut que remontent les registres de paroisse, à Béhuard, à Chalonnes, à Angers maintes fois, où plusieurs actes rappellent l'existence de la famille et ses intérêts dans la Vallée. On nomme en Anjou une *boire*, ou, suivant la prononciation rustique, une *bouère*, — les Ogeron écrivent des deux façons et plus souvent de la première, — un golfe ou une petite anse que forme un cours d'eau vive, souvent même un bras de rivière qu'un îlot sépare du grand fleuve, et qui, dans les mouvements perpétuels du lit de la Loire, ne tardait pas à s'encombrer et à devenir la propriété de familles particulières. Je vois précisément un Ogeron propriétaire au XVIIe siècle d'un de ces accroissements de Loire, près Chalonnes, qui lui était contesté par l'évêché. Est-ce l'origine du titre, comme je le crois, ou faut-il l'emprunter à quelque autre domaine ? Toujours est-il que le château de Jallais n'a rien à y prétendre, et que toutes les données de l'enquête ramènent vers ces paroisses riveraines toutes peuplées de francs matelots. Je m'étonne même qu'on n'ait jamais remarqué un curieux passage de Louvet (*Revue d'Anjou*, 1856, t. I, p. 63), où se racontent les furieuses rixes sur terre et sur Loire, avec coups de hallebardes et de carabines, entre gentilshommes et gens de justice, à l'occasion de la plainte portée, le 21 novembre 1624, « par Madame... femme de... sieur de La Bouère, demeurant à Rochefort, près Angers, » contre le marquis de Rochefort, qui, pendant l'absence du mari estant en justice à Paris, avait fait brûler et incendier leur maison. Or cette famille, dont Louvet oublie le nom, en guerre contre le seigneur du château encore tout fumant des fureurs de la Ligue, et ce foyer incendié par les valets des nobles soudards, c'est le foyer et la famille de notre Ogeron, qui n'avait pas encore douze ans.

Les registres de la paroisse montrent, dès 1605, établi à Rochefort-sur-Loire honorable homme Bertrand Ogeron, sieur de La Boire, dont une fille, Noéle, est tenue sur les fonts, l'année suivante (25 décembre 1606), par le grand-père Hilaire Ogeron. Sa mère est Jeanne Blouin, et l'on voit assez qu'il ne peut être question de faire naître ces aïeux-là, comme on le croyait, en 1598. Un autre enfant, Jean, est baptisé le 16 mai 1610, et un troisième suit bientôt :

« *Le 19 mars 1613 fut baptisé Bertran, fils de honorable homme Bertran Ogeron et de honorable femme Jehanne Blouin. Le parrain honorable homme Jehan Tiercelin ; la marraine honneste fille Perrine Blouin. Signé : Tiercelin, P. Gaugain, 1613.* »

C'est ici l'acte de baptême introuvable de notre Angevin illustre, que la famille de sa mère et de sa marraine devait initier aux expéditions lointaines. Le 29 août 1640, notre jeune homme signe à son tour comme parrain, et, dans un acte du 3 octobre 1653, il prend le titre d' « *écuyer et capitaine au régiment de la marine.* » — La même année, le 26 juin, son père avait été inhumé dans l'église paroissiale.

Il est donc certain que la petite ville de Rochefort-sur-Loire, ce nid si longtemps inexpugnable de flibustiers, est la patrie de Bertrand Ogeron de La Boire, le gouverneur et le vice-roi de Saint-Domingue ; — et c'est pour aujourd'hui tout ce que j'ai voulu ajouter à leur histoire.

Il reste à voir si l'Anjou laissera encore au dévouement pieux d'un étranger le soin d'honorer, même en Anjou, cette mémoire et si dans l'église nue et vide ou dans la mairie toute neuve et encore inachevée de Rochefort-sur-Loire, on ne trouvera pas quelque place en belle lumière pour y inscrire le nom oublié de son plus glorieux enfant.

JOURNAL DE JACQUES VALUCHE.

Qui ne connaît, au moins de nom, en Anjou, M. le curé Baugé, de Candé, sa vive humeur, ses bons mots, surtout, ce qui me touche le plus, cette mémoire si sûre d'elle-même et d'une expérience, déjà presque vieille d'un siècle, qui multiplie les enseignements d'une science sérieuse par l'attrait de tant de piquants souvenirs ? Un soir de cet automne, après une longue journée d'étude à Candé, il était bien tard quand j'allai frapper au presbytère et demander à quelque causerie le bénéfice certain d'une instruction nouvelle. Le bon vieillard, qui relevait d'une crise douloureuse, m'accueillit pourtant avec cette gaîté de bienvenue qui tout d'abord contente et met à l'aise, me fit voir ses gravures, ses vieux meubles, surtout ses vieux livres, — héritage assuré de son successeur, qu'on enviera, — puis comme en sursaut : *Mais connaissez-vous Jacques Valuche ?* fit-il. — Qui ça, *Jacques Valuche ?* — Et sur mon étonnement, il me fut alors mis en mains — comme du meilleur crû de derrière les fagots — un vieux petit registre in-folio, recouvert d'un parchemin jauni de belle apparence antique : « *Prenez et lisez.* » — On m'a dit depuis : « *Si bon vous semble, publiez.* » — Merci, l'aubaine est bonne, et j'en veux certainement faire part aux amis de nos vieilleries inédites.

Il ne s'agit point pourtant, je me hâte de le dire, de la découverte de quelqu'un de ces documents autorisés qui renouvellent une histoire. Le manuscrit, d'une écriture fine et serrée, n'est que le journal d'un petit bourgeois illettré, habitant d'une petite ville, qui recueille pour sa famille de petits faits au hasard du jour. Mais nous autres, gens de province, qui sommes voués par goût ou par devoir à l'histoire locale, rien peut-il nous accommoder mieux que ces chroniques minutieuses de langue bavarde et naïve, où tout est profit pour notre étude, et où, dans ce fouillis de menus détails insignifiants pour l'étranger, toute note a son imprévu pour nous.

J'ai dû pourtant trier, après ma récolte faite, et, pour ne pas encombrer l'aire, n'y apporter que le meilleur grain, laissant encore bonne glane à d'autres. Valuche écrit à Candé, sur les confins de la Bretagne, ce pays de faux-saunage, de gabelous, en plein pillage des gens d'armes et des garnisons, grosse affaire de son temps, qui ne nous inquiète plus guère. Il note aussi le débordement des petits ruisseaux voisins, le passage des chaînes de galériens, la baisse trop fréquente des monnaies, le prix des vivres, surtout des blés, des vins, les récoltes, les orages, les collectes de tailles, les nouvelles des couvents et des églises. Dans tout ce verbiage où s'entremêlent de loin en loin l'écho bien incertain des grands événements, j'ai fait un choix un peu à ma guise des faits qui m'ont paru, ou par leurs détails nouveaux ou par leur forme plus vive ou par quelque particularité intéressante, former une suite qui se puisse lire. Quiconque y prendrait goût, qu'il s'adresse directement à Jacques Valuche. De 1607 au 20 janvier 1662, on peut être sûr de trouver auprès de lui quelque bonne information sur tout « ce qu'il a peu recognoistre et ouy dire. » — Une main plus moderne a ajouté aux dernières pages deux « articles extraits du livre généalogique de M. Bourgeois, charpentier, son parent. » — Sur le plat intérieur du livre est écrit : *A M. Brossais, prestre de Candé,* — et plus bas : *Ce livre est aux enfans de Candé.* — Il appartient aujourd'hui encore à la cure.

Mais qui ça, Valuche ? — Même, je crois, le digne curé Baugé serait en peine de le dire. L'auteur — est-ce un auteur ? — écrit pour écrire, et non pour nous confier son histoire, et s'il se trouve qu'il entre en scène, c'est sans y penser et presque sans qu'on y pense. Tout ce qu'il nous apprend de lui, c'est au 9 juillet 1630 qu'il s'en va, lui huitième, en pèlerinage au mont Saint-Michel ; le 9 octobre 1633, il est nommé procureur de fabrique ; en avril 1642, il contribue aux restaurations du chœur de son église, comme le 4 mai 1645, à la construction de l'autel Sainte-Marguerite. Enfin le 21 avril 1647, il est nommé procureur des trépassés. Ce sont là les grands événements de sa vie de marguillier, son plus beau titre. Ajoutons qu'il était sans doute originaire d'Angrie où le nom de sa famille et du logis patrimonial reste encore à la Valuchère.

Pourquoi chaque paroisse d'autrefois n'a-t-elle pas eu ainsi son histoire racontée au jour le jour par quelqu'un de ses enfants ?

Pourquoi chaque commune d'aujourd'hui n'aurait-elle pas aussi, comme il lui serait bien facile et de si profitable exemple, son historien fidèle, quand chacune a pour témoin de sa vie intime et familière et qui pourrait si bien en noter au courant de l'année les aventures, l'instituteur? et quel expédient mieux avisé, trouverait-on, et plus sincère que ces simples récits sans parti pris ni théories de politique, mais francs et sûrs, pour nous débarrasser une bonne fois, s'il était possible, des histoires banales ou serviles?

Icy est remarqué et prins par escript plusieurs article remarcable et aultres choses qui ont arrivé et passé dans Candé et aulx environs, comme des chertiés de biens et quand ils ont rabaissé de prix, comme les logemens des compaignée des soldartz et beaucoup d'autres articles comme j'é peu recongnoistre et ouy dire.

Et premier,

En l'an 1607 le roy Henri 4ᵉ donna au baron de Bescon trois foires, sçavoir une au premier jour du mois de may et l'autre 28ᵉ octobre, avecqu'un marché tous les vendredis au bourg dudit Bescon et une foire le jour sᵗ Lorens au bourg du Lourous Besconnays.

En l'an 1608, les premiers jours de janvier et 8 jours devant, le froid commenssa qui dura plus de 7 sepmaines sans desgeler. S'il desgeloit un jour, il regeloit la nuict ensuivant. Il fist du verglas la vigille des Roys et de la naif ledit jour des Rois qui dura en quelque endroict, avant que d'estre toute fondue sept sepmaines. L'on passoit avecq beufz, chevaulx et charettes par sur la rivière de Loyre. Le vin glassoit ès tonneaulx; les chesnes et aultres arbres en partoint; des personnes transissoint de froid; les oyseaulx mouroint. C'est pourquoy on l'appelle *l'année du Grand hiver*.

En l'an 1609 les Augustins de Candé ont esté refformés à la diligence du frère René Marcé, l'un des moynes du couvent et enfant de la Brocherie en la Cornoille. Ilz vivoint d'une mauvaise vie. Le plus souvent il n'y avoit que la cloche à chanter leurs matines. Ceulx qui voulurent prendre l'abit de refformation, il leur feut permins. Il n'y eut que frère Tristan Bréberet et ledit Marcé qui prinst ladit refformation

En l'an 1612 le bled vault 10 s. le boisseau, le froment 14 s.

En l'an 1614, la nuict d'entre le 9 et 10 jour du mois de may, il fist une méchante gelée qui gasta les bledz et le bois qui estoit advancé. Le bled vallut 24 s. le bouesseau. Il ne feut poinct de noix ; peu de vin et de fructage.

Le vendredi 30 mai 1614 M. de Champbellay avecq son régiment de bien mille hommes de cheval ont arrivé à Candé pour y loger. Ilz ne faisoint que danser et faire bonne chère aux despens des habittans. Ils avoint des estappes ès paroisses circonvoisines où ilz picouroint. Freigné, la Cornoille et Angrie ne feurent poinct picourés. Ils ne deslogèrent point jusque au jeudy ensuivant octave du Sacre et alèrent loger à Ingrande.

Le 8 décembre 1615, feste de la Conception Nostre Dame, Monsieur de Vocé avecq sa compagnie de gens de pieds est venu de Challain loger à Candé et ont ransonné les habitans, en sorte qu'ils ont esté contraintz de prendre l'espouvente et s'enfuir les uns Angers, à Bourmont, Angrie et aultres forteresses de tous costés pour éviter la tirannie des soldartz et les ransons; feurent deulx jours à Candé, vont loger à S. Julien, en faire aultant.

Au bout de quinze jours, La Vallée Piquemouche y vint aussy loger, en fist aultant au reste des habitans, qui estoit demeuré audit Candé, tant que tout feut contraint de sortir et oster tout leur bien. Ce qui demeuroit estoit tout perdu. Il ne demeura que deulx habitans à Candé, Pierre Godier et Vincent Harembert, qui souffrirent grande perte. Il n'estoit aulcunne sepmaine qu'il ne vint des compaignées à Candé ; comme les uns deslogeoint, les autres arrivoint. C'estoint tous Normans et Manceaulx, qui menoint tous les bestiaulx en leur peïs, si non ne les dégageoit ou si les seigneurs n'alloient les recoure et ceulx de sur le païs volloint et emportoint tout en leurs maisons. C'estoint tous soldartz de l'armée de M. de Vendosme.

1616. — Le bled vault 25 s. le bouesseau et au mois de mars ensuivant il vault 30 s. Cecy tient de la gelée du mois de may 1614. Il se trouva du petit bled de Flandre à Nantes qui servit beaucoup, mais il ne respondoit pas à pain comme l'autre. Il en falloit tous jours 6 livres par bouesseau ou peu moings.

Le lundy gras 6 février 1616, l'armée de M. de Vendosme c'estoit amassée de tous costés et firent monstre aulx environs du Lion d'Angers, et puis les soldartz s'en aillirent de toutz costés où ils achevirent de perdre tout. Ledit jour 6 febvrier le régiment de S. Denis Maillot et Ballée et Boisjourdon vindrent loger à Candé et volèrent l'église de S. Denis où estoit du bien des habitans. Le mesme jour le régiment de Pontpiere alla aussi loger à Freigné, ravagirent la mestairie de la Brettière, proche Bourmont.

le mardy gras, comme M. le comte estoit à disner. Ils feurent 8 jours sur le paï. L'on avoit rangé les bestiaulx aulx forteresses. Le povre monde y enduroit si grand froid à coucher dehors ! Saint Denis Maillot revint à Candé à la fin du caresme pour achever de ravager quelques maisons à Beaulieu qui c'estoit conservé soulz l'ombre d'un des gens de M. de Vendosme, nommé S. Germain, qui estoit de la Bouverais en Vris.

Au mois d'apvril 1616 la paix se fist, ladite armée s'est dissipée et rompue par une permission divine. Les soldartz estoint desvalisés en se retirant chacun chez soy, estoint tués, massacrés et assommés par tous cantons où ils estoint trouvés, tant que c'estoit grande pittié. Ils faisoint pittié à ceulx à qui ils avoint tant fait de mal et quand ceulx qui s'échappèrent furent retirer chez eulx la plupart mourrèrent misérablement.

Au mois de may 1616 les habitans de Candé se sont raménagés à Candé en grande joye et resjouissance. Il faisoit un beau printemps qui feut la cause que le bled revint à 14 s. le bouesseau, le fourment, 18 s.

En l'an 1617 Guillaume Foucquet de la Varannes, évesque d'Angers, visita les principaulx lieux des doyennés de Candé et de Craon. Il donna le cresme au mois d'octobre en l'esglise de S. Denis de Candé. Il ne c'estoit poinct donné de vie d'homme audit Candé. Il y avoit des personnes âgées de 80 ans qui le receurent. Le monde y venoit de 4 et 5 lieues au tour dudit Candé pour le recepvoir.

Antiennement on mettoit de la paillée dans les églises paroichialles à la feste de Noel, et sur les champs, aux quatre festes de l'année. M. d'Angers a aboli ceste coustume là. Cela estoit trop déshonneste.

En caresme de l'année 1620 Brossais, curé de S Denis, s'est obligé de faire bastir un clocher à ladite esglise à ses propres cous et despens, ne demande aulcune chose que la jouissance des cymetières de S. Jean et S. Nicolas despendans dudit S. Denis pour l'espace de 20 ans et, au cas qu'il mourust après le clocher basty, il relaisse la jouissance desdits cymetières à la paroisse, sans que ses héritiers y prétendent aulcune chose, et aussy s'il mourroit avant ledit bastiment parachever, lesdits paroissiens le feroint achever, si bon leur semble. Non lui a aussi baillé un vieil aplasement de maison et jardrin appellé *la Vielle Escolle* proche ladite esglise que ledit Brossaye a vendu à Mathurin Derreu forgeur. Le dit acort passé par Charles Drouet, notaire de la baronnie. Le dimanche de Quasimodo ledit Brossais a béni la première pierre dudit clocher processionnallement et luy mesme l'a posée au fondement au coing vers midy et y faict travailler les ouvriers sans relache de jour en jour. Le lundy des Rogations, il fist faire refondre les deulx cloches et grossir de plus de moitié. Il fist la queste par la ville. Il trouva bien 300 livres de vieil érain et estain. Il luy prist envye d'en donner une plus grosse cloche qui fut fondue la vigille S. Michel du mois de septembre et pèse plus de 700 livres. Après ledit clocher basti oudit an 1620, ledit Brossais a achevé de faire clore l'esglise dudit S. Denis et a bény le cimetière tout autour. Ledit Brossais est décédé le 23 novembre 1626 et la jouissance desdits cymetières est retournée à la fabrice.

Le dimanche 16 octobre 1622, fête de S¹-Mainbeuf, l'esvecque de S¹-Brieu a bény l'esglise des Augustins de Candé avecq permission de M. de Nantes. Ilz avoint craincte qu'elle feust profannée.

En l'an 1625, le bled vault 25 s. le bouesseau et aulx moissons ne vault que 14 s.

En l'année 1626 le bled vault 25 s. argent content. Sinon que il s'en trouva à Ancenis, il eust esté plus cher. L'on voyet force povres chercher leur pain.

En l'année 1626, je commensce à escrire plus amplement que cy devant comme l'on voit cy après.

Le samedi 6 novembre, une povre femme qui se retirait dans la petitte chapelle de S¹-Nicolas brusla toute vive.

Le lundi 23 novembre messire René Brossais, curé de Candé

et aulmonnier de S¹-Jean est décédé et enséputuré au millieu du cœur de l'église S¹-Denis. Le dit jour messire Nicolas Herreau et messire Georges Cheusse recueillent les voix des habitans à qui aura l'aumonnerie.

1627. — Le jeudi 16 septembre l'on a faict des barricades à Candé pour empescher la compagnie de Bois du Pin d'y entrer. Ils ont entré par composition que chaque soldart aura 20 sols, par si mieux il n'aime estre noury chez son hoste avec défense de ne ransonner aucuns habitans. Ils venaient de Loueré et Vergongne, estoint 300 soldartz, ont esté deux jours à Candé, sont allés à Pouillé et Messangé.

Le bled vault 20 s. le bouesseau, le froment 24 s., le vin 8 s. le pot, et d'aultre a 10 s. le pot. Grande abondance de cistre; l'esté pleuvieux; l'on n'a battu les bleds que en l'automne. — Les lins sont si enfondus d'eau que on ne peut les ensemencer. Fault faire l'escenoir après la charrue.

Le bled vault en décembre 24 sous le bouesseau, le froment 27 s., la viande fort chère à cause du siége de la Rochelle.

Il y a longtemps qu'il y avoit une image de N.-D. dans un pied de chesne proche le village de la Vextaye en la Cornoille. Le chesne est tombé. Le mestaier porta l'image chez lui. Renée Girard, veuve Prioulleau, y a faict faire un arceau de muraille au lieu où vint le chesne et y a mins l'image. Le monde y va de 3 ou 4 lieues à la ronde, invoquer le nom de la Vierge Marie, les uns pour avoir alégeance de la fiébvre et pour aultres maladyes. Ceux qui font leurs voiages s'en trouvent bien. Les offrandes sont données aux prestres de la Cornoille.

1628. — Le dimanche 6 febvrier, un novisse des Augustins de Candé a célébré sa première messe et a esleu pour parrain et marraine M. d'Angrie et M°¹° la comtesse de Chasteauroux; ce que l'on n'avait point encore veu qu'il eusse ny parrain ny marraine.

Le 22 février, les Egyptiens ont logé à Candé; ont esté jusqu'au samedy ensuivant. Le dimanche 2 avril, deux compagnies de gens de pied ont passé par Candé qui venoient de Combrée...

En septembre, le bled vault 22 s. le bouesseau, le fourment 25 s., le vin 5 s. le pot, le beure 4 s. la livre.

Contagion commence à Candé. — Le samedi 6 octobre est décédé M. Lezin Morice, prestre curé de St-Denis de Candé, lequel n'a esté curé que 19 mois un jour, n'a résidé que 11 mois, durant lequel temps il a faict faire de grandes ornementations au presbitaire. Est décédé de contagion au grand regret de tous les habitans d'aultant que c'estoit un bon curé, homme de bien qui aymoit fort ses paroissiens ; a esté enterré en l'église de St-Nicolas.

Le dimanche 22 octobre défense est faicte aux chirurgiens et apotiquaires qui assistent les malades de ne fréquenter avec les habitans.

En ceste année grande contagion à Candé. Est décédé à Candé et faulxbourgs bien 60 personnes quasi tous enfants.

Le bled vaut 21 s. le bouesseau, le fourment 28 s., la pippe de cildre ne vault que 100 s., le vin 5 s. le pot, le beurre 4 s. la livre. Les marchés de Candé n'ont rien vallu en l'automne à cause de la contagion.

La chapelle de la Grée St-Jacques est tombée en ruine.

1629. 1 juin. La contagion est fynye, grâce à Dieu. Il en est mort tant dans l'an passé que de ceste année bien 80 personnes.

Le dimanche 2 juillet on est allé en procession à la Primauldière. Il y a bien 30 ans qu'on n'y avoit esté.

Grande chaleur du depuis le commencement de juillet jusqu'à la fin du mois d'aoust ; beau pour recueillir les biens de la terre. Le bled vault 15 s., le froment 22 s., le beure 5 s. la livre, le vin 4 s. le pot, le cildre 1 s. le pot. — Contagion au bourg de Beaulieu.

A cause des playes qui sont importunes en ceste automne le bled enchérist. Il est à 18 s.

1630, mars. Toute la saison de l'hiver a esté pluvieuse avecq grands vents impétueulx, qui rompoit les arbres. Le bled vault 21 s., le poisson fort cher. Remuementz sur les pistolles. Se mettoient à 8 l., à présent à 7 l. 10 s. Cela faict grand tort aulx marchantz.

Le lundy 2 juillet il est allé 8 pellerins de Candé au Mont St-Michel, qui sont Jean Godier, Math. Meslet, Daniel Rémon, René Taulpin, François Chousse, Gabriel Gilleberge, Pierre Belin et moi *Jacques Valluche*.

Ce mois le bled vault 34 s., le froment 38 s., à la fin du mois le bled vaut 40 s.

Le vendredi 1 novembre nostre tabernacle de St-Denis a esté mins sur le grand autel et béni par M. Urbain Mauboussin, curé. Il couste 230 l. — Le lundi 10 le bled vault à la halle 50 s. le b. Pluye fort ennuyeuse qui est la cause qu'on ne peut ensemenser les bleds que vers la St-André, au moins plusieurs.

Le 13 décembre le froid a commencé qui dura 15 jours avecq grandes neiges qui firent à Noël, qui fist mourir les choux et beaucoup de jeunes bois ; les genetz moururent ès champs. A esté grande abondance de vin et aultres fruits aux arbres, en outre de glan qui a beaucoup servy aux povres gens pour faire du pain, à cause de la cherté du grain qui vault 53 s. le bled, le froment 65 s.

1631, le lundi 20 janvier, le bled vault à la halle de Candé, mesuré au petit bouesseau 50 s., le 28 mars 70 s., le lundi 12 mai, 45 s., le bled noir 27 s., — et tout de grain qui venoit devers Chasteaubriant, Fougères et Craon, lequel grain sortoit de la Normandie, qui n'avoit pas esté gasté de l'esclair qui fist le 1 juin de l'an dernier, lequel esclair perdit la fleur du bled et aultres partout où elle donna. C'estoit pittié de voir le povre monde ; beaucoup mouroint de faim ; les aultres mangeoint du pain de glan, de grenne de lin, de citrouille et de beaucoup d'aultres sortes. Les povres gens du Poictou eurent beaucoup à souffrir, estant secz comme couraulx de bois, mouroint sur les chemins. La famine alloit toujours plus grande en allant vers la haulte soulaire, et, qui feust le pire, c'est que les estrangers s'aperçurent du mal plustost que nous, qui vinrent enlever les bleds de sur le pays. Le lundi 12 may il y avoit à la halle de Candé plus de deux chartées de pain, qui estoit venu à charge de cheval de Fougères et de la Bretagne de plus de 15 lieues avant. Depuis, le grain a rabaissé de pris peu à peu.

L'esté a esté fort chault sans faire de pluye que une nue qui fist 8 aoust ; aux environs de Candé on ne pouvoit travaillé dehors à cause de la chaleur En ladite année, force maladies contagieuses, en plusieurs lieux et paroisses circonvoisines de Candé, et a esté fort grant Angers.

1633. Le mardi 3 février, après midy il fist une grande nuée de gresle, grosse comme prunes et quelques graines comme esteulx avecq grand desrivement d'eaulx partout.

Le mardi 10 febvrier la mestairie de la Riveraye de la Burlière en la Cornoille a bruslé.

Le jeudi absolu 8 apvril la compagnie de gens d'armes de M. de Loc Marias étoit logée à Rouger, le 10 est venue loger à Auverné. Non alla de Candé parler au capitaine et le prier de ne venir pour loger aud. Candé ; ce qu'il promint. Sans s'i fier, on fist la queste par Candé pour amasser de l'argent pour faire la despense des habitans qui iroient à Gizeulx trouver M. du Bellay, gouverneur d'Anjou, pour le prier de ne donner aucun logement aud. Candé. Guill. de Beauvais, Jean Cathelinais, Jean Baron, habitans, partirent le mardy de Pasques 13 apvril. Il ne cessa de pleuvoir tout le jour jusqu'au lendemain dont ils feurent en grand danger de se noyer à Longué. Le dit sieur du Bellay leur donna sauvegarde et lettre particulière. Le jour de Pasques alla loger à St-Erblon, le mercredi 14 à Mesangé, le jeudi 15 audit Candé. Le 16 les habitans arrivirent de Gizeulx. Ledit Loc Marias estoit à jouer au maistre au grand cimettière de St-Jean. Non luy montra ladite lettre ; dist qu'il n'estoit pas heure de desloger, deslogea le lendemain. Il n'avoit que 20 maistres, qui faisoit 100 chevaulx, sans son charriot et six mailletz. Il ne logea que en 6 hosteleries ; coutirent toute leur despense mais ilz ne payèrent rien. La pluspart estoint exemptes, qui fut la cause d'un grand procès à la paroisse. Les ceulx qui estoint exemptz gaussoint les aultres. Il n'y avoit que 377 l. de despence, René Pipault, hoste à l'*Image Notre-Dame*, mania le procès. Tous les habitans furent condamnés payer avec lettres d'anciette, tant qu'il feut esgaillé 750 l.

Le mardi 11 may la chapelle de la Gaziottière en Angrie a esté commenscée. Deffunct François Aubert, habitant dudit village, l'avoit fondée par son testament. Messire Charles d'Andigné, seigneur d'Angrie, a mint la première pierre au milieu du pignon vers amont. Ambroise Pinart, vefve dudit Aubert, avecq ses enfans, l'ont présentée à M. François Le François, curé dudit Angrie, lequel curé et Pinart l'ont faict bastir, moittié par moittié, et Jean Moquehan de la Valluchère a faict faire le ballet sur la grande porte.

Le samedi 30 octobre, il fist de grandz esclairs sans tonnerre ni pluye. On tient que c'estoit lors de la mort de M. de Montmorency, qui feust descapité dans la ville de Toulouse... Le roy a donné la terre de Candé, Chasteaubriant et tout ce qui despent desdites terres à M. le prince de Condé, beau-frère dudit sieur de Montmorency.

Le mercredy 24 novembre, la mestairie de la Colinière, de la paroisse d'Angrie, a bruslé avecq touttes les peutions de bestiaulx et autre bien qui estoit audit logis.

En ceste année 1632, il y a une chapelle fondée en l'honneur de M⁻ᵉ Sᵗᵉ· Anne, en la paroisse de Casson en Bretaigne, où il se faict des miracles. Le monde y abonde de tous costés pour y faire voyages.

M. Claude Lebretton, grenettier au grenier à sel de Candé, faict bastir le grenier à sel de Candé au lieu et place du four à ban de Candé et y a faict charoyer le sel, qui estoit au viel grenier, qui est dans la rue de *la Poullagrerie*.

Le lundi 19 septembre, M. le prince est venu de Chasteaubriant à Candé pour faire tenir ses assises génerales où toute la noblesse, despéndant de la baronnie, sont venus rendre leurs hommages.

1633, le dimanche 9 octobre, moy *Jacques Valluche* ay esté nommé procureur de fabrique.

En ce mois de décembre : eurt à Nantes messire Michel Fouellet, prestre, enfant de C.... , qui lègue à la fabrice de Saint-Denis le plus beau et le plus vaillant de deulx calices qu'il a......; c'est une fort belle pièce antienne.

La dapte en est soubz la patte : 1539. Il pèse une livre et demie.

Il est garny sur la patte d'un crucifix, une Nostre Dame, un S. Jean, un cœur naffré d'une flèche et sur la poumette huit figures d'apostres, le tout en bosse d'argent.

Le mercredi 25 apvril 1635, la procession de Chasteaupanne, allant en voyage à la Pommeraye, se sont tous noyés sur la rivière de Loyre. Il n'en est demeuré que quatre.

Le dimanche 17 juing, Jean Charle, capitaine des Bouesmes ou Egyptiens, a logé à Candé en l'escurie du *Soleil* et en la boucherie ; n'a deslogé que le 28 juing.

Le mardy 10 juillet, il a arrivé un opérateur qui se nomme Michel Le Petit-Flamant, ainsi qu'il dit, et dit estre de S. Messant. C'est le plus beau sauteur, que l'on sçauroit avoir veu. Il chemine très-librement sur les deulx mains, les piedz en hault. Il faict tout le tour de son corps sans toucher à terre, se jettant à la renverse, ayant les mains contre la teste, saulte cul par sur teste par sur deulz espées nues estant sur bout, sans toucher auxdites espées, n'ayant que une main à terre se jette cul contre mont, se trouve sur ses deulz jambes, saute cul contre mont par sur huit personnes estant à 4 piedz, estant sur le ventre, comme une carpe, se jette trois piedz en hault par plusieurs fois sans cesse et montre plusieurs aultres dispositions en public dans les rues, sans prendre aucune chose. Il a esté 8 jours à Candé où il n'a pas faict grande fortune ; et comme il deslogeoit, il y en a arrivé un aultre opérateur qui se dit plus abile pour ses opérations, mais il ne montre rien en public. Il vent toutes ses drogues en chambres. Il y a esté à Candé jusque au 6 septembre. Il se nomme Yart, et dit estre de Rouen.

Le jeudi 19 juillet 1635, le ban et l'arrière-ban a esté publié à l'auditoire de Candé au bat de tambour... et est enjoingt à toute la noblesse d'Anjou de s'équiper d'armes et de chevaulx pour se trouver au pallais d'Angers les 20-25 juillet... Les Bretons ont envoyé un régiment de gents de cheval au roy, qu'ils ont nommé les Dragons de la Bretagne.

Le samedi 17, les Bouesmes ont logé dans la boucherie ; poinct deslogé jusque au 20 septembre.

La noblesse est revenue de la guerre environ Noel. Ils n'ont poinct de volonté de retourner à cause de la grande disette qu'ils ont enduré, au moins ceulx qui n'avoint guères d'argent. Ceulx de parti contraire brusloint toutz villages et bourgades par où ils passoint.

1635. En ceste année, Segré a esté érigée en baronnie à la persuasion de M. Bautrud, seigneur dudit Segré, et est aymé du roy.

Il y a eu de grandes contagions Angers, Nantes, Rennes et Laval et en plusieurs lieulx, mesme à S.-Michel du Bois en la baronnie de Candé.

1637. Le mercredy 5 aoust il fist une journée de pluye doulce, qui feut propre pour les pottages des jardins. Le bledz vault 16 s. le bousseau, le fourment 22 s.

Le jeudy 6 aoust il a arivé une compagnie de soldartz à la Cornoille pour y loger, mais quand ils ont veu les armes de monseigneur le prince dans un posteau, n'ont poinct eu envye d'y loger, sont allez au Louroux Besconnays et de là à Marans pour aller trouver le régiment de M. de la Roche Giffart qui est en garnison à Cran.

Le lundy 10 aoust, il passa par Candé une cheigne de forcers de 45, et un à cheval, qui estoit de bonne maison, duquel nombre il y avoit 7 turcs qui avoint esté prins à Saint-Yalo en un vaisseau d'escumeur de mer qui fut prins.

Le dimanche 31 septembre, M. de la Basse-Rivière de Sainte-Jame, capitaine de cent soldartz a faict publier qui luy est enjoingt de lever sa compagnie ès paroisses de Candé, Segré, Lion d'Angers, Sainte-Jame, Louéré et Gené.

En ceste année il a esté grâce à Dieu des biens en abondance de toute sorte. Le bled vault 12 le bousseau, le fourment, 16 s... On ne trouve quasi pas de tonneaux à mettre le vin. Il s'en est vendu aux lieulx où sont les vendanges 4 l. la pipe vide.

Ceulx qui ont semé les bledz au commencement ont eu beau. Sur le dernier de la semaison, il n'a faict que pleuvoir en habondance, entre autre le jour Saint-René il fist des pluye et ventz impétueulx, qui estoit le mercredy, et le vendredy ensuivant mesme temps, de sorte que les anciens disent n'avoir point veu les eaulx plus desbordées et desrivées... Il n'ont achevé de semer que environ la Sainte-Katherine.

En ceste année M. Catherin Grosbois, prestre, a faict bastir et édifier une esglise et challonnerie au vilage du Tramblay en la paroisse de Challain avecq toutte sorte de logement et meuble pour servir ausdits challoinnes qui sont quatre, à qu'il a donné à chacun d'eulx 100 livres de rante; et y ont esté installez en l'année suivante 1637. Il y a plus de 20 ans qu'il commensoit à bastir, fist faire une chappelle, pensant faire après un monastère, fist rompre l'esglise et se résolut de faire bastir ladite challonnerie.

Il y a eu de grandes contagions à Angers, Nantes, Rennes et en plusieurs lieulx, mesme à Saint-Michel-du-Bois en la baronnie de Candé.

1637. L'on a commensé à seyer les bledz dès la Saint-Jean, à cause de la sescheresse. Le foing est fort cher. Il en est si peu que ceulx qui ont du bestial, cherchent à le vendre. La chartée de foing ce vend 30 l. et encore non n'en trouve pas.

Le lundy 14 septembre il a esté faict deffence aux habittans de non ne fréquenter ceulx des paroisses pestiférées. Il y a grande contagion Ancenis, Ingrande, Saint-Sigismont, La Cornoille, Freigné, Saint-Sulpice, la Chapelle-Glen et Challain, dont ils ont fermé les portes des esglises de La Chapelle-Glen et de Saint-Sulpice et n'i ont point dit de messe durant plus de 4 mois.

L'on a vendangé dès le 14 septembre et beu du vin nouveau à Candé dès le 16 suivant. Grande abondance de noix, châtaignes et glan, qui ont esté meurs de bonne heure, et grande abondance de vin, grâce à Dieu, et grande rareté de toutes sortes d'aultre fructage.

Le mercredi 11 novembre, jour et feste de M. Saint-Martin, M. Jean Le Mée, prestre, prieur de Vris, béneist la chapelle de Saint-Jacques à la Grée, près Candé, et l'avoit faict bastir en ceste année 1637, comme il y a esté condempné par sentence de Nantes et arrest du parlement de Rennes, attendu que elle despent du prieuré de Vris. Elle estoit tombée en ruyne l'année 1628 durant un nommé Jecton qui estoit prieur.

1638. — Le dimanche 14 mars, M. Boullay, prestre, curé de Marans, a béni la chapelle de la Devansaye, que un de ses chappellains nommé M. René Tesnier avait faict bastir l'an dernier et donné de son bien pour la servir. Elle est dédiée au nom de M. Saint Marcoul.

Il est grande rareté de lins. Il n'ont rien vallu depuis quatre ans que bien peu ès jardins bas. Le bon lin vault dix soulz la livre. Ceulx qui en avoint gardé les années dernier, bon et mauvais, ont tout vendu ceste année et ne s'en trouvoit plus, sinon que les Flamans en ont amené à Nantes, que les marchantz et touttes sortes de personnes y vont en acheter; leur couste 7 s. la livre du meilleur et 6 s. l'autre, prins à Nantes. Le povre monde estoit bien enserré et le mestier des femmes estoit à bas, s'il ne ce feust trouvé de lin de Flandre.

Le dimanche 11 juillet Pierre Donast, Julien Besson, Jacques Livenais et Mathurin Madré, maistres bouchers à Candé, ont commensé à porter de la viande dans la boucherie. C'est M^r le prince de Condé qui a faict despêcher les lettres de maîtrise. Il y en avoit anciennement, mais les guerres avoint esté la cause de l'abolissement. Il n'y a environ de trante qu'il aloint encore porter de la viande à la boucherie, mais il n'y avoit plus de maistrise. Tous les habittans habilloint de la viande quant il voulloint. Il firent faire lundy dernier au bat du tambour deffences à tous hostes de non habiller de la viande pour vendre. Il n'y sont pas allé que deulx ou trois mois que il n'aint esté comptent d'y aller. Chacun vent sa viande chez soy et les habittans en habillent quand ilz ont prés.

Le mercredy 25 aoust est décédé M. Estienne Baudart, prestre, curé du Louroux-Besconnais, homme fort regretté, à cause du bien qu'il faisoit à la paroisse, principalement aux povres; et en ladite sepmaine est aussi décédé M. Estienne Leprestre, vicaire dudit Louroux, M Jean Richart, chapelain de ladite esglise, tous de contagion; et n'est demeuré personne audit bourg qui ne soint mortz de contagion, que ceulx qui ont fuy, fors M. Jean Bourgeois, prestre, lequel est demeuré pour assister les malades et n'a point esté malade.

En ce mois d'octobre les Flamans en amenant du lin à Nantes avoint achepté grande quantité de vins tant d'Anjou que du compté Nantois jusque au nombre de 4000 tonneaux et avoint achepté du bled segrettement qu'il faisoint fousser dans lesdits tonneaulx et emmenoint tout en guise de vin et en ont bien emmené avant que d'estre descouvertz. Cela a bien faict enchérir le bled. Il ne valloit que 42 l. la charte et à présent 50 l. mais cela a bien faict rabaisser les lins de pris. Car ilz en ont amené en si grand nombre à Nantes, que ceulx qui y vont pour en achepter s'en étonnent. Il ne vault plus que 23 l. le cent. On ne voit que voicturiers de lin. Si le povre monde n'eust trouvé ceste route, il n'estoit plus d'argent sur le païs pour payer les tailles.

1639. — Au commencement de ceste année il est venu en la ville d'Angers des ouvriers pour faire des chariotz, qui ont abattu les ormeaulx au tour d'Angers, qui estoint propres pour employer, et ont faict des chariotz en grand nombre et de non pareille force. Les moyeulx des roues sont gros comme cartz où non met du vin. Non dit que il y a bien 700 livres de fer à chaque chariot. Il a été achepté en Bretaigne 4 ou 5 cents chevaulx pour les emmener. Non dit qu'il n'ont jamais de rien serry et qu'il ont esté perdu en la mer.

Au mois de mars et apvril il court un bruit qu'il se trouve des serpens et aultres animaulx ès couettes et traverlitz. Non les dessouille; non trouvet des couronnes, des panaches, des bouquetz et fasson de serpentz et aultres animaulx, le tout de plume, le tout cy bien faict et lié de teille de chambre et de lin si bien passé l'un par dans l'autre, que l'on travailloit bien à deslier l'un d'avecq l'autre, et d'aultre sorte de cordage et filletz, tous couvertz de plume et arangé le tout, comme s'il eust esté faict de main d'homme. L'on dit qu'il a esté faict mourir à Rouen une sorcière nommée Nicolle du Pré, qui dit que c'est elle par artifice du diable qui a faict ce trouver cela dans les couettes et qui avoit causé tant de flebvres l'an dernier par toutte la France, principalement aux hommes et garsons, dont le monde en mouroit en grand nombre et donna advis à sa mort, qu'il failloit dessouiller les dites couettes ou bien que les flebvres ne cesseroint point et qu'elle fist cela en indignation d'un garson, qui avoit esté exécutté de justice, que elle désiroit espouser.

Au commencement du mois de may, Mme l'abbesse de Nioyseau

a faict commenscer une esglise parochialle pour les paroissiens de Nioyseau. Elle a achepté de vieilles mazures de logis et jardrins, pour faire bastir ladite esglise et un cymettière au costé vers galerne. M. Esveillon, grand vicaire de Saint-Morice, en a béni les fondemens la première sepmaine dudit mois de may, et le dimanche 17 juin 1640 Claude de Rueil, évesque d'Angers, a béni et dédié ladite esglise et cymettière. Ladite abbesse a faict bastir ladite esglise, à celle fin de faire enclore la vielle et cymettière dans l'enclos de sa maison.

Septembre 1639. — Grande contagion et discenterie en la paroisse de Maumusson, tant qu'il ne diset plus de messe en l'esglise parochiale. M. le curé a eu pouvoir de dire la messe soubz une tante, au coing d'un champ, pour la commodité de ses paroissiens.

Au mois d'octobre les maladies de discenterie se sont tant enracinées de tous costés tant ès villes et aux champs, que homme vivant n'avoit point veu si grande mortalité pour estre universelle. Non tient que c'est à cause de la grande stérilité d'eaulx, qui est ès puitz et fontaines, et des eaulx sales et bourbeuses que l'on a beu.

En ce mois de décembre, les ruisseaulx, puitz et fontaines ont commensé à se remplir d'eau.

Le mercredi 21 décembre il c'est trouvé des fondeulx, qui se sont offertz à mettre nos deulx petittes cloches en une et n'ont rien demandé que la volonté de ce qu'il plaira à chacun habitant de leur donner, lorsqu'il auroit faict une bonne cloche remontée au clocher bien sonnante, et ledit jour ont descendu de nostre clocher une cloche qui estoit cassée et une aultre qui estoit bonne pour les faire fondre touttes deux en une. Le samedy, dernier jour de décembre, ils ont fondu nostre mettal, lequel pèze 828 l. et ont manqué la cloche de toutes les ansées, et le vendredy 3 janvier 1640 ilz ont refondu ledit mettal et faict ladite cloche ; mais plusieurs habitants ont esté curieulx de voir ladite cloche, avant qu'elle feut froide ; bien une heure après, sont allés la déterrer, et un nommé René Groslier, pinthier, aussy habittant, fist jetter de l'eau dessus qui cassa ladite cloche ; tant que ledit

Groslier s'obligea auxdits paroissiens de la faire refaire à ses despens et de la mesme pesanteur qu'elle estoit et marchanda avec les fondeurs à 25 l. et luy il fournira de tout. Il ne fourniront que de leurs peinnes. Jean Godier, aussi habittant, avoit achepté 100 l. de mettal, de quoy il voulloit faire faire une petite cloche pour servir d'appeau, lequel mettal a aussy esté jetté dans le fourneau; et le samedy 28 janvier ilz ont refondu ladite cloche et l'ont béneiste le lendemain après vespres et M. Gabriel Leproust, granetier, et Renée Leprestre, femme de M. Jean Huchedé, procureur fiscal, l'ont nommée Denise. Elle pèse 930 l.

1640. Le vendredy 10 febvrier il a esté fondu une petite cloche, laquelle pèse 102 l., que Jean Godier a donné pour servir d'appeau, quant non commencera le service. Le dimanche 12 febvrier elle feust béniste après vespres, et M. Jean Gaudin, advocat, et Magdeleine Lesné l'ont nommée Magdeleine, et feust le lendemain audit clocher.

Le dimanche 12, *Jacques Valuche* et René Brossais nommés collecteurs du sel.

La contagion a prins au bourg d'Angrie la première sepmaine de caresme, qui est la cause que M. le curé est allé dire les messes de paroisse et les absolutions aulx jours de lundy, mercredy et vendredy en l'esglise de Saint-Jean et en la chapelle de la Gaziottière alternativement pour la commoditté des paroissiens, tous les habitans du bourg ont fuy; le mercredy de la sepmaine sainte sont retournez faire le service en l'esglise dudit bourg.

Toutte la saison d'hiver a passé sans faire aucun froid, fors quelque petite gelée sans glace.

En cette année 1640, Mr le prince de Condé a eu permission du roy d'esriger quatre foires royalles à Candé de deulx jours chaque foire, sçavoir le jour de la mi-caresme et le lendemain, le jour Saint-Nicolas, 9 mai, et le lendemain, le jour de la Visitation, 2 juillet, et le lendemain, et le jour de la Saint-Denis, 9 octobre, et le lendemain.

En ceste année les ouvriers boistiers, sabottiers, mérainiers ont achevé d'abolir et ruiner tous les bois de la forest de Béligné qu'il avoit commencé à abattre en l'année 1632. Les habitans dudit Béligné et aultres ont prins à rante le fons de la forest de M. de Vendosme, chascun à sa commoditté ce sont clos et ont faict terre labourable, chaintres et prés et faict bastir des maisons pour y faire mestairie et closerie. Tous les bois ont esté abattus de tous costés depuis 20 ans.

En ceste année 1640 D. Julien Mesnil, prestre, a commensé à faire bastir sa chapelle de Mortierplat, en la paroisse de Varades fondée de Saint-Joseph. Il y a aussi une image de Saint-Just où le monde y va en voiage en grand nombre. Il a aussi faict bastir le logis des chapelains et du closier, le tout à neuf dans une pièce de terre à luy appartenant. Et a esté achevé et basti en l'année 1642.

Le mercredi 9 janvier feust ensépulturé messire Catherin Grosbois, prestre, qui est celuy qui a faict bastir et édifier l'esglise, maisons, bastiments, enfin tout le logement des challoignes de Saint-Lois du Tramblay, et les a tous rantés, comme ils sont à présent et y est ensépulturé en ladite esglise.

Le mardi 26 mars le boureau de la ville d'Angers est venu à Candé, qui a baillé le fouet à 11 povres faulx saulniers à la porte du Grenier et aux carefours du Tertre, de la Fresnaye et de la Cohue. Il ne leur a seulement baillé à chacun un petit coup de verge en chacun carefour.

Le jeudy 16 may il est venu à Candé des huissiers qui vont par les paroisses saisir le temporel des abayes, bénéfices, bouettes de fabrice de trépassés, faulte d'avoir baillé par déclaration le revenu dudit temporel au roy. Il prenoint ès landes et communes les bestiaulx qu'il y trouvoint parnager et les emenoint à Angers pour les vandre, disant que lesdites landes sont du domaine du roy. Il failloit aulx habitans les leur oster de force ou composer avecq eulx, et vont par tout l'Anjou en faire aultant.

Le mardy 2 juillet ont commensé les foires royalles à Candé; à laquelle foire y avoit grand nombre de bestial et aultre marchandise; et le lendemain s'y trouva encore quelque peu de bestiaulx, mais il n'y avoit point de marchandz.

Le jeudy 25 juillet a passé par Candé une chaisne de forcers, qui venoint des prisons de Bretagne. Il y en avoit 62 à la chaigne.

Il furent battus à Saint-Julien de Vouvanthe et en feust osté deulx de force et le capitaine feut blessé et le menoint en une litière.

Le jour de la Saint-Bartholémy, à la foire des landes, il se trouvoit des commins pour sérer le sol par livre. Ils le sérirent sur le bestial à la sortie de la foire en quelques endroictz et ès aultres endroictz ils feurent chassez et se rangèrent tous ensemble et en amasirent ce qu'il peurent et à la foire de Roche d'Iré, à l'Angevine, il avoint dressé leur table et en faisoint la recepte, mais les gentilshommes de Clissé et aultres les chassirent; et s'en fuirent en grande diligence et laissirent leurs argent, poix et balance, et en s'en courant, ils tuirent un nommé Grimault, marchant de fil. Il estoint bien 30 maltoustiers.

Le mardi 3 septembre, dans la lande du Druglay, en la paroisse de Louéré, tout proche le moulin, sur les trois heures après midi, — finit à soleil couché, — il feut veu une bataillée de gens de cheval et de pied; et n'y avoit que ceulx de pied à se battre et à s'entretuer, le tout en forme de brouée. Cela dura bien une heure. Ceulx qui virent cela croioint trouver bien des soldartz mortz, et il ne se trouva rien.

Le jeudy, dernier jour d'octobre, la chapelle de Sainte-Margueritte à Saint-Denis de Candé du costé vers galerne a esté parachevée. Il avoint commensé à i travailler le vendredi 7 juing et le lundi 10 juing dernier, M. le curé bénist la première pierre. Ça esté noble homme de Balodde, seigneur de la Rachère, demeurant à Noellet, qui l'a faict bastir, luy et ses cohérittiers, héritiers de deffunct François Le Pelletier et de Marguerite d'Avoinne, comme estans descendus de leur lignée, lesquelz fondirent ladite chapelle par leur testament faict le 16e may 1518. L'on a transporté les deulx autels qui estoint aux costés des longères de ladite esglise, sçavoir l'autel de Nostre Dame qui estoit vers galerne, les habitans l'ont faict transporter dans le pupitre du costé vers midi, dans une vouste qu'il ont faict faire dans le mur et ont faict faire la chaire dans le mur vers galerne, où estoit ledit autel et pour tout leur couste 40 l. t. baillées à George Bodart et René Boucher, massons; et non a donné l'autel de Saint-Jacques, où se servoit ladite chapellainie de Sainte-Marguerite pour transporter dans ladite chapelle de Sainte-Marguerite vers galerne. Le crucifix estoit entre les deulx aulteis sur un arceau de bois bien fassonné que l'on a rompu, et le lundi 24 jour de mars l'an 1642 l'on a posé le crucifix à un des tirans de l'esglise, et le mercredi 26 dudit mars, Béliart, procureur de fabrice, a faict descendre un jubé, qui estoit au pignon de ladite esglise vers aval et l'a faict planter au travers de l'esglise pour séparer le cœur d'avecq la nef; et le 23 jour d'apvril 1642 l'image de Saint-François et de Sainte-Marguerite ont été aposées sur ledit autel par un nommé Augeul qui les avoit faictes de terre au Gué de Louézé, et sont de deux ou trois lopins chaque ymage. Et la vigille de Noel 1642 ledit Béliart a faict transporter ledit crucifix entre lesdites deulx voultes au millieu du cœur et les 4 angelotz aux quatre coingz des deulx voultes desdites chapelles. C'est *Jacques Valluche* qui a payé, Estienne Gaulguet qui a transportté ledit crucifix et angelotz.

Le samedi 21 décembre, feste de M. S. Thomas, il fist du tonnerre et esclairs oultre la saison, et sur les 7 heures du soir, de grands esclatz de tonnerre et esclairs, dont le tonnerre tomba en la poincte du clocher du Louroux Besconnaye. Le feu print au-desoubz de la pommette et croisée dudit clocher, tant que ladite croisée creva un grand endroit de la couverture de l'esglise où elle tomba. Ledit clocher brusloit comme une chandelle allumée, sinon que le monde s'y jetta en abondance avecq force eau.

1642. — Le jeudi 9 janvier il fist du tonnerre, qui tomba sur le portail de Saint-Pierre de Nantes qui le gasta tout, et tomba aussi sur le clocher de Saint-Julien de Vouvantes, qui le descouvrit, et y fist beaucoup de ruynes, où il tomba ès deulx lieux.

Le jeudi 27 mars, jour de la mi-caresme, la foire a tenu à Candé la première fois. Il y avoit peu de bestial, mais il y avoit bien du monde pour un commencement. Il y vint trois archers d'Angers pour ayder aux commins à sérer le son par livre.

Le vendredi 9 may, feste la translation de M. S. Nicolas, la foire royalle a tenu à Candé pour la 4e et la 1re audit jour. Il n'y avoit pas grand bestial, car elle n'avoit poinct esté asinnée aux paroisses. Il s'y estoit trouvé des marchantz et du monde honnestement pour la première fois.

Le mécredi 16 juillet le boureau d'Angers est venu à Candé pour donner le fouet à 6 faulx saulniers. Il y en a un nommé Moutton, qui n'a pas voulu avoir le fouet et est demeuré en la prison. Le boureau avoit eu une pistole par chacun. Quant il a eu baillé le fouet aux cinq aultres, il est allé oster ledit Moutton hors de prinson et l'a envoyé ; et en fouétirent aussi le jeudi 28 d'aoust six aultres faulx saulniers.

Le dimanche 24 aoust, vers les six heures du soir, Claude de Rueil, évesque d'Angers, ariva au bourg du Loroux Besconnays, et le lendemain donna le Saint Sacrement de confirmation et fist assembler huit paroisses audit bourg du Louroux pour interroger les prestres et recevoir leurs plainctes, et le mardi 26 fist aussi sa visite au Bourg d'Iré de huit paroisses et donna aussi le cresme, et a mins tout le doyenné de Candé, huit paroisses à chaque station. De là est allé à Chantoscé.

1645. — En ce caresme, les mazuriers de Béaulieu ont faict clore leur cymettière à la diligence de M. Vincent Drouault, fermier du prieullé, lequel cymettière n'avoit jamais esté clos.

1646. — Le vendredy 4 may, j'é faict engraver une pierre béniste sur l'autel de Sainte-Margueritte de l'esglise de Saint-Denis, laquelle pierre M. Pierre Miquebon, curé de Genè, m'a donnée, et aussi faict engraver une aultre dans l'autel de nostre Dame, laquelle pierre estoit de ladite esglise, et n'avoint que celle-là pour les deulx aulteltz.

Le dimanche premier jour de juillet, M. le curé de Saint-Denis a conduist sa procession à N. D. de Grace en la ville d'Ancenis, en laquelle procession il y avoit bien 300 personnes ou plus tant de Candé que des circonvoisins. C'est une ymage de N. D. qui est de toutte antiquitté dans une fenestre par dehors l'esglise de Saint-Pierre d'Ancenis, et l'an dernier quelques personnes faisant leurs dévottions s'en sont bien trouvez, et à présent il s'y faict des miracles, et le monde y arrive de tous costez pour y faire leurs dévotions.

Au mois de juing dernier, messire Charles d'Andigné, écuyer, seigneur d'Angris, a faict faire une chapelle au costé de galerne de l'esglise perochialle dudit Angris. Il y avoit auparavant la chapelle de Saint-Thibault, qui n'estoit que en apentis, lequel il a faict ruyner, et n'a laissé que l'autel de Saint-Thibault; et a faict faire le cœur pour mettre les prestres à chanter soubz le crucifix et clore des chéres pour seoir les prestres et un balustre au-devant du grand autel, lequel cœur et balustre a esté faict en l'année 1648.

Au mois de juing dernier 1646, messire Michel Bertin, prestre, curé de la Cornoille, et messire Michel Menart, prestre chapelain de la chapelle de la Burlière, par leur mesnagement qu'ilz ont faict sur ladite paroisse d'une queste faicte sur les habittans pour refaire le cœur de ladite esglise, qui estoit prest à tomber, et aussi de leur costé qu'ilz ont aussi donné pour ayder à bastir, et de M. de Broche, seigneur de ladite paroisse, qui a donné tout le bois pour faire la charpente dudit cœur audit mois de juing, a esté commensé ledit bastiment. Il y avoit un pignon sur le clocher, qui occupoit toute l'esglise qu'il ont rompu; et font un grand autel; et M. Morille Avril, conseiller au parlement de Rennes, seigneur de la Burlière à cause de sa fille, a faict faire une chapelle, au costé de galerne, à ses despens avec la voutte pour y entrer dans ladite esglise, et M. Pierre de la Marquerais, advocat au parlement de Rennes, seigneur de Villegontier, a donné 330 l. pour faire une chapelle au costé de midy.

Le samedi 19 janvier Philippe Bourgeris, cordonnier, habitant de Candé, c'est obligé de faire sonner l'horloge de Saint-Denis et de y aller deulx fois par jour et ne doibt fournir que de sa peinne et pour icelle ton luy donne la somme de 10 livres par an.

1647. — Le dimanche 27 janvier, M. Michel Bertin, prestre, curé de la Cornoille, a rebéney l'esglise, après le bastiment faict.

Le lundi 8 juillet a esté receu sénéchal de Candé en l'auditoire dudit Candé M. Jean Hiron, fils de M. Jean Hiron, advocat, Angers, par vendition que luy en a faict noble homme Gabriel de Sorazion, cy-devant sénéchal.

Le dimanche 22 décembre, messire Jean Jousseau, doyen de Candé, a bény la chapelle du Gué de Louéré que Jean Gaboury, sieur de la Lande et seigneur du Gué de Louéré, a faict bastir tant ladite chapelle que toutte la maison et doumaine depuis 25 ans qu'il n'y avoit que un chétif corps de logis au milieu d'une pièce de terre.

M. le marquis de la Tour-Landry, seigneur de Bourmont, a acquis la chastelainie de la Cornoille, de M. de Turbillé, son cousin germain, laquelle Cornoille avoit sorti de Bourmont et été baillée en mariage à la mère dudit sieur de Turbillé, qui estoit tante dudit seigneur de Bourmont, et a cousté 45000 livres; le contract faict Angers dès le 25 juillet 1647.

1648. Le dimanche 5 juillet ont esté bénies les deulx cloches de Gené par M. Pierre Moquehan, prestre, curé du dit Gené, et la grosse nommée Anne par noble homme René d'Andigné, seigneur de Ribou, et demoiselle Anne de Champaigné, fille de M. de la Motte Ferchault, ledit d'Andigné, fils aisné de noble homme René d'Andigné, seigneur de la Blanchaye en Sainte-Jame, et la petite nomme Marguerille par... demeurant à Lousserie, audit Gené, et Marguerite Leroyer, fille de Pierre Leroyer, fermier dudit Ribou.

Le samedi 12e jour de septembre a esté fondue une cloche, qui avoit esté donnée par deffunct M. René Brossais, curé de Candé en l'année 1620 — et ladite cloche refondue a esté béniste par M. Nicolas Morice, curé dudit Saint-Denis, le mardi 15e septembre 1648, et nommée Anthoinette par noble homme Anthoine Godefroy, recepveur au grenier à sel de Candé, et Marie Bodart, femme de M. Jean Huchedé, procureur fiscal dudit Candé; et a esté fondue en la boucherie dudit Candé par un fondeur nommé Paris.

1649. — Tout durant ces troubles, toutes sortes de marchandises, tant sel que autre chose, alloint librement de Nantes Angers par sur la rivière de Loire, sans que personne leur demandast aucun acquit. Le receveur de la chambre d'Ingrandes avoit fuy, et mesme les gabelleux de la Pointe, en sorte que le sel a monté au païs d'amont et n'en ont point laisé à Nantes ny Ancenis.

Le dimanche 10 octobre et dimanche 17, M. l'évesque de Dol a donné le cresme et conféré les ordres mineurs à quelques escolliers en l'église de Challain, estant venu voir M. de Challain, qui est son beau-frère.

1650. — Le lundi 24 janvier est décédé Mre Jean Jousseau, doyen de Candé, curé de Bourg d'Iré, de maladie contagieuse et qui est fort grande audit Bourg d'Iré.

Le jeudy 10 février M. Pinson, curé de Carbeil, a prins possession de ladite doyenné et cure de Bourg d'Iré, assisté de M. Jean Hiret, curé de Chollain. Ledit Pinson a esté tué malheureusement d'un levier de pressoir qui desbanda et luy donna par l'estomac qui le tua en novembre 1650 audit an.

1651. — Au mois d'aoust, M. de la Saullaye a faict planter un gibet à la Grée de Saint-Jacques, en sa paroisse de Vris, là où il y en avoit aultre fois eu un qui avoit esté rompu il y a bien 30 ans.

1652. — Au millieu du mois de janvier, grand desrivement d'eaulx, à cause de pluies importunes, et tout le monde bien estonné et espouvanté, à cause des bruictz de guerre. Les habitans du bourg du Lion d'Angers ont tous deslogé, à cause qu'ilz ne pouvoint plus suporter les logemens de tant de régimens de soldartz qui ont passé par ledit Lion pour aller vers le Poictou.

En la 3e sepmaine du mois de janvier, M. le compte des Goualo, frère de M. le compte d'Avaugour, a entré au chasteau de Champtosé et y a mins garnison et l'a monitionnée de toutte sorte de provision, qu'il prent là chez les paroissiens.

M. le duc de Rohan a mis garnison au Pont-de-Sé, et là y tient fort, et y fortifie pour y atendre le siège.

Le vendredy 26 janvier M. d'Orvault, seigneur de Saint-Mars de la Jaille, et M. de la Meilleraye, gouverneur de Nantes, ont mins garnison dedans le chasteau dudit Saint-Mars de bien 40 soldartz.

Le roy est venu de Poictiers à Saumur pour mettre le siège devant Angers le 7 febvrier 1652, la reyne et M. le cardinal Mazarin avec luy.

Le sabmedy 9, M. le maréchal de Quincourt a entré au faux-bourg de Brésigné et puis en celuy de Saint-Michel et ont ruyné lesdits faulxbourgs.

MM. de Champbellay et de la Courbe du Bellay faisoint assembler au Lion d'Angers de gentilshommes et cavaliers pour prendre les faulxbourgs Saint-Nicolas et Saint-Lazare. M. de Rohan y envoya bien 600 cavaliers qui empêchirent ladite assemblée et les mirent en desroute et rompirent les ponts du Lion.

Le samedy 26, M. le marquis de Sainte-Suzanne, gouverneur de la Flèche, qui avoit les gentilhommes de son ressort avecq ses gardes, avecq MM. de Champtbellay, la Courbe du Bellay et baron de Sautray, qui avoint levé de la cavalerie vers Craon, Châteaugontier, Saint-Denis d'Anjou, vinrent loger de Segré à Candé, d'aultant que les ponts du Lion estoint rompus; et les prévotz de la Flèche, Baugé et Chasteaugontier avecq leurs archers alirent loger au Louroux. Ladite cavalerie deslogit de Candé mardi 27 et alla loger à Bescon. Cette nuict la Pointe a esté prinse par trahison, là où M. de Rohan avoit garnison, et de ses gens tués.

Le mercredi 28 M. de Quincourt et M. de Rohan s'acordirent ensemble — et rendit la ville. Les soldartz ont tout ruiné depuis Angers tout le long de la rivière de Loire jusque à Chantoseault, et desça jusque Ingrandes et tout aussi sur la levée par delà Angers.

Le mardy 14 may M. Germain Arthaud, l'un des esleus est venu à Candé pour faire procés-verbal du logement des soldartz et des pertes que l'on a receue à Candé, et a esté aussi à la Cornoille, Challain et Ermaillé, là où ont logé les soldartz.

Le vendredy 27 décembre a été ensépulturé M. Nicolas Morice, vivant curé de Saint-Denis, lequel a esté curé depuis le 19 mars 1632.

1653. — Le mercredy 8 janvier 1653, messire Pierre Girauld, prestre, confesseur des Ursulines d'Angers, a print possession de la cure de Saint-Denis de Candé, assisté de messire Lézin Feslet, curé de la Meignanne.

Le lundi gras 24 febvrier, six compagnies de soldartz de régiment de Picardie sont venues en garnison à Candé, ont logé au Louroux en passant, où la nuict les print; partie des capitaines vinrent dès le dimanche faire les estiquettes, qui est M. de Bonvillette et M. de Sibourg. Les aultres capitaines, c'est M. de Morfontaine et M. de Cardillac. Les deux aultres, c'est M. de Gamache et M. de Maugy. Il ont esté six sepmaines audit Candé. Nou donnit au sieur de Bonvillette 250 livres pour aller à Paris, à celle fin de tacher d'avoir un deslogement d'une partie des compagnées, d'aultant qu'il voiet bien que les soldartz estoint trop espaix en chaque maison, tel habitant 8, aultres 7, aultres 6, aultres 5, aultres 4, aultres 3, 2, 1 ; et n'estoit plus que environ de 42 habitans audit Candé, desquelz il fallut faire procure pour emprunter 3600 l. pour leur bailler; et pour faire obliger lesdits habitans par force, l'un des capitaines alloit par les maisons avecq 12 soldartz, qui rompoint tout chez ceulx qui ne voulloint pas s'obliger, avec Me Mathurin Besson, notaire, et M. Guillaume de Beauvais, l'un des habitans. Il nous promettoint de nourrir les soldartz, quant il auroint touché nostre argent. Le lundi 17 mars, nou leur baille ladite somme de 3600 l. et n'en feusmes pas soullaigez. Leur taxe des soldartz feut faicte à 10 s. par jour à chaque soldartz. Les uns les prenoint et faisoint bien du mal par après; les aultres aymoint mieulx les nourir pour avoir patience. Ledit sieur de Bonvillette obtint à la fin des logemens par le moien d'un commissaire et de M. Bigot, trésorier à Tours, qui vinrent faire reveue par les maisons et virent bien que les soldartz estoint trop pressés. Avant que de desloger faillut leur bailler encorre 700 livres et deslogirent le samedi 5 apvril. Les capitaines firent montre au grand cymetière, sans que les soldartz seussent où il alloint. Lesdits capitaines tirèrent au billet. Ledit de Bonvillette et Sibourg allèrent au Louroux, lesdits de Morfontaine et Ca..illac à Louéré, lesdits Gamache et Maugy à Saint-Sigismond, et il feurent jusque au 25 apvril, où il arivent à la Cornoille, espérant y passer le reste du cartier d'yver. Il leur vint deslogement le lendemain et passèrent par Candé pour aller à Champvreaulx, là où il ne trouvirent aucuns habitans. Il ravagèrent partout autour dudit Champvreaulx avecq une grande ruyne. Il faillout que le prévost de Nantes vint à la Chapelle-Glen pour empescher le désordre et en print des prisonniers.

Le samedi 30 aoust, messire Pierre Girault, curé, est venu résider en sa cure.

Le samedi 20 septembre les lettres vinrent à M. d'Angrie que son fils le marquis de Vezins estoit décédé à Paris, après s'estre battu en duel.

Défunct M. Chardon, vivant curé de Chazé-sur-Argous, avoit

faict bastir une chapelle au vilage du Pinelier en Saint-Aubin du Pavoil, près Segré, fondée de N. D. Avoit esté délaissé d'y dire la messe depuis l'Angevine dernière. Il s'y est trouvé de grandes dévotions et s'y faict des miracles et et on y va de tous costés.

1654. Le vendredy 15 may il a parti de Candé dix pellerins pour aller au Mont-Saint-Michel, qui sont Jean Béliart, René Lesné, Pierre Pollier, Jacques Morissault, Julien Houdaier, Claude Drouet, Claude Phalais, ... Gelineau, Guill. Bonnet et Anthoine Cosneau. M. le curé de Candé leur dist la messe au matin et leur donna la bénédiction et alla au devant d'eux au revenir, qui estoit le jeudi ensuivant, jusque au Chesne Godin, avecq la croix, où il feut chanté le *Te Deum* en revenant en l'esglise de Saint-Denis.

Le jeudi, dernier jour d'apvril, il est venu à Candé un opérateur nommé le sieur Cardelin, qui venoit de Segré. Ils estoint 3 hommes et 4 femelles. Ils ont esté jusque au jeudi 28 may, qu'il sont allés à Ancenis.

Le samedi 25e juillet Père Besnardin et Père Bonaventure, capucins, faisant la mition par l'Anjou, sont venu à Candé pour y prescher, où il ont esté jusque au lundi 17e du mois d'aoust, ont tous les jours presché deulx fois, toujours à confesser le monde qui s'i présentoit depuis le matin soleil levé jusque à quelquefois quatre heures du soir que il y en avoit qui communioint encore, avecq si grande habondance d'auditeurs aux jours du dimanche et fêtes que non s'i entreestouffoit; ont establi leur rosaire perpétuel à tant de monde de tous les costés des paroisses circonvoisines. Le dimanche 16e aoust, il ont establi la confrairie de N. D. des agonisans, auquel establissement on a porté le S. Sacrement solennellement par devant le presbitaire et la rue Au Moine avant vespres et la prédication après vespres. Beaucoup de personnes y esvanouirent à cause de la presse qui y estoit. Il ont des paremenz d'autel et aultres ornemens pour se servir à célébrer la sainte messe. Il sont allé se reposer en leur couvent Angers.

Le mercredi 12 aoust il s'est faict une esclipse de soleil sur les neuf heures du matin. Elle a esté de peu de durée. Il c'estoit trouvé je ne sé quelz édit ou mémoire imprimé sans sçavoir par quy, lequel menassoit le peuple presque à périr et menaçoit du jugement, qu'il ne failloit point paroistre de peur de mourir. Le monde amassoit de l'eau dès le soir, tant de puitz que de fontaine et des erbiers de santeurs et geniebvre pour faire de la fumée. Personne n'osoit bastre le bled dans les ayres, crainte de désastre, qui estoit menassé et, la grâce à Dieu, il ne feut rien de tout cela. Elle feut de cy peu de durée que beaucoup ne s'en aperseurent poinct, s'il n'estoint dehors. Le monde n'osoit mestre leurs bestiaulx dehors, crainte du tonnerre, foudre, esclairs et gresles, dont ce mémoire menassoit.

A la mi-aoust et toutte la sepmaine suivante la disette de pain est si grande que beaucoup de personnes jeunent par force, à cause du vent qui n'en faict poinct et que la seicheresse est fors grande. Les moulins ne meulent poinct. Il y en a qui vont quérir du pain jusques Angers.

Le jeudi 27e aoust il a logé à Candé 38 captifs qui ont esté racheptés des Turcz par les moisnes de la charité. Il y avoit un des moisnes des Matherins de Chasteaubriant qui les conduisoit à Paris.

Au commencement du mois d'aoust 1654 tous les gabeleurs ont esté mins à pied et ostés de Candé pour leur résidence et n'est demouré que deulx fusiliers à Candé; tous les aultres ont esté aussi mins à estre gabeleurs à Segré, Bescon, Grée, Neufville et aultres paroisses.

Il a esté érigée une foire royalle à Monstrelais le jour de la Saint-Sauveur 1654.

Le jeudi 3 octobre, Siméon Davy, couvreur d'ardoise, a percé la muraille du clocher pour entrer par la voulte de l'esglise, a descendu la petite cloche Magdeleine du hault du clocher et l'a passé sur ladite voulte et l'a minze dans la fenestre du pignon du grand autel et pour ce a eu soixante souz et douze à Chevalier pour la resculer.

1655. Le vendredi 29 janvier, dès le matin il est veu trois soleils paroistre au ciel, un de chacun costé du soleil, qui n'avoint aucune lumière que la rotondité; estoint esloignés du soleil comme environ midi, l'un à 10 heures, l'autre à deux heures après midi et aloint comme le soleil. Il feurent veu jusque environ deulx heures après midi. Le temps estoit comme à demi-couvert et néanpmoins le soleil luisoit.

Au mois de febvrier, M. de la Saulaye a faict faire un autel en une de ses tours pour faire une chapelle ou oratoire qu'il veult fonder de 60 l. de rante, et a esté bénie par missire Jean Taillandier, curé de Freigné, et missire Vincent Drouault, prieur de Beaulieu, le lundi 18 dudit mois de febvrier.

En ladite année, Mlle du Périn, dame des Essars, a faict bastir une chapelle à sa maison des Essars, et l'a fondée de 30 l. de rante et en a donné la présentation à messire Simon Bellanger, curé dudit Angrie.

Le lundy 15 mars il pleut du sang proche les murailles du chasteau de Bouillé. La servante du fermier menant ses bestiaulx au champ, durant une grande nuée de pluye, vit tomber du sang sur elle et des pierres contre terre ensanglantées. Quant elle feut au logis, sa coueffe estoit aussi ensanglantée. Non alla voir contre ledit chasteau et des pierres qui estoint sanglantes, M. le curé en ramassa avecq ladite coueffe de ladite servante pour justifier la véritté.

Le dimanche 11 apvril le tableau de la N. D. des agonisans a esté posé sur l'autel de N. D. de Saint-Denis. Il a cousté 130 l. Ça esté un peintre d'Angers, nommé Loiset, qui l'a faict.

Le samedy 24 juillet, M. de Serviand, sénéchal d'Anjou, a monté en siége au palais d'Angers pour présider pour sa première fois.

En ceste année, ledit seigneur de Serviand a aquesté la terre et chastelainie de la Rochediré de M. le marquis de Narmoustier.

Le mercredi au soir 23 décembre il fist des grands tonnerres, esclaires et pluye. Le tonnerre tombit dans le clocher du Louroux-Besconnais qui le descouvrit, rompit touttes les vitres de ladite esglise, rompit l'image de sainte Anne et deulx doigtz de l'image de la Vierge et beaucoup de désordre et de ruine en ladite esglise. Il feut en la cuisine du presbitaire, jetta une broche avecq du roux en la place et le pot au feu par les cendres. Frère Lorens, frère de M. le curé, le veit monter par la cheminée en forme d'une boule. Un nommé Jean Voisin, demeurant au costé de l'esglise, oiant le désordre, sortit en la rue. Il luy passa par entre les jambes, le rendit sourd et muet pour quelques heures de temps, bruslit ses chausses et néantmoings sans aucun mal luy faire. Il y a 14 ans 24 heures, à mesmes heures, qu'il estoit tombé en feu dedans ledit clocher et l'avoit bruslé. Ce feut le 21 décembre de l'année 1641.

En ceste année 1655 M. de la Saulais a faict refaire son portail et pontz de sa maison de la Saulais près Beaulieu. Il n'avoit poinct esté rebasti depuis que le siége l'avoit rompu qui feut l'année 1590, au mois de febvrier.

1656. Le lundi 24 apvril, grande partie de la noblesse du bas Anjou ont faict assemblée au bourg d'Ingrandes pour délibérer de quelques affaires et en desputer un pour aller à Paris trouver le roy touchant des maltoustes que non veult eslever sur eulx, à ce que non dit. Il c'estoint desjà assemblés au Lion d'Angers.

Le vendredi 14 juillet, M. le mareschal de la Meillerais a logé à Candé, où estant on luy a donné advis qu'il y avoit des prissonniers malades; a envoié son médecin les visiter. Il en trouvit six, qu'il ostit, leur donna à chacun son louis d'un escu et fist payer leurs gist et geolaige et les envoia.

Le samedi 16 décembre, l'autel de N. D. des agonisans a esté achevé à Saint-Denis. Il revient à 200 livres tout faict. Sa esté un nommé Erault qui l'a faict, qui est d'Ancenis.

1657. Le jeudi 22 febvrier, le corps de noble homme... Simon, garson, seigneur de la Besnardais en la paroisse de Ver, a esté trouvé noyé en la rivière d'Erdre, auprès de Bonœuvre, et ledit corps a esté une nuict dans l'eglise de Beaulieu. Le lendemain, M. le curé de Candé l'a conduit par Candé jusqu'à Saint-Jean; et Mme de la Lussière, sa mère, l'a faict conduire jusque audit Ver pour y faire la sépulture; l'ont mené dans un chariot de la Saulais et le seigneur est allé à la sépulture, comme estant son cousin venu de germain.

1658. Le premier dimanche d'apvril un augustin de Candé, preschant en leur chaire, a presché haultement qu'aucun habitant n'estoit poinct obligé à sa grande messe de paroisse sur peinne de péché mortel et qu'il leur montroit comme il n'y estoint poinct obligé et aportist un livre qu'il leur leut en la chaire.

Le lundi 5 aoust, noble homme Charles Rousseau, seigneur du Périn et des Essartz en Angrie, feut tué en la paroisse de Combrée par noble homme Charles d'Espeaulx, seigneur de Noyans, à ce que non dit, sans s'entre vouloir de mal.

1659. Le lundi 17 febvrier, missire Jean Lemée, prêtre, prieur de Vris, a donné aulx habitans de Candé, sa maison et apartenance de Trillé avecq un grand jardrin clos de muraille, qui est au-devant de la porte dudit logis et l'a donné à la charge qu'il serviroit de collége pour loger des régentz pour instruire la jeunesse.

Le lundi 17 febvrier, M. d'Angrie a mins la première pierre de l'autel du Rozaire en l'esglise dudit Angrie du costé vers midi de ladite esglise. Ledit seigneur a nom Charles d'Andigné et le curé messire Simon Bellanger.

Le mesme jour missire Recordel, prestre, demeurant à Saint-Sulpice des Landes, a prins pocession du prieuré de Rochementru après le décès de defunct missire Guillaume Bouin, vivant prieur.

Le dimanche 22 juin, missire René Bordier, prestre, âgé de 26 ans et chapelain en l'esglise de Saint-Michel du Bois, a prins pocession de la cure dudit Saint-Michel, à lui présentée par M. le duc de Brissac à la prière de M. de la Boullais et aultres de ses amis.

Le lundi 23 juing, vigille de la nativité de M. Saint-Jean-Baptiste, Me Pière Girault, curé de Saint-Denis, pour tâcher d'ablir les débauches qui se font aux charibaudes dans les carrefours, au soir, il en a faict faire au droict de l'esglise de Saint-Denis, où luy et tous nous chapelains sont allés en procession tous chapés, où ils ont chanté le *Veni, Creator* et *Benedictus*, et les oraisons propres, retournant en l'esglise, chanté le *Te Deum*, et puis après fist une remonstrance des abus qui se font aux charibaudes dans les rues, que l'esglise défent. Il y avoit à Gené des pères capucins qui convirent M. le curé de Gené à en faire aultant contre leur esglise et eulx mesme y asistirent. Non voicy tous les ans de grandes desbauches en dances et yvrogneries, quelque fois toute la nuict et puis s'entrebatre.

1630 Le dimanche 25 janvier, M. Anthoine Arnault, clerc tonsuré, nepveu de missire Henri Arnault, évesque d'Angers, a faict prendre pocession de la prieuré de Saint-Nicolas de Candé par le segretaire dudit évesque.

Le vendredi 2 apvril M. d'Angers a bény le séminaire d'Angers qui est basti au faulxbourg Saint-Jacques. C'est messire Josep le Cerf, prestre, natif de Candé, qui en a esté le premier entrepreneur dudit séminaire.

En ce mois d'apvril on a jetté l'esglise de Vris, tout la nef, à bas pour la rebastir, faire un clocher, deulx chapelles en croix, et Madame de la Saulais a mins la première pierre.

Au mois d'apvril l'autel du Saint-Rosaire en l'église de Gené a esté faict en la chapelle de la Motte-Ferchault, faict par Pière Péan, de Louvaines, à la diligence de M. le curé et de René Melois, procureur de la confrairie. Il a cousté 50 l. pour la facson. Le sieur Moquan, curé, a aussi faict faire l'autel de Saint-Fiacre en ladite esglise dudit Gené à ses despens, dans lequel il y a trois niches pour mettre les ymages, sçavoir celle de saint Fiacre, saint Éloy et saint Clair.

Au mois d'apvril, M. le curé Girault a faict faire des fers à faire le pain à chanter. Il coustot bien 25 l. Il y en a 13 l. 10 s. de l'argent de la confrairie de N. D. des agonisans et le reste d'un haguignaulouf.

Au commencement du mois d'apvril est décédé à Paris honneste homme Jean Baron, natif de Candé, âgé de 75 ans, lequel a donné à nostre esglise de Saint-Denis de Candé des ornemens rouges et blancs, pour plus de 1500 livres depuis trois ans.

En ceste année l'on a recouvert l'esglise et clocher de Saint-Nicolas de Candé, faict refoncer le clocher de terrasses où la voulte estoit rompue d'antiquité, ont faict rompre les autels des deulx chapelles, qui estoint enfoncé soubz de petites voultes hors de l'esglise, qu'ils ont rompue, et aplanir les voultes de murailles, faict refaire les pilliers par dehors desdites chapelles qui estoint rompues, le tout racomodé par Pière Rivrais, couvreur, lequel a eu 120 l. de messire Anthoine Arnault, prieur dudit Saint-Nicolas. Ce n'est pas luy qui l'a faict réparer, c'est celuy qui lui a donné ledit prieuré, qui avoit marchandé avant.

1661. Le mardi 4 janvier il a sorti de Candé des opérateurs nommés de Beauchans et en son nom Louis de Lamonier, l'autre Plaisans, qui ont esté à Candé, logés au *Lion d'or*, trois sepmaines à sauter et gambader sur leurs théâtres, en vendant leur orviétan et aultres bagatelles. Il estoint bien quinze ou seize personnes à nourir, les uns jouant du violon de la basse, les autres danssoient.

Au commencement de ceste année le messager d'Angers c'est séparé à deulx fois la sepmaine ; le mercredi au soir l'un vient d'Angers et l'autre de Rennes, et tous deulx viennent loger à Candé et, le dimanche au soir, celuy de Rennes vient aussy loger audit Candé pour aller Angers et logent tous deux à l'*Escu de Bretaigne* dudit Candé.

Le jeudi 10 juing, M. Chotard, intendant de M. le prince estant à Candé, a installé les maistres bouchers audit Candé, sçavoir René Bonet, Gatien Grenon, Jean Davy et Anthoine Combre, et leur a baillé à chacun une lettre en parchemin. Quant un desdits bouchers mourra, ses enfans ne hériteront pas desdites lettres.

Le dimanche 23 octobre est décédé M. le commandeur de Jalesnes à sa commanderie de l'ospital Besconnais, où il demouroit. Il y avoit encommencé de grandz bastimens pour les réparations dudit hospital qui est tout ruyné. Il estoit oncle de défuncte dame Léonart de Jalesne, vivante femme de M. le marquis de La Tour-Landry de Bourmont.

1662. Le mercredi 18 janvier 1662, sur les trois heures après midi est décédé noble homme François de Lesperonnière, seigneur de la Rochebadoul, le Pineau et aultres terres en Poictou, et de Vris, la Saulaie près Candé et plusieurs autres dont je n'é pas la connoissance, à ce que non m'a dit. Il a esté enterré en une chapelle à luy apartenant proche le Pineau. Il estoit âgé de plus de 80 ans et est père de noble homme Antoine de l'Esperonnière, à présent seigneur de la Saulaie et Vris, près Candé. Pour son honneur il ont sonné les closses de N. D. de Beaulieu le vendredi 20 de janvier depuis 2 heures du matin jusque à 4 heures après midi, et estoit décédé dans sa maison du Pinceau. Dieu luy face pardon. Ainsi soit-il.

V.

LA LOIRE ET SES AFFLUENTS :

La Vienne, le Thouet et l'Authion.

L'histoire de l'Anjou est à faire encore, toute entière ou peu s'en faut, et ce qui est fait, on peut le dire, est à refaire. Il est peu de provinces aussi déshéritées de traditions sûres, et nulle part moins qu'ici, des travaux sérieux n'ont préparé la voie à l'étude et à la critique rigoureuse. Il nous a manqué, à tous, cette chance d'être devancés par quelqu'un de ces chercheurs désintéressés, qui trouvent et donnent des deux mains à tout venant des documents inexplorés, dans leur forme brute et naïve, mais pleins de faits et de révélations sincères ; et le malheur a voulu qu'avant le temps peut-être, les ouvriers de la seconde heure ont mis la main à l'édifice sans en asseoir les fondements, en hâte d'y convier la foule. Ménage, Rangeard, les deux Pocquet, Robin, après eux et d'après eux Bodin, ce sont là de vrais savants, dignes de reconnaissance et de mémoire, mais dont l'œuvre est trop peu préparée, trop vaste aussi pour qu'elle doive être acceptée de confiance. Il arrive à chaque pas que le terrain, si peu qu'on le veuille sonder, s'effondre et qu'il faut frayer à nouveau la voie.

Je faisais cette plainte avec quelque ami en quête, comme moi, du vrai, et trop souvent dérouté comme moi, et nous tombions d'accord combien la semence première a été perdue en pleines broussailles et avec quelle défiance il reste à trier le bon grain ; et je lui rappelais les documents faux sans cesse invoqués, les citations banales acceptées comme monnaie d'État, les contes populaires, fondement de tous les récits, et cette routine servile qui s'incline devant toute autorité, sans oser dévisager d'un peu près, comme il faudrait, toute autorité, tant de paradoxes incontestés, tant de problèmes délaissés dans l'indifférence des matériaux utiles ou perdus dans l'appareil de recherches décevantes. « Et par exemple, voyez ! lui disais-je ? Le cours de la Vienne et de la Loire ! » — Il m'arrêta court et tout étonné. « Oh ! pour celui-là ! non, fit-il ! il y a des textes ! »

Il y a des textes ? — Il y en a ! Et pour cette raison même, c'est peut-être une question unique dans notre légende angevine ! Intéressante au premier titre, elle a cela pour elle que des documents certains l'entourent et la devraient défendre de toute théorie imaginative, et que seule, entre toutes peut-être, elle a été abordée par de vrais savants avec les procédés extérieurs de la science successivement appliqués par chaque génération depuis trois siècles, pour aboutir successivement à la même donnée absolument fausse et si universellement pourtant acceptée, qu'il n'est pas un livre où elle ne se rencontre, même hors de propos, affirmée, pas un où l'ombre même d'un doute ose s'arrêter aux approches de cette vérité mise en si éclatante lumière.

I.

La Loire pénètre actuellement dans le département à Candes, où elle reçoit dès son entrée, à g....., la Vienne, — plus bas, à Saumur, le Thouet, — plus loin, à droite, sous les Ponts-de-Cé, l'Authion. Cette situation, d'après tous les historiens, paraît de date relativement récente et facile à constater par des chartes. L'*Histoire de Sablé* par Ménage, ce répertoire de notre histoire

angevine, toujours inépuisé, comme sa *Vie de Pierre Ayrault*, est le premier livre, je crois, où cette thèse ait été vivement signalée. Traitant de l'origine de Saumur, Ménage démontre et interprète les vers, si connus depuis, de Guillaume Le Breton, qui écrivait au XIII° siècle : .... *Saumur, dit le poëte, où, mêlée à la Loire, dont les flots dès lors règnent en maîtres, la Vienne perd son nom et sa couleur ferrugineuse* (1). — Ménage conclut de ce texte que la Vienne avait alors son confluent à Saumur. Adrien Valois, à qui il avait fait part de ce sentiment, s'y refusa quand même et protesta dans sa *Géographie* (2). — Mais Ménage insiste. Il admet bien, chose étrange! que la Vienne débouchait autrefois, comme de son temps, à Candes, comme aussi du temps de saint Martin, au IV° siècle, et de Grégoire de Tours, au VI°. Mais depuis, dit-il, « la Loire ayant rompu la levée, qui est à main droite en
» descendant, les eaux écoulées en abondance par cette rupture
» laissèrent à sec le côté gauche, ce qui, avec le temps, fit une île
» depuis Candes jusqu'à Saumur, et jusqu'au-dessous, le long de
» laquelle la rivière de Vienne coula ensuite jusqu'au-dessous des
» ponts de Saumur où elle entre dans la Loire. » Il appuie cette opinion d'un passage spécieux de l'Histoire de Saint-Florent, qui nous montre le moine Absalon suivant la route le long de la Vienne (3) jusqu'à l'église de Nantilly, près du château nommé *Truncus* [plus tard Saumur], que borde à l'est la Vienne. Il paraît même, ajoute Ménage, « qu'il a été un temps où la Vienne n'en-
» trait dans la Loire qu'au-dessous de l'abbaye de Saint-Maur
» (5 lieues au-dessous de Saumur), » comme le démontre une charte de Foulques Nerra, reproduite dans les cartulaires de Saint-Maur-des-Fossés et de Saint-Maur-sur-Loire, et par laquelle le comte rend aux moines de Saint-Maur-sur-Loire « *une île non*

---

(1) *Mixtus ubi Ligeri, fluvio regnante, Vigenna*
 Amittit nomen ferrugineumque colorem.

(2) Au mot *Condate Turonum.*

(3) *Viam juxta Vigennam fluvium sectus, devenit tandem ad quoddam pradium Sancti Florentii in parochia Sanctæ Mariæ de Lantigniaco... Habebat autem locus iste ab occidente castrum nomine Truncum, ab oriente vero memoratum Vigennæ fluvium.*

loin de leur monastère, entre le fleuve de Loire et la Vienne, où existe une chapelle de sainte Marie Madeleine donnée par ses ancêtres (1). » — « L'île, reprend Ménage, est celle que les mariniers appellent l'*île Saint-Jean*, parce qu'elle est vis-à-vis « du » prieuré de Saint-Jean, dépendant de Saint-Aubin, qui est à cent » pas au-dessous de Saint-Maur. » — Enfin, il rappelle l'existence à Saumur de l'île de la Prée d'Offart, « dont le côté droit, en descen- » dant, s'appelle le côté de Loire, et la gauche, le côté de Vienne, » et le témoignage de l'avocat du roi, Bernard, qui lui écrivait : « Il est constant que l'île d'Offart alloit autrefois depuis ce fau- » bourg des Ponts, où elle finit, jusque au dessus de Montsoreau, » vers Candes. Je l'ay ouï dire à mon père, à mon aïeul et à tous » nos anciens qui l'avaient ouï dire à leurs ancêtres. »

Il termine sa démonstration un peu confuse en signalant les ruines d'une ancienne levée, restes « de l'ancien chemin de Beaufort à Saumur par le milieu des marais qui forment l'Authion et le Lathan ; » et à peine mentionne-t-il, en passant, la charte de fondation du prieuré de Lévière (1040), que nous allons voir exploiter par d'autres.

C'est La Sauvagère qui reprit la thèse et la popularisa en en tirant tous les développements (2). Il affirme d'ailleurs de science sûre, et sa conviction entière lui permet d'exposer tout un système médité, qui n'a pas l'air, comme dans Ménage, de se former au courant de la plume. Pour lui, « il est certain que du » temps de Jules César, la Vienne couloit au pied de Chouzhutte. » La Loire en étoit séparée par une langue de terre qui régnoit » depuis le coteau de Saint-Patrice jusqu'aux Ponts-de-Cé, où » ces deux rivières se réunissoient. Le petit ruisseau appelé la » Lanne, celui de l'Authion et les marais, étoient l'ancien lit de » la Loire... Quand l'inspection du local n'indiqueroit pas d'une » manière aussi sensible le cours ancien de la Loire, on le re-

---

(1) *Haud procul a sua longa ab eadem loco inter Ligerim fluvium et Vigennam existentem, in qua etiam capellam sanctae Mariae Magdalenae, ex dono antecessorum ejus, possidebant.*

(2) *Recueil de Dissertations ou Recherches historiques et critiques.* Paris, Duchesne (p. 94).

» trouveroit indiqué de façon à ne laisser aucun doute dans les
» anciens titres et dans l'histoire. » — Mais pour ces titres et pour
l'histoire, il ne renvoie qu'à Ménage et ne s'emploie qu'à faire
ressortir mieux l'importance d'un texte à peine indiqué par lui,
la donation faite en 1040 par le comte Geoffroi à la Trinité de
Vendôme de l'église de Mazé : *de l'autre côté de la Loire, l'église
de Mazé dédiée à saint Pierre* — « d'où il est clair que la Loire
» couloit anciennement dans ces cantons. » — Il reprend seulement pour sa thèse un passage de Grégoire de Tours, que précisément Ménage et aussi Adrien Valois acceptaient tous deux
comme un argument contraire. Il s'agit du récit que nous fait
l'historien de l'enlèvement du corps de saint Martin par les Tourangeaux : « Ses diocésains, pour le dérober aux Poitevins qui le
veillaient avec eux à Candes, le font passer par une fenêtre, *le
placent sur un navire, descendent le fleuve de Vienne, et, entrant
dans le lit de la Loire, remontent à Tours.* » « Ce passage, dit-il,
» ne fait pas doute (!) que les Tourangeaux descendirent la Vienne
» en bateau jusqu'à Saumur (1), et entrèrent là (!) dans la Loire. »
Pourtant l'existence au XI° siècle, sur la rive droite de Chouzé, de
Saint-Martin-de-la-Place, de Saint-Lambert-des-Levées, avec leurs
églises, lui fait affirmer que dès cette époque la Loire avait dû
quitter son lit de la vallée ; et la Vienne, qui du temps de César,
— il le répète, se jetait aux Ponts-de-Cé, passait encore à Saint-
Maur en 1000, et à Saumur au XIII° siècle, comme il le démontre....
par les deux textes toujours et sans cesse uniquement cités du
cartulaire de Saint-Maur et de Guill. Le Breton.

Bodin, dont le livre a passé dans toutes les mains, adopte en
plein ce système que démontrent assez, suivant lui, « un grand
nombre de titres de propriété et de fondations religieuses. »
Il y ajoute « les observations géologiques » qui permettent de
reconnaître parmi les îles de la Loire celles qui sont détachées du

---

(1) *Pictavorum in navi ... populus Vigennam fluvium descendunt, ingressique
Ligeris alveum, ad urbem Turonicam dirigunt.* — Il n'est pas difficile d'avoir
raison des textes avec des traductions aussi peu scrupuleuses. — En réalité, on ne
s'exprimerait pas de notre temps, autrement que Grégoire de Tours, pour indiquer
l'entrée d'un bateau de la Vienne en la Loire.

continrent : les îles de Saint-Maurille et Saint-Aubin des Ponts-de-Cé, celles de Blaizon, de Saint-Maur, de Trèves et ce qui reste de la prairie d'Offart. — On voit ainsi que la Loire, du temps de César,
« coulait, à partir des environs de Langeais, en suivant le pied du
» coteau septentrional, où sont actuellement situés plusieurs
» petites villes et bourgs très-populeux, tels que : Saint-Patrice,
» Restigné, Bourgueil, Allonnes, Vivy, Longué, Beaufort, Mazé,
» Corné et Brain-sur-l'Authion. Les rivières de la Vienne et du
» Thouet qui, auprès de Saumur, étaient peu éloignées l'une de
» l'autre, passaient au bas du coteau méridional, où l'on voit
» Saint-Florent, les Tuffeaux, Trèves, Cunaud, Gennes, Saint-
» Maur, Saint-Remy, Gohier, Juigné et allaient se réunir à la
» Loire, savoir : la Vienne un peu au-dessus des Ponts-de-Cé,
» et le Thouet à Chalonnes. Dans cet intervalle de six à huit my-
» riamètres, ces rivières coulaient, pour ainsi dire, de front, et
» sillonnaient, en serpentant, cette belle plaine qui se trouve
» entre les deux coteaux, et, qui, en ce temps-là, était couverte
» de bois, de forêts et de marais fangeux. »

La carte antique, jointe à son livre, montre hardiment le détail de cette géographie. Bodin, comme on voit, l'embellit d'une idée nouvelle, le parallélisme du cours du Thouet, qu'il a le tort seplement d'affirmer ainsi, sans prendre même la peine d'une discussion ou de quelque preuve. Aussi bien cette partie nouvelle du système, qui ne laissa pas de s'établir dans l'opinion courante, fut presque aussitôt et directement combattue pourtant par un mémoire de M. Walkenaer. En contestant ce point spécial facile à réfuter, il ne fait d'ailleurs qu'affirmer à nouveau la thèse ancienne par une démonstration élégante, mais qui ne procède absolument que des deux ou trois textes déjà connus. Ce mémoire, resté complètement ignoré en Anjou, a pour titre : *Des changements, qui se sont opérés dans le cours de la Loire entre Tours et Angers et accessoirement de la position du lieu nommé* MURUS *dans les actes de la vie de saint Florent* (1). A vingt ans de là, M. de Beauregard, alors et jusqu'en 1857 président de la *Société d'agriculture, sciences et*

---

(1) *Mém. de l'acad. des Inscript. et Belles-Lettres*, t. VI.

arts d'Angers, inséra dans ses *Mémoires* une dissertation *sur le confluent du Thouet et l'emplacement de Murs* (1). C'est la double question traitée par Walkenaer, qu'il reprend avec les mêmes et uniques textes et dans le même sens que Walkenaer, sans que le nom et le mémoire de Walkenaer y soient une seule fois mentionnés. Il y prétend particulièrement, à l'aide de Walkenaer, démontrer contre Adrien Valois et Bodin qu'ils ont confondu à tort avec Saumur une localité que la légende de Saint-Florent nomme *Murus* et place *sur la Loire*. Il voit dans cette localité le village actuel de Murs, en quoi il se fourvoie absolument avec Walkenaer; et pour faire accepter sa thèse, il soutient, comme tout le monde, que Saumur était sur la Vienne, et que, d'autre part, contre Bodin, que Murs n'a jamais été sur le Thouet, comme il le faudrait dire, si le Thouet s'était jamais continué jusqu'à Chalonnes. Pour le premier point, son argumentation est commode et se borne à reproduire le système de Ménage et de La Sauvagère « sur le cours parallèle et rapproché » de la Loire et de la Vienne. « Ce » fait historique a été démontré par trop d'écrivains, dit-il, pour » que je croie utile de l'appuyer par de nouvelles preuves. » — Et, en effet, il se borne à citer le titre de 1040, « qui constate que la Loire s'étendait jusqu'à Mazé, » — sur un extrait tronqué et que son commentaire rend inintelligible (2). — Pour ce qui est de la Vienne, qu'il fait se jeter primitivement à Sorges, — sans dire pourquoi, — il aligne à son tour le texte du Cartulaire de Saint-Maur et les trois vers de Guill. Le Breton. — Un extrait de l'histoire de l'abbaye de Saint-Florent, en 1036, lui sert au moins à préciser l'embouchure du Thouet; — mais là, même, il

---

(1) Mém. de la Soc. d'Agr., Sc. et Arts d'Angers, t. II, p. 4.

(2) Il faut citer, pour expliquer combien les discussions de ce genre sont inabordables aux étrangers, quand de si près et sur les localités mêmes les indigènes se trompent à ce point : « On lit, dit M. de Bousrouel, dans ce titre : » *Isca ex altera ripa qua funditur Ligeris*, ecclesiam *Masiaci in honorem sancti* » *Petri*. — Donc sur l'autre rive de la Loire, l'église de Mazé en l'honneur de » saint Pierre. (Ce lieu est Saint-Pierre-du-Lac.) » — Ce commentaire, ajouté entre parenthèse, est à écarter toute raison, car, enfin, c'est de Mazé qu'il s'agit, de Saint-Pierre de Mazé seulement, et non pas de Saint-Pierre-du-Lac, qui est une paroisse distincte.

faut le dire, il ne démontre plus rien contre Bodin, car Bodin n'était pas homme à ignorer ni à oublier ces documents-là, et lui-même, le premier, avait parfaitement fait remarquer que dès le VI° siècle, au moins, « le Thouet et la Vienne mêlaient leurs eaux entre Chouchatte et Saint-Florent (1). »

En résumé de ces divers travaux (2), il reste, moyennant la production de trois textes, ce résultat acquis pour tous et incontesté jusqu'à ce jour que la Loire et la Vienne, au moins jusqu'au XI° siècle, coulaient parallèlement d'un bord à l'autre de la vallée, soit entre Mazé et Saint-Maur, jusqu'à Sorges, suivant M. de Beauregard et dans l'intérêt d'une thèse erronée, soit, suivant l'opinion générale, jusqu'à Chalonnes ; — et dans l'une et l'autre thèse la rivière de l'Authion est supprimée. C'est l'état que nous représente la *Carte du cours de la Loire, au V° siècle*, gravée en 1816 par M. Walkenaer à l'appui de son mémoire (3) et reproduite récemment (1869), telle quelle pour ce qui est de la topographie physique, sous ce titre : *Carte du cours de la Loire au moyen âge*, par *M. Armand Parrot, membre de l'Institut historique.*

II.

Or, contre ce système qu'on pouvait dire traditionnel et consacré, voici mon système bien simple et aussi facile à énoncer :

Le cours de la Loire, jusqu'aux Ponts-de-Cé, n'a pas changé.

Du temps de César, si l'on veut, ou, pour parler plus historiquement et de façon absolument certaine, aussi haut que remontent les documents, il est facile de constater que la Loire, comme

---

(1) Pages 131-132, édit. Godet.

(2) Je ne cite que les principaux et les imprimés seulement, sans parler des *Mémoires manuscrits* de Bourgard, par exemple, et de Pocquet de Livonnière, que Bodin a certainement connus et qui ne lui ont rien fourni de plus que Ménage et La Sauvagère.

(3) Son livre sur la *Géographie ancienne de la Gaule*, où la question n'est pas abordée, est accompagné d'une carte gravée en 1820 par Dufour, qui donne la Loire telle que nos cartes modernes.

aujourd'hui, — pénétrant par Candes, en Anjou, — y recevait la Vienne, — passait à Saumur, — y recevait un peu plus bas le Thouet, — et, comme aujourd'hui, arrivant aux Ponts-de-Cé, y recevait sur sa droite l'Authion, — coulant dans son lit propre, distinct, — jusqu'au point même où il débouchait avant le canal moderne qui en a déplacé le confluent.

Et, en effet, il y a des textes en nombre et formels et indiscutables! mais à ceux-là personne ne songe quand réellement bien peu de monde les a pu ignorer et quand la moindre recherche en remplirait la mémoire; et l'on s'embarrasse à plaisir dans des complications de fantaisie. A quoi se réduit toute la thèse qui bouleverse le cours de la Loire? A soutenir que la Vienne coulait à Saint-Maur, au XIe siècle. — Par suite, on le comprend, la Loire devait s'étaler sur sa droite et l'Authion n'exister pas. — Sur quoi repose cette découverte? Sur deux chartes: l'une, de 1040, l'autre, de 1090, deux ni plus ni moins, pour ce qui regarde le cours de la Vienne au-dessous de Saumur. Or, je prie qu'on réfléchisse à ceci : Parle-t-on d'un pays sauvage, inconnu, inabordé, d'une de ces contrées classiques pour la libre pratique des conjectures, de quelque coin perdu de l'Armorique rattaché tant bien que mal au terrain de l'histoire? Non, il s'agit d'une des rives de la Loire, dans son parcours le plus splendide, au cœur d'une des régions les plus riches, les plus anciennement habitées de l'Anjou, où l'histoire de tous les siècles a vécu et laissé sa trace de Candes aux Ponts-de-Cé, le plus grand passage de France, par Montsoreau, Saumur, Saint-Florent, Chênehutte, Trèves, Cunaud, Saint-Maur, Blaison, — j'en passe, et des meilleurs, nous l'allons bien voir! — toutes localités antiques, s'il en fut, dont les documents ont parlé dès les premiers âges! et comprend-on quelle étrangeté c'est déjà qu'il faille, pour établir de façon certaine leur situation exacte pendant dix siècles, descendre à des titres du XIe et, pour redresser le cours de la Loire, s'occuper uniquement du cours de la Vienne? Cette réflexion seule, qui a dû venir à tous les esprits, n'aurait-t-elle pas pu suffire à provoquer l'examen un peu plus sérieux d'une question si claire avant la dispute et tout d'abord même à la prévenir?

Et pour prendre d'emblée le taureau par les cornes, combien de textes du XI° siècle ne faudrait-il pas produire pour écarter la Loire de Candes et pour en déplacer le confluent de la Vienne devant ce mot même de Candes (*Conde, Canda, Condate*), qui, de l'aveu de tous et de science sûre, signifie : *confluent*, quand aucune autre rivière que la Vienne n'y peut aborder ? Ceux à qui l'idée en vient n'y peuvent contredire ; car, enfin, c'est le fait d'aujourd'hui, constaté par la langue d'il y a trente siècles. Aussi, Ménage, non plus qu'Adrien Valois, n'hésitent à l'accepter comme un témoignage irréfutable des temps antiques. Il n'en faudrait pas davantage pour détruire absolument le système de La Sauvagère et de Bodin, qui ne l'ont pas contesté. La Vienne, aux temps celtiques, se jetait donc à Candes dans la Loire. Grégoire de Tours nous la montre aussi de son temps, « descendant à Candes et entrant en Loire (1). » Il en était de même au IX° siècle, puisque le biographe qui écrivait à cette époque, nous montre saint Florent partant de Saumur pour Tours, aller passer la Vienne à Candes (2). Et Ménage l'accorde encore. Faut-il discuter son système des levées de la rive droite.... construites quand ? et déjà détruites au XI° siècle ! Aucun livre n'a osé le reproduire. Des arguments plus directs en dispensent.

J'ai pris la Loire à Candes au I°, au VI° siècle. Je la retrouve au IX° siècle sous *Montsoreau*, où le moine Absalon la traverse pour aborder à *Rest* (3), à *Saumur*, sous le château, au temps où y habite le monastère de Saint-Florent, et à *Saumur* encore, entre le château et la nouvelle abbaye, au point où se jette le Thouet (4). — La voici à *Chenehutte*, encore au IX° siè-

---

(1) J'ai cité le passage exact ci-dessus, p. 26. J'y renvoie, comme aux réflexions de La Sauvagère, dont l'enseignement sur ce texte est complet.

(2) *Venit ad flumen Vigennam, ad locum qui dicitur Condate, ubi fluvius transire solebat.* (Boliand., 22 septembre, p. 430.)

(3) *Ligeris transiens fluvium, qui Restis vocatur perrexit ad locum* (Chron. d'Anjou, p. 228). — Charles le Chauve donne à l'abbaye de Cormery, le 14 des kal. de mars de l'année 850 : *Mansiones in Cordate de villa Rest, et tractum aquæ in Ligere de memorata villa Rest*. (Mabillon, Gall. Christ., Pr., p. 26.)

(4) *Cœnobium Sancti-Florentii, quod est constructum super alveum Ligeris, in loco qui vocatur castrum Salmurum* (Ch. de 1013-1015. — Ap., Liv. II, de Saint-

cle (1), — à *Cunaud*, avant le VIIᵉ, où saint Aubin fait un miracle (2), et au IXᵉ, quand le comte Vivien en donna l'église à l'abbaye de Tournus (3). La voici au VIᵉ siècle, là-même où l'on prétend voir la Vienne au XIᵉ siècle, à *Glannafeuil*, c'est-à-dire à *Saint-Maur*, dans le premier texte si connu et si facile à trouver et à retrouver, dans le récit de la fondation de l'abbaye par Faustus, le compagnon même du fondateur : « C'était, dit-il, un bien petit
» endroit sur la rive du fleuve ; car, d'un côté, une haute mon-
» tagne ; de l'autre, le lit de la Loire le resserrait. Sur la pente
» même du mont, l'édifice du monastère fut commencé à bâtir (4) ».
— Le cartulaire de Saint-Maur a au moins deux diplômes du

Florent, 121 et 122.) — *A fluvio Teodo nomine qui inter Salmurium castrum et abbatiam Sancti-Florentii effluit et sic in Ligerim infunditur*, 1041. (Chen. d'Anjou, t. I, p. 129) — et dans la légende de Saint-Florent (IXᵉ s.) : *Sanctus Florentius venit ad locum qui vulgo vocatur Murus, super fluvium Ligeris situm. Hac enim agens, venit ad flumen Vigenna, ad locum qui dicitur Candeto.* C'est le texte qui sert de base à la dissertation de M. de Beauregard, qui y reconnaît le village de Murs sur Loire. Je traiterai un autre jour de la position du village de Murs, par rapport à la Loire ; mais il suffit de lire, sans parti pris, ce passage, pour comprendre, avec Adrien Valois, que le Saint arrive à Candes par Saumur et la route de la rive gauche, la même que devait suivre plus tard Absalon, pour venir de Rest à Saumur. La donation de Doslay et de Grezio, citée par Ménage, et d'autres après lui, et qui donnerait lieu à toute contradiction, est fausse en ce sens, que le mot essentiel y manque, et que le texte en doit être rétabli ainsi : *Ad sacrosanctam ecclesiam in honorem Sancti Florentii constructam; infra pagum Andegavum, prope castrum Salvum Murum* [et non : *prope Murum*, comme le disent les imprimés], *in loco qui nuncupatur ad Vedum, super Toarium fluvium.* (Livre N. de Saint-Florent, fol. 160, mss.).

(1) Charles le Chauve confirme au chapitre Saint-Maurice d'Angers, entre autres domaines, par acte du 8 février 844 : *Villa quæ vocatur Carnaus sita scilicet supra flumen Ligeris, cum omnibus appenditiis et omni integritate* (Bib. d'A., ms. 677, fol. 325). Cette attribution est nouvelle, mais certaine.

(2) *In vico quodam nomine Cunaldo, Ligeris ripæ contiguo.* (Belland., 1ᵉʳ mars, p. 62.)

(3) *Res proprietatis ex juris nostri in pago Andegavensi sous fluvium Ligeris, monasteriolum scilicet quod vocatur Cunaldus.* (845 sel enb. — Ap. Chifflet, Pr., p. 204, et Arch. de M.-et-L., Cunaud, t. I, f. 2.)

(4) *Parvus decorum super ripam fluminis erat locus ; ex una enim parte dextra mentis, ex altero vero Ligeris alveo angustabatur ; in dexter ipsius mentis latere fabrica cujus monasterii ædificari cæpta est.* (Belland., t. II, p. 326.)

IX⁰ siècle, où la même affirmation se retrouve expresse (1); et combien d'autres ailleurs ! — La voici à *Saint-Rémy-la-Varenne*, l'ancienne *villa Chiriacus*, que le comte Foulques, abbé de Saint-Aubin, donne à ses moines, en 930 (2). La voici enfin, à *Saint-Jean-sur-Loire*, au IX⁰ siècle (3), et à *Saint-Saturnin*, au XI⁰ siècle. Et ce dernier texte (4) a cette singularité et cette valeur particulière dans la question, qu'il est inconnu à mes adversaires, quoiqu'il soit détaché de la phrase même, dont le sens incomplet leur a mis martel en tête et donné tant à rêver sur cette charte de 1040 qui amènerait la Loire à Mazé ! Cette même année, la Loire, fantasque, comme aujourd'hui, emportait du côté de Blaison une partie des prairies et faisait jeter les hauts cris au comte d'Anjou : « Vraiment, disait-il, ce fleuve me prend plus de terrain que le roi de France (5). »

Faut-il maintenant par surcroît démontrer l'existence distincte de l'Authion ? Mais l'opinion qui la conteste, n'est obligée d'y mettre la Loire que pour faire place au cours parallèle et du Thouet et de la Vienne. Si l'on admet, comme on ne le peut plus nier, j'imagine, le cours constant de la Loire le long de sa rive gauche actuelle depuis les temps antiques, aucune apparence ne se prête à soutenir que son lit régulier ait occupé deux ou trois lieues de large, autrement qu'aux grandes crues, comme

---

(1) *Ad monasterium Sancti-Mauri situm in pagum Andegavensem super fluvium Ligerem*, 843. (Ch. 21, p. 364.) — *Sanctus-Maurus semper alveo Ligeris fluminis*, 840-851 (p. 363).

(2) *Curtis Chiriaci cum silvis et pratis... Est autem praefata curtis super alveum Ligeris* (Cartul. Saint-Aubin, fol. 50 v°), — et dans le même manuscrit (f. 50), lors du partage des domaines de Saint-Rémy et de Chemellier, la partie versus Chiriacum, plus maigre et plus chétive, a pourtant cet avantage d'être au bord de la Loire : *Quam tamen Liger fluvius affluebat*.

(3) *Villam non longe ab alveo Ligeris sitam quae appellatur Johannis villa, cum ecclesia*, 848 (Liv. N. de Saint-Florent). — Que ce soit Saint-Jean-des-Mauvrets, comme je le crois, ou Saint-Jean-sur-Loire, il n'importe à la thèse. — *Ecclesiam sancti Johannis quae est super Ligeris*, 1093. (Saint-Aubin, Saint-Jean-sur-Loire, t. I, f. 1). — Il s'agit ici de Saint-Jean-sur-Loire, près Saint-Maur.

(4) *Voir ci-après*, p. 94.

(5) *Ligerim fluvium plus sibi terra tollere quam regem Franciae*. (Cartul. Saint-Aubin, fol. 56).

on le voit, malgré les levées, même de nos jours. Il n'est d'ailleurs encore que d'aborder les documents, et là, aussi, ils nous montrent au XIᵉ siècle, même au Xᵉ, l'Authion, « la rive, le fleuve de l'Authion, » bordant la villa de Nidmerle, aujourd'hui Limesle, et y animant un moulin, là même où il se rapproche le plus de la Loire, c'est-à-dire, où son cours aurait pu rester le plus indéterminé (1).

Pour démontrer que la Loire n'a pas quitté son lit, où elle coule depuis les temps historiques, je ne me suis pas occupé, comme on l'a fait, de la Vienne : j'ai pris la Loire à son entrée dans notre département, et je l'ai suivie par Candes, Montsoreau, Rest, Saumur, Saint-Hilaire-Saint-Florent, Chénehutte, Cunaud, Saint-Maur, Saint-Rémy, Saint-Jean-sur-Loire, Blaison, Saint-Saturnin, tout le long de cette rive gauche, dont on l'écartait, jusqu'aux Ponts-de-Cé, où nous voyons de l'autre bord, à travers la vallée, aboutir l'Authion. En face de cette suite ininterrompue de documents originaux et inattaquables à toute critique, quand je veux maintenant prendre à partie les arguments allégués par l'opinion contraire, j'ai peine à retrouver l'ennemi que je m'étais étudié à ne pas désarmer avant le combat. J'ai accordé à La Sauvagère et à M. de Beauregard deux textes. J'ai eu tort. La charte de 1040, prétexte et fondement de tout leur système, loin de leur prêter aide, est contre eux. Ils n'ont pu l'alléguer qu'en produisant un membre de phrase tronquée, dont leur traduction (2) fausse encore le sens, et en supprimant la partie du texte qui précisément témoigne contre eux. Le comte d'Anjou,

---

(1) *Villam scilicet nomine Nithmerle atque arcam molendini, cursum et decursum... Terra quæ appellatur Nithus Merla super ripam Altionis. Terminatur ex una parte terra Sancti-Petri ex alia Sancti-Maurici, ex alia flumine Altione* (Ch. de 964. Cart. Saint-Aubin, fol. 91). — *Terram quamdam de Sancto-Albino quæ appellatur Nithdus Merla super ripam Altionis;* 1046-1056. (Ib., fol. 91). Je me borne aux arguments tirés d'actes écrits et datés. Les preuves archéologiques ne manqueraient pas, et on pourrait montrer encore les traces solides de deux ponts gallo-romains sur le lit actuel de l'Authion, qui par conséquent existait bien dans ses conditions actuelles et déterminées, au *Gué-d'Anjou* et au *Gué-d'Arcis*.

(2) *Ex altera ripa*, ce n'est pas : *Sur l'autre rive*, mais, *de l'autre côté*, qu'il faut dire.

Geoffroi, donne à Baldric, abbé de Vendôme, entre autres domaines ou églises de divers évêchés qu'il désigne, « dans
» l'évêché d'Angers, l'église Saint-Saturnin sur le fleuve de Loire,
» le domaine entier et la forêt de Latay, les vignes et les prés
» qui sont sur le lit de la Loire ; de même, de l'autre côté du
» même fleuve, l'église de Mazé en l'honneur de Saint-Pierre,
» avec le domaine entier, l'église de Saint-Clément de Craon,
» l'église de Cheviré-le-Rouge, etc. (1). » — On voit que si ce texte prouve pour Saint-Saturnin-sur-Loire, il ne s'occupe de Mazé qu'au même titre que de Saint-Clément de Craon ou de Cheviré, qu'on ne pense pas mettre sur la Loire. — Reste l'acte de 1090, qui, celui-là, pourrait tromper et servir à discussion, si l'induction qu'on en peut tirer au premier coup d'œil pouvait, aidée d'un texte unique et de la fin du XIe siècle, produire raisonnablement même un doute contre une situation complétement démontrée par dix documents certains, précis, et de trois à quatre siècles antérieurs. La Vienne ne passait pas à Saint-Maur en 1090, puisqu'il ne peut pas être contesté que le Thouet, au XIe siècle, — pour réduire la question à toute évidence, — ne se jetât à Saumur dans la Loire. Eût-on donc affaire à un document d'affirmation directe, qu'il n'en faudrait pas tenir compte ; mais ce n'est encore ici qu'une de ces données vagues que l'interprétation des inventeurs a travestie. Le comte Foulques rend à l'abbaye de Saint-Maur-sur-Loire « une île située non loin de ce monastère, entre la Loire et la Vienne, » — et sans autre hésitation, Ménage désigne l'*île Saint-Jean*, au-dessous de l'abbaye, vers les Ponts-de-Cé, quand le vocable seul eut dû prévenir cette attribution, puisqu'il y existait une chapelle de *sainte Madeleine*, et, quand au lieu de descendre la Loire, il aurait, ce semble, bien plus probablement dû remonter vers la Vienne, jusqu'aux approches de Saumur. Lui-même indique que de son temps, il existait, —

---

(1) *In episcopatu Andegavensium, ecclesiam Sancti-Saturnini super flumen Ligeris et curtem totam et silvam quæ dicitur Latex et vineas et prata quæ sunt super alveum Ligeris ; item ex altera ripa ejusdem fluminis, ecclesiam Masiaci in honore sancti Petri et curtem totam, ecclesiam Sancti-Clementis apud castrum Credonense, ecclesiam Caviriaci.....* (Cartul. de Vendôme, p. 48).

comme il existe encore du nôtre, mais déjà bien réduite, une grande île nommée *la prée d'Offart* ou *Offart*, que la tradition, avec son exagération ordinaire, prétendait s'être étendue jusqu'à Montsoreau, ou plus loin. On la voit, dès les premiers temps, brisée, comme il y a à peine un siècle, en de nombreux îlots d'étendue variable au gré des flots de chaque crue. La Loire, grossie de la Vienne à Candes, se trouvait ainsi tout d'abord divisée, sur une longueur incertaine, en un double courant qui, brisé et confondu à diverses reprises, ne se réunissait de façon définitive qu'au-dessous de Saumur. Là seulement, comme le chante en son latin Guillaume Le Breton, la Vienne, dont les eaux rougeâtres se refusent dans tout son parcours, à travers le Limousin et le Poitou, au mélange des eaux voisines, perdait sa couleur native, preuve suffisante qu'elle coulait déjà depuis longtemps confondue avec la Loire (1). Elle y perdait aussi son nom, même pour le populaire qui, aujourd'hui encore, le reconnaît et la salue aux grandes crues : *C'est la Vienne qui donne!* dit-on ; et les marins de la Loire montent en Vienne le long de la rive gauche, quand de Saumur, ils gagnent Montsoreau, comme au XIe siècle, le moine Absalon, qui avait traversé la Loire pour aborder à Rest, suivit pourtant la Vienne, au dire de la légende, pour descendre à Saumur, le long de la route — aujourd'hui départementale n° 14.
— Ce n'est là que la constatation d'une dénomination vulgaire, et qui ne vaudrait rien à contredire les faits autrement acquis.
— Il n'y a donc pas, il n'y a pu avoir d'autre île entre Loire et Vienne, qu'à Saumur, plus haut ou plus bas selon qu'on prolongera l'île d'Offart ou quelque autre ayant autrefois porté le nom de Saint-Maur et possédé une chapelle de la Madeleine.

Je m'abuse bien fort ou j'ai démontré par des arguments et des faits précis que la Loire, recevant la Vienne à Candes, n'a pas cessé de couler le long de la rive gauche jusqu'aux Ponts-

---

(1) « La *Vienne entre en Loire à Candes* et ne perd son nom qu'au-dessous de
» Saumur, » dit Bourneau dans son *Déluge de Saumur* (p. 96), qu'il écrivait avant
les légendes recueillies par Ménage.

de-Cé, et que les textes contrairement allégués, n'affirmant rien, n'ont fait que fournir matière à des inductions insuffisantes par elles-mêmes et sans valeur devant les faits. — Il resterait à étudier l'état ancien de la Loire aux alentours des Ponts-de-Cé. C'est une question tout aussi inconnue ou faussée, que je me réserve un autre jour d'aborder de même façon.

VI.

THOMASSEAU DE CURSAY.

J'aborde une des mystifications les plus audacieuses et, quoique entreprise sans art, les mieux réussies qu'on puisse citer dans la littérature historique. La piste en a pourtant échappé jusqu'à ce jour aux dénicheurs de supercheries littéraires, et tout au plus certains détails particuliers ont-ils été contestés tardivement, il y a quelques trente ans, sans contester au reste de l'œuvre un crédit garanti par des noms honorés dans la science et encore aujourd'hui absolument accepté. J'espère pourtant la convaincre facilement et tout entière de faux. C'est d'ailleurs une recherche curieuse et qui en vaut la peine ; car il s'agit de toute une famille de héros angevins, née tout d'un coup à la renommée et introduite sans autre enquête dans la tradition locale en plein siècle de scepticisme et de critique.

Un certain abbé Jean-Marie-Joseph Thomasseau de Cursay, — je prends, pour le moment, son nom comme il le donne, — né à Paris le 25 novembre 1705, mort à Paris en 1781, reçu en 1727 d'abord avocat au Parlement, puis sous-diacre du diocèse de Paris et plus tard chanoine d'Appoigny-les-Régennes, s'avisa d'insérer au journal « Le Conservateur ou » collection de morceaux rares et d'ouvrages anciens et » modernes » un *Mémoire sur les savants de la famille Thomasseau*, qui reparut à part, in-12, Paris 1761, et qui fut suivi la même année d'un très-mince opuscule sous ce titre : *Les deux frères angevins*. Il reprit tout au même temps en détail ce qui concernait particulièrement son père, en imaginant le nouveau récit d'une *Anecdote sur le discernement, l'accueil et la libéralité de Louis XIV pour les savants, à l'occasion de Joseph Thomasseau de Cursay, médecin ordinaire du Roy* (Paris, in-12, 1761). Encouragé dès lors par le silence et peut-être par les éloges de la critique, il se mit à l'aise et rassembla pêle-mêle les éléments épars de sa thèse entière dans une élucubration nouvelle. Les *Anecdotes sur des citoyens vertueux de la ville d'Angers, mises au jour à l'occasion de Jean Hennuyer, évêque de Lisieux*, (Paris, 1773), forment un élégant in-4° de 72 pages, orné de jolies vignettes (1), avec force notes et renvois à des pièces justificatives, où l'auteur se complaît dans des récits extraordinaires et des enchevêtrements de révélations généalogiques et autres sur l'histoire angevine. Il en attribue pour la plus grande partie la source, — et certes par une duperie nouvelle, — aux notes de Félibien des Avaux, mort en 1695, — si bien qu'en certains catalogues c'est à ce savant que le livre est attribué. Sur ce nom ou de confiance l'œuvre fut acceptée partout comme sincère. Pierre Ayrault de Saint-Hénis, à qui elle est dédiée (2), remercia l'auteur de l'honneur fait par lui à leur alliance commune (2 août 1773) (3). — Voltaire l'avait précédé

---

(1) Celle du titre, signée *Aurey F.*, représente une couronne de chêne, avec la légende : *ob cives servatos*. Au-dessus sont appendues une épée et une branche d'olivier entrecroisées, qu'enveloppent des banderolles sur lesquelles on lit à gauche, An. 1522; à droite, An. 1585. — Elle se rapporte, comme l'indique une note du verso, « principalement aux pages 7 et 8. Voyez les additions aux notes. » L'Auteur du reste, comme on le voit, emploie une orthographe particulière, « conservant seulement l'ancienne dans tout ce qui ne m'appartient pas, » dit-il.

(2) « Monsieur et ancien parent, je vous offre un recueil d'anecdotes presque oubliées. Dans ce court ouvrage, la QUALITÉ de notre nom assure à celui de nos prédécesseurs une considération qui se perpétuera dans tous les âges. » En effet, un des buts évidents de la dédicace est d'abriter l'invention, mais il faut avoir été à l'avance bien assuré de la bonne volonté ou de l'ignorance de ce parent-là, lieutenant-général criminel et membre de l'Académie d'Angers.

(3) « Monsieur..., je ne sais pas bien à quel titre j'ai pu mériter de votre part la distinction dont vous m'honorez et que vous avez assaisonnée des plus agréables parfums... Vous donnez à ma famille un nouveau lustre. Elle tient à grand honneur d'appartenir à un savant et à un descendant de citoyens vertueux. On ne saurait trop présenter aux hommes des traits de bienfaisance et de patriotisme. Ceux que fournissent vos ancêtres sont bien dignes d'être conservés à la

de plusieurs semaines, en ayant reçu un exemplaire par d'Alembert (1); — et autant firent, dit-on, le Présidial, l'Université, l'Académie, le Corps de ville d'Angers.

A la Faculté de médecine de Paris notre chanoine fit présenter tout à la fois et son livre biographique et le portrait du docteur (2), jusqu'alors inconnu, qu'il venait d'illustrer; et la savante corporation, outre des félicitations empressées et des remerciements, décida, en 1775, qu'à l'avenir un jeton de chaque doyen lui serait réservé ainsi qu'un exemplaire des thèses. Je crois qu'il faudrait s'arrêter là ! Pourtant cette année même l'auteur renouvela une de ses historiettes, celle qui est restée surtout populaire en Anjou, en célébrant pour la troisième ou quatrième fois *Le Guerrier sans reproche, récit tiré des collections historiques et généalogiques de MM. Poullain et Des Avaux* (Paris, in-8°); — et ce qui est plus grave, en 1778, un savant sérieux et dont le nom a couvert de son autorité ces rhapsodies, le docteur Hazon, reprit, en les accréditant, les détails et jusqu'au texte des *Anecdotes* pour rédiger l'*Eloge historique de M. Thomasseau de Cursay* (Paris, B. Morin, 1778, in-8° de 16 pages), à la gloire duquel d'ailleurs paraît s'être échafaudé tout ce verbiage.

Qu'il soit tout d'abord retenu que « les seigneuries de Cursay et de Landry, » dont l'auteur décore sa maison, et qu'il place

---

postérité et l'on ne peut qu'applaudir, avec un des plus beaux génies de l'Europe, au littérateur qui les a recueillis. » La copie de cette lettre, comme de la suivante, existe de la main de Fr. Grille, en tête de l'exemplaire de la Bibliothèque d'Angers.

(1) « Je vois bien, monsieur, que vous descendez d'un homme qui ne voulait pas assassiner ses frères pour plaire à un duc de Guise. On ne les assassinait il y a quelques années, dans Abbeville, que par arrêt de l'ancien banc du roi, nommé Parlement ; aujourd'hui on se contente de les calomnier. Ainsi le monde est tout le contraire de ce que disait Horace. (Ode vi, liv. III). Il se corrige au lieu d'empirer. Je vais le quitter bientôt et je suis bien aise de le laisser dans ces bonnes dispositions. Plus il y aura d'hommes qui vous ressemblent, moins il faudra dire du mal de son siècle... A la fin, la lumière pénétrera chez tous les honnêtes gens. Vous contribuerez à les éclairer, comme votre ancêtre à les laisser vivre. » La lettre est imprimée dans la *Correspondance*, t. LXII, p. 221.

(2) Il y existe encore.

« à une lieue de la ville chef-lieu du duché de Brissac en
» Anjou, » sont des terres imaginaires, ou tout au moins absolument inconnues en Anjou. — J'ajoute qu'aucune famille n'y est plus obscure, aucun nom, j'ose dire, plus rare que celui de Thomasseau. — C'est à peine si dans une recherche suivie et persévérante, quoique assurément incomplète, je l'y ai trouvé à Angers quatre ou cinq fois dans les registres de ses dix-sept paroisses; encore y est-il par deux fois écrit *Toumasseau*. Ces deux points acquis et qu'il suffit de constater pour ruiner bien des contes, il faut pourtant, quoiqu'en vérité le cœur y répugne, prendre aux cornes et dépecer l'imposture.

Le premier personnage de la famille, que met en scène notre livre, est « en 1553, *André-Paul* THOMASSEAU *de* CURSAY *et de*
» LANDRY, docteur ès-lois, doyen des maires et échevins d'Angers, choisi par le Corps de ville pour poser la première
» pierre de la reconstruction du quai Loricard, depuis nommé
» Thomasseau. » Des faits aussi précis, mais où chaque assertion s'inspire d'une maladresse, témoignent d'une audace étrange mais aussi rendent la réponse facile et la voici : Aucun docteur ès-lois, — aucun échevin, — aucun maire n'a existé à Angers du nom de Thomasseau. L'auteur prévoit l'objection et proteste à l'avance contre « une prétendue liste des maires et échevins, » qu'on a « glissée » au *Recueil des Priviléges de la ville*, imprimé par les ordres et aux frais de la mairie en 1748. A l'en croire, les registres de ces temps-là seraient perdus; il est sûr de son fait; il donne la date des lacunes « étonnantes » existant dans les archives de la Ville, du Greffe, de l'Université, de l'Eglise. Il apostrophe directement l'éditeur et l'accuse d'avoir rempli à sa guise les vides « pour créer des nobles parmi ses amis! » — Peine inutile! Les registres de la Mairie, de l'Eglise, de l'Université existent; la série en est sûre et les faits sont clairs et avérés. Aucune place ne s'ouvre vide à ses fictions. — Il faut bien croire hélas! qu'en tout temps l'ignorance du public est égale à l'effronterie qui l'exploite; et de nos jours j'en ai vu imprimer bien d'autres! — Aussi notre savant insiste et triomphe.
« Avez-vous à produire, s'écrie-t-il, une autre origine de ce

» quai? car nécessairement il en faut une ! » Et comment d'ailleurs contester ses preuves ! Il possède, il possédait dans sa collection, — « c'est une honte de l'avoir laissé adjuger à un » seigneur anglais, » — « le jeton symbolique, » frappé pour la solennité aux frais de son « savant et modeste » ancêtre, — et il en donne le dessin ! « Au champ du revers sont les armes » entourées des noms et années qui sont l'épigraphe, » — et sur la face, une inscription à la louange de...... Robert-le-Fort, « marquis de Fradre ! » — qui aurait, en 867, reconstruit à ses frais la ville d'Angers (1). On ne discute pas cette amusette, — mais voici qui lui répond tout directement — ainsi qu'à sa question imprudente — et qui permet doublement d'en rire. — La construction de ce qu'il appelle le quai Thomasseau date non pas de 1533, mais de septembre 1574, — nous sommes déjà bien loin de compte ! — et cette bâtisse d'une simple longère de bâtiments en avancement sur la rivière remplaçait — non pas le quai Loricart, nom postérieur de plus d'un siècle, mais le port de la *Grande-Teinture*, appartenant en effet à un Jean Thomasseau, — ni docteur — ni échevin — ni maire ni doyen des maires, — mais simple « marchand teinturier, » qui fut autorisé sur sa requête à construire. La ville lui laissa les frais de l'œuvre à sa charge et y mit l'obligation de réparer les dégâts ou plutôt de rétablir « les lieux » en état. Il faut s'expliquer. La place était occupée par « des privaises » publiques « à six créneaulx » — que Thomasseau s'engagea à rétablir « jusques au nombre de » 14 à 16 créneaulx pour le moings et y faire ung entre deux » de collombaige clos à terrasse pour faire une séparation desd. » créneaulx qui seroient en pareil nombre, tant d'ung cousté » que d'autre pour servir l'ung des dits coustez aux hommes et » *l'autre cousté aux femmes.* » On voit que l'œuvre est intéressante, — un peu moins peut-être pour la fatuité nobiliaire, un peu plus pour nous qui pouvons recueillir là un trait des mœurs municipales du temps qu'on appelle le bon vieux temps. N'est-ce pas hier, si je ne me trompe, qu'une proposition d'un

---

(1) An 867, *Reg. Carolo II, François Rogo, Robertus Fortus march. Fred. I suus andegavus, sumptibus suis andegav. civit. reædificavit.*

des échevins Parisiens a mis en demeure l'édilité de la capitale de la France d'appliquer à nos mœurs modernes le modeste perfectionnement utilitaire qui trouvait refuge au XVI° siècle sur les bords de notre Maine Angevine (1). — Mais qu'une médaille au nom de Robert-le-Fort eût drôlement consacré cette fondation-là !

Si quelque histoire est donc bien à fond convaincue de faux, c'est, j'imagine, celle de notre prétendu maire ; — mais l'on peut penser, qu'ainsi que tous les personnages de poésie, il a fait souche de rejetons innombrables. L'auteur se borne pourtant à lui attribuer quatre fils — et l'aîné, le seul que je veuille retenir ici, est ce *Guerrier sans reproche*, ce patriote vertueux, qu'applaudissait Voltaire, qui tenait tant au cœur de Bodin (2) et dont M. Godard encore dans son *Anjou* « admire le noble caractère. » — Louis Thomasseau de Curzay, ancien « officier » dans la grande verge ou bandes noires, » retiré du service par suite de blessures, aurait en 1572 reçu...... du duc de Guise ! — et sans doute à titre de commandant du château d'Angers, — l'ordre de « faire exécuter à Angers le massacre au jour indiqué » par la cour », et lui aurait répondu — le 13 août ! — en répudiant « un office aussi odieux et si contraire à l'humanité (3) ! »

---

(1) « La maison commune, » emportée à demi par les eaux, fut reconstruite en 1582, reconstruite de nouveau, mais sur des dimensions moindres, en 1604, et finit par s'écrouler vers 1770.

(2) Outre l'article de sa *Biographie angevine*, à la suite de ses *Recherches sur l'Anjou*, Bodin a écrit une lettre au *Maine-et-Loire* du 25 janvier 1818 pour glorifier ce preux angevin.

(3) Il faut conserver ce modèle de style approprié au goût d'il y a cent ans. On a fait mieux de nos jours :

« Monseigneur, je porte d'honorables marques de mon zèle et de ma fidélité » pour le service de mon Roy. Je chéris plus ces blessures que les marques » d'honneur dont Votre Altesse me veut décorer, parce que je les ai acquises par » des actions nobles. Vous me désigneriez dans votre cœur, Monseigneur, si je » les acceptais, en vous obéissant dans un office qui ne convient qu'aux ennemis » du Roy et de son État. Il n'y a pas icy un seul homme dans les citoyens ni dans » la retaille, qui ne soit prest à sacrifier son bien et sa vie pour le service du » Roy, mais il n'y en a pas un seul dans ces différents états qui voulût exercer » un office aussi odieux et si contraire à l'humanité. Je suis, etc.

» *Signé* : THOMASSEAU DE CURZAY. »

13 août 1572.

Le style de cette épître fait sourire, sans qu'on se rende compte qu'il ait pu seulement servir à l'illusion. Ici d'ailleurs, comme précédemment, les documents abondent et M. de Falloux, qui les tenait de M. Marchegay, a donné, dans son *Saint Pie V*, la correspondance et les extraits des Archives municipales, pour tout ce qui a trait à la Saint-Barthélemy angevine. C'est assez d'indiquer que le château avait pour gouverneur le capitaine de la Tousche, et qu'en cette agitation, où tous les états de la ville s'émeuvent et défilent sous nos yeux, le nom d'un Thomasseau quelconque, petit ou grand, n'est nulle part prononcé.

L'histoire, qui suit, de la reprise du château sur les religionnaires — par ce même de Cursay, assisté cette fois de son frère de Landry, personnage également fictif, également accepté par Bodin et autres (1) ! — défie toute discussion et semble un jeu. On dirait que ces billevesées sont rassemblées là sur le souvenir indécis de vagues lectures et sans le moindre souci d'approprier même la fiction à quelque vraisemblance. Il s'agit malheureusement d'une aventure si connue et tant de fois racontée que tant de maladresse, associée à une certaine morgue, étonne. Le récit vise d'ailleurs à des airs de discrétion ; il affecte de taire le nom du capitaine huguenot « Jean H....., riche et fameux huguenot de famille roturière ; » — et une note, qui veut être habile, dit : « M. Félibien le nomme en toutes lettres. » — En effet, l'aventure du capitaine de Hallot est partout et je m'imagine mal qu'il soit venu à l'idée de la raconter si étrangement sans prendre la peine même d'en accommoder les dates et de voiler de quelques formules les ignorances du récit. C'est du pur enfantillage, comme la peine prise d'embrancher la famille sur les familles Hellaud de Vallières, dont il défigure le nom, du Bellay, Ayrault, de Cossé-Brissac, par le procédé connu d'une simple bouture sur quelque rameau défaillant, mais ici appliquée de main naïve d'apprenti, que déguise mal la défroque d'un

---

(1) La brochure fait de ce personnage un savant ingénieur, dont elle donne la biographie, et qu'elle dit auteur d'une *Pyrotechnie militaire*, dérobée par Jean Appier Hanzelet, etc., etc.!

risible héraut d'armes. L'imposture étant complète (1), ce serait temps perdu que d'aborder par le menu détail cette facétie aux grands airs. A d'autres donc, si bon semble, les ingénieurs, les chevaliers de Malte, les clercs, les soldats. La négligence même de la mise en œuvre, — et aussi sans doute la rareté du livre tiré à petit nombre, — doit compter pour une des meilleures raisons qui ont protégé cette confusion de notes incohérentes et sans style contre la lumière et la curiosité plus vives. Je ne veux de tout ce fatras dégager qu'un nom, le seul qui mérite d'être inscrit dans une biographie angevine, le seul qui se rattache à un personnage de réalité, c'est le docteur-médecin que je veux dire.

Mais ici encore il faut émonder de main vive et tailler en plein dans la couronne.

Joseph Thomasseau, — que son fils appelle « *Thomasseau de Cursay et de Landry,* » — signe *Thomasseau* tout court — et pour cause, — et ne prend jamais d'autre titre, si ce n'est celui d'Angevin, *Andinus* (2). — Grâce à l'obligeance de M. A. Corlieu, bibliothécaire-adjoint de l'Ecole de Médecine de Paris, qui a bien voulu compulser pour moi les *Commentaires* manuscrits de la Faculté, je vois notre angevin passer bachelier le 24 janvier 1675 (3) et soutenir son doctorat le 10 février 1677 sur cette question : *An medici Parisienses ad mittendum sanguinem Græcis peritiores, ad purgandos humores Græcis feliciores?* —

---

(1) Il s'agit presque uniquement d'alliances deux fois fausses, d'époux et d'épouses imaginaires.

(2) Notre auteur, à son ordinaire, ne le nie pas ; bien au contraire. « Cette » modestie ou singularité, car il était un peu mélancolique, est entière sur les » registres de la faculté. » Et ailleurs, se répétant, il ajoute : « Quelles peuvent » en être les raisons ? C'est un mystère. Mais c'en est toujours assez pour que les » historiens qui compulseront ces Commentaires se tiennent en garde contre de » pareilles réticences, qui peut-être n'y sont pas rares. »

(3) Sa thèse du 24 janvier a pour sujet la question suivante : *An nitidus faciei color bonæ moratorum viscerum index ?* — Ses thèses quodlibétaire et cardinale, 12 janvier-27 février 1676 : *An democis e cane rabido oxoægyptos ? — Estne optima vivendi lex sua unicuique consuetudo ?* — Pour sa vespérie (3 février 1677) : *Estne Parisino quam alibi chirurgiæ utilitas major, pharmaciæ futilitas minor ?* — Pour sa pastillaire (22 février) : *An vita mulieris imperforato utero minutis infelicior ?* Trois de ces thèses qu'il soutient et trois de celles qu'il préside sont réimprimées à la suite des *Anecdotes.*

Dès le 25, il faisait acte de régent en présidant à son tour une soutenance. Le 3 novembre 1685 — et non en 1687, comme il est dit dans le livre, — il fut élu par la Faculté professeur de chirurgie. Les *Commentaires* attestent encore qu'il mourut le 8 mars 1710 et fut inhumé le lendemain dans l'église Saint-Sulpice. C'est de cette source-là tout ce qu'on peut apprendre sur ce brave homme. — Mais son fils en sait bien davantage — et beaucoup trop, quoiqu'il me laisse à y ajouter quelque chose aussi. Les *Anecdotes* nous racontent qu'en parfait gentilhomme notre Joseph avait d'abord servi deux ans dans les mousquetaires et n'avait quitté le service que par faiblesse de santé. Elles le marient, le 23 février 1705, avec une cousine du docteur Nicolas Raimsant et lui donnent à sa mort, en 1710, 67 ans d'âge. Notre docteur, par suite, aurait subi ses thèses par extraordinaire à 33 ans et affronté le mariage à 62.

Il n'est qu'un ou deux mots qui servent pour tirer au clair ces phénomènes. J'avais dans mes recherches rencontré la femme de notre docteur, Marie-Anne Bouvet, à Angers, faisant office de marraine, le 15 février 1709, en l'église Sainte-Croix. Elle est dite alors résider — sans doute de passage — avec son mari « Joseph Thomasseau, docteur en médecine de la Faculté de » Paris, » sur la paroisse Saint-Nicolas d'Angers. Reprenant sur nouveaux frais ma poursuite de ce côté, qui n'était pas le quartier de l'opulence, j'ai trouvé mieux : l'acte de baptême de son mari. Joseph Thomasseau, — tout court — et pour cause! — fut présenté à l'église de la Trinité, le 26 mai 1649. — On voit tout d'un coup que les dates arrangent sa vie comme pour tout le commun des étudiants; — et il a pour parrain un tailleur d'habits! — pour père, faut-il le dire? — non pas même un homme de robe, un avocat — mais un simple marchand pelletier! — et pour mère la fille d'un boulanger (1)! — Sur quels

---

(1) Marie et son Périnne Jeanne, — comme le disent les *Anecdotes*, — « bourgeoises sans doute, disent-elles, qui déclara ne pas savoir signer au contrat » de mariage. » Ce détail doit être vrai ; mais l'auteur ajoute que « son mari » vendit tout de suite un grand corps d'hôtel à Angers, appelé *Hôtel Thomasseau*, pour « résider en une maison du commun. » — Et l'on peut rester assuré qu'il n'a jamais existé d'*Hôtel Thomasseau*.

étais de mensonges toute cette fraude s'est-elle donc édifiée ! et comme il ferait beau entendre tous ces maîtres artisans, doctes en teinturerie, pannerie et boulangerie, disserter, comme s'y complait notre généalogiste, sur la différence essentielle entre l'émanché et l'emmanché d'un écu bien conçu selon les lois de l'héraldique, ainsi que le fut *de tout temps* — c'est la devise qu'il prête à la famille, — son blason *de sable à l'émanché d'argent de cinq pièces en pointe* (1).

Ce qui n'eût pas étonné moins, j'imagine, notre docteur parisien, c'est la charge dont on l'affuble de « conseiller médecin
» ordinaire du roi par le choix et le don de sa majesté et médecin
» du clergé. » L'abbé, qui le gratifie de ces honneurs, reconnait qu'il ne s'en targuait jamais, et il y joint toute une nouvelle histoire « d'un discours très-sublime sur la circulation du
» sang, » prononcé par lui le 12 janvier 1693 dans la salle du Jardin royal des Plantes, où « avaient été invités les plus grands
» seigneurs de la Cour et les plus savants hommes de ce
» siècle. » — Tout aussitôt une note du prétendu Fabien ajoute : « La Cour a ordonné l'édition de cet admirable dis-
» cours, dont il a été imprimé trois mille exemplaires, *qui ont*
» *disparu d'abord*. On soupçonne que des médecins, jaloux de
» cette savante dissertation l'ont toute enlevée ! » — Mais le roi, à l'en croire, aurait voulu voir « ce savant homme » et après un entretien de trois quarts d'heure l'aurait retenu pour son médecin ordinaire, — « à quoi M. Thomassean a répondu avec
» autant de dignité que de modestie : « Sire, votre majesté me
» fait trop de grâces ; je ne suis pas fait pour réussir à l'ombre
» des courtisans d'un grand prince. La cour est pour moi une
» mer orageuse où j'échouerais ; je serai toujours prêt, lorsqu'il
» s'agira de la santé de votre majesté et de la famille royale, et
» j'accourrai à leur secours, même sans être mandé. » — Le
» roy lui a dit : « J'ADMIRE VOTRE PHILOSOPHIE ET VOUS EN
» ESTIME DAVANTAGE. » — et on lui donnait son portrait, sa

---

(1). Une jolie gravure de P.-P. Choffard [illegible]
[illegible] Thomassean, [illegible]

» majesté ajoute : Souvenez-vous de moi et de la promesse
» que vous venez de me faire (1). »

Faut-il qu'à ces fadaises un homme comme Hazon se soit laissé prendre, et que ce ton seulement de mélodrame, — sans parler du fait en lui-même, si facile à démontrer faux par les circonstances qui le dénoncent, — n'ait pas donné l'éveil à la critique de ce savant homme ! Il me répugne d'y insister. Je me contente d'avoir démontré qu'il ne doit rien, absolument rien être retenu de ce livre que le nom de notre Joseph Thomasseau, entouré des données d'une vie nouvelle et modeste. Et voilà que par un juste retour de fortune, après tant de peine prise et une chance si longtemps fidèle, Quérard et Œttinger estropient ce nom même en appelant son fils, l'auteur de ces beaux contes, *Thomassièu* de Carsay !

---

(1) Ces mots sont ainsi en petites majuscules dans le texte.

LE THÉÂTRE A DOUÉ.

Que l'amphithéâtre de Doué soit d'origine romaine, barbare ou franque, ou, comme je me suis essayé à le démontrer, qu'il date d'une époque relativement récente, il est certain que ce monument, simplement désigné au XVIe siècle du nom de *Parc-des-Jeux*, fut, dès les premiers temps de la renaissance littéraire, un lieu de réunion et de fêtes pour les populations d'alentour.

On connaît assez le mouvement étrange, qui, non pas tout à coup ni sans transition, mais, alors plus que jamais, ardent et subit, s'empara des mœurs publiques? Le théâtre se fait sa place partout, à l'église, dans les châteaux, dans les cours de justice, à tous les coins des carrefours, derrière la chaire et sur les murs mêmes des couvents. Ce n'est pas le menu peuple, ni les manants des villes, qui s'enrôlent dans ces fantaisies inattendues; les puissants du jour, les prêtres, les magistrats, les clercs et les bourgeois ayant pignon sur rue, forment troupe pour amuser à leur tour la populace. Là est la grande prédication du temps, la grande école où le peuple apprend en scènes naïves comme lui, l'histoire sainte, les traditions, la légende, la vie du Rédempteur.

De ces troupes joyeuses les unes s'organisaient spontanément dans les villes pour une cérémonie prévue; les autres, recrutées plus à loisir, parcouraient les campagnes et les provinces, et s'arrêtaient où leur tente trouvait sa place. À Doué, le centre était tout trouvé, au carrefour de deux routes, sur le domaine même du clergé, principal organisateur de ces fêtes, dans un pays de mœurs faciles, de population réputée pour son amour des plaisirs. En 1539, on dit qu'une troupe d'histrions ambulants s'y installa ainsi et pendant trente jours y donna des représentations, auxquelles on accourait de Thouars, de Loudun et même de Poitiers. Le souvenir en resta longtemps, non pas tout à fait

pourtant de délicatesse et de netteté : « De cestuy monde per-
» sonne ne prestant, dit Rabelais (*Pantagruel* l. III. ch. 3), ne
» sera qu'une chiennerie, que une brigue plus anomale que celle
» du recteur de Paris, que une diablerie plus confuse que celle
» des jeux de Doué. » — Et ailleurs (l. IV. ch. XIII) : « O que
» vous jouerez bien ! Je despite la diablerie de Saulmur, de
» Doué, de Montmorillon, de Langès, d'Espain, d'Angiers, voyre,
» par Dieu, de Poictiers, avecque leur parlouère, en cas qu'ils puis-
» sent être à vous parangonez. O que vous jouerez bien ! » A la fin
du XVI° siècle, subsistait encore au milieu de l'arène un vaste
tumulus rond en pierre coquillière, à surface plane, légèrement
inclinée, l'intérieur percé d'ouvertures circulaires et faciles à
clore, encadré à chaque coin d'échelles, portant treize degrés,
servant sans doute à la fois et au passage des acteurs et aux
divers jeux de la scène. Sur le toit même de cette chambre s'im-
plantait un mât, d'où partaient des cordes qui, rattachées aux
gradins supérieurs, supportaient un système de tente pour abriter
les spectateurs.

A l'extérieur de l'enceinte, un mur percé de vingt-cinq portes,
enfermait le nouveau théâtre. Dans un coin de l'arène, les chanoines, maîtres et seigneurs, s'étaient réservé une place, qu'à
chaque représentation, les acteurs étaient tenus de mettre en bon
état et de restaurer à leurs frais. Suivant Bruneau de Tartifume, la belle humeur des Douacins, qui sont gens d'esprit et de
bon plaisir, entretint ces fêtes jusque vers 1600 ; l'établissement
des Pères Récollets à Doué vint alors les divertir de « ces récréa-
tions, dit-il, par trop comédiennes. » L'habitude, au moins, aidée
par la nature, ne tarda pas à prendre le dessus. Les registres du
Chapitre de Saint-Maurice, dépouillés par Brossier, attestaient
qu'on y avait représenté longtemps encore des tragédies, dont
la mode, depuis Jodelle, remplaçait celle des Mystères. Les
trois documents suivants, en précisant une date qui paraîtra
étrange, donnent des indications curieuses.

« 23 mai 1604.

» *A Monsieur le lieutenant-général de Monsieur le sénéschal*
» *d'Anjou, Angers.*

» Supplient humblement les doyens, chanoines et Chapitre de
» l'église d'Angers et vous remonstrent, que de leur fief et
» seigneurie de Douces, qui s'extend dans la ville de Doué et aux
» environs, dépend, entre aultres choses, ung ancien amphi-
» théâtre, sur lequel on a plusieurs fois récité des tragédies et
» comédies et faict aultres actions publiques, mais cela ne s'est
» jamais pratiqué qu'après leurs en avoir demandé la licence et
» permission, parce que ledict amphithéâtre leurs apertient et
» est au dedans de leur fief, et sans leurs avoir faict voir aupa-
» ravant les tragédies et comédies qu'on vouloit réciter, ce qui
» s'est ainsy practiqué pour divers raisons, et principalement
» affin qu'en leur fief et ce qui leur appartient, qui dépent de
» l'Eglise, il ne fust représenté quelque chose qui fust contre
» l'honneur de Dieu et de son Eglise et qui peust tourner à
» scandale; au préjudice desquels leurs droits et possessions,
» ils ont apris que quelques habitants de ladite ville de Doué
» veulent représenter, ces festes de Pentecostes prochaine, une
» tragédie sur ledit amphithéâtre, sans leur avoir faict veoir ny
» demandé permission, à quoy ils désirent s'opposer, comme de
» faict ils s'y opposent.

» Ce considéré, mondit sieur, et attendu ce que dessus vous
» plaise ordonner les particuliers qui veulent représenter ladite
» tragédie, estre appellez par devant vous, à certain brief et
» compétant jour et heure, pour veoir dire qu'ils ne pourront
» représenter aucune comédie ou tragédie sur l'amphithéâtre,
» qu'après leurs avoir demandé congé et permission de ce faire ;
» et après les leurs avoir représentées pour les veoir et examiner,
» s'il y a quelque chose qui puisse aller contre l'honneur de
» Dieu et de son Eglise ou contre la foy et religion catholique,
» apostolique et romaine ou qui puisse tourner au scandale des

» particuliers, et cependant leur faire deffense de rien faire au
» préjudice de l'instance et vous ferez justice.
                            » . . . . ? pour les suppliants.
» Veu la requête cy-dessus, ordonnons, aux fins d'icelles, les
» parties estre appellées par devant nous, à certain brief et com-
» pétant jour, lieu et heure, et cependant leurs avons faict et
» faisons deffenses de rien faire au préjudice de l'instance......
» Donné Angers, par devant nous, lieutenant-général susdit,
» juge conservateur des priviléges royaux de la garde gardienne
» audit lieu, le 23° jour de may 1634.
» Le mercredi, 24° jour de may 1634, à la requête desdits
» sieurs de l'Eglise d'Angers, j'ai la requête et ordonnance cy
» dessus signiffié et faict asscavoyr à chacun de M° Gatien Hervé,
» parlant à sa fille, qui a dit que son père estoit allé Angers
» trouver lesdits sieurs de l'église d'Angers, à Johan Lerreau,
» parlant à son vallet, à Hillaire Chappron, parlant à sa femme;
» à Jacquet Yvon des Sanges, parlant à sa personne, à Charles
» Pineau, parlant à sa femme, à André Guenyveau, parlant à
» son vallet, à Joubert, parlant à sa mère, qui dit son fils n'estre
» des acteurs, n'estre au pays et estre allé en Bretaigne, tant
» pour eux que pour leurs aultres acteurs. . . . . . .
» par vertu de lad. ordonnance les ay adjournez (1).

. . . .

                            « GUESDON.
» GATIEN HERVÉ, licencié avocat, JEH. LERREAU, hoste de
    » Saint-Jacques, dit *Boisvolant*, CHAPRON, dit *Prévert*,
    » JOUBERT, fils de l'Escu-de-France. »

Il paraît que le droit des chanoines fut reconnu sans peine, car
trois jours après les habitants qui avaient le projet en tête se
réunirent et passèrent l'acte suivant :

« Le vingt-septiesme jour de may mil six cent-trente-quatre,
» avant midy, soubz la cour de la baronnie de Doué, furent
» présents personnellement establiz et deuement soubzmis les

---

(1) Archives de Maine et Loire. *Extrait. Douces.* — Avent, tome XXVII,
fol. 173.

» sieurs Jacques Yvon, sieur des Songiers, Jehan Laireau, sieur de
» Boisvolant, Hilaire Chapron, sieur de Prévort, Charles Pineau,
» André Gueniveau, maitre Gatien Hervé, advocat audit Doué,
» et maitre Pierre Rolland, tant pour eux que pour leurs consors
» associés en la représentation des histoires tragicques qui ce
» doibvent représenter en ceste feste de Penthecoste prochaine;
» lesquels de leur bon gré et vollonté ont cejourd'hui faict
» nommé, créé, constitué, establi et ordonné, font, nomment,
» créent, constituent, establissent et ordonnent maistre Franç.
» Lerat, advocat au siége présidial d'Angers, leur procureur-
» général spécial et irrévocable, auquel ilz ont donné et donnent
» par ces présentes plain pouvoir et autorité spéciale de se
» transporter vers Messieurs les vénérables doyen, chanoines et
» Chapitre de l'Eglise d'Angers, pour et au nom desdits cons-
» tituants présenter l'une ou toutes les pièces et tragédies que
» lesdits constituants doibvent représenter dans l'amphithéâtre des
» habitants dudit Doué, lieu de la féodalité de mesdits sieurs, ces
» féries de Penthecoste prochaine, et les supplier humblement de
» mettre ou fère mettre, si il leur plaist, l'aprobation esdites
» pièces et tragédies, qu'il n'y a rien en icelles contraire à la
» religion catholicque, apostolicque et romaine ny contre les
» bonnes mœurs, les supplier en oultre d'assister à ladite repré-
» sentation et les honorer de leur présence, offrant faire pour
» cet effet construire à mesdits sieurs une chaire au lieu et
» endroit antien et accoustumé, et généralement fère pour
» lesdits constituants tout ce qu'un bon procureur doit et est
» tenu fère, promettant l'avoir agréable, ferme, establie; à quoy
» fère tenir ce obligent leur foy, jugement, condampnation.
» Fait et passé audit Doué, en notre maison particulière, en
» présence de Denis Gibourg, armurier, maistre Gille Rousseau
» père, les jour et an que dessus.
. . . .
» Yvon, Rolland, Laireau, Hervé, Chapron,
» Rousseau, Bry notere, Gibourd (1). »

---

(1) Archives de Maine et Loire. Eschd. Doucee, Domaine, t. II, fol. 82

» *A Messieurs les doyen, chanoines et Chapitre de l'Eglise
» d'Angers,*

» Supplient humblement les manans et habitans de la ville de
» Doué, disant que, suivant l'ancienne coustume de leurs prédé-
» cesseurs, ils ont intention de fère représenter par aulcuns
» d'iceulx habitans des histoires tragiques dans l'amphithéâtre
» proche ladite ville de Doué et situé dans l'étendue de votre
» féodalité et chastelenie de Doulces, ce qu'ilz ne veulent et
» n'entendent fère sans avoir au préalable votre permission et
» approbation,

» Ce considéré, Messieurs, vous plaise octroyer auxdits sup-
» plians ladite approbation et permission.

» Et vous ferez bien.

» LERAT, *pour les supplians, en vertu de procuration specialle cy-attachée* (1).

Quoique des témoignages divers ne permettent pas de mettre en doute les représentations dans l'amphithéâtre de Doué, ces trois pièces, jusqu'ici inédites et inconnues, sont précieuses, comme les seuls documents originaux qui attestent cette coustume perdue des bons bourgeois de Doué, ainsi spontanément organisés en société joyeuse pour leur ébattement et celui de leurs concitoyens. A la fin du XVIIᵉ siècle, sans doute, l'usage n'eût déjà plus permis que de graves avocats, des notaires établis s'alliassent ainsi à des aubergistes et à des fils d'hôteliers, même pour fêter les muses tragiques. Bientôt aussi le théâtre allait changer de scènes, et d'autres tragédies, d'autres meurtres plus lamentables que ces poétiques mensonges, devaient ensanglanter l'arène ; les réactions populaires et les vengeances des passions politiques ont créé à ces caves odieuses d'autres traditions et d'autres légendes, que je n'aurais point plaisir à raconter.

---

(1) Archives de Maine et Loire, *Koëbé. Doues. Domaine*, tome II, fol 82.

VII.

L'HOTEL DE PINCÉ

DIT HOTEL D'ANJOU

Monsieur le Maire,

Vous m'avez fait l'honneur de me demander quelques renseignements exacts et précis sur l'origine et les destinées diverses de cet *hôtel d'Anjou*, qu'une noble et généreuse inspiration d'artiste vient de consacrer aux beaux-arts (1). Voici les notions certaines que j'ai pu recueillir et qui aideront à relever d'elles-mêmes quelques erreurs accréditées.

Tout l'emplacement compris entre la rue des Forges et le haut de la rue du Figuier appartenait jusqu'au XVIe siècle au Chapitre de St-Maurille et était occupé par une vaste maison à triple corps de logis, nommé vulgairement *les Créneaux*, du nom de la Chapellenie dont elle dépendait. La faible rente qu'elle rapportait au chapelain ne permettait guère de l'entretenir, et les réparations, auxquelles on ne suffisait plus, absorbant de beaucoup les revenus, le 30 avril 1522 la partie de la maison faisant face à la rue de l'*Huis de Fer* (2) fut vendue par le Chapitre à messire François Goulin, prêtre, qui lui-même le 23 décembre de la même année en fit cession à Me Johan de Pincé, licencié ès lois, sieur du Bois de Savigné, par-devant Me Cousturier, notaire, à la charge de

---

(1) Le peintre Bodinier l'a acquis en 1860 et donné à la ville d'Angers.

(2) Plus tard, de la *Chartre Saint-Maurille*, aujourd'hui de l'*Hôpital Saint-Charles*, suivant les destinations diverses de l'hôtel qui en forme l'enseignure inférieure, et qui connu autrefois sous la double dénomination populaire de l'*Huis de Fer* ou du *Figuier*, a toujours donné son nom aux deux rues perpendiculaires à la rue Saint-Laud.

servir, en rentes annuelles, 15 sols 6 deniers obole au fief du Chapitre, 15 sols 6 deniers à la Bourse des Anniversaires et de plus 15 livres au chapelain. Le preneur s'empressa le même jour d'amortir cette dernière obligation, moyennant une somme de 312 livres 10 sols une fois versée.

Jehan de Pincé, dont l'hôtel s'élevait alors sur la place de la Chevrie, acquit successivement une partie des logis avoisinants, *Pied de Biche*, le *Figuier*, et ne tarda pas sans doute à transformer son nouveau domaine. On est habitué, par une tradition constante et appuyée sur des témoignages presque contemporains, à attribuer la construction de ce gracieux édifice à l'architecte Jean de Lespine, et aucun document ne m'autorise absolument ni à démentir ni à confirmer cette tradition qui d'ailleurs n'a rien que de vraisemblable. Il est à remarquer seulement que tous les détails de l'ornementation rappellent d'une manière frappante les moulures de l'hôtel de Bonnivet, si longtemps attribué au Primatice et dont les débris ont été recueillis en partie au musée archéologique de Poitiers ; c'est dire assez la valeur des deux œuvres et l'intérêt qui s'attache à celle qu'une bonne fortune nous a conservée.

L'épitaphe de Jean de Lespine (1), conservée autrefois dans l'église des Cordeliers, nous apprend qu'il mourut en 1573, et sans aucun doute dans un âge très-avancé. Cinquante ans plus tôt, lors de la prise de possession des *Créneaux* par la famille de Pincé, Lespine devait être dans toute la première jeunesse de son talent. Dès 1533, les registres de la Mairie nous le montrent appelé par les chanoines pour constater les dégâts causés par l'incendie aux clochers de Saint-Maurice, qu'il allait être chargé de rééfidier. C'est dans l'intervalle de ces dix années (1523-1533) que je n'hésite pas à placer, sinon l'achèvement, au moins la construction générale du monument qui servit le mieux sans doute à placer au premier rang la réputation « du maître maçon » angevin. Les motifs mêmes qui décidaient le Chapitre de Saint-

---

(1) Il demeurait rue des Filles-Dieu, dans un logis attenant à l'hôtel de la Calandre.

Maurille à se dessaisir d'une maison « ruyneuse, subjecte à de grosses réparations, » durent presser le nouveau propriétaire de faire place nette. Des confrontations de 1533 nomment déjà « l'hôtel de M. de Pincé. » Il était achevé certainement depuis plusieurs années en 1541, quand le 8 mars, Renée Fournier (1), veuve de Jean de Pincé, mort en fonctions de Maire, reconnaît, vis-à-vis du chapitre de Saint-Maurille, ses obligations pour sa « maison nouvellement édifiée appelée vulgairement Les Cré-
» neaux....., composée de cour devant, gallerie à l'entour des
» deux corps d'hostel, une viz entre deux et une petite cour der-
» rière, le tout en un tenant. » Une déclaration postérieure (1542) de René de Pincé, rendue au fief du roi, complète la description de l'hôtel en mentionnant « les deux tourelles » et « l'advancement
» faict au long du pignon du grand corps d'hostel et maison
» neuve de lad. veuve, comprenant une place en laquelle y a
» partie de la cour et galeries d'icelle maison et entrée de lad.
» maison. »

Ce n'est qu'en 1535, et pendant les grands travaux de restauration de Saint-Maurice, que Lespine obtint un titre public (2). En cette année, le 19 juin, sur la recommandation instante de Joh. Mariau, malade et empêché de remplir ses fonctions ordinaires, « ainsi que Mº Pierre Poyet et aucuns aultres de la com-
» pagnye ont dit et rapporté que led. de Lespine est homme de
» bien, sçavant et expert pour faire lad. charge et icelle exercer »
le conseil de ville le nomma « commissaire des œuvres et répa-
» rations de la ville, » nous dirions aujourd'hui, architecte municipal, et tout à la fois et surtout, agent-voyer. On aime à croire qu'entre « aucuns aultres de la compagnie » Jehan de Pincé, présent à la séance, ne fut pas des derniers à rendre bon témoignage à l'artiste, qui l'avait si bien servi. Pendant 36 ans Jean

---

(1) Ses armes se voient encore dans une des salles de l'hôtel.

(2) Je ne veux pourtant pas m'abstenir de signaler une erreur qui menace de se perpétuer de livre en livre. Il est évident, par les dates citées dans ces deux pages, que J. de Lespine n'a pu être l'élève de Philibert Delorme, qui né en 1515, ne revint d'Italie qu'en 1536, à une époque où notre Angevin sentait l'Anjou de ses chefs-d'œuvre.

de Lespine reçut de la ville les 10 livres tournois de gages alloués à sa fonction, qui lui furent supprimés seulement par conclusion du 19 octobre 1571.

Il n'est pas inutile de faire remarquer que Jehan de Pincé, alors qu'il vint s'installer dans son hôtel, était depuis plusieurs années *lieutenant criminel du sénéchal d'Anjou*, et ce titre que rappelait à tous l'écusson des armes d'Anjou, accolé sur la façade et sans doute sur la principale entrée, explique suffisamment la dénomination populaire d'un édifice (qui n'a jamais eu de caractère municipal), et avait pu même motiver le choix de l'emplacement dans une rue que les documents ne désignent d'ordinaire à cette époque et longtemps encore autrement que : *la rue tirant de Saint-Pierre au Pilory*.

Le 26 mai 1615, par décret rendu à la prévôté contre M° René de Pincé, sieur de Noirieux, alors en prison pour dettes au Châtelet de Paris, à la requête de Françoise Hanres, veuve de M° Jacques Fontaine, fut publiée la vente « de la maison et ap- » partenances... consistant en un grand corps de logis..., com- » posé de deux salles basses, chambres tant hautes que basses, » cuisines, estudes, caves, celliers, greniers, deux caves, l'une » devant, l'autre derrière, un jardin dépendant dudit logis, » et l'adjudication prononcée pour la somme de huit mille livres en faveur de M. Pierre Lechat, président au présidial, qui l'habitait alors comme locataire.

L'hôtel revint, par héritage, à Renée Lechat, épouse de Gaspard Varice, sieur de Cantenay, conseiller du roi, doyen du présidial, dont les fils, Gaspard Varice, sieur de Vauléard, trésorier général de France à Tours, et René Varice, sieur de Juigné, auditeur des comptes en Bretagne, le vendirent par contrat du deux mai 1658, à Antoine Avril, sieur du Vau, commissaire des guerres à Angers, pour la somme de 13,000 livres.

Le 30 décembre 1707, par acte passé devant M° Carré, notaire, Marc-Antoine Avril, fils du précédent, en fit à son tour cession à M° Charles Béritault, sieur du Pontreau, juge au présidial d'Angers, « avec les b[...]eures, cloisons, contoir, bureau, » cabinet, cadres, tableaux, ustancilles et autres commodités qui » sont présentement, pour la somme de 12,000 livres. »

L'hôtel de Pincé devait rester jusqu'à la Révolution dans cette famille, qui pourtant à la fin du XVIIIe siècle, n'y résidait plus.

Le 19 août 1769, Pierre-Germain Béritault de la Bruère, écuyer, et demoiselle Perrine-Louise Béritault de la Bruère, sa sœur, demeurant ordinairement à Angers, paroisse Saint-Maurille, et de présent à leur terre de la Chesnaye en Grézillé, louent pour cinq ans « à messire Philippe Serant, clerc tonsuré du diocèse de Cahors, et à M° Pierre Nicoleau, avocat au Parlement
» de Paris, du diocèse de Tarbes en Bigorre, associés l'un et
» l'autre pour l'institution de la jeunesse en la ville de La Flèche,
» y demeurant, la maison et hôtel d'Anjou, consistant en grand
» et petit appartement, haute et basse-cour, caves et sous-caves
» voûtées, cuisines, chambres, cabinets, refuges, écuries, por-
» ches, remises, » y compris « les trumeaux, attiques, tableaux,
» plaques de cheminées et autres objets inhérents aud. hôtel »
pour 1,000 livres de loyer annuel, à l'exception de l'appartement
« dont jouissoit ci-devant M™ Lelarge et celui qu'occupe actuel-
» lement M™ La Roche Davy. »

Le 7 décembre 1774, le bail fut prolongé d'un an, moyennant 100 pistoles pour l'année. — La maison s'appelait alors la *Pension Verte* et fut connue sous ce nom jusqu'à la Révolution, tout en conservant son ancienne dénomination d'*Hôtel d'Anjou* que lui assigne encore un bail passé le 5 mars 1776 à messire Louis-Guillaume Ménage, chevalier, cy-devant capitaine au corps royal de l'artillerie pour une certaine portion, « consistant en une
» cuisine où il y a un potager,... une salle où il y a une che-
» minée de marbre, un tableau au-dessus de la cheminée avec
» une plaque de fonte, un petit cabinet à côté d'un petit degré à
» descendre à la basse-cour... »

Dans le tumulte révolutionnaire, l'hôtel fut occupé par le commandant de place. « Le sieur Béritault étant émigré ou ré-
» puté l'estre », l'immeuble et les meubles devinrent propriété de la république. Sur la réclamation du citoyen Delorme, demeurant à Vihiers, exposant qu'après avoir quitté la ville d'Angers en 1780, il déposa partie de son mobilier inutile dans la maison du sieur Béritault de la Bruère, son parent, le Directoire du Département l'autorisa à faire enlever les objets revendiqués,

entre autres, « deux attiques ou dessus de portes en peintures,
» l'une représentant l'Epopée, et l'autre la Satire, qui y sont tou-
» jours restés sans estre montés, » et le 12 messidor an IV, en
vertu de la loi du 28 ventose de la même année, on mit en vente
« la maison appelée ci-devant la *Pension Verte* et ses dépen-
» dances, rue haute et basse du Figuier, sous les n°s 5 et 10, oc-
» cupée dans ce moment par le commandant de place et le nommé
» Hamon, ayant deux entrées par les susdites rues, et telle qu'en
» jouissoit le nommé La Bruère, émigré, à la succession duquel
» elle appartenoit, joignant d'un bout au levant et d'un côté au
» nord lesd. rues, d'autre bout au couchant la propriété de la ci-
» toyenne Bautru, et d'un côté, au midi, celle des citoyens De-
» laurent, Fabre et Touchaleaume; laquelle dite maison consiste
» au rez de chaussée de la basse rue en une porte chartrière,
» entrée couverte, écuries, buchers, caves, escalier dans la cour,
» où est le puits commun avec la maison voisine; du côté de la
» haute rue, sont une cour de 30 pieds en carré, un perron,
» escalier, grande salle, cuisine, décharge, principal escalier,
» vestibule, salle à manger, office et deux chambres à coucher
» sur les écuries et bucher, escalier dérobé entre deux, et un pe-
» tit cabinet; au premier étage, trois petites chambres en en-
» tresol, plusieurs chambres à cheminée, cabinets, antichambres;
» au deuxième étage, une chambre à feu sur le grand escalier,
» grenier au-dessus, petit grenier à côté, exploité par un petit
» escalier dérobé..; lesd. biens évalués.. en revenu net, à la somme
» de 750 francs, et en capital, celle de 13,500 francs » et adjugés
pour cette somme au citoyen Charles-Pierre Mame, imprimeur,
demeurant à Angers, rue Centrale.

Ce qu'il en advint plus tard, c'est à d'autres de le dire, et ma
tâche d'historien finit à l'époque où finit l'histoire.

VIII.

LA PYRAMIDE DE SORGES

Il n'est pas un Angevin qui ne connaisse la Pyramide de Sorges ; c'est le passage ordinaire, le rendez-vous aimé des écoliers et des pensions qui peuplent le faubourg Bressigny jusqu'aux Justices. Mais l'origine et la destination de ce monument qui donne son nom au village voisin, c'est ce que j'ai demandé, à qui a voulu m'entendre, et ce que personne ne m'a pu dire de science sûre ; c'est ce que j'ai cherché où j'avais chance meilleure d'apprendre, sans rien rencontrer qui pût satisfaire. Ni dans les livres imprimés ni dans les manuscrits de la Bibliothèque, ni dans les titres des Archives départementales, ni dans les registres de la paroisse de Sorges (1534-1802), déposés aujourd'hui à la mairie des Ponts-de-Cé, je n'ai pu trouver même une simple mention qui me mît sur la voie de la vérité.

Les traditions ni les conjectures ne manquent pas, mais n'apprennent rien.

Ici, comme dans toutes les occasions difficiles, à une certaine époque, on a mis en cause les Romains. Il faut noter le fait pour mémoire ; mais la tradition locale, et vraiment populaire, attribue le monument aux Anglais qui l'auraient élevé comme limite de leurs possessions dans la paroisse de Sorges. C'est la même histoire, avec quelque vraisemblance de moins, qui se racontait pour l'ancienne pyramide, récemment détruite, du grand pont d'Angers. Tel que la précédente opinion ferait sourire est tout prêt à donner les mains à celle-ci ; le style seul pourtant du monument dispense de discuter cette légende. Une troisième tradition y veut voir un monument commémoratif de la bataille livrée en 1620 par les troupes du roi Louis XIII aux troupes de la reine-mère ou tout au moins du traité conclu à la suite de cette échauffourée. C'est l'opinion la mieux accréditée, et je l'ai recueillie de personnes lettrées qui n'en faisaient point doute. Soutient-elle mieux l'examen? j'ai peine à le croire. La bataille eut lieu aux Ponts-de-Cé, la réconciliation à Brissac. Quel motif d'élever un monument à Sorges, dans un site inhabité, à portée des eaux tant soit peu grandes, plutôt qu'à Sainte-Gemmes ou à Beaufort? Pourquoi d'ailleurs élever une pyramide en souvenir d'une affaire qui est restée connue dans l'histoire, sous le nom peu grandiose de *Drôlerie des Ponts-de-Cé*. En fait, tous les héros du combat et bien d'autres qui n'y étaient pas en ont laissé leur récit; de nombreux pamphlets ont plaidé la cause ou du roi ou de la reine; nulle part il n'est question d'une circonstance qui eût été bonne à rappeler et qui prêtait facilement au panégyrique ou au ridicule. Le silence d'ailleurs des historiens de la province et de la ville me semble décisif. Nous avons sur cette époque des documents détaillés de toute sorte et durant tout le XVIIe siècle une série de compilateurs ou d'historiens sérieux, qui n'eussent point laissé cette singularité passer inaperçue, Bruneau de Tartifume, Grandet, Pocquet de Livonnière, Artaud, Claude Ménard, Ménage, Pétrineau des Noulis, Roger, et le plus minutieux de tous, le greffier Louvet, qui jour par jour note au passage les nouvelles, les fêtes, les entrées des princes et des gouverneurs, les événements tristes ou heureux dont Angers et l'Anjou sont le théâtre. On peut être certain d'y retrouver un renseignement cherché sur un fait contemporain de ce genre; il ne dit mot de la Pyramide; c'est, je crois, prouver l'invraisemblance absolue d'une origine qui d'ailleurs, je l'indiquais tout d'abord, pèche par l'étrangeté de sa pensée première.

A mon avis, s'il faut le dire, la Pyramide a été érigée vers 1752, en commémoration de l'achèvement de la levée de la Loire, qui anciennement se terminait au port de Sorges. On était arrêté là par l'Authion, qu'il fallait passer dans un bac. La construction d'un pont, fermé par des vannes contre les grandes crues de la Loire, rendait les communications libres, en abritant la vallée jusqu'alors presque déserte en cet endroit. L'emplacement du monument était indiqué d'avance, à la rencontre des deux routes de Baugé et de Beaufort, au centre du pays abrité, si bien qu'à l'entour vinrent se grouper les familles et les habitations d'un nouveau village, attirées là par les besoins prévus de la vie commune et la sécurité rendue au pays. Cette opinion, qui n'est comme toutes les précédentes qu'une conjecture, s'autorise au moins de l'aspect même de la Pyramide, qui certainement ne peut être attribuée à une époque antérieure à la première moitié du XVIIIe siècle, et aussi de la pratique ordinaire des constructeurs de cette époque. A l'extrémité du pont des Treilles, sur l'esplanade du côté de Ronceray, s'élevait aussi une pyramide, qui en 1744 fut transportée sur le grand pont d'Angers et dont les vestiges ont disparu il y a huit ou neuf ans. Lors de la canalisation du Layon, l'adjudicataire s'était engagé à construire une pyramide sur le pont de Chalonnes ; le projet fut-il réalisé, je ne sais ; mais il est attesté sur le plan des ouvrages dressé par Moithey à la suite de ses *Recherches sur Angers*. Enfin sur le pont de Blois existe encore, je crois, une pyramide, élevée vers le commencement du XVIIe siècle lors de la reconstruction du pont et des grands travaux de la Loire, en sorte qu'aux deux extrémités de la levée, pour ainsi dire, deux monuments de même nature attesteraient le souvenir et la réalisation d'une pensée commune ou tout au moins d'une entreprise contemporaine.

Ces considérations ont sans doute quelque valeur ; je suis loin pourtant de les donner comme certaines. L'administration supérieure, qui s'intéressait à ce problème, a tout récemment ordonné des fouilles, qui n'ont rien produit. La question eût été moins obscure, si les inscriptions, qui existaient au moins sur une des faces du monument, n'eussent été détruites à la Révolution, en même temps que la fleur de lys en marbre blanc qui, m'a-t-on dit, surmontait la pyramide. Toujours est-il que, dans les données actuelles, j'ai pris plaisir à cette recherche, et que des nombreuses personnes à qui chemin faisant, j'ai eu occasion de recourir, aucune ne s'est trouvée surprise ; j'ai trouvé partout au contraire, j'entends surtout parmi les paysans de la vallée, la preuve d'une préoccupation antérieure à mes demandes et le regret d'une ignorance involontaire, à laquelle pourtant il faudra bien nous résigner, bon gré mal gré, en attendant mieux (1).

---

(1) C'est l'Empereur Napoléon III, qui se rendant en 1866 aux ardoisières inondées, passa devant la Pyramide et demanda au préfet Vallon, assis à ses côtés, l'origine et la signification de ce petit monument. M. Vallon ne sut que dire et le lendemain, encore tout froissé de cette aventure, me fit appeler à son cabinet. Mon ignorance le consola ; il voulait pourtant savoir le fin mot et n'apprit rien davantage. — A cinq ou six mois de là, le classement des archives de la mairie d'Angers vint donner une certitude complète à la conjecture, dont je n'avais pu qu'exposer la vraisemblance. — Il résulte en effet des comptes et des délibérations de l'Hôtel-de-Ville BB f. 24, que la Pyramide de Sorges, d'ailleurs sans aucun intérêt d'art, a été élevée en 1743 sous la direction de l'architecte Louis Launay, pour constater l'achèvement de la grande levée de la Loire, jusqu'à l'entrée de la banlieue d'Angers.

LES
INONDATIONS
DANS LE DÉPARTEMENT DE MAINE-ET-LOIRE

VI° SIÈCLE. — 1799.

Le Ministre de l'agriculture, du commerce et des travaux publics, à la suite de sa circulaire du 26 juillet 1856, que les journaux ont publiée, avait soumis à MM. les ingénieurs une série de questions à mettre à l'étude, dont la solution devait servir à résoudre la difficile question des crues de la Loire. C'est pour aider, autant que possible, au travail demandé, que je fus amené par mes fonctions à dresser, dans un délai donné, un relevé historique des inondations dans le département de Maine-et-Loire, depuis les temps Mérovingiens jusqu'au XIX° siècle. La série en est souvent interrompue ; il sera bon de n'en tirer d'autres conséquences que le manque d'historiens ou l'aridité des histoires. Jusqu'au XVI° siècle il faut glaner au hasard dans les récits étrangers à l'Anjou ; un chroniqueur se présente alors, témoin bavard des événements de son temps ; puis le XVII° siècle à peine commencé, le vide se fait encore jusqu'à la fin du XVIII° siècle.

Ce relevé, si succinct qu'il soit, surtout s'il a été complété, comme il faut le croire, par des travaux simultanés du même genre dans les départements riverains de la Loire, doit certainement présenter un intérêt pratique et dans certaines discussions devenir une force contre des théories peut-être irréfléchies. Au VI° siècle comme au XII°, il fallait pour trouver à vivre, déboiser, non pas les montagnes où l'on n'avait que faire, mais les plaines et les vallées en friche, ce qui n'empêchait pas les inondations d'être aussi fréquentes, aussi violentes, aussi subites qu'aujourd'hui. Les saisons non plus n'ont pas changé; c'est bien trop souvent, comme hier encore, au moment de la moisson ou de la fenaison prochaine, qu'arrive le flot inattendu.

Je rentre dans mon rôle en revenant à la chronologie.

579. — Débordement simultané du Rhône et de la Loire. « La Loire et l'Allier et les autres cours d'eau, qui s'y viennent jeter, se gonflèrent au point de franchir les limites qu'ils n'avaient point encore dépassées, ce qui causa la perte de beaucoup de troupeaux, un grand dommage à l'agriculture et renversa beaucoup d'édifices. » — (*Grégoire de Tours*, histoire des Francs, l. v, ch. 41.)

580. — « La Loire dépassa la crue de l'année précédente, grossie cette fois du torrent du Cher. » — (*Id.* l. v, ch. 42.)

585. — « Il fit cette année de grandes pluies et les fleuves grandirent à tel point qu'il y eut presque partout des désastres; les eaux franchissant les rivages, couvrant les prés et les moissons du voisinage, les ruinèrent; les mois du printemps et de l'été furent si pluvieux qu'on eût plutôt pu se dire en hiver. » — (*Id.* l. VIII, ch. 23.)

587. — « Cette année les vendanges furent maigres, les eaux fortes, les pluies immenses et les fleuves grandirent aussi considérablement. » — (*Id.* l. IX, ch. 5.)

580, après Pâques. — « Un orage et une pluie de grêle survint de telle violence, qu'en deux ou trois heures on vit couler des fleuves débordés dans les gorges étroites des vallées. Les rivières grossirent outre mesure, de telle sorte qu'elles couvrirent des endroits, où jamais elles n'étaient encore arrivées, et firent grand tort aux semences. » — (*Id.* l. X, ch. 23.)

590, à l'automne. — « Fortes pluies et tonnerres, les eaux furent bien grosses. » — (*Id.* l. X, ch. 23.)

591. — « Les foins, par la chute des pluies et le débordement

des fleuves, périrent, les moissons furent chétives, les vins abondants. » — (*Id.* l. x, ch. 30.)

Voilà bien, s'il faut le dire, dans l'espace de 12 ans, au moins six inondations de Loire, dans un temps où le lit du fleuve n'était resserré par aucune étroite levée ni encore exhaussé, comme on le prétend, par les sables.

618. — Un auteur moderne (M. Grille) cite à cette date une inondation de Loire dont je n'ai point retrouvé la trace.

Il est fait mention, durant les siècles suivants, de grands ravages, mais les localités de la Gaule n'étant point désignées, je ne fais que noter au passage les inondations qui m'ont semblé s'être étendues au bassin de la Loire ; d'ailleurs les historiens, comme Grégoire de Tours, sont rares ; les chroniques deviennent d'arides nomenclatures de morts, de guerres, d'avènements de rois ; — ou bien, écrites loin de l'Anjou, elles s'occupent des intérêts de la localité ou du monastère d'où elles n'espéraient point sortir.

809. — « Il y eut une inondation telle que jamais auparavant n'en fut vue pareille en terre ; ce fut le 28 décembre que les eaux furent le plus hautes. » — (*D. Bouquet*, t. v. p. 30.)

820. — « En cette année les eaux des fleuves débordés couvrirent la terre dans quelques endroits, y séjournèrent longtemps et empêchèrent les semailles d'automne. » — (*Eginhard*, Vie de Louis-le-Débonnaire. *D. Bouq.* t. vi, p. 180.)

852. — 30 juin. — Les Normands allaient piller Tours, quand, grâce à la Providence, « une crue du Cher et de la Loire inonda tellement le pays, que leur réunion semblait former une mer et que la hauteur des flots empêcha l'ennemi d'approcher de la ville. » — (*Gestes des comtes d'Anjou*, p. 40).

868. — « Les ruisseaux et les fleuves, par suite des pluies excessives, se prirent à grossir et en nombre de lieux ne firent pas peu de dommage aux récoltes et aux maisons. » — *D. Bouq*, t. vii, p. 173.)

886. — Une inondation est mentionnée à peu près dans les mêmes termes à cette date.

1003. — « La Loire, avec une violence inouïe jusque-là,

franchit ses limites antiques ; le débordement fut tel et si subit que les laboureurs au travail et les cavaliers en route furent enveloppés dans la même ruine. » — (Aimoin, l. II des Miracles de saint Benoît.)

« L'hiver fut plus long qu'à l'ordinaire, et les inondations des pluies firent déborder les fleuves... La Loire surtout dépassa tellement ses bornes, qu'elle menaça d'anéantir tout le pays d'alentour, brisant les obstacles, emportant les maisons et les hommes et les troupeaux. » — (D. Bouq., t. XII, p. 793.)

1031. — Juillet. — « Aux approches de la mort du roi Robert, des pluies torrentielles firent déborder les fleuves en divers pays ; la Loire surtout franchit ses limites, envahit les villages, emporta les maisons, les bergeries et les troupeaux et les enfants des paysans. » — (D. Bouq., t. XII, p. 795.)

1037. — « Dans la même année la Loire franchit deux fois ses rivages et fit éprouver de grandes pertes aux riverains. » — (Ibid.)

De nombreuses inondations sont encore mentionnées dans ce siècle, mais sans désignation des fleuves ou des pays.

1174. — « Les fleuves des Gaules crurent horriblement, et l'on vit par la vertu divine un enfant, emporté dans son berceau par les flots impétueux de la Loire, être recueilli sain et sauf au rivage. » — (D. Bouq, t. XII, p. 775.)

1175. — « Au mois de novembre il y eut une inondation extraordinaire qui renversa les métairies et submergea les semences. » — (Guillaume de Nangis.)

1196. — « Au mois de mars un soudain et excessif débordement des fleuves détruisit les villes et les habitants. » (Ib.)

Rigord et Guillaume le Breton parlent avec détail de cette inondation : « Il survint, dit ce dernier, tout-à-coup, une crue des eaux et des fleuves qui détruisit les ponts en beaucoup de lieux et renversa beaucoup de villes. » Elle fut terrible à Paris ; il est à croire qu'elle se fit sentir en Loire.

1206 — « En décembre les pluies amenèrent une nouvelle inondation telle que depuis un siècle on n'en avait pas ouï raconter de pareille. » — (Guillaume le Breton).

1219. — « Pendant tout le mois d'avril et jusqu'au milieu de mai, les fleuves s'enflèrent tellement qu'ils couvrirent les prés, les bruyères, les bourgs, les vignes et les moissons, au grand dommage des cultivateurs ; ensuite il ne cessa de pleuvoir continuellement jusqu'aux kalendes de février ; un grand nombre de ponts, de moulins, de maisons furent emportés. » — (*Ibid.*)

1270. — « Il survint une grande inondation vers la Saint-Michel. » Il s'agit sans doute ici de la Vienne. — (*D. Bouquet*, t. 21 fol. 809.)

1306. — « L'hiver, les fleuves de France étant débordés, sont pris par la gelée. A la débâcle, grands désastres en beaucoup de pays. » — *D. Bouq.*, t. 21, p. 647.)

1309. — « Une inondation emporte les ponts à Tours et en beaucoup de lieux. » — (*Chroniq. de Touraine*, publiée par M. Salmon, p. 196.)

1407. — A cette date le Pont de Cé avait été emporté par les eaux. — (*Comptes de la seigneurie de Douces.* — Aux archives Maine-et-Loire.)

1414. — Je n'ai trouvé qu'une mention moderne de cette inondation de Loire.

1427 ou 1428. — De même.

1438. — « Cestuy an fut si grant habondance d'eaulx que les bateaulx passoient par sur les ponts d'Angiers et dura ceste inondation l'espace de 6 semaines ou plus. » — (*Bourdigné*, t. II, p. 187.)

1456. — En mars la levée était rompue en deux brèches vers Varennes-sous-Montsoreau et 100 hommes des paroisses de la vallée s'y relayaient sous la direction de Jean Bohalle, pour relever la ruine.

1464. — La levée est rompue, la vallée envahie et la mairie d'Angers se préoccupe de la grande charge des pauvres, qui vont lui revenir à nourrir. (BB 9, f. 6.)

1496. — Les levées rompirent ; l'auteur du *Déluge de Saumur* ne dit point où.

1522. — « Au moys de novembre pleut en si grant habondance que l'on estimoit le déluge... La rivière de Loire creut à si grant inondation qu'elle endommagea grandement le pays et rompit en plusieurs endroits les levées, faisant piteuse destruction au pays de vallée ; duquel furent aucunes maisons par la violence des eaulx abatues, plusieurs bledz ensemencez perdus et plusieurs bestes submergées, dont les habitants du pays furent longtemps après en grande povreté. » — (*Bourdigné*, t. II, p. 333.)

1523. — « C'est an et moys de juillet pleust en Anjou en si grant habondance que l'on jugea les bledz estre perdus par les champs et les vins ne pouvoir à maturité parvenir ; et à cause d'icelles pluyes au mois d'aoust ensuivant furent les fleuves et rivières dudit pays aussi grands qu'elles avoient coustume de estre à l'yver, qui furent cause de la perdition de plusieurs biens de sur la terre. » — (*Bourdigné*, t. II, p. 339.)

1525. — « Le mois de may... fust le pays d'Anjou presque submergé d'eaulx d'une crue qui vint en la rivière de Loyre et pareillement pour les pluyes continuelles qui tout ce moys eurent cours. Et n'estoit mémoire d'homme avoir vu les eaulx si desrivées, et sembloit que toute l'isle des Ponts de Sée flotast sur l'eaue ; et tant continuèrent lesd. inondations, que la levée rompit en plusieurs endroits, et y eut aucunes maisons fondues et submergées. Toutes choses semées en la vallées furent perdues et gastées et mesme plusieurs hommes et femmes noyez en cuydant sauver leurs meubles et bestes, desquels périt grant quantité ; qui fut merveilleux dommage pour le pays d'Anjou et cause que les bledz en furent plus chers ; car la vallée est ung quartier de pays fructueux et fertile qui en bledz, potaiges et toutes manières de grains fait communément grant secours au pays d'Anjou. » — (*Bourdigné* p. 357, t. II, qui donne à tort la date 1526.) — La mairie d'Angers envoya en cour deux députés pour exposer ces désastres et obtenir secours (31 mai) et quelques jours après (18 juin) élut des commissaires, chargés d'aller avec deux ou trois sergents de la ville contraindre les pauvres paysans de la vallée « qui ont auprès d'eulx le long de la rivière de Loire des bestes mortes, à les enterrer. » — (Arch. munic. BB 18, f. 107.)

1557. — Je n'ai trouvé qu'une mention moderne de cette inondation de Loire.

1561. — « Il fist de la pluye le jour de la Sainte-Catherine et dura jusqu'au mois de février ensuivant qui fut cause d'une grande crue d'eau qui passa par sur les ponts d'Angers. » — Journal de *Louvet*.) — La levée rompit sur trois points en Varennes-sous-Montsoreau, vis-à-vis La Suze, dont toutes les futaies y périrent.

1562. — Janvier. — Les levées rompirent près de Saumur en janvier. — Les deux ponts furent emportés. — (*Déluge de Saumur*, p. 61.)

1565. — En février, grande neige et gelée des rivières : « Au dégel les eaulx crurent et furent si grandes, qu'elles rompirent les ponts et moulins aux Ponts de Cé, où l'on ne pouvoit passer ny à pié ny à cheval, et en plusieurs aultres endroits du païs, rompirent des arches, ponts et chaussées, et fust ceste année qu'on appèle l'année du grand hiver. » — (*Louvet*.)

1567. — Le 17 mai la Loire déborda et se réunit au Loiret ; Orléans fut submergé, Tours envahi par les eaux de la Loire et du Cher. — Une plaque, rue Saint-Etienne, à Tours, atteste qu'elles atteignirent sur ce point une hauteur de plus d'un mètre.

1570. — « Au mois de décembre aud. an la rivière de Loire fust grande et desrivée, laquelle rompit la levée en plusieurs et divers endroits, qui fist et apporta beaucoup de pertes et dommaiges, comme aussi les autres rivières, fleuves, tant de France, Allemagne que Ytalie... tellement que l'on n'avoit jamais vu une telle inondation d'eau. » — (*Louvet*.)

1572. — Février. — « Les eaux audit mois furent fort grandes. » — (*Ibid*.)

1576. — 26 janvier. — *Tante inundaverunt aque universaliter, maxime in ducatu Andegavensi, ut exinde multa loca periclitaverint multeque domus corruerint super pontes Andegavensi*. (Reg. cap. de S. Maurille, f. 114.)

1579. — Janvier. — « La rivière de Loire et aultres rivières descendant en icelle furent fort grandes, et la rivière de Mayenne si grande, qu'on menoit les batteaux sur les ponts de la ville d'Angers. » — (*Ibid.*)

1586. — 25 septembre. — « Les levées rompirent. » — (*Hiret*, Antiquités d'Anjou, p. 507, sans indication de lieu.)

1589. — « Au mois de juin les eaux ont été fort grandes en la ville d'Angers, les 7, 8 et 9me jours. » — (*Louvet*.)

1591. — « Au commencement de ce présent mois de juillet les eaux ont esté fort grandes,... à raison de longues pluies, qui ont faict au mois de juing dernier. » — (*Ibid.*)

1600. — « Nota que les eaux furent tellement grandes en ceste année que depuy la feste des Roys ne faisoient auchun service en l'église parochialle jusqu'à la feste S. Marc. » (Arch. de Saint-Martin-de-la-Place.)

1606. — « Le 23 janvier les eaux étaient fort grandes. — (*Louvet*.)

1608. — « Le mercredi 11 juin 1608, fête de saint Barnabé, les eaux estoient si grandes qu'elles estoient en la rue de la Tannerye d'Angers, qui ont fait beaucoup de dommages aux prés et vallées. » (*Louvet*). — N'était que les levées se rompirent, la ville de Tours eût été submergée.

Même année, 1608. — « Le 18 octobre, fête de saint Luc, les eaux estoient fort grandes aux Ponts de Cé qui ont fait grand dommage, et ny a mémoire d'homme qui les ait vues si grandes, qui a tellement refoulé la rivière de Maine qu'elle a cru et couru de telle façon contre amont qu'elle eut bien fait moudre les moulins à revers, et estoit ès rues de la Poissonnerie et Tannerye d'Angers. » — (*Louvet*.)

1609. — « Le 1er février les eaux estoient grandes à raison des pluies qui ont fait depuis trois mois, qui ont été fort ennuyeuses. » — (*Id.*)

Même année. — 15 novembre. — « La rivière de Loire estoit si grande qu'elle estoit en toutes les rues des Ponts-de-Cé. » — (*Ibid.*) — 24 novembre. — « Grandes eaux à merveilles, » dit le curé de Saint-Martin-de-la-Place.

1615. — C'est l'année dite des grandes eaux. Depuis 40 ou 50 ans on n'avait rien vu de semblable. (*Roger*, Hist. d'Anjou, p. 476.) — 15 mars. « Les eaulx estoient si grandes tant ès rivières de Loyre et Mayne, qui a occasionné beaucoup de peuple à quitter et abandonner leurs maisons, tant sur les levées qu'à Saumur où elle a fait de grandes ruines, rompu de grandes arches ; et estoient les eaulx de telle hauteur qu'elles passoient et excédoient la hauteur des quais de Saumur, et en un instant les eaux couvrirent les rues de Saumur, de telle hauteur que les bateaulx entroient par la porte de la Tonnelle, pour aller secourir les habitants ;... comme aussi si grande à Angers et a fait sa crue jusque dessous la porte Chapelière où elle est venue tant du côté de la Poissonnerie que du côté du Port Ligner, et continué ladite crue jusque près la Croix-Dorée. » (*Louvet*). — « Et la rue de la Poissonnerie et le port Ligné ne faisoit qu'une rivière. (Brun. de Tart. *Philandrinopolis* mss., f. 587. — « A haulteur en télz endroitz de deux piedz ou environ par dessus un homme. — Et a commencé à diminuer le 18 d'apvril 1615. » (Arch. mun. GG 138).

Sur la rive droite la Maine monta jusque sur l'autel des Carmes.

« A Saumur, l'eau resta 15 jours dans la ville et les faubourgs, et s'éleva de deux pieds par dessus le seuil de l'église des Capucins, à 18 pieds 1 pouce. » (*Registres de la Mairie de Beaufort*). La levée rompit le 18 mars en 5 endroits : 1° un peu au-dessus de l'église de Villebernier ; 2° au-dessous de Saint-Lambert-des-Levées, près la limite de Saint-Martin-de-la-Place ; 3° dans la commune de Saint-Martin-de-la-Place, vis-à-vis le château du Boumois ; 4° en la commune des Rosiers ; 5° en Saint-Mathurin. « La levée rompit le 15 mars au Port-Pigeault en ceste paroisse de S. Mathurin et vis à vis de la métairie de Champs d'Oyzeau et en quatre autres endroitz depuis ledit lieu jusques à Soulmeur, la grande arche et la Soulnerie dudit Soulmeur emportée par les eaues, de sorte que la vallée fut remplie d'eaues aussy haut que celle de la rivière et plus. » (*Reg. de S. Mathurin.*) — Depuis longtemps — (n'en a-t-il pas toujours été ainsi?) — on accusait les crues d'être *plus ordinaires et plus continuelles qu'elles n'étoient anciennement*. Ce sont les termes mêmes de Bourneau, le chroniqueur du *Déluge de Saumur* (in-12, 1618. Réimprimé en 1846 chez Godet). Il étudie, non sans sagacité, les causes de ces inondations et cherche les remèdes ; il insiste surtout sur la nécessité urgente d'ouvrir des canaux de dérivation au-dessus des villes. Cette brochure peut être consultée avec intérêt. On y voit par exemple qu'au XVIIe siècle déjà les riverains proposaient de ne pas réparer les levées, et, sinon de les détruire, au moins de les laisser tomber de vétusté.

1618. — 14 février. — « La levée rompit aux Rosiers. » (Reg. de St-Martin-de-la-Place.) — Le curé de Varennes sous Montsoreau place cette rupture au 2 février : « Dès lors l'eau commença à s'appetisser » en Varennes « qui eut grant peur, à raison que » la levée de Pitot n'estoit pas beaucoup bonne ni seure. »

1623. — « Au mois de février, les eaux ont été fort grandes, lesquelles ont couvert toute la rue de la Tannerye et rue Painete, à telle hauteur que les bateaux estoient menés èsd. rues, et ce à raison des grandes et continuelles playes qui ont fait ce dit mois. » — (Louvet.)

1624. — « Vers la fin du mois de janvier il a fait de grandes gelées et froidures si grandes que la rivière a été gelée et glacée... et ont duré les froidures jusque vers la fin du mois de février ensuivant, qu'il a aussi fait de grandes neiges, lesquelles ont été grandement haultes, lesquelles fondues au dégel ont causé que les rivières de Loire et autres rivières qui passent par la ville d'Angers, ont été si grandes que la rue de la Poissonnerie, Tannerie, rue Painete... estoient toutes remplies... laquelle rivière de Loire a été à sa chute et dégel si violente qu'elle a abattu les ponts et fait grandes ruines, même a ruiné et emmené grand nombre de maisons et noyé beaucoup de pauvres gens ès basses vallées. » — (Louvet.)

1625. — « L'hiver a esté fort doux et continu en pluies, à raison desquelles les eaux ont esté fort grandes. » — (Id.)

Même année. — Juin. — Les eaux et rivières ont esté à la fin du présent mois très grandes, les prés tout couverts, laquelle crue a duré jusqu'au 8 juillet ensuivant..., à raison des grandes pluies continues. » (Id.)

1626. — 21 juin. — « La playe et tonnerre est survenu qui a duré tout le jour et toute la nuit... et a lad. playe tombé en si grande quantité et abondance qu'elle a emmené beaucoup de maisons, ruiné et abattu les chaussées des estangs, noyé beaucoup de bestiaux et a passé par dessus lesd. chaussées et couvert grand nombre de prés, ce qui a grandement espouvanté le peuple de voir l'ire de Dieu tomber sur les biens de la terre. » (*Id.*)

Même année. — « A raison de la continuation desdites pluyes les rivières ont esté si grandes toute cette présente année que tous les bas prés ont esté couverts d'eau toute l'année, comme en toute la saison d'hiver. » — (*Id.*)

Même année, 22 juillet. — « Les eaux des rivières sont si grandes qu'elles passent par dessus la chaussée des Treilles de cette ville et proche d'entrer ès-rues, chose espouvantable de veoir la saison si changée… »

25 juillet. — Les pluies continuent. « Les rivières entrent ès rues et dans la Poissonnerie; les prez sont couverts de la hauteur de deux piques d'eau. »

2 aoùt. — Les pluies continuent; la Maine et la Loire croissent sans cesse. Toute la vallée de Beaufort est couverte; « les pauvres gens ont esté contraints de couper les épis des blés et mener des bateaux pour les mettre à serrer. » — (*Id.*)

Pendant ce temps-là une peste épouvantable ravageait la ville et l'Anjou.

1627. — « Au mois de janvier, vers le 22, les rivières et eaux ont esté si grandes qui estoient ès-rues de la Poissonnerie, Tannerie et rue Paincte. » — (*Louvet.*)

Même année, le 26 mai. — « Les eaux ont esté grandes, proche d'entrer en la rue de la Poissonnerie à raison de la continuation des pluyes. » (*Id.*)

Id., 21 juin. — *Id.* « à cause des pluyes. »

1628. — 13 mai. — « Il a fait de grandes froidures et gelées et grandes chutes de pluies et gresles qui a esté cause que les rivières et eaux ont esté grandes, qui ont fait beaucoup de dommages ès-terres des vallées et tardé les fruicts de la terre et des vignes. » — (*Louvet.*)

Même année, fin novembre. — « En une nuit, la Loire fit des

ravages incroyables et inonda quantité de villages et de terres labourables en telle sorte que le dommage est estimé de plusieurs millions d'or. » (*Mercure François*.) Richelieu, qui s'en revenait du siége de la Rochelle, faillit périr avec une partie de la cour.
— « Nota que le samedi 2 décembre la levée rompit entre Chosé et la Chapelle Blanche, et l'eaue arriva en ces quartiers icy environ les 12 ou 11 heures du soir, où plusieurs y furent surpris et nous particulièrement, d'aultant que l'eaue estoit soubz noz litz que nous dormions encores, et vint si grande qu'elle fut jusques dessus le caillou de la porte de ceste montée... Plusieurs bestiaux furent noyez, mesmes quelques personnes, plusieurs bastiments renversez, entre autres un grand bas costé de Boumoys faict depuys peu. Et le 13 février l'eaue repassa par la mesme bresche, laquelle incommoda presque plus que la première, d'aultant qu'elle empescha la sepmaille des febves. » (*S. Martin de la Place* Et. C.)

1629. — « 13 février, les levées rompirent au même endroit qu'à la précédente crue. » — (Ibid.)

Même année. — « Les 20, 21 et 22 novembre, les rivières et eaux ont esté si grandes à raison des longues et continuelles pluies qui ont fait en ce mois, lesquelles ont entré ès rues de la Parcheminerie, Poissonnerie, Paincte, de la Tannerie, et esté si hautes qu'elles ont passé par sur les boutiques des dites rues et les habitants des dites rues, pour aller et venir en leur logis, contraints de mener des bateaulx ès dites rues ; laquelle a été proche du carroi de la Porte-Chapelière du côté de la rue de la Poissonnerie et du côté de l'entrée du Port-Ligner. » — (*Louvet*.)

Même année, 24 décembre. — « La rivière a esté grandement grande et a entré ès rues de la Poissonnerie et ès rues de la Tannerye et est venue près le carroy de la Porte-Chapelière ; laquelle crue a esté faicte à raison des longues pluies qui ont faict et duré plus d'un mois et des grands vents..., et le lendemain jour de Noël, les eaux ont commencé à baisser, à raison du vent qui est tourné d'amont. » — (*Id.*)

1630. — « Le dimanche 31 mars, les eaux et rivières ont esté si grandes qu'elles ont esté en la rue de la Poissonnerie, et est venue jusques près le carroy de la Porte-Chapelière et ès-rues de la Tannerie et à raison des pluies continues, tant de jour que de nuit, qui ont fait depuis cinq mois et tout l'hiver. » — (*Id.*)

1631. — 27 février. — « Grosse neige qui a tombé tout le jour, la rivière fut grande estant en la rue de la Poissonnerie, de la Tannerie et rue Paincte. » — (*Id.*)

1632. — 3 février. — « Il a fait de grandes pluyes, tonnerres et esclairs, lesquelles pluyes ont duré presque tout le mois de janvier et continué tout le mois de febvrier ensuivant qui a occasionné de grandes crues de rivières. » — (*Id.*)

1633. — « Les pluyes continues ont esté cause que la rivière a esté grande et est entrée ès rues de la Poissonnerie, la Tannerie, rue Paincte, où l'on n'a pu passer que dans des bateaux ; lesquelles pluyes ont grandement retardé les semences des bledz d'estre faites. » — (*Id.*)

La crue fut terrible en Loire, si j'en crois le titre de cette brochure que je n'ai pu me procurer : « *Les estranges et déplorables accidents arrivés en divers endroits de Loire et lieux circonvoisins par l'effroyable débordement des eaux et l'épouvantable tempête des vents, le 19 et 20 janvier 1633, ensemble les miracles qui sont arrivés à des personnes de qualité et autres qui ont été sauvées de ces périlleux dangers.* » — (Paris, 1633, in-8°.)

Même année, 23 septembre. — « Les rivières estoient si grandes qu'elles ont couvert tous les prés ; laquelle crue s'est faicte en si peu de temps de 24 heures, qu'elle a surpris beaucoup de peuple ; laquelle est venue de la rivière de Loyre, et qui a apporté beaucoup de dommage et perte de grand nombre de foings qui estoient encore à serrer. » — (*Louvet.*)

1641. — Les levées rompirent je ne sais où ; la Loire se réunit au Loiret.

Quand Loire et Loiret s'entretiennent
Il n'y a pays qu'ils ne tiennent.

C'est le dicton des riverains d'amont.

1649. — 12 janvier. — « La levée rompit à Varenne, au lieu dit Pitot, vis à vis l'église de Souzé, environ les 6 ou 7 heures du matin. Elle fut soutenue et enlevée en quelques endroits de cette paroisse de 2 ou 3 piedz de haulteur. Elle a esté plus grande à ceste fois d'un grand pied, qu'elle n'avoit esté en l'an 1613, que lad. levée rompit à Villebernier, à S. Lambert, en ceste paroisse, aux Rosiers, à S. Mathurin et en plusieurs autres endroits le long de lad. levée et nonobstant toutes ces ruptures, l'eaue crut encore du costé de la rivière. (Reg. de S. Martin de la Place). — L'eau séjourna quinze jours entiers dans le bourg de Sorges, presque à dépasser la haute chambre du presbytère. On alloit en bateau jusqu'au rocher du Plessis Charrusu.

1650. — « La ville d'Angers ne fut pas seulement affligée des troubles de la guerre ; elle ressentit encore de grandes incommodités de l'eau. Tout au commencement de cette année, les rivières s'enflèrent extraordinairement et principalement la Maine, qui passe à Angers, crut si fort que depuis l'an 1615 elle n'avoit point été si grande. » — (*Roger*, Hist. d'Anjou, p. 505.)

1651. — « Les débordements et inondations des rivières causèrent sur le commencement de cette année une désolation nouvelle dans cette province. La Loire ayant rompu les levées en divers endroits et particulièrement en trois différents lieux depuis Saumur jusqu'aux Ponts de Cé, couvrit et inonda la vallée de ses eaux et fit des ravages incroyables. Plusieurs personnes surprises de la rapidité et vitesse de l'eau furent noyées, les maisons emportées et les animaux de la campagne suffoqués. La ville des Ponts de Cé eut beaucoup à souffrir de cet accident et une partie de ses ponts fut renversée. » — (*Roger*.)

Bodin ne cite que deux ruptures de la levée : 1° au-dessus du bourg de Saint-Martin-de-la-Place, entre les Fontaines et la rue Thibault ; 2° à la Brèche Pitot, une seconde fois. « Mais, ajoute Roger, le débordement de la rivière de Mayenne fut bien plus étrange, de sorte qu'elle passa par-dessus les ponts d'Angers et crut si fort qu'on pouvoit aller par eau depuis la fontaine Pied-Boulet jusqu'à la Trinité. La violence et rapidité de son cours, enflé par les pluies précédentes et les rivières qu'elle reçoit, sembla incroyable et fut telle qu'ayant abattu une grande partie des grands ponts de la ville, 22 logis tombèrent en l'eau, les habitants de ces lieux s'étant à peine sauvés » (p. 514). — « et l'eau vint si haulte que je vis passer des bateaux par dessus le pont des Treilles et estoit si rapide par la Porte-Chapellière, par la rue des Carmes et celle de la Tannerie que les bateaux n'y osoient hasarder de passer... et les bateaux entrèrent dans l'église de la Trinité, de sorte qu'il la fallut recarreler. » — (*Bruneau de Tartifume*, Philandinopolis, fol. 500.)

Voir un arrêt du conseil (24 mai 1651) pour le rétablissement des turcies et levées de la basse Loire. (*Ordonnances de Louis XIV*, t. III, fol. 320.)

Louvet me quitte ici et je vais recommencer à glaner.

1655. — « Le 6 décembre, l'eau a été tellement débordée qu'elle est parvenue jusque dans la cour, la cave, le pressoir même, la salle et salon du prieuré, où elle a inondé de plus de 6 pouces. » — (Reg. de Turquant, Et. C.)

1661. — « Le 11 janvier les levées rompirent en trois endroits : 1° dans la paroisse de Saint-Martin-de-la-Place, vis-à-vis les Varennes ; l'eau emporta deux maisons en se précipitant dans la vallée ; 2° dans la paroisse de Saint-Lambert-des-Levées, vis-à-vis la Marmillonnière ; 3° dans la paroisse de Chouzé, un peu au-dessous de la Chapelle-Saint-Médard, là même où elles avaient rompu en janvier 1561. » — (*Bodin*, p. 510, d'après le registre de la paroisse Saint-Martin.)

1665. — La levée se rompit, suivant un article de M. Maurice Champion (*Moniteur* du 25 juillet 1856, où j'ai déjà pris quelques indications.)

1668. — La levée se rompit. (*Id.*)

En décembre 1670, en mars 1673 les eaux sont à demeure dans l'église de Sorges.

1684. — « Le 18 février, les glaces emportent 4 arches des Ponts de Cé ; le 22, les glaces jointes à la hauteur des eaux emportent une longueur des Ponts de Cé avec deux moulins. » — (Journal manuscrit de l'avocat *Toisonnier*.)

1685. — 16 janvier. — Les grandes eaux empêchent d'aborder l'église de Tréhasé ; — de même le 5 février 1690.

1686. — 10 janvier. — « Les eaux augmentèrent si fort qu'on

fut obligé d'abandonner le bas du couvent excepté l'église et de faire le refectoire dans la grande chambre... Le 15, nous fumes contraints d'abandonner l'église, de porter le S. Sacrement dans la chapelle des infirmeries et d'y chanter matines le 1ᵉʳ dimanche de careme, les eaux étant entrées dans le sanctuaire, le chœur, les chapelles et la sacristie ; elle montèrent dans le jardin jusqu'au cadran d'ardoise, au haut du piédestal. » — (Arch. de Maine-et-Loire. H. *Capucins de Saumur*.) — A Angers, tous les bas quartiers étaient encore dans l'eau dès le 17 février.

1707. — « Nota que la levée du fleuve de Loire rompit le 9 octobre, jour saint Denis, aux Trois Volets, paroisse de la Chapelle Blanche ; ce qui fit un tort considérable pour toute la vallée d'Anjou. » (*Reg. de S. Martin de la Place*.) — Saint-Simon parle, dans ses Mémoires, des désastres de cette année. — « L'eau envahit par la brèche de la Chapelle tout le détroit de Saint-Pierre-du-Lac, et en Beaufort, Bouceline, les rues du Gaceau, du Bois, du Laté, Bourchevreau, les faubourgs de la Fontaine, de la Rabetrie, de la Chaussée, du Puits-Bouchard et tout le Marais. » (*Registres de la Mairie de Beaufort*.)

1709. — « Il y a eu cette année, à la mi-juin, deux crues, dont la première estoit extraordinaire ; vie d'homme n'en a vu une plus haute ; elle estoit de plus de six pieds dans nostre jardin ; c'estoit une eau chaude et puante, qui perdit entièrement tout le jardin, ayant tout pourry jusques à n'avoir pas un brin d'arbe ; tout le couvent en estoit remply. On alloit en bateau dans nostre église. Il fallut oster tous les ornements de la sacristie... La deuxième crue vint huit jours après, qui ne fut pas si grande mais infecta tout le couvent. » — (Arch. de Maine-et-Loire, H. *Capucins de Saumur*.) — Le registre de Turquant dit aussi : « Le 17 juin la rivière crut si fort qu'elle couvroit tout le jardin du prieuré, excepté les deux carrés d'en haut, et remplit toute la cour et fut par toutes les caves. »

1710. — « Le 11 novembre, la levée rompit en deux endroits en la paroisse de la Chapelle Blanche, l'un vers les Trois Volets, l'autre à la sortie du bourg, au couchant. La vallée fut entièrement ruinée par l'eau, qui y descendit et coula longtemps. Les bleds que l'on ressema à différentes fois, furent inondés et perdus. Plusieurs maisons furent renversées, des murs et granges jetés à bas, quantité de bestiaux noyez, mesme quelques personnes. Ces deux bresches furent reprises l'an suivant et chaque maison ou ménage des paroisses circonvoisines furent obligez d'y envoyer une personne pour travailler à cela, laquelle se nourrissoit encore elle-même, ne recevoit aucun salaire de sa peine. » — (*Reg. de S. Martin de la Place.*) — Les deux brèches mesuraient l'une plus de 200, l'autre plus de 100 toises. — (*Reg. de S. Mathurin.*)

1711. — Le 15 février les levées rompirent aux mêmes places que la précédente année, « qui ont fait une rivière de toute la vallée et la rivière si pleine encore que la levée menaçoit ruine en plusieurs autres endroits, ce qui a duré pendant les mois de février et mars, en sorte que tout ce monde fut obligé de gagner la levée ou les coteaux. » — (*Reg. de S. Mathurin.*) — « Les eaux se sont extraordinairement débordées et ont inondé plus de la moitié de la ville ; les petits ponts des Treilles ont été emportés ; plusieurs maisons sur les ponts de la ville et proche le Port-Ayrault renversées, la désolation des plus grandes à la campagne, beaucoup de personnes noyées et une infinité de bestiaux ; l'eau a monté jusque près de la Fontaine Pied de Boulet et tenue jusqu'à cette hauteur pendant 15 jours. » — (*Toisonnier.*)

Les eaux montèrent jusqu'à 4 pieds 1 pouce dans la maison presbytérale d'Allonnes. (*Registres de l'état civil d'Allonnes.*)

« Le 21 février, à 1 heure 1/2 après-midi, après 15 jours de glace, la Loire rompit la levée, se répandit avec tant de force qu'elle renversa la plus grande partie des maisons, passa de travers en travers la Rabatrie à 3 pieds 1/2 de haut et à la porte de la Chaussée qui fut depuis rue Neuve jusqu'à la Morene ; les bateaux abordaient à la muraille des Infirmes. » — (*Registres de la mairie de Beaufort.*)

Le souvenir de cette crue est resté dans la mémoire du peuple plus encore que dans les livres. Néanmoins rue du Cornet, à Angers, une plaque dit : « *Le 20 D. F. 1711, Leve a F. icy*, » et indique une hauteur de 6 pieds environ. La crue de 1856 est loin d'y avoir atteint. — De même à Cantenay-Epinard, le 22 février les eaux touchèrent les soliveaux de la cure et s'élevèrent à 7 pieds dans l'église (*Registres de l'Etat Civil*), il existe encore dans le village une maison contemporaine de ces désastres. Sur l'un des tuffeaux on lit distinctement : *l'eau m'a touché en 1711*, et ce point atteste une crue supérieure de 1 mètre 37 centimètres à la grande inondation de la Maine en 1846. En revanche à Sorges, près l'église, une inscription du même genre a été dépassée cette année-là par la Loire de plus de 50 centimètres. — C'est aussi en 1711 qu'un tremblement de terre menaça de détruire Saumur (1).

1723. — Il y eut de grands désastres en Loire, je n'en ai trouvé qu'une simple mention. — (*Moniteur* du 24 juillet 1856.)

---

(1) « MM[rs] [du Chapitre de S. Pierre] ont ordonné que pour servir de remarque à l'avenir on insérerait sur le registre des Conclusions le récit des particularités arrivées au mois de février dernier par la crue extraordinaire des eaux et de leur débordement. La crue des eaux commença à paraître dès le 9 de février et causée par l'abondance des neiges qui était universelle et qu'une pluie continuelle fit fondre en peu de jours ; laquelle augmentant de plus en plus depuis le 17 jusqu'au 22 dud. mois, Mgr l'évêque d'Angers ordonna par un mandement digne de son génie et de sa piété qu'on ferait une procession générale pour demander à Dieu la fin des maux que l'inondation causait dans cette province... Cette procession fut des plus solennelles et avec d'autant plus de dévotion qu'il n'y avoit presque personne qui n'en souffrît et n'y fût intéressé. La vraye croix fut apportée de l'église royale de S. Laud dans la cathédrale d'Angers et portée de là processionnellement dans l'église de S. Aubin par MM[rs] les archidiacres, où tous les chapitres et communautés tant séculières que régulières assistèrent avec tous les corps de la ville et où on célébra solennellement la Ste Messe, où Mgr l'évêque voulut être présent, quoique malade. On remarque de ce jour là que l'eau cessa de croître, mais comme elle ne diminuait pas et qu'elle continuait, Mgr l'évêque ordonna des prières publiques dans toutes les églises de la ville par un second mandement aussi éloquent et aussi touchant que le premier. On voit par les registres du Chapitre de cette église que les grandes eaux de l'année 1651 ne furent plus hautes que de quelques pouces et ne firent pas d'autres ravages dans la ville et même moins que celles de cette année, en ce que les ponts des Treilles ont été emportés par la rapidité extraordinaire de l'eau, entre plusieurs maisons sur le petit pont, et un très grand nombre considérablement submergées. On ne saurait exprimer combien les paroisses de campagne qui sont voisines des rivières en ont souffert ; il y a jusques à 42 maisons dans cette ville de Chalo qui sont ruinées et dans les autres à proportion. »

(Arch. de Maine-et-Loire G, Reg. capit. de S. Pierre, fol. 97).

1733. — L'inondation fut épouvantable. A Orléans, le 27 mai, en moins de 2 heures il y eut de 9 à 10 pieds de crue et l'eau monta jusqu'à 20 pieds. Les levées crevèrent en nombre d'endroits depuis Roanne jusqu'à Orléans. La ville de Tours fut sur le point d'être totalement submergée. Il y avait 8 pieds d'eau dans l'église Saint-Martin. On creva la levée entre Montlouis et la Ville aux Dames, et si maladroitement que dans ce dernier bourg tout périt, hommes et bestiaux.

En décembre 1740 la rivière à Angers atteignait la porte Chapellière. Il y avait plus de trois pieds dans les rues Bourgeoise et des Petits Ponts.

1751. — La ville d'Angers reste en partie dans l'eau tout l'hiver. (BB 110, f. 12.)

1744. — « Le mois de décembre, la rivière grossit considérablement. Elle fut à la quatrième marche du degré de la cuisine. La levée rompit à Amboise et au dessus de Tours. » — (*Reg. de Saint-Martin-de-la-Place.*)

1754. — « La Loire monta à 18 pieds 6 pouces au-dessus de l'étiage. » (Correspondance des ingénieurs. — Lettre du 15 novembre 1790, Archives du département, C. 16.)

1756. — Les eaux furent grandes constamment toute l'année; mais elles baissaient et montaient progressivement, sans violence.

1770 (1). — « La Loire s'éleva à Saumur, le 10 novembre, à 17 pieds au-dessus de l'étiage. » — (*Déluge de Saumur*, p. 112 de la réimpression.)

1783. — Mars. — La Loire monta à 18 pieds au-dessus de l'étiage, à 18 pieds 5 pouces à Beaufort. — (Correspondance des

---

(1) « Le 26 janvier le débordement des eaux a été des plus grands ; elles ont monté à la hauteur de neuf pouces dans notre église ;

Le 20 novembre de la même année 1770 les eaux ont été dans notre église à la hauteur de 18 pouces ; 1 pouce sur la 1ʳᵉ marche du grand autel ; les deux crues sont les plus grandes qu'on ait vues, surtout la dernière ; telle a été des plus surprenantes et a paru extraordinaire à tous ceux qui en ont eu connaissance. Le Pont Fouchard en a été fort endommagé, huit arches ayant été emportées ; les basses rues de la ville, la rue S. Jean, la Maison de ville, le Puy neuf, et la rue de la Tonnelle ont été tellement inondées qu'on allait en bateau dans tous ces endroits. » (Arch. de Maine-et-Loire H, Capucins de Saumur.)

Ingénieurs. — Lettre du 15 novembre 1790.) — A Saumur elle dépasse de 4 pouces la crue de 1770. « La chaussée qui entoure le Chardonnet a été rompue en plusieurs endroits et la levée a crevé vis à vis des casernes, ce qui a inondé les deux tiers de la ville et a causé de grands dommages ; quelques maisons ont été emportées et d'autres très-ébranlées. » — (Arch. de Maine-et-Loire H. *Capucins de Saumur.*) — A Turquant, trois lieues en amont de Saumur, le 8 mars « l'eau a été d'une grandeur jusqu'à présent inconnue elle est entrée en l'église par la grande porte. Elle a surmonté d'un pied le mur du jardin au regardaire du milieu et est parvenue à la troisième marche. » — (Reg. de l'Et. civil.)

La Loire, la Vienne et le Thouet débordaient à la fois. La levée creva aux Rosiers sur un espace de 150 pas. L'eau était à 15 pouces plus haut que la levée, vis-à-vis le passage du Grand-Louis, et fut maintenue par un relèvement en terre construit par les habitants.

Il y eut certainement bien d'autres désastres pendant le XVIII° siècle ; mais les documents m'ont manqué ; les quelques notes que j'ai recueillies, ne sont, comme on le voit, que de simples mentions isolées.

Les inondations de la fin du siècle ont d'ailleurs fait tout oublier.

1788. — Le 11 décembre, crue de 6 pieds à Orléans par la fonte d'une partie des neiges des montagnes, à la suite d'un vent du midi survenu le 5 ; heureusement la débâcle des glaces ne dura que 4 heures. La neige et la gelée reprirent avec vigueur.

1789. — Le 18 janvier au soir, le dégel survint, et par suite une crue de 2 pieds, le 19 de 4 pieds 1/2, le 20 au matin de 10 pieds 9 pouces. — La débâcle eut lieu à une heure après minuit, le 21. — A 11 heures du soir, le même jour, l'eau était à Tours à 16 pieds 7 pouces au-dessus de l'étiage et à 7 pouces seulement en contrebas de la crête de la levée devant l'hôtel des Trois-Barbeaux. — Le regonflement occasionné par la débâcle éleva les eaux à 4 pieds 1/2 au-dessus de la levée vis-à-vis le faubourg Saint-Symphorien et à près de 2 pieds au-dessus de celle qui longe la ville, où l'eau se répandit par le faubourg de Saint-Pierre-des-Corps. Heureusement ce déversement ne dura que deux heures. Le 24, les eaux n'étaient qu'à 13 pieds au-dessus de l'étiage. — Les levées furent endommagées de droite et de gauche, surtout d'Amboise à Langeais ; 4 arches du pont neuf des Ponts-de-Cé furent emportées le 29. — Il n'y eut pas d'inondation le long du Cher, la crue n'ayant pas été considérable. La débâcle et une crue de 18 pieds survenues dans la Vienne le 10 janvier débarrassa la Loire depuis Cande, à trois lieues au-dessus de Saumur, jusqu'à la mer, et la débâcle du Cher, arrivée le 12, en fit autant depuis le bec du Cher, à 4 lieues 1/2 de Tours, jusqu'à Cande ; la basse Loire fut ainsi protégée. Aux environs de Tours la rive méridionale fut envahie jusqu'au pied du coteau. Rilly et Monet, surtout furent maltraités. » — (Correspondance des Ingénieurs. — Archives du département, C. 16).

1790. — 15 novembre, à midi. — « J'ai honneur de vous informer que nous avons une crue telle qu'on n'en a point vue de mémoire d'homme, puisqu'elle est déjà à plus de 19 pieds au-dessus de l'étiage et continue d'augmenter et que celle de 1754 ne monta qu'à 18 pieds 6 pouces, et celle de 1783 à 18 pieds. »

16 novembre. — « La Loire a cru jusqu'à 4 heures du matin, à 20 pieds 6 pouces, l'eau surmonte les levées de 3 pieds 1/2 depuis Saint-Symphorien jusqu'à Marmoutiers. » Entre autres brèches il s'en ouvrit une à Amboise, le long du faubourg du Bout-des-Ponts, sur une étendue de 35 à 45 toises, à Saint-Hilaire une autre de 200 toises. Les rivières au-dessous de Tours n'ayant pas donné, la crue ne fut à Saumur que de 17 pieds.

Il existe aux Archives un rapport imprimé (Paris, in-4° de 11 pages avec un plan) de l'Inspecteur-général des turcies et levées, indiquant les moyens nouveaux de remédier aux effets des crues. On doit cesser d'opposer aux grandes crues des obstacles qu'elles franchissent avec tant de violence. « Il propose donc pour cela des levées telles que celles dont on a déjà donné le projet pour la conservation du territoire de

Launay et des Vallées en disposant ces levées de manière qu'elles présentent des passes de distance en distances pour laisser refluer les eaux sur les plaines qui se trouvent au derrière lorsqu'elles excèderont la hauteur des chantiers. » (p. 5.) Il voudrait appliquer ce projet « essentiellement dans ce qu'on appelle la Haute-Loire, jusqu'au débouché de la gorge de Saint-Thibault, en dessous de laquelle les crues feront par ce moyen, d'autant moins de ravages, qu'une grande partie de leurs eaux aurait pu s'épancher sur les plaines supérieures qui en deviendraient les réservoirs. » (p. 11.) — Ces conclusions me semblent avoir grande analogie avec les moyens préservatifs à l'étude pendant les dernières années.

1791. — 15 janvier. — « Nous venons d'avoir une crue qui est la quatrième depuis celle du 16 novembre et qui a monté ici (à Tours) à 12 pieds 9 pouces et à 17 pieds 3 pouces à Saumur, à 17 pieds 6 pouces à Montjean, parce que les rivières du Cher, d'Indre et de Vienne qui se déchargent dans la Loire au-dessous de Tours étaient débordées. Toute la partie basse d'Angers a été inondée par la Maine. » Il ne s'était fait à cette date aucune brèche aux levées. — (Correspondance, C. 16.)

1792. — Le 12 janvier, la Loire a été si prodigieusement grande qu'elle a passé par-dessus les murs qui sont au nord du jardin du prieuré, sans cependant qu'elle soit entrée dans l'église. — (Mairie de Turquant. Etat civil.)

1799. — 5 février. — « La Loire s'éleva à 9 pouces au-dessus des plus grandes eaux dont on ait conservé mémoire. — Les levées tinrent bon partout. (*Bodin*, t. II, p. 511.)

LES TREMBLEMENTS DE TERRE

EN

MAINE-ET-LOIRE.

Le 14 septembre 1866, au matin, je rêvais sans dormir, attendant une bonne résolution, quand sur le coup même de cinq heures à l'horloge du Lycée, j'entendis de loin un bruit sourd, qui croissait en se rapprochant, comme le roulement d'une lourde charrette chargée de pierres ou de ferraille. Au même temps la maison sembla s'incliner de droite et de gauche, par deux fois, sans secousse violente mais d'un mouvement d'ensemble, bien distinct d'une trépidation. Tout le monde en fut partout réveillé.

C'était un tremblement de terre et au lever la ville entière en causait, d'ailleurs sans grand émoi.

Nous vivons bien tranquilles, sans songer à mal, et, quand trop souvent l'Italie annonce un réveil du Vésuve, l'appel s'adresse surtout au touriste, et le flâneur sédentaire ne jouit que mieux du calme inaltérable et des horizons bleus de nos vallées. Les désastres de la veille sont d'ailleurs réparés si vite qu'on pardonne à peine aux esprits chagrins de s'en souvenir.

Aussi plus d'un sans doute s'étonnera d'apprendre que le département de Maine-et-Loire, entre tous les départements de France, est un de ceux où la terre semble être le moins sûre d'elle-même et se laisse prendre le plus souvent à ces vertiges inattendus qui défient toutes les prévisions de la science. Des statisticiens, voués à cette étude spéciale, ont constaté qu'après le Rhin et l'Isère, placés sous l'influence directe de la Suisse, les Bouches-du-Rhône et le Maine-et-Loire entrent immédiatement en ligne dans le compte des sinistres de ce genre notés par l'histoire. Il se pourrait bien que la statistique ici se compromît dans quelque imprudence. Il est déjà assez beau d'avoir démontré que Saumur est la ville de

France qui possède le plus de chiens d'aveugles. C'est là sans doute recherche de pure arithmétique ; mais comment ne voit-on pas qu'avant tout classement et toute comparaison, qui puisse se prêter à quelque raisonnement de théorie, le travail même de l'historien doit être complet et fait par un historien ? Voici par exemple qu'après ces relevés de science générale et de seconde main d'après des livres, quelques recherches spéciales et directes me fournissent une série de faits nouveaux, qui doublent et triplent certainement le nombre des observations, base des précédents travaux (1). Si quelque savant allait maintenant reprendre l'ouvrage et s'étayer de compa raisons nouvelles, nul doute que le Maine-et-Loire ne fût tout d'un coup signalé comme le pays menacé entre tous par le retour de ces horribles aventures, — par cette raison seule que la fantaisie d'un archiviste aura pris plaisir, — ici et non encore ailleurs, — à cette recherche de curiosité.

Il n'y a guère apparence en somme que l'Anjou ait jamais beaucoup souffert de ces tourmentes passagères, plus fréquentes que redoutables, mais dont les populations ont toujours eu grande épouvante, sans autre mal qu'une émotion plus vive et le retour violent au sentiment de leur bien-être.

583. — « A Angers, dit Grégoire de Tours, la terre trembla (2). » Les chroniques de Saint-Denis en racontent plus long : « En la cité d'Angiers fu croles et grans mouvemens de terre ; li lon entrèrent en la cité et mangièrent les chiens ; feu fu veus par le ciel (3). »

584. — « En Anjou la terre trembla et nombre d'autres signes apparurent qui, je pense, annoncèrent la mort de Gondebauld (4). »

---

(1) V. dans le Bull. de la Soc. Ind. d'Angers, 1844, p. 172, une notice de M. Alexis Perrey, professeur de mathématiques spéciales au Lycée de Dijon.

(2) Apud Andegavum urbem terra tremuit (Hist. VI, 21).

(3) D. Bouquet, II, 277 ; III, 234.

(4) In Andegavo terra tremuit et multa alia signa apparuerunt, quæ, ut opinor, ipsius Gundovaldi interitum nuntiaverunt. Greg. de Tours, VI, 21.

895. — Tout l'ouest de la France fut agité par de grands tremblements de terre (1). — Je ne veux relever parmi les nombreux sinistres, relatés çà et là dans les chroniques, que les observations bien certainement applicables à l'Anjou, laissant de côté les généralités.

1084 N. S., *21 mars*. — On entendit un tremblement de terre à Angers, vers le soir, le jour de la mort de l'abbé Benoît (2).

1091, *2 novembre*. — Un tremblement de terre est signalé dans la Notice de M. Perrey, mais qui concerne Coutances et non Angers (3).

1163, *2 août*. — Un tremblement de terre se produit, la veille de la saint Etienne, en août (4).

1165, *20 juin*. — Nouvelles secousses (5).

1208, *26 février*. — « Le 5 des kalendes de mars on entendit de très grands éclats de tonnerre avec tremblement de terre vers le milieu de la nuit, et la veille des kalendes, il y eut une éclipse de soleil vers l'heure de tierce (6). »

1295, *12 février*. — « La terre trembla et l'on entendit de grands tonnerres, » dit la *Chronique de Bourgueil* (7).

1317. — Le jour du mardi-gras, un tremblement de terre agita tout le diocèse de Poitiers, dont une partie dépendait de l'Anjou (8).

1441, *26 janvier*. — « Au commencement de l'année le jour de devant la fête de saint Julien, — dit Roger (9), — il y eut à

---

(1) D. Bouquet, VIII, 36.

(2) *Auditus est terræ motus Andegaris, die ad occasum vergente, in depositione S. Benedicti abbatis XII kalendas aprilis* (Chron. d'Anjou, II, 13, 87, 127.

(3) D. Bouq., XII, 537; XIV, 79.

(4) *Terræ motus factus est, vigilia S^{ti} Stephani protomartiris, mense augusto.* — Chron. d'Anjou, II, 39, 193.

(5) Ib., II, 40, 193.

(6) Ib., *V^o Kalendas marcii, audita sunt tonitrua maxima cum terræ motu circa mediam noctem. Ipso anno fuit eclipsis solis, circa horam terciam, XI kalendas marcii* (Ib. II, 57).

(7) Salmon, Chron. de Touraine, suppl., p. 38.

(8) D. Bouq., XX, 617.

(9) Hist. d'Anjou, p. 242.

Angers un grand et prodigieux tremblement de terre, » — « si véhément, » — ajoute Bourdigné (1), — « que l'on pensoit que la ville deust estre subvertie et abismée, dont plusieurs, de la paour qu'ils eurent, tombèrent en divers inconvénients de maladie. »

1485, 14 mars. — « Celui jour au matin, à l'eure de sept heures, que le peuple estoit ès esglises à la messe et absolucion, la terre trembla très fort en la ville d'Angiers et ès environs tellement que on estoit moult merveillé et espoventé et apparessoit le soulail, fors qu'il fist lors ung peu de brouée, laquelle tantoust après led. tramblement se départist (2). » — Oudin en parle dans son *Journal* avec les mêmes circonstances et il ajoute : « Le monde eut si grand peur qu'il cuidoit que tout fondit, et comme le peuple s'en alloit de peur desd. églises, il avoit si grand haste de sortir hors, qu'ils s'entrefaisoient cheoir et passoient les uns sur les autres, en criant pardon et miséricorde à Dieu ; et saichez bien de vérité, que le plus du dit erruement et tempeste fut ès églises, chapelles et monastères communément que ès maisons et autres lieux (3). »

1487 N. S., 22 mars. — « Le jeudi, au matin, à l'eure de neuf heures la terre trembla très fort en la ville d'Angers et ès environs (4). »

1493, 9 mars. — « La terre trembla tant que merveille incessamment, tellement que par chacun jour, ou que ce seroit de deux jours en deux jours et continuellement par troys sepmaines, fit de grands tonnerres, par telle manière que le monde en estoit tout esbay ; car il sembloit que le tonnerre vint de loin de l'air ou dessous la terre (5). » — Les registres du Chapitre de Saint-Maurice confirment le fait, en attestant qu'une procession eut lieu le 18 mars « à cause des continuels tremblements de terre. »

1497, 14 mai. — « La terre trembla et aussy fit grand tonnerre environ onze heures de la nuit première de la Pentecoste,

---

(1) II, 180.
(2) Arch. de la Mairie d'Angers, BB 2, f. 94.
(3) *Rev. d'Anj.*, 1857, t. I, p. 140.
(4) Arch. mun. d'Angers, BB 4, f. 76.
(5) Oudin, dans la *Rev. d'Anj.*, 1852, t. II, p. 81.

14° jour de may, par telle manière, qu'il sembloit que les maisons, esglises et habitations tombassent à terre ; et en fust le monde espouvanté ; car désormais ne fut mémoire que l'on eu veu un tel tremblement de terre sans nul abisme ; car le clocher de Tiercé chut à terre, trois cheminées du chasteau de Beaufort tombèrent (1). »

1522. — A la suite de grandes pluies, « y eu grand tremblement de terre, dont plusieurs ne pronostiquoient que mal (2). »

1524, *septembre*. — « Ce moys, à Angiers, fut grand tremblement de terre, grans éclayrs et choruscations (3). » La ville y courut danger, au dire de Mézeray, qui ajoute que pareil phénomène est très-rare en ces quartiers-là. Les Angevins eurent bientôt raison de n'y penser plus en sablant le vin des vendanges qui furent abondantes.

1588, *22 février*. — Aujourd'hui la terre a tremblé à la dixième heure du matin (4), » dit l'Obituaire de Saint-Serge, seul document qui en parle, s'il n'y a une confusion, qui semble impossible pour une note prise le jour même.

A un mois de là, le 25 mars « il se fit à Angers, » — dit Roger (5) — « un horrible tremblement de terre sur les dix heures du matin. Quelques-uns en furent si espouvantés qu'ils pensèrent en mourir de peur. Cela pouvoit estre un présage du combat de Vimory et de la bataille d'Auneau, où le duc de Guise se vengea sur les huguenost et les reitres de la disgrâce que les catholiques avaient soufferts à Coutras. » — Tous les historiens du temps n'y voient pas tant de malice, mais Mézeray et tous ceux qui en parlent attestent la violence de la commotion souterraine, qui de Nantes à Saumur « fit trembler les maisons et bouillir la rivière de Loire. Pareille
» chose arriva en quelques contrées de Normandie, avec une
» certaine fumée, qui, une heure durant, teignit l'air de couleur

---

(1) Gudin, dans la *Revue d'Anjou*, 1858, t. II, p. 85.
(2) Bourdigné, II, 330.
(3) *Ibid.*, II, 347.
(4) *Hodie terra tremuit hora decima matutina VIII kal. martii* (ms. 783, f. 62 v°).
(5) *Hist. d'Anj.*, p. 447.

» jaunâtre. » — Louvet, notre greffier, bavard à son ordinaire, détaille : « Il faisoit ung beau temps, accompaigné de la clarté du soleil, lequel estoit fort beau et ne faisoit aucun vent. Durant qu'on célébroit la sainte messe et que le peuple estoit aulx grandes messes aud. Angers, il fist ung tremblement de terre, qui estoit et fust si grand, qu'on pensoit que tout alloit tomber et abismer et que les églises alloient cheoir par terre, qui rendist une si grande espouvante au peuple, qui estoit ès églises, qu'on s'entrestouffoit à qui sortiroit des premiers, à raison du tremblement des viltres et des voustes desd. églises ; mesme que les prestres, qui estoient à célébrer la messe aulx autels, prenoient la fuite de la peur qu'ils eurent, à raison du tremblement des voustes des dittes esglises, desquelles il tomboit de la chaux, que d'un grand bourdonnement, qui se faisoit au ciel, lequel tremblement estoit ung avertissement de la part de Dieu de s'amender et un augure de beaucoup de maulx qui sont depuis arrivez (1). »

Le scribe du Chapitre de Saint-Laud d'Angers eut sa part aussi des terreurs populaires et en garde l'émotion (2).

Le curé de Saint-Mathurin écrit simplement : « Le vendredy
» jour et feste de l'Annonciation Nostre Dame, lorsqu'on disoit
» l'Evangille, moys soubzigné célébrant la messe, fut un grand
» tremblement de terre, lequel fut universel et trembla par trois
» foiz, que certifie soubz mon sin. *Garnier*. Dieu par sainte grâce
» nous veuille garder (3). »

---

(1) *Rev. d'Anjou*, 1854, II, 130.

(2) *Scribendo notum facimus presentibus et futuris, quod hoc anno et die annuntiationis beate Marie Virginis 25° hujus mensis martii 1588, dum missa major in ecclesiis decantaretur, repente factus est terre motus adeo violentus, quod omnia fundamenta et ædificia commota sunt et turbata valde vi ventorum impetuosorum, in visceribus terre inclusorum et agitatorum, ortum et exitum quærentium, qui maximum timorem et tremorem omnibus in ecclesiis per diversa loca deprecantibus attulit. Ob id facta fuit processio generalis in exitu completorii ejusdem diei ad beatam Mariam de Ronceraio ultra pontes, in qua processione quanta hominum frequentia et multitudo astiterit, ut ex animo Christo Jesu protectori nostro immortales referrent gratias, vix humana lingua exprimere potest.* (Arch. de Maine-et-Loire G 916, fol. 90.)

(3) Mairie de Saint-Mathurin, Et. C.

1591, *31 mai.* — « Le vendredy, dernier jour du dict mois, environ les trois heures après minuict, il a faict ung grand tremblement de terre, avec ung bourdonnement en l'air, qui a duré longtemps (1). »

« La même année, le *20 décembre* vendredy, environ les sept à huict heures du matin, il a faict ung grand tremblement de terre (2). »

1593, *8 avril.* — « Le jeudy, vigile de la feste Notre Dame de Pitié, sur les huict heures et demye du soir, il a faict un grand et espouvantable tremblement de terre, lequel a duré fort longtemps, et pensoit-on que les bastiments et édifices de la ville d'Angers alloient tomber; ce qui auroit occasionné les habitants sortir de leurs maisons dans les rues, tout espouvantez, lesquelz seroient couruz aulx Augustins et à Nostre Dame des Quarmes, pour louer et prier Dieu les conserver et garder du dict tremblement; lequel peu après estant cessé, auroit encore continué par deulx fois avec ung bourdonnement en l'air, qui n'estoit si grand que le premier, qui estoient des advertissements de Dieu à l'endroict de son peuple de s'amender et de faire pénitence (3). » — Le phénomène fut ressenti à Saumur, un peu plus tard, semble-t-il : « Le huict avril la terre trembla à l'eure de neuf du coer très horriblement, dont plusieurs en furent estonnés (4). »

1596, *10 novembre.* — « Dimanche, environ les cinq heures du matin, la terre a tremblé (5). »

1608, *25 août et 4 septembre.* — « La nuict d'entre le lundy vingt cinquième jour dudict mois et le mardy ensuivant, la terre a tremblé fort longuement (6); comme aussi elle a de rechef tremblé la nuict d'entre le mercredy quatrième jour de septembre audict an et le jeudy ensuivant et a faict ung grand bruit en l'air et à raison de ce. »

---

(1) Louvet, dans la *Rev. d'Anj.*, 1854, II, 182.
(2) *Ib.*, p. 187.
(3) *Ib.*, p. 235.
(4) Mairie de Saumur. Note du registre GG 34, f. 59.
(5) Louvet, dans la *Rev. d'Anj.*, 1854, t. II, p. 302.
(6) *Ib.*, 1855, I, 16.

1609, *16 janvier*. — « Le vendredy, la nuict d'entre ce dict jour d'hier et ce dict jour, environ les trois heures après minuict, il a faict un grand tremblement de terre, estant les dicts jours esté chauds et doux, comme aux jours d'esté (1). » Il en fut fait un *Discours véritable de divers prodiges arrivez en la ville d'Angers, comme tremblement de terre, signes très horribles, vents en l'air, tempeste impétueuse et de la furieuse fontaine Godeline.* (Paris, juxta la copie imprimée à Tours, 1609) : « Il sembloit, » — y lit-on, — « que les maisons deussent tomber par terre ; les meubles se remuoient dans les maisons, les vitres et les cuivres se cassoient, les vesselles tombèrent de dessus les buffets... Plusieurs en sont demeurez au lict malades de la grande appréhension qu'ilz eurent ; aussi plusieurs femmes enceintes se trouvèrent blessées. » Il est assez évident que ce sont là des banalités, dont il ne faut pas tout croire.

1619, *11 août*. — « Le dimanche, sur les onze heures, il a faict ung grand tremblement de terre, le temps estant beau et calme (2). »

1628, *27 août*. — « Environ les deux heures de relevée, le temps estant très beau et serein, arriva à Angers un tremblement de terre, qui redoubla perceptiblement, comme quand on ouit de loing, entre deux airs, des coups de canon. Cela fut apperceu de tout le monde et par tous ceux qui estoient dans les maisons, par les vitres principalement et branslement de chambres et ustensiles (3). »

1654, *9 avril*. — « Ce jour se fit un grand tremblement de terre (4), » dit le curé de Saint-Georges-Châtelaison, seul témoin qui en ait gardé mémoire.

1663, *13-14 janvier*. — « La nuit d'entre le 12 et le 13 janvier, fête du Nom de Jésus il y eut un horrible tremblement de

---

(1) Louvet, dans la *Rev. d'Anj.*, 1855, I, 18.
(2) *Ib.*, p. 304.
(3) Arch. de la Mairie d'Angers, GG 138, f. 3.
(4) *Hac die terra motus factus est magnus.* Mairie de Saint-Georges-Ch., Et. C.

terre à Angers et aux environs, » dit Roger (1). — Le curé du Plessis-Grammoire recule la date d'un jour. — « Le 14e jour de janvier, jour de la feste du S. Nom de Jésus, à une heure après menuit, grand tremblement de terre, qui espouvante plusieurs personnes (2). »

1682, *18 juin*. — « Il y eut un tremblement de terre, dit le Journal de l'avocat Toissonnier (3). »

1706, *6 septembre*. — « Nota que le 6 de septembre, sur les deux heures après minuit, on entendit icy [à Vivy], une secousse de tremblement de terre pendant la moitié d'un *Ave Maria*, qui a été universel dans quatre ou cinq lieues autour (4). »

1711. — C'est l'année de la grande inondation, — et aussi, paraît-il, d'autres misères. — « Le *6 juin*, » — écrit le curé de Brain-sur-Allonnes, — « il y eut un tremblement de terre à 10 heures du soir; un quart d'heure après il y en eut un autre; le matin, à 5 heures, la terre trembla. »

Je ne trouve aucune autre mention de cette date ; — mais la même année le sinistre se reproduit et les témoignages abondent, surtout dans le Saumurois: « Le *6 octobre*, à 7 heures du soir, » — écrit le curé de Varennes-sous-Montsoreau, — « il s'est fait sentir un si violent tremblement de terre à plusieurs reprises, que tout le monde a été effrayé. Plusieurs cheminées ont été renversées et même des maisons en ont beaucoup souffert, et les croix de pierre qui étaient au dessus des portes de cette église en ont tombé. On croiroit enfin estre entièrement perdu. » — En marge une note ajoute : « tremblement de terre très violent principalement en Poitou et il ne s'est pas fait sentir à Tours. On l'a senti pendant 9 à 10 jours, mais peu chaque jour ou nuit (5). » — Le curé de Saint-Just-des-Verchers en fixe l'heure à huit heures du soir et parle de deux secousses en même temps que d'un grondement sourd, entendu

---

(1) *Hist. d'Anj.*, p. 521.
(2) Mairie du Plessis-Gr., Et. C.
(3) Mss.
(4) Mairie de Vivy, Et. C.
(5) Mairie de Varennes-sous-M., Et. C.

toute la nuit vers l'Orient (1). — Le curé de Sorges est plus précis encore : « Sur les huit heures du soir (2) la terre trembla avec des secousses qui étonnèrent les plus hardis des hommes et huict minutes après le tremblement recommença, qui acheva d'effrayer. Ces tremblements furent universels et pendant toute la semaine. Ils se firent entendre par tout l'Anjou mais peu sensiblement. » — On n'en connaissait qu'une mention confuse dans une lettre de Mme de Maintenon à la princesse des Ursins, à qui elle écrit le 18 octobre 1711 : « Il y a eu un terrible tremblement de terre à Saumur, je ne sais point précisément le jour ; il a duré quatre jours avec un bruit épouvantable et souterrein, comme des vents et des cris ; des cloches ont tombé avec des cheminées. On ne dit point qu'il y ait eu quelqu'un de tué. »

Beaucoup de bruit pour peu de chose.

1731, avril. — « On ressentit une secousse à Angers. Nantes en avait éprouvé une le 15 février, et une seconde commotion souterraine avait ébranlé le 30 mars les bords de la Loire-Inférieure (3). »

1751, 25 mars. — « Il est arrivé dans cette province et dans plusieurs circonvoisines et autres, un ouragan si terrible que de mémoire d'homme l'on n'en avait jamais entendu parler d'un semblable. Le récit que j'en fais est aussi véritable, qui paroistra surprenant à la postérité. Ce désastre épouvantable causé par la foudre des vens opposés les uns aux autres et par une tempête accompagnée d'un *tremblement de terre* horrible, qui s'est fait sentir entre onze heures et minuit et a duré jusqu'à 4 heures, un quart a réveillé les plus assoupiz. Tout le monde fort surpris sortoit mesme de leurs lits et de leurs maisons, croyant tous y

---

(1) *Sexta die octobris die martis, hora octava circiter post meridiem, terra bis tremuit ita violenter, ut laquearia, verum etiam domorum fundamenta commota fuerint. Per totam noctem identidem in oriente sonitum subterraneum audivimus. Dominus ab excidio nos custodiat.* J. Moreau, *rector S^{ti} Justi de Vercheio.*

(2) Le curé de Beaucouzé est le seul qui dise 6 heures : « Sur les 6 heures du soir il y eut un tremblement de terre qui effraya tout le monde et qui se fit sentir par deux secousses très violentes et presque en même temps. »

(3) *Notice* de M. Perrey.

périr, en entendant les couvertures des maisons voler en l'air, tombant par terre; une partie des cheminées tomboit tant dans les chambres que dans les rues. Chacun déploroit son sort, ne sachant où se mettre en fuite. Il y a eu au moins 200 maisons à Angers, qui ont étez entièrement ruinez, plusieurs églises délabrez, tant à Angers qu'à la campagne, entre autres l'église cathédrale pour la plus grande partie délabrée, plusieurs clochers tant en ville qu'à la campagne abbattus, entre autres celuy de l'abbaye de Saint-Nicolas d'Angers, beaucoup de moulins à vent et à l'eau emportez. En outre il y a eu bien du dégast dans la campagne de cette province, tant sur les maisons, églises, champs, vignes, arbres de toutes espèces de fruits et autres qui étoient d'une grosseur prodigieuse, ont été renversez et déracinez par leurs racines. Pendant presque tous les jours de cette année, il y a eu des pluies continuelles et abbondantes, qui ont causé de grandes inondations qui ont ruiné les vallées et les champs et qui ont causé une disette affreuse de toute sorte d'espèces de grains, vins et fruits et foins; ce qui a causé une grande cherté et a rendu les denrées nécessaires à la vie de l'homme et des animaux d'un prix dont il y avait bien longtemps que l'on n'avoit entendu parler (1).

1755, *1er novembre*. — Destruction de Lisbonne. — « Icy à Angers, à pareil jour, la rivière de Maine, vis à vis le port Ligné, s'enfla de plus de deux pieds dans un instant avec une agitation épouvantable, tandis qu'ailleurs elle étoit calme (2). »

1775, *30 décembre*. — Vers dix heures quarante-cinq minutes du matin, un tremblement de terre se fit sentir de Toulouse jusqu'au Hâvre. A Segré, on remarqua qu'il fit bouillonner les ruisseaux qui coulaient du S.-O. au N.-O., et ne fit rien à ceux qui coulaient du N.-E. au S.-E. (3).

1798, *5 février*. — « Entre quatre heures et quatre heures et demie du matin on éprouva un tremblement de terre à Angers.

---

(1) Regist. de la paroisse de Feudon, à la mairie du Plessis-Grammoire.
(2) Note du curé Robin, GG 180, f. 628.
(3) *Notice* Perrey.

Il y eut deux violentes secousses de la durée de plusieurs secondes chacune ; les maisons furent vivement ébranlées ; et réveillés par les brusques mouvemens qui eurent lieu, les enfants et les femmes en furent singulièrement effrayés (1). »

1793, 25 janvier. — Vers les quatre heures du matin on ressentit plusieurs secousses de Bordeaux jusqu'à Caen. Nantes, Machecoul, Laval, La Flèche, toute la Vendée furent ébranlés, ainsi que le département de Maine-et-Loire sans doute, quoiqu'il n'en soit pas parler.

Le XIX° siècle n'a pas été moins visité que les autres par ces surprises sinistres, mais en somme, comme on le voit, de moins de mal que de peur.

---

(1) **Desvaux**, *Statist. de Maine et Loire*.

IX.

L'HYMNE *GLORIA, LAUS.*

L'hymne, que chante l'Eglise aux fêtes de Pâques fleuries, s'accompagnait durant tout le moyen âge, comme la plupart de ces solennités, de cérémonies symboliques, qui en faisaient une sorte de petit drame ou tout au moins une scène pleine d'une animation joyeuse. C'est l'entrée du Christ dans Jérusalem, dont on célèbre l'anniversaire. La procession s'avance au-devant du fils de David, — comme autrefois le peuple Juif, — en silence, mais les mains chargées de fleurs et de rameaux verts, tandis que le chœur des prêtres salue d'acclamations sa royale venue et que les enfants l'attendent aux portes du Temple pour chanter sa gloire [1]. A Angers, il semble que la liturgie ecclésiastique, où se rencontrent tant d'autres rites plus singuliers pour d'autres fêtes, ait prêté à celle-ci un éclat tout particulier. Le cortège descendait de Saint-Maurice et ne s'arrêtait qu'à l'église Saint-Michel-du-Tertre, aux extrémités de la ville. Revenant de là par la rue Saint-Laud, il se trouvait arrêté à l'entrée de la cité devant la porte close, la fameuse Porte Angevine, que dominait à droite la tour dite de Vilbon, prison du Chapitre de la cathédrale. Le passage ne s'ouvrait, — comme autrefois les portes de Jérusalem ou comme les portes même du ciel, — qu'à la voix du Christ et au choc de la croix, présentée par le clergé paroissial, pendant qu'en même temps des trois étages de la tour éclataient les concerts des

---

[1] Eveillon, *De Processionibus*, p. 91-103. — On peut voir encore dans les ruines de l'église Saint-Laurent à Angers, un chapiteau du XIIe siècle, représentant l'entrée du Christ, suivi du peuple portant les rameaux.

chantres, de la psallette et des enfants, réunis là pour entonner l'hymne triomphale. Il n'y a rien dans cette fête que n'expliquent suffisamment et le caractère enjoué du populaire et les dispositions mêmes du théâtre où la cérémonie finale se concentre, mais de bonne heure, tout au moins dès le XV° siècle, une tradition s'était établie qui prétendait en justifier autrement — et historiquement — les diverses pratiques.

On raconte — et après Bourdigné et Hiret, des savants du XVII° siècle répètent, en l'acceptant, ce qu'ont répété de plus récents livres, — qu'un dimanche des Rameaux, l'empereur Louis, fils de Charlemagne, se trouvant à Angers, suivait comme un humble fidèle la procession, quand en passant sous la porte Angevine, il « ouyt chanter dedans les prisons de l'évesque, qui » près de là estoient, » ce répond *Gloria, laus et honor*, qu'entonnait une voix inconnue. C'était l'évêque d'Orléans Théodulfe, prisonnier pour crime de haute trahison, qui implorait en ce jour de bonheur et de clémence le maître de sa vie. « Si hault et à
» voix tant clère et saine chanta l'évesque ce répond par luy
» faict et dicté, que l'empereur y prit grand plaisir et demanda
» qui c'estoit. Et l'on luy dist, que c'estoit l'évesque d'Orléans,
» son prisonnier. Alors le piteux et débonnaire roy, meu de
» compassion, dès l'heure l'envoya délivrer et luy pardonna son
» maltalent, le renvoya en son église, quitte et absous du crime
» à luy imposé et mis sus, combien qu'il en fut accusé à tort (1).

De cette jolie légende l'histoire malheureusement n'a que peu de profit à retenir et il n'est que trop facile de démontrer que tous les éléments en sont confus et contradictoires. Théodulfe, évêque d'Orléans, accusé d'avoir pris part aux intrigues de Bernard, roi de Lombardie, fut interné à Angers, mais dans une abbaye, à Saint-Aubin sans doute, peut-être à Saint-Serge, ou dans quelqu'une de ces communautés de clercs, qu'ont remplacées plus tard les Chapitres de Saint-Maimbœuf ou de Saint-Maurille. Si le captif obtint à quelques années de là sa liberté, en vertu probablement de l'amnistie générale de Thion-

---

(1) Bourdigné, Edit. 1841. t. I, ch. XII, p. 149.

ville (821), il n'est guère à croire qu'il en ait pu profiter longtemps et même une des deux épitaphes, qui existent (1), le fait mourir et inhumer à Angers. Un seul fait reste avéré, l'emprisonnement du prélat, en 818 ; et c'est l'année même où l'empereur, marchant en guerre contre la Bretagne, passait à Angers, sans pensée certes à cette heure-là de clémence. — Or il ne devait jamais y revenir (2).

Les chroniqueurs oublient trop d'ailleurs en décrivant la scène, combien les alentours s'accordaient peu à leur récit. Si la porte Angevine, comme on peut le croire, servit de tous temps de débouché à l'antique cité sur la plus ancienne rue de la ville extérieure, — la rue Saint-Nor, aujourd'hui rue Saint-Laud, le *vicus senior* du XII° siècle, — ce n'est qu'au milieu du IX° siècle et par un acte d'échange authentique, dont la teneur est connue, que l'Evêché vint s'installer entre la cathédrale et la muraille gallo-romaine, là où jusqu'alors et encore en 821 s'élevait le palais du comte. Toutes les conditions de la cérémonie sont par ce fait seul bouleversées. Elle n'a plus de raison d'être et ne peut s'autoriser d'aucun rite canonique licite, qu'au temps où la cité est devenue non-seulement l'habitation enclose et régulière de l'évêque, mais encore le centre unique et privilégié du Chapitre de Saint-Maurice, régi par sa loi diocésaine et interdit pendant des siècles à la résidence des laïcs, surtout des officiers du comte.

Il faut donc se débarrasser de cette légende, dont l'agencement malgré ses circonstances disparates ou imaginaires n'est pas le simple produit de quelque confusion populaire ni le fait du

---

(1) Mabillon, *Ann. Ord. S. Ben.* t. II, p. 464-465 et *Vet. Anal.* t. I, p. 434, l'a publiée et d'autres après lui :
  Illius cineres saxo servantur in isto,
    Qui quondam populis præsul et abba fuit.
  Non noster genitus, noster habeatur alumnus ;
    Protulit hunc Speria, Gallia sed nutriit.
  Urbe populosa satis Ligerim super Aurelianis,
    Quæ olim læta fuit hoc residente patre ;
  Proh dolor ! hunc populi propria de sede malignus ;
    Manibus his traditur exsul et exsul erat.

(2) D. Bouquet, VI, 232, 238. — Cf. *Menagiana*, t. III, p. 264. — *Hist. litt.* IV, 466.

premier venu ; et l'on se verra aux prises avec un très-neuf et très-curieux problème.

Que Théodulfe ait tenu prison à Angers, c'est le seul point qu'on peut admettre pour acquis et non même peut-être sans aucun doute. Mais les Angevins sont partis de là pour accaparer à eux, autant qu'ils ont pu, la vie et l'œuvre du prélat orléanais. On sait qu'ami des lettres et des arts, il entretenait à Orléans, dans son palais épiscopal, une véritable école, un atelier d'artistes, dont toutes les œuvres ne sont pas perdues. Deux *Bibles* surtout splendides en sont conservées, dont une à la Bibliothèque nationale (1), l'autre dans le trésor de la cathédrale du Puy, l'un et l'autre chefs-d'œuvre signalés parmi les plus éclatants et les plus rares, que nous ait légués la calligraphie carlovingienne. La matière était belle à gloser, et Grandet même, notre laborieux et très-savant historien ecclésiastique de la fin du XVIIe siècle, y perd non-seulement sa critique mais jusqu'au sentiment de la réalité. De passage au Puy en 1677, il déclare y avoir « vu et manié » la fameuse Bible et y avoir lu ces mots écrits, — comme, à son dire, le livre entier, — de la propre main du prélat : « *Théodulfe, évêque d'Orléans, m'a écrit dans la prison d'Angers* (2). » Or, comme il est facile de s'en assurer, l'assertion est de pure imagination et ne fait que confondre avec maladresse l'*explicit* du mss. et une longue note historique ajoutée au XVIe siècle pour indiquer que l'œuvre a été exécutée sous les yeux et par les ordres de Théodulfe, mais sans aucun doute à Orléans et avant sa captivité (3).

D'autre part l'hymne célèbre existe, attribuée depuis le Xe siècle sans conteste sérieuse à notre évêque, conservée par ses manus-

---

(1) *Fonds latin* 9380.

(2) « En outre les beaux vers qu'il composa dans sa prison, il y écrivit encore de sa propre main une Bible toute entière sur du vélin, laquelle se voit dans le thrésor de l'église cathédrale de N.-D. du Puy en Velay avec ces mots : Théodulfe évêque d'Orléans m'a écrit dans les prisons d'Angers. — Je l'ay vue et maniée en l'année 1677, dans un voyage que je fis au Puy. » Bibl. d'Angers, mss. 618, p. 344.

(3) Ces deux mss. ont figuré à l'Exposition du Trocadéro et mon savant maître et ami Léopold Delisle a pu les comparer de près et en faire l'objet d'un curieux Mémoire, dont il a entretenu l'Académie des Inscriptions et Belles-Lettres.

crits, reproduite par les éditions bénédictines, et à se confier au texte, que nous a donné par deux fois Sirmond, il serait difficile d'en nier l'origine véritablement angevine. Après les premiers vers du début consacrés à la fête, l'œuvre tout entière n'est qu'une description ingénieuse d'Angers même, de ses paroisses, de ses églises, comme dans ces naïfs Noëls des XV° ou XVI° siècles, qui nous montrent le défilé joyeux des métiers devant la crèche de l'enfant Jésus.

Mais il faut lire, je crois la pièce entière en sa teneur même :

Vers faits pour être chantés par des enfants le jour des Rameaux (1).

Gloire, louange et honneur à toi, o Christ, roi et rédempteur, pour qui l'honneur de la jeunesse a entonné un Osanna pieux !

Tu es l'illustre descendant d'Israël et de David, roi béni, qui viens au nom du Seigneur !

Dans les hauteurs des cieux, tout le chœur chante tes louanges, — et les faibles mortels — et toute la création avec eux !

Le peuple hébreux est venu à ta rencontre avec des palmes ; avec des prières, des vœux, des hymnes, vois, nous nous présentons à toi !

Eux, ils te payaient, avant ta passion, le tribut de leurs louanges ; nous, c'est ton règne que nous célébrons avec nos chants !

Eux, ils surent te plaire; puisse te plaire notre empressement dévoué, o roi miséricordieux, roi clément, à qui plaît tout ce qui est bon !

---

(1) VERSUS FACTI UT A PUERIS IN DIE PALMARUM CANTENTUR.

Gloria, laus et honor tibi sit, rex Christe, redemptor,
  Cui puerile decus prompsit osanna pium.
Israhel es tu Davidis et inclyta proles,
  Nomine qui in Domini, rex benedicte, venis.
Cœtus in excelsis te laudat cælicus omnis,
  Et mortalis homo et cuncta creata simul.
Plebs hebræa tibi cum palmis obvia venit,
  Cum prece, voto, hymnis adsumus ecce tibi.
Hi tibi passuro solvebant munera laudis;
  Nos tibi regnanti pangimus ecce melos.
Hi placuere tibi ; placeat devotio nostra,
  Rex pie, rex clemens, cui bona cuncta placent.

Ils tenaient leur nom hébreux de la gloire de leur antique race; nous devenons hébreux, nous, par notre passage à la vertu.

En triomphant des choses de la terre on s'élève aux régions célestes; la vertu, comme une bonne mère, nous prend dans ses bras au sortir des vices impurs.

En malice nous sommes des enfants, en vertu des vieillards. Le chemin qu'ont tenu nos pères, fais que nous le gardions jusqu'au bout.

Et pour que nous ne dégénerions pas de la sagesse de nos pieux parents, que ta grâce sainte nous entraine sur leurs pas!

Sois donc notre doux conducteur, et nous, soyons comme l'âne que tu montais; avec toi, qu'elle nous accueille, la cité sainte de Dieu!

Que les vêtements de l'apôtre nous enveloppent de leur éclat : pour qu'ainsi, bien parée, notre troupe soit digne de te porter.

Nos corps et nos âmes, comme nos vêtements, sont prosternés sous tes pieds, pour que par nous la route s'ouvre toujours assurée devant toi.

Que la joie de notre victoire pieuse nous tienne lieu de palmes triomphales, pour que notre voix victorieuse puisse ainsi te chanter.

Et qu'au lieu de rameaux de saule nous te présentions des cœurs innocents; que la pureté printanière de nos œuvres nous amène aux champs de l'éternel printemps.

Fecerat hebræos hos gloria sanguinis alti;
　Nos facit Hebræos transitus ecce pius.
Inclyta terrenis transitur ad æthera victis;
　Virtus a vitiis nos capit alma tetris.
Nequitia sumus pueri, virtute vieti;
　Quod tenuere patres, da ut teneamus iter;
Degeneresque patrum ne simus ab arte piorum;
　Nos tua post illos gratia sancta trahat.
Sis pius ascensor, tuus et nos simus asellus,
　Tecum nos capiat urbs veneranda Dei.
Vestis apostolicæ rutilo fulgore tegamur,
　Te bene tecta (1) ut ea nostra caterva vehat.
Tegmina sive animas sternamus corpora nostra,
　Quo per nos semper sit via tuta tibi.
Sit pia pro palmæ nobis victoria ramis,
　Ut tibi victrici sorte canamus ita.
Castaque pro ramis salicis præcordia sunto;
　Nosque operum ducat prata ad amœna viror.

(1) Le ms. 8319, dont je reproduis le texte, porte ici *docta*, leçon ce me semble, inférieure à celle des imprimés.

Au lieu de rameaux d'olivier, c'est l'ardeur pieuse, c'est la lumière et l'intelligence de l'esprit saint que nous apportons en nous pour légitimement te plaire !

De l'arbre de la loi cueillons quelques fleurs choisies, pour te frayer vers nous une route bien sûre à tes pas.

Et qu'en ce jour notre empressement pieux célèbre ainsi d'un tel cœur cette fête, que chaque année la même fête soit assurée de revenir sans fin.

Comme la ville vers laquelle avec nos rameaux et nos hymnes nous marchons, que les hauteurs des cieux s'ouvrent par ta grâce à notre piété.

Tout ce peuple, regarde-le réuni dans ton amour et accueille ses vœux, ses prières avec bonté.

Voici les groupes des prêtres, et les doubles rangs du peuple, les deux sexes à la fois, qui entonnent tes louanges ;

Autant qu'en renferme la ville d'Angers, dans son vénérable circuit, unis pour chanter d'un cœur dévot les pieux cantiques,

Angers, que presse la Maine allanguie, qu'orne la Loire dorée, que dessert de ses barques rapides la Sarthe gracieuse,

Où les fruits de la terre et du travail, les marchés, toutes les richesses abondent, qui se couvre presque toute entière d'une population de lieux saints !

Voici venir la paroisse de la sainte église du bienheureux Aubin, avec ses vœux et ses rameaux apportant des chants dignes d'elle ;

Pro ramis oleæ pietas, lux dogmaque sancti
   Flamminis in nobis sit tibi rite placens.
Arbore de legis cædamus dogmata quædam,
   Queis veniendi ad nos sit via tuta tibi ;
Nostraque sic præsens celebret devotio festum,
   Continuo ut valeant annua festa sequi.
Urbem ut cum ramis et laudibus imus ad istam,
   Celsa poli meritis fac ita adire piis.
Hanc in amore tuo collectam respice plebem,
   Suscipe et illius vota precesque libens.
Ecce sacerdotum turbæ popularis et aula
   Concinit et laudes sexusque uterque tibi,
Quos habet Andegavis venerabilis ambitus urbis,
   Qui pia devota carmina mente canunt,
Quam Meduana morans fovet et Liger aureus ornat.
   Quam rate cum lævi Sarta decora juvat,
Fruge, ope, nundinis pulcris et rebus abundans,
   Obsita seu sanctis est bene tota locis.
Plebs venit Albini sancta hæc de sede beati,
   Cum voto et ramis carmina digna ferens,

Puis celle, qui accourt de la cime de Saint-Jean-Baptiste, mêlant à ses rameaux le concert de ses chants ;

Ta légion, o bon Martin, n'est pas non plus en retard, pour apporter en ses mains les rameaux, sur ses lèvres et dans son cœur les mélodies.

La troupe du bienheureux Saturnin s'associe à leurs pas; la croix, les rameaux, les hymnes de gloire ornent sa marche triomphale.

Et l'humble temple, qui se pare de ton saint nom, o Pierre, s'efforce d'envoyer des siens, autant qu'il peut, à ce cortège de louanges ;

Serge aussi, le martyr vénéré, envoie ses enfants à l'œuvre sainte de l'heureuse fête.

A ces compagnons se joint ta phalange, o bon Maurille, et ses prières, ses hymnes, ses accords répètent ensemble leurs vœux pieux.

En retard non plus qu'eux, accourt la troupe du bienheureux Aignan, pour chanter, o roi, o Christ, ces mêmes louanges ;

Et les paroissiens aussi se hâtent de l'église de Notre-Dame la protectrice, à qui ton pont, o Maine, fraie un passage jusqu'à nous.

Et les paroissiens aussi nous viennent du siège du bienheureux Germain, le chef illustre et son pontife.

Voici que nous gravissons le saint tertre jusqu'au seuil du bienheureux Michel, où nous rassemble, o Christ, ton amour.

Illaque Baptistæ concurrit ab arce Joannis
 Consocians ramis dicta canora suis.
Nec, Martine, cohors tua serior, alme, recurrit
 Ferique manu ramos, mente et ore melos.
Turba Saturnini venit his sociata beati,
 Quam crux et rami laus et adornat ovans.
Et, Petre, cella tua vocitata e nomine sancto,
 Quosquit, ad hoc laudum mittere gestit opus.
Sergius et propriæ martyr venerandus alumnos
 Mittit ad officii gesta beata pii.
His tua, Maurili, conjungitur, alme, caterva
 Et prece, laude, sono sic pia vota canit.
Tardior Aniani non currit turba beati,
 Istas ut laudes, rex, tibi, Christe, canat ;
Plebsque salutiferæ procurrit ab æde Mariæ,
 Huc quam transmittit pons, Meduana, tuus.
Plebs quoque Germani venit huc de sede beati,
 Præsulis eximii pontificisque sui.
Scandimus en sanctum Michaelis ad atria clivum,
 Christe, tuus dulcis nos ubi jungit amor.

Que la foule des fidèles s'y réunisse à son tendre pontife, et que la tête et les membres forment un concert pour célébrer Dieu.

D'ici dirigeons-nous vers le seuil sacré de Saint-Maurice et que nos voix s'y mêlent dans un ensemble de louanges et de prières.

Là que nos titres se confondent au sein d'une même mère, chef et modèle de notre ville,

Où notre prière et la bénédiction du prélat doit terminer dignement la fête et reconduire avec honneur chacun de nous en sa demeure.

Telle est l'œuvre acceptée sans réserve par Sirmond, qui l'édite, et par Mabillon, qui s'en autorise (1), — il va sans dire aussi par les Angevins, qui s'en servent en tous leurs livres. Roger seul la soutient interpolée, mais encore dans le dernier Congrès d'Angers, en 1871, une voix autorisée en affirmait l'authenticité complète (2). Or je doute qu'à première vue, et sans grand retour de réflexion, l'ensemble disparate de la pièce, le contraste violent entre la donnée première et le développement qui s'en empare, l'opposition absolue entre les deux scènes, réunies par une souture malhabile, n'accusent d'emblée une œuvre de faussaire, qu'il eût été facile de convaincre. — N'est-il pas évident qu'au début, c'est, comme l'indique d'ailleurs le titre même, le chant d'enfants que le poète fait se réjouir de leurs vertus, de leurs espérances, du triomphe de leur glorieux maître ? — Puis tout d'un coup l'intonation change. — Le chœur prend d'autres accents et décrit une longue procession, qui doit

---

Quò sua pontifici jungatur turba benigno,
 A capite et membris laus sonet ista Deo.
Hinc pia Mauricii veniamus ad atria sancti,
 Quo simul et laudum et vox sonet ista precum.
Illic et titulis nos mater colligat una,
 Quæ caput et specimen istius urbis habet.
Nostra ubi nos prex et benedictio præsulis ornet,
 Cum laude ac mittat ad sua quemque loca.

(1) *Ann. SS. Ord. S. Ben.*, t. 1, p. 465.
(2) *Congrès archéol.* 1871, p. 196. — M. d'Espinay, qui depuis, dans son article sur Saint-Martin, a abordé en passant la question, regarde « le passage relatif aux églises d'Angers, » comme une interpolation « d'une authenticité fort douteuse. » *Notices arch.* 1876, p. 130-131.

rester inconnue évidemment, même dans le rite consacré par la légende, aux jeunes chantres de la psallette, retenus dans la tour épiscopale. Cette impression s'impose si naturellement à tout examen, que Grandet semble avoir fait de cette longue pièce deux œuvres distinctes, dans le récit où il les emploie. Mais ce n'est là d'ailleurs qu'esquiver une difficulté, que dénonce bien plus gravement l'étude de détails trop abondants et trop ingénieux pour ne pas s'exposer à quelque mésaventure. — Saluons au passage l'antique *Saint-Aubin*, — même, si l'on veut *Saint-Jean-Baptiste*, quoiqu'à cette date du IXe siècle, j'estime qu'il s'en fallait de beaucoup qu'il y eût de ce nom une paroisse constituée, *plebs*. Autant en pourrait-on dire de *Saint-Martin*; mais son histoire est toute confuse. Le vocable en fait supposer l'existence antique, qu'il faudrait affirmer antérieure même au IXe siècle, si l'on y admettait, comme certains documents le prétendent, la résidence de Saint-Loup; c'est au moins répéter une pure confusion que d'en attribuer, sans profit pour la cause, la fondation à l'impératrice Hermengarde; — *Saint-Saturnin* est le nom primitif de *Saint-Maimbœuf*, que rappelle ici certaine affectation d'archaïsme, — et non plus que *Saint-Jean-Baptiste* ni *Saint-Maurille* n'eut, je pense, de ressort paroissial qu'après la reconstitution, au XIe siècle, en collégiales de ces églises, tombées depuis des siècles en mains laïques. — Laissons défiler *Saint-Pierre* et *Saint-Serge* — mais coupons la route à *Saint-Aignan*. Ce ne fut jamais, on peut ici l'affirmer, qu'un petit prieuré de l'abbaye de la Roë, dont le nom est mentionné pour la première fois en 1132, à l'occasion d'un incendie qui y prit naissance et ruina partie de la cité. La chapelle n'en paraît être devenue paroissiale qu'après l'installation, en 1220, des Jacobins dans la petite église de Notre-Dame de Recouvrance. Mais en 818, même en 821 « il n'y avoit pas, — comme le déclare Roger, — d'église de Saint-Aignan à Angers. » — Que faut-il penser aussi de la paroisse *Notre-Dame du Ronceray*, outre Maine. C'est l'auteur de la légende, sans valeur historique, de saint Melaine qui y place une entrevue impossible avec saint Aubin et trois autres évêques. La charte de fondation du Ronceray, en 1028, constate seulement que cette reconstruction succède aux ruines d'une basilique dont elle conserve l'autel et qui ne dataient sans doute pas de quatre ni de deux siècles. Sur toute cette rive droite de la Maine, Saint-Pierre, encore au XIe siècle, lors de la fondation de Notre-Dame, régnait seule et souveraine sur le territoire de ces deux ou trois paroisses futures, où la charte de 1028 trace les limites de la paroisse nouvelle. — Au risque d'avouer encore un scepticisme outré, je ne crois pas que *Saint-Germain* en Saint-Laud fût rien de plus, si elle existait au IXe siècle, qu'une chapelle dépendante de Saint-Aubin, puisqu'on la voit perdue encore au XIIe siècle au milieu des vignes; — et, quant à *Saint-Michel-du-Tertre*, pour en finir, la mention s'en trouve pour la première fois, *Ecclesia Sancti Michaelis*, dans un diplôme du roi Robert (1) (1010-1031). Plus tard, les textes du XIIIe siècle l'appellent *Sanctus Michael de Tertro* et non, comme aux XVe et XVIIe siècle ou comme dans cette hymne, *Sanctus Michael de clivo* ou *ad clivum*, forme qui se ressent quelque peu de la manie des élégances littéraires.

Et qu'on remarque cette étrangeté ! Entre tant d'oratoires d'importance inférieure et inégale, à supposer qu'il existassent, c'est cette grande et antique église de *Saint-Pierre*, dont le ressort, au XVIIIe siècle encore, conservait une enclave sur la rive gauche jusqu'à Empiré, c'est *Saint-Pierre*, qu'on voit ici qualifié en termes d'une pitié particulière, comme le plus humble des refuges, *cella*, qui a de la peine à réunir quelques fidèles, *gestit mittere*, et envoie qui elle peut, *quos quit*. Par contre avec quelle énergie et quelle vigilance est affirmée l'autorité et la suprématie de Saint-Maurice, dont l'exaltation couronne l'œuvre ! — Est-ce un indice ? Faut-il mettre ici le doigt sur la note qui nous donne le motif de la composition entière ? La guerre entre Saint-Pierre et Saint-Maurice, prétendant l'une et l'autre au titre de cathédrale, a occupé pendant trois siècles au moins les cervelles angevines, apaisée ou renouvelée à plaisir suivant les intérêts passagers des belligérants. On vit même, de 1623 à 1626,

---

(1) Cartul. Saint-Serge, p. 11.

un évêque ardent au combat, Miron, pour faire pièce à ses chanoines, déserter la cité et transférer le siége épiscopal à Saint-Pierre. Toute une nuée de libelles s'abat à ce moment sur la ville, et les champions se divisent en deux camps. Chacun y apportait ses armes plus ou moins loyales. Mêmes passions ont dû en d'autres temps recourir à mêmes manœuvres de pratique trop fréquente. L'histoire d'Anjou est infestée, — même les archives aussi, — de ces fraudes. Faut-il faire remonter celle-ci au même temps que l'invention de partie de nos chroniques ? ou la reporter à une date de beaucoup plus récente ? Qui le pourrait dire ? La preuve, qui à elle seule suffirait à démontrer le faux, à en fixer tout au moins une des deux dates extrêmes, manque, ayant été supprimée, on n'en peut douter, avec intention.

Sirmond est le premier, le seul, qui ait connu en manuscrit et donné l'hymne entière (1). On ne peut suspecter sa bonne foi ni sa probité ; mais n'aurait-il pas eu en mains, au lieu d'un manuscrit plus ou moins antique, qu'il était homme à apprécier, une copie seulement, œuvre de quelque ami, comme il en avait par exemple à Saint-Aubin d'Angers, moins clairvoyant ou moins intègre ? Le fait seul que le manuscrit communiqué, original ou copie, a disparu malgré toute recherche, légitimerait tout soupçon, sans les données, que je crois avoir démontrées sûres, d'une interpolation frauduleuse.

Le plus ancien texte actuellement connu de l'hymne *Gloria, laus* se trouve à la bibliothèque de Saint-Gall, dans un manuscrit des IX-X° siècles (2), qui ne contient que les douze premiers vers, — comme l'édition donnée par Fabricius (3). Le texte le plus complet, qu'on en rencontre, existe à notre Bibliothèque

---

(1) *Theodulphi opera* (Paris 1676), in-8°, p. 170 — et *Sirmondi Opera varia*, t II, p. 777. « *In ore omnium est carmen sed mutilum hactenus et inchoatum; plenum deinceps atque integrum exit in lucem* » — nous dit l'éditeur.

(2) Mss. 890, p. 120. Je dois cette indication et celles qui suivent à M. Dümmler, professeur à l'Université de Halle, qui prépare depuis longtemps une édition complète des poésies de Théodulfe.

(3) *Poetarum veterum ecclesiasticorum opera christiana*. (Basileæ, 1562, p. 796).

Nationale, dans un manuscrit du XI° siècle (1) et s'arrête, — comme la critique *a priori* et le sens de la pièce l'indiquaient en toute assurance, — au 36° vers qui la résume :

Continuo ut valeant annua festa sequi.

Et le *Thesaurus* de Daniel (2) n'en a pas connu davantage.

A cette hymne mystique, inspirée par l'inauguration d'une fête alors nouvelle, se borne donc bien l'œuvre authentique de Théodulfe. Le reste n'est qu'une superfétation de mauvais aloi, accollée par une main angevine, à une date incertaine, dans un intérêt qui n'a rien de littéraire et que pourrait expliquer l'intention de favoriser la suprématie de Saint-Maurice sur l'église de Saint-Pierre d'Angers.

---

(1) N° 8319, fol. 37. V. encore les mss. de Saint-Gall, n° 353, XIII° siècle, et Bibl. de Vienne en Autriche, Rec. 1832.

(2) *Thesaurus hymnologicus*, I, 215; IV, 152-157. Cf. *Monum. German. histor. scrip.* IX, 364.

ENCORE L'HYMNE GLORIA, LAUS.

RÉPONSE A DOM CHAMARD.

Dom Chamard est un grand travailleur, — j'ajoute, ainsi qu'il est honnêtement permis, — et un grand batailleur. *Qui terre a, guerre a*, dit l'adage, et le domaine du Révérend Père est défendu d'estoc et de taille, de main résolue et prompte à tous les coups. A la bonne heure, et soit dit sans ombre aucune de reproche. Moi, qui ne passe pas pour un fainéant, autant j'ai horreur des querelles vaines et des disputes injurieuses, autant je tiendrais à plaisir et à honneur, — si je m'y sentais assez autorisé, — de soutenir, de provoquer même de temps en temps, dans ce silence malsain de notre province, quelqu'une de ces discussions loyales qu'anime et justifie avant tout la passion désintéressée de la vérité. La question, qui nous divise, ne risque pas d'ailleurs de troubler le monde ni même les bonnes relations de nos études communes, et la vivacité de l'attaque n'en fait que mieux ressortir la parfaite courtoisie, que je suis homme à apprécier. Il ne me reste qu'à témoigner à mon docte critique, que je sais reconnaître aussi combien il m'a fait la partie belle.

I.

J'affirme et crois encore avoir démontré, — à l'encontre du préjugé admis par tous et revendiqué par Dom Chamard, — que l'hymne *Gloria, laus*, attribuée à Théodulfe, est un composé factice de deux pièces distinctes et absolument disparates, dont la dernière m'apparaît œuvre de faussaire.

C'est là ma thèse. J'ai dû par occasion la dégager de circonstances secondaires, qui ont peut-être inspiré la fraude mais qui se laissent pénétrer trop vite pour la couvrir. Pourtant là même, le champ ne me reste pas acquis, et je me trouve, ma course fournie, en face encore d'un tenant fidèle à la légende entière. C'est trop de chevalerie.

Théodulfe, même après les travaux de Dom Rivet, de Dom Mabillon, du Père Sirmond, et un médiocre mémoire d'un abbé Baunard, reste un personnage tout inconnu, dont la vie et les œuvres ne devraient pas être délaissées par la jeunesse studieuse aux curiosités de l'érudition allemande. Je n'y ai touché, comme il me convient, qu'autant seulement que notre histoire angevine m'a semblé s'y intéresser. Mais encore, qu'en sait-elle ? — Le prélat a été inhumé à Angers, disent surtout les Angevins. — Et en effet, on a de lui deux épitaphes, dont une se prête à la conjecture ; mais par malheur la chronique dit le contraire et les circonstances de la mort semblent s'y opposer. — Passons. — « Mais il y a été tenu en prison » — J'entends bien ! Encore faut-il s'expliquer. Les textes contemporains racontent que l'évêque d'Orléans, mêlé à d'assez vilains complots, fut dégradé par l'empereur et interné dans une maison de force, — ou suivant d'autres, dans un monastère (1). Mais où ? Sur ce point essentiel ils se taisent, — et ce n'est qu'à deux siècles de là, qu'un de ces chroniqueurs, qui n'ignorent rien, désigne Angers. Si cette donnée pourtant manque, toute discussion tombe ; aussi l'acceptais-je, sans autre examen, mais « non pas sans aucun doute, » — c'est-à-dire, en laissant cette étude à d'autres. — Comment ! un doute ! — « On s'étonne de voir, » — écrit mon sévère
» censeur, — « révoquer en doute un fait aussi incontestable
» que la réclusion de Théodulfe à Angers. Il est certain qu'il fut
» envoyé en exil, c'est lui même qui l'affirme, et *la description,*
» *qu'il fait du lieu de sa détention, ne peut s'appliquer qu'à*

---

(1) *Monasteriis mancipant. Vit. Lud. Pii* — et *Ann. Eginh.* ap. D. Bouquet, t. IV, p. 102 et 119. — Ce que la Chronique française traduit par : Il les fit tondre en religion, p. 143. — *Domus qua custodiebatur,* ib. p. 228.

» *Angers.* » — Et me voici renvoyé de façon très-précise aux Poésies. J'y cours... mais vraiment j'en reviens tout rêveur ! Il n'y a ici nul malentendu sur la citation, puisque Dom Chamard en produit 13 vers, qui, à part et aidés de force italiques, produisent je ne sais quelle illusion. Mais que me veut cette histoire ? Il s'agit d'une pièce *Sur une rivière, qui s'est trouvée à sec* ; — et le poëte y raconte à un ami ce phénomène :

Sur une rivière qui s'est trouvée à sec (1).

Il est une rivière, la Sarthe, comme l'ont nommée les premiers Gaulois ; — dans le Perche est sa naissance, dans la Mayenne son embouchure.

...On a vu le courant délaisser la place ordinaire, où le radeau et la rame seuls autrefois donnaient passage.

...La Sarthe a déjà par deux fois subi semblable phénomène, sinon là, presque au même temps, presque au même lieu...

...Voici la septième année que le temps s'écoule, ô Louis, depuis que les royaumes paternels sont en tes mains ; c'est la quatrième de mon exil bien immérité ! et elle se précipite pénible et maudite pour moi...

---

(1) Voici le texte même, avec les italiques de Dom Chamard ; les vers entre crochets sont ajoutés pour le sens, d'après Sirmond, t. II, p. 326.

De fluvio qui siccatus est.

Est fluvius, Sartam Galli dixere priores,
  Perticus hunc gignit et *Meduana bibit.*
. . . .
[Est propriis spoliatus aquis locus ille repertus,
  Qui rate seu remis pervius ante fuit]...
. . . .
Sarta aliis vicibus hoc ipsum est passa duabus
  Nec hoc, nec procul hoc tempore sive loco.
. . . .
Septimus hic agitur decurrens lubricus annus
  Quod, Ludovice, tibi regna paterna manent.
Exilii quartus, *meritis non denique nostris,*
  Volvitur infaustus super et ecco mei.
. . . .
[Tale quid adseverant te flamen, Idonea, pæsum],
  Hoc quod ab urbe fluens aut prope Sarta bibit.
Quare locum ex aliis, dicit tibi tempora dicam :
  Crastina prostata res fuit ista rei.
Hunc quoque defectum quod passa sit Angers dicunt ;
  Sed locus atque dies sunt mihi nota minus.

...Quelque aventure semblable, dit-on, t'est arrivée, o rivière d'Huisne, que presqu'au sortir de cette ville la Sarthe engloutit.

Demande l'endroit à d'autres; je te dirai le jour: c'était le lendemain du précédent événement.

Même disparition s'est produite aussi, dit-on, dans l'Indre; mais le lieu et le jour me sont moins connus encore.

C'est tout — et j'ai dû même compléter la citation, pour qu'elle reprît un sens. — « Est-ce assez pour démentir combien » est mal fondé le doute ? » — Ah mais! non! et je prie même qu'on m'indique à quoi tend cette amusette? où est la description promise? la plus lointaine allusion seulement à Angers? — A moins que le mot *Angera* n'ait occasionné quelque distraction...? — Je plaisante? soit — mais voici qui est parlé net. Si l'expression *ab hac urbe* du 12e vers doit s'interpréter, comme je le crois, par: « de cette ville [*où j'écris*], » elle désigne très-nettement et irrécusablement — non pas *Angers*, non, — mais LE MANS, placé en effet à un kilomètre à peine en amont du confluent de l'Huisne dans la Sarthe.

Cet argument tout nouveau, que me fournit le savant bénédictin, je le tiens pour très-sérieux, mais je le délaisse encore une fois, pour m'attaquer directement à l'ancien problème sous sa formule angevine.

II.

Et avant tout Dom Chamard me reproche de résoudre négativement une question à laquelle il s'honore de répondre « affirma- » tivement après le Père Sirmond, Dom Mabillon et Dom Rivet...... » à vrai dire, en bonne compagnie; — et apparemment » — » ajoute-t-il, — « ces hommes illustres avaient des raisons plau- » sibles!... » — Avec tout le respect possible, je l'arrête ici. Je vois en effet quelque erreur sur la question même et sur la réponse. C'est moi qui, après le Père Sirmond, Dom Mabillon, Dom Rivet, d'autres encore de ces illustres, accuse d'invention pure et, comme ils disent, de fable (1), cette légende qu'a racontée, qu'accepte, que défend contre moi, contre eux, l'héritier de leur nom et leur représentant. Contre lui, avec eux, je nie la présence à Angers, en 820 ou 821, de Louis-le-Débonnaire, qui n'y passa par deux fois qu'en 818 dans les mois de juin et d'octobre, en un temps, comme on voit, qui n'est pas celui des Rameaux, et sans pensée alors de pardon pour Théodulfe; je nie que la porte Angevine fût à cette date le théâtre approprié à la fête, n'étant pas encore, comme au Moyen Age, dans les dépendances de l'Evêché mais dans celles du château du comte; je nie enfin, que Théodulfe, en supposant qu'il ait été détenu à Angers, — ce qu'il faudrait d'abord démontrer, — ait tenu prison à la porte Angevine, c'est-à-dire, dans la prison du comte. Homme d'église, il a dû être, il a été enfermé dans une prison ecclésiastique. Sans conjecture aucune, les documents l'affirment (2), et mon savant contradicteur, qui connaît les textes et qui les interprète au mieux quand son cœur ardent et sa piété vive ne troublent pas sa sagacité, m'étonne à se contredire ici directement lui-même, puisqu'il raconte ailleurs (3), — et en précisant même plus que je n'oserai faire, — que le prélat exilé était « incarcéré dans une » des tours de l'abbaye Saint-Aubin. » — Moins hardi, j'ai ajouté avec Mabillon : « ou peut-être à Saint-Serge. » — Dans ces conditions il ne faut pas dire qu' « à part une seule circonstance (4), » la tradition angevine demeurerait véridique dans ses moindres » détails; » car l'abandon d'une seule des données connues la

---

(1) « Ce qu'on débite au sujet de ce poème, en prétendant qu'il procura la liberté à son auteur, pour l'avoir chanté à Angers en présence de Louis-le-Débonnaire, est une pure fable, » dit D. Rivet, *Hist. litt.*, t. IV, p. 457. — *Illas coronas cum Ludovico cecinisse et tali cantilena libertatem recuperasse fabulosum est*, etc. D. Bouquet, t. VI, p. 262, etc.

(2) V. la note ci-dessus, p. 306.

(3) « Théodulfe, évêque d'Orléans, avait été, comme complice de la conjuration de Bernard, roi d'Italie, incarcéré dans l'une des tours de l'abbaye » de Saint-Aubin. » Dom Chamard, *Vies des Saints*, t. I, p. 378. — Il est vrai que deux pages plus loin, p. 380, il est dit « renfermé au-dessus de la porte Angevine, » mais c'est pour se prêter sans doute au récit de la légende.

(4) C'est l'absence de Louis-le-Débonnaire qu'il ne compte ici, mais non dans les *Vies des Saints*.

détruit tout entière ; et de fait il n'en reste pas le moindre élément debout.

III.

Dégageons donc de ces ruines le terrain libre du travail. La critique reste en face uniquement d'un poème, d'une inspiration très-raffinée et nullement naïve mais dont l'interprétation ne me semble laisser matière à aucune difficulté. Sans faire intervenir la Loi ni les Prophètes, je me suis contenté de couvrir mon humble science théologique par l'autorité de l'auteur du *De Processionibus*, écrit en un temps où notre chanoine prenait part chaque année à la fête et en pouvait savoir le sens et l'agencement (1). Que le titre de la pièce soit ou non contemporain de l'œuvre, — comme je le crois avec Mabillon et comme rien n'autorise à le dénier, — il est certain qu'il exprime et résume nettement l'usage qu'en a pratiqué l'Eglise. Le fait incontestable, incontesté, c'est que l'hymne était chantée par les enfants de la psallette, au retour de la procession triomphale et en souvenir de la fête évangélique, — partout ailleurs, dans les autres villes, à la porte de l'église cathédrale, *de introitu in ecclesia*, — à Angers, derrière la porte Angevine, *ad portam civitatis*, et par une réminiscence plus ou moins antique de la légende, dans la tour voisine, « dans la chambre même, » — comme dit Grandet, — « où l'on » prétend qu'était enfermé Théodulfe (2). » — Au moment où le clergé, suivi de la foule, s'approche avec la croix pour se frayer

---

(1) *Sacerdotum chori per vias persequuntur. Pueri autem, hymnum gloria ad templi ingressum concinentes, puerorum Judæorum vicem agunt*, p. 97-98.

(2) « La procession de l'église d'Angers, revenant de Saint-Michel-du-Tertre, au lieu de s'arrêter à la grande porte de la cathédrale fermée, ainsi qu'il se pratique dans toutes les églises, s'arrête à la porte Angevine, l'une des portes de la cité que l'on a fermée ; le célébrant frappe par trois fois avec le bâton de la croix, selon la coutume, pour faire ouvrir, pendant que les musiciens, qui sont montés dans la chambre même, où l'on prétend que Théodulfe était prisonnier et qui depuis a été convertie dans la chapelle d'une maison canoniale, chantent en musique les mêmes vers qui furent chantés par Théodulfe et au même endroit, *Gloria, laus et honor*. » V. Péan de la Tuilerie, *Description d'Angers*, p. 99.

le passage, le chant de gloire est entonné et l'accompagne de là jusqu'à l'église. Je prends le récit tel qu'il nous est donné cent fois par tous nos livres, — en son sens mystique et son appropriation solennelle, ainsi que tout le monde sans exception l'a compris : « Gloire, honneur au Christ, » — chante le petit groupe des enfants, image réduite de la jeunesse israélite. — « Gloire, » honneur au maître attendu. Nous voici à son entrée : *adsumus* » *ecce tibi*. Qu'il accueille nos vœux et nos chants, et que notre » empressement joyeux lui plaise assez pour que chaque année » ait chance de ramener sans fin la même fête ! »

Et tout aussitôt... mais c'est ici, je l'avoue, que je fausse compagnie à D. Mabillon, à D. Rivet, à tous les savants bénédictins et autres, qui ont parlé, sans d'ailleurs en faire une étude spéciale, de l'hymne *Gloria*, *laus*. Dom Chamard n'arguera pas contre moi de cette liberté, qu'il a trouvée légitime tout à l'heure pour lui. Tous ces maîtres vénérés nous ont enseigné par la doctrine et par l'exemple à ne pas jurer sur la parole du maître, — groupe héroïque d'esprits loyaux et sincères, vivant à l'écart des petites passions et des discussions contemporaines, avant tout épris de la vérité historique, qu'ils n'imaginaient pas pouvoir jamais devenir hostile à leur foi profonde, répugnant par suite résolument à tous les mensonges des traditions, à toutes les fraudes pieuses, même à tous les compromis plus ou moins discrets, dont le Moyen Age est déshonoré et dont on l'encombre encore, et à certaines heures réduits, ne l'oublions pas, à maintenir de haute lutte les décisions de leur critique souveraine et les droits acquis de cette méthode alors nouvelle d'investigation contre les frayeurs prudentes de l'ordre même de Saint-Maur, qui devait à toujours se parer de leur génie et de leur probité. Pour moi je croirai avoir profité de leurs leçons et m'assurer bon accueil après la journée, si j'arrive à faire sauter de main sûre trois ou quatre ou cinq ou six des pierres d'achoppement délaissées par eux au passage sur la large voie de science qu'ils ont ouverte à toutes les bonnes volontés.

Or j'affirme ici en toute conviction et sans autre réserve habile sur ma « découverte, » qu'à ce point la scène change absolument, entraînée au développement d'une donnée nouvelle qui forme un contraste violent et inexplicable. L'hymne chantée par les enfants s'achève dans ce dernier cri d'espérance :

Continue ut valeant omnes facta sequi !

Le cortége alors a passé la porte Angevine, se dirigeant, — comme le reconnaît à plusieurs reprises Dom Chamard, — vers Saint-Maurice. C'est à ce moment que les voix détonnent d'un autre cortége inattendu, qui tourne le dos à la cathédrale et descend de la cité vers la ville.

« *Nous allons* avec des rameaux et des chants *vers la ville*....
» Vois tout ce peuple assemblé...... *Voici la troupe* des prêtres,
» le peuple, hommes et femmes...... *Voici* l'une après l'autre
» les paroisses...... *Nous gravissons* le tertre de Saint-Michel ! —
» *Maintenant allons* à Saint-Maurice. »

Un Parisien me comprendrait, qui voudrait suivre la procession, au sortir de Notre-Dame, rallierait Saint-Jean-le-Rond, Saint-Séverin, monterait à Sainte-Geneviève, pour de là regagner Notre-Dame. — Il y a là une superfétation accolée de main étrangère et maladroite, que je n'imaginais pas pouvoir être contestée, si bien qu'à admettre cette pièce de rapport pour authentique et légitime, il faudrait plaider qu'elle forme le début de l'hymne, qui devient alors le chant du départ et non plus l'œuvre que la tradition et la liturgie ont réservée aux cérémonies de la dernière heure. — Mais ce serait bien une autre thèse !

Dom Chamard, qui déclare s'être en vain « écarquillé les yeux » pour ne rien voir, me permettra, sans risquer, quoi qu'il « dise, de passer pour un ignare, » — fi ! le vilain mot, qu'il faudrait laisser à d'autres ! — de lui indiquer ce qui l'a fait se troubler en face de ce que j'appelle l'évidence. Certes il sait le latin aussi bien que moi et j'aurais mauvaise grâce et toute répugnance à lui faire la leçon. Il ne s'agit ici que d'une inadvertance, qui a imposé, comme on s'en rend bien compte, ses conséquences au raisonnement surpris. Mais, il faut bien l'indiquer, c'est commettre un contre-sens violent que traduire : *Imus ad urbem istam*, par : *Rentrons dans la cité*. — *Imus* veut dire :

« Nous allons, » — et non pas : « Allons ! », encore bien moins : « Entrons » — *Ad istam urbem* « vers la ville, » — et non pas : « *dans la cité,* » c'est-à-dire tout au rebours de la route indiquée nettement par le poëme, qui précise la voie du cortége, — *Scandimus,* quand il gravit le tertre Saint-Michel, — et donne le signal du retour, *hinc venimus,* quand il repart pour Saint-Maurice, où certes on ne peut pas soutenir qu'il soit à ce moment-là arrivé.

Encore une fois, c'est l'évidence ou je suis fou. Je n'insiste pas, ayant d'ailleurs tout d'abord mis le poëme entier, texte et traduction, sous les yeux des juges.

IV.

Que nous veut donc ce placage épisodique, final imprévu d'un chant tout mystique, qu'il bouleverse et prolonge à contre-temps dans des fioritures hasardées? Ce verbiage, dont on n'expliquera pas la place, ne résiste pas à l'examen, qui soulève bien vite une accusation de faux. Me va-t-il falloir reprendre encore l'un après l'autre tous les détails qui me l'ont démontré ? — J'avais laissé à dessein de côté et évité dans ma traduction un argument, que celle de Dom Chamard accentue très-nettement et à mon avis très-justement et qui à lui seul paraît péremptoire. « Tout ce que *l'enceinte de la ville* d'Angers renferme d'âmes » consacrées à Dieu s'unit pour entonner d'un cœur dévot les » pieux cantiques, » dit-il en traduisant les vers qui préludent à l'énumération des paroisses. Or, est-il besoin de rappeler qu'au IXe siècle pas une des églises citées, — Saint-Maurice excepté et, si l'on veut, Saint-Aignan, — n'était comprise dans l'enceinte de la ville, et que même la dernière enceinte, celle du XIIIe siècle, laissait encore en dehors tout au moins Saint-Serge ? — J'ai soutenu par contre qu'au IXe siècle non plus il n'était pas possible d'admettre l'existence de tant de paroisses, constituées pour le plus grand nombre seulement au XIe siècle. Sur ce le Révérend Père : « Mais qui a dit que *plebs* ne s'appli-

» quait, surtout en langage poétique, qu'aux habitants d'une
» paroisse constituée ? Pourquoi pas à l'assemblée des moines
» et aux serviteurs d'un monastère ? Ce dernier sens est évidem-
» ment le seul vrai... M. Port croit-il donc que les moines
» s'abstenaient d'assister aux processions publiques ! » — J'ai
réponse et sans peine : J'applique ma thèse aux mots et non les
mots à ma thèse. Je donne à *plebs* le seul sens qu'il puisse
prendre ici, celui que M. Godard lui donnait il y a 40 ans (1) et
qu'il tenait de Dom Gardereau, le confrère et frère de Dom
Chamard à Solesmes, ou pour mieux dire, tout simplement le
sens que le poème prend soin de définir. Où jamais *plebs* a-t-il pu
s'appliquer à une procession de moines, même escortés de leurs
serviteurs ? Et comment l'appliquera-t-on par exemple dans ce
système à Notre-Dame ? — ou, plutôt comment ne voit-on pas que
le commentaire en est donné ici même par ce défilé annoncé des
prêtres — [et non des moines], — du *peuple entier*, chrétiens et
chrétiennes : *Ecce* SACERDOTUM *turbæ, popularis et aula... Sexus
uterque...* Voilà la paroisse, la *plebs* déterminée, sans autre
imaginative. — A ces arguments généraux que je tiens pour
inattaquables, s'ajoute l'étrangeté du dénombrement, dont je
ne veux répéter que deux exemples, là où un seul suffit à la
contestation. Cette paroisse de Notre-Dame, où précisément, je
le répète, il ne peut être question, j'imagine, de voir figurer
dans la *plebs* ni moines ni chanoines, — couverte de bois
jusqu'aux rives de la Maine, n'existait pas au IX° siècle.
Jusqu'au XI° tout ce territoire dépendait de celle de Saint-Pierre
et encore au XII°, quand il s'agit de déterminer les limites des
droits respectifs sur Saint-Jacques, contestés entre le Ronceray
et Saint-Nicolas, les chanoines de Saint-Pierre sont appelés
à témoignage entre les deux églises nouvelles créées sur son
territoire antique (2). Au dire même de Dom Chamard (3), la

---

(1) T. I, p. 207.

(2) *Consensu etiam canonicis beati Petri de quorum jure utriusque ecclesiæ parochia processerat* (Ch. orig. de S. Nicolas).

(3) « Quiconque est tant soit peu versé dans l'étude des monuments des
» premiers siècles de l'Église, sait qu'on appelait basiliques les églises des
» cimetières et des monastères. »

basilique ruinée, dont parle la charte de 1028, ne pouvait être qu'une église de cimetière. Car d'un monastère ici l'opinion serait nouvelle. — Pour ce qui est de l'invention de Saint-Aignan, la certitude est plus complète encore. — « Ce ne fut *jamais* », — ai-je dit, — « qu'un petit prieuré de l'abbaye de la Roë, dont le nom
» est mentionné pour la première fois en 1033. » Je croyais cet énoncé suffisamment clair, pour être, s'il est besoin, directement contesté ; mais non. Dom Chamard tient à « formuler
» l'objection en ces termes : Saint-Aignan, au commencement
» du XII° siècle avait si peu d'importance qu'il fut donné, comme
» prieuré à l'abbaye de la Roë. Donc il n'existait pas au IX° siècle. »
— Puisqu'il m'en laisse le soin, je crois qu'il est facile d'apprécier ce procédé commode de raisonnement qui consiste à esquiver l'objection ou à la transformer, ce qui revient au même ; — et il ajoute, poursuivant sa piste, non la mienne :
« Combien de monastères très-florissants au début du IX° siècle,
» qui n'étaient plus au X° et au XI° que de simples prieurés !
» Ligugé en est un exemple entre mille. » — Hé oui ! certes, et Saint-Maur, que je connais mieux encore. Mais mon savant antagoniste, qui a consacré une partie de sa vie à la recherche des origines de l'église angevine, au lieu de ces théories en l'air, auxquelles personne ne contredit, ne voudrait-il pas aborder de plain-pied le modeste problème débattu entre nous ? Est-ce à lui que l'idée viendra jamais de soutenir qu'à une date quelconque antérieure au XI° siècle, un monastère inconnu s'est caché au cœur de la cité antique, à cent pas à peine et dans l'ombre de Saint-Maurice, y a vécu tout au moins quatre siècles ignoré de tout de documents éclatants ? — Et, singularité plus étrange encore, cette fondation de notre église primitive se révèlerait sous le vocable... de Saint-Aignan ! un saint qui ne figure même pas sur la « *Liste des Saints honorés en Anjou*, » qu'a rédigée Grandet et que donne Dom Chamard (1) ! — Tout au contraire c'est le patron populaire des confins du Maine et de la Bretagne, surtout du Craonnais et des environs de l'abbaye de la Roë ; —

---

(1) T. I, p. 460.

et ce prieuré, dont le nom n'apparaît qu'un siècle après la prédication de Robert d'Arbrissel, était sans doute la maison où descendait l'apôtre à ses fréquents séjours dans la cité, et dut certainement à lui ou à ses chanoines l'importation pour sa chapelle de ce vocable étranger.

V.

Je ne veux pas reprendre, encore moins retirer ce que j'ai dit des autres églises, pas même de Saint-Michel du Tertre, quoique j'y aie été mal compris (1). Ma conviction repose ici sur des déductions et des rapprochements de textes ou d'idées, qu'il serait trop long d'énoncer, pour n'aboutir en somme qu'à des conjectures. C'est comme simple conjecture aussi que j'ai cru saisir la pensée dont s'inspire le faussaire, et dénoncé l'introduction d'un plaidoyer subreptice dans la cause si longtemps pendante entre Saint-Maurice, dont l'éloge exalté couronne l'œuvre, et Saint-Pierre, désigné comme la plus humble des maisons monastiques. C'est affaire, je l'admets très-bien, d'appréciation, et pour ce qui est de Saint-Maurice, si Dom Chamard n'a pas le même sentiment que moi sur l'intention de phrases que nous comprenons de même, je ne puis que répondre là où il me corrige sur Saint-Pierre (2). — « Le mot *cella*, — me dit-il, — au commencement du IX⁰ siècle, » pas plus qu'à la fin du VI⁰ siècle n'était nullement un terme d'une » pitié particulière. Il signifiait monastère en général et monastère » d'une importance moins considérable en particulier. » — Et en note : *V. Du Cange au mot cella; S. Greg. Tur. De Glor. Confess.*

_____

(1) « Inutile d'insister sur le surnom *de Tertre*. Est-ce que le poème mentionne ce surnom, qui peut-être n'a été donné que plus tard ? » — Mon objection est celle-ci : Le texte du poème rappelle le surnom donné par les textes du XVII⁰ et du XVIII⁰ siècle à cette église, *Stus Michael ad clivum* ou *de clivo*, — tandis que les documents du XIII⁰ siècle, les plus anciens, où le surnom se trouve, disent *de Tertre*.

(2) En termes mêmes qui détonnent sur la convenance parfaite de la discussion : « Vraiment on hésite à répondre à de telles paroles. J'aime à croire que » M. Port ne les a pas pesées avant de les écrire. »

c. LXXX; *Vita S. Paterni* n° 3; *Vita S. Leobini* n° 3; *Vita S. Aredii* n°s 4 et 54, etc., etc. » — Mais par contre-temps, dans sa dissertation déjà citée de ses *Vies des Saints*: « L'église Saint-Pierre, — écrit le même auteur, — est appelée *cella*. C'était le nom des collégiales au IXe siècle. Mabillon, *Præf. ed. Sæc. V. Act. SS. O. S. B.* p. XXXIV, n° 53. *Conc. Aquisgran.* (816) can. 45. » — Qui ne serait embarrassé à comparer tous ces textes et à choisir surtout entre ces deux solutions si affirmatives et si contradictoires. J'ai traduit par « l'humble temple, » que je commente, en accentuant à dessein la pensée de l'hymne, par « le plus humble des refuges » et je me rassure en me référant tout simplement à Mabillon, non pas consulté dans des dissertations lointaines mais écouté ici même sur la question spéciale qui nous préoccupe et sur ce vers contesté, où il remarque tout le premier, sans doute frappé, comme moi, de quelque singularité, non pas seulement sur le mot *cella* mais sur les deux vers, qui le qualifient, « combien l'expression indique ici une petite maison de moines (1). »

VI.

J'aborde et n'ai pas oublié une objection intéressante, qui m'aurait pu troubler avant toute étude, mais qui se dissout d'elle-même après cette discussion. Le principal argument, qui fait attribuer l'hymne — et l'hymne entière — à Théodulfe et qui prétend en garantir l'authenticité, est une citation tirée des lettres de saint Loup: « *Nundinas*, — écrit-il à un disciple, — est un mot que j'ai rencontré dans une pièce de Théodulfe, avec la pénultième longue (2). » — Et immédiatement l'on allègue que le mot se retrouve ainsi dans l'éloge de la ville d'Angers: *Fruge, ope*, NUNDINIS...

En l'état où j'ai mené la question, quand il est démontré, —

---

(1) Quæ satis innuunt exiguam monachorum cellam tunc fuisse [ecclesiam S. Petri]. *Ann. ord. S. Ben.*, t. II, p. 465.
(2) Nundinas in Theodulfi carmine legi producta penultima. *Lupi Epist.*, XX, ap. Duchesne, *Hist. Franc. Script.* II, 740.

ou bien tout est à refaire, — que l'œuvre discutée s'est formée de deux pièces disparates, ce texte, qui appartient à la seconde, reste sans vertu pour l'attribution de la première, à laquelle elle devient tout étrangère, — et pour ce qui est de sa valeur propre, elle se trouve, jusqu'à démonstration nouvelle, compromise avec la sincérité suspecte des détails qui l'entourent. L'hymne *Gloria, laus*, est de Théodulfe, dit-on, parce que le mot cité par saint Loup, se rencontre dans l'hymne, telle quelle, donnée par Sirmond; mais cette partie de la pièce, où il figure, n'est qu'une applique, — authentique ou non, — certainement déplacée, — et que je soutiens de main de faussaire. — Et avant cet argument-là, qui ne me semble pas souffrir de réplique, n'aurais-je pas dû dire d'ailleurs que la citation même n'est qu'un emprunt forcé et qui n'a pas cours ici? *Nundinas* n'est pas *nundinis*, et quand saint Loup alléguait son auteur, il se référait sans aucun doute à un vers présent à sa mémoire, qui portait non pas *nundinis* mais *nundinas*.

Se retrouvera-t-il, ainsi employé, dans les œuvres de Théodulfe? À peine ai-je eu le loisir de feuilleter rapidement les imprimés à portée de ma main; mais là ou dans les manuscrits je n'en fais pas doute, me rappelant que plus de la moitié de ses poésies restent encore inédites. L'habile homme, qui s'ingéniait à cette maladresse plus ou moins désintéressée, connaissait cette donnée fournie par saint Loup et restée sans attache publique, et en a fait une recommandation pour le chef-d'œuvre qu'il lançait dans le courant littéraire.

VII.

Mais dans les manuscrits, tout en même temps, je prie qu'on cherche donc mieux et qu'on découvre, s'il est possible, une trace quelconque de ce beau morceau de poésie, qui surgit si bien à point en pleine lumière et dont pourtant nul n'a entendu parler avant le XVIIᵉ siècle? Eh quoi! les manuscrits de Théodulfe abondent de toutes mains et de toutes dates, contemporains de l'auteur, — et partout, où se rencontre la fameuse hymne *Gloria, laus*, — je dis : partout, — elle s'arrête à intervalles inégaux mais tout au plus loin sur le 36ᵉ vers : *Continuo ut vacant......*, sans indice aucun nulle part de cette tirade, qui en a fait si bizarrement une Angevinerie ! Avant Sirmond personne oncques ne s'en autorise. Sirmond l'imprime, — et le manuscrit qui lui sert, original ou copie, dont il n'indique même pas l'origine, n'est plus revu par personne et ne se retrouve plus, ni nul autre pour le remplacer. Aucun éditeur avant lui n'en a donné davantage, que les manuscrits encore aujourd'hui connus ; et du temps même de Sirmond, les savants, qui réimpriment par deux fois dans la Bibliothèque des Pères (1) la pièce en question, se bornent par deux fois — est-ce « inadvertance impardonnable, » comme dit Dom Rivet (2) ? n'est-ce pas défiance critique ou soupçon de la fraude ? — à l'ancien texte, dédaignant le complément nouveau !

Et il ne suffit pas de se payer de cette explication spécieuse, que le début seul intéresse l'Eglise universelle, et que « dans » chaque église on s'est contenté de copier les vers que l'on » avait résolu de chanter, » laissant le reste à la liturgie angevine. Il n'en est pas autrement des manuscrits de l'église d'Angers que de ceux de Paris, de Saint-Gall et d'Allemagne. L'hymne existe, oui, — la chance m'est heureuse, — dans un manuscrit de Saint-Aubin d'Angers, et Dom Chamard m'y renvoie. Mais que mon très-honnête et très-honoré critique me permette encore ici de le prendre en faute, sur la foi sans doute de quelque note relevée autrefois de main hâtive. — Il a affirmé à deux reprises qu'on trouve là, dans un manuscrit du XIᵉ ou même du Xᵉ siècle, l'hymne entière (3) ! L'argument eût mérité d'être développé ; car il suffisait à détruire ma thèse ; mais voici où il tombe ruiné,

---

(1) *Bibl. Pat. Par.* VIII, 846 ; XVI, 268.
(2) *Hist. litt.*, t. IV, p. 467.
(3) « Si cette partie est une supposition elle est fort ancienne, car on la » trouve dans l'un des plus anciens mss. de la Bibliothèque d'Angers, dans le » *Missale vetus de Saint-Aubin,* p. 110, et qui est au moins du XIᵉ siècle. » — Dans les *Vies des Saints* une note, p. 378, y renvoie déjà.

entraînant avec lui la doctrine qui s'y fonde. Autant que de raison, on peut le croire, et m'y « écarquillant les yeux, » j'ai tourné et retourné le *Missel* à la page indiquée et ensuite page à page : l'hymne s'y trouve, oui…, tout entière ? oh non ! tant s'en faut, — non pas même le début complet, — mais simplement les 8 premiers vers (1).

J'ai peur d'avoir trop raison, — avec l'espérance pourtant d'être compris et pardonné. Dom Chamard, en s'attaquant franchement à ma modeste dissertation, qui certes ne le visait pas, a dû s'attendre à ma réplique ; j'espère qu'il la tiendra pour loyale et suffisante et qu'il y reconnaîtra peut-être le sentiment d'honnête joie que j'éprouve à rencontrer devant moi un adversaire tel que lui. Je proteste au moins que d'intention tous mes coups s'adressaient non à lui mais à sa monture et que je serais aussi affligé d'avoir blessé le Révérend Père, qu'heureux, si je pouvais croire, — dans quelque illusion de « notre ignorance native », — l'avoir pour un instant désarçonné.

---

(1) Le texte même en est presque inconnu. Je le reproduis pour la curiosité :

De introitu in ecclesia sive ad portam civitatis

Israhel es tu rex Davidis et inclita proles,
    Nomine qui in Domini, rex benedicte, venis.
Gloria, laus et honor tibi sit, rex Christe redemptor,
    Cui puer ille decus prompsit osanna pium.
Cœtus in excelsis te laudat cælicus omnis,
    Et mortalis homo et cuncta creata simul.
Gloria, laus !
Plebs devota tibi cum palmis obviam venit,
    Cum prece, voto, hymnis adcumulat sese tibi.
Gloria, laus !

TABLE.

1	Le *Te Deum* des Notaires d'Angers	1
2	Cahier du Tiers-Etat de la Sénéchaussée de Saumur aux Etats Généraux de 1614	6
3	Pillage de l'abbaye de Saint-Florent de Saumur en 1563	14
4	La Bibliothèque de l'Université d'Angers	24
5	Le Roi de la Bazoche d'Angers	38
6	Les Enfants de France à Fontevrault	43
7	Lettres d'un lieutenant du régiment de Montmorin	55
8	Le Médecin des Pauvres à Angers (1450-1455)	67
9	Livres et manuscrits	74
10	Les Sœurs de Charité à l'hôpital Saint-Jean d'Angers (1633)	84
11	Le siége de Rochefort-sur-Loire (1562)	97
12	Les Boulangers d'Angers	104
13	Les Carmes Patriotes (1326)	114
14	Les Stalles et les Tapisseries de Saint-Florent de Saumur	116
15	Questions Angevines I. — *La Belle Agnès*	130
16	— II. — *L'Hôtel de Lancreau*	137
17	— III. — *La Godeline*	145
18	Deux Banquets	153
19	Les Thesmophories de Blaison	164
20	Questions Angevines IV. — *Ogeron de la Boire*	173
21	Journal de Jacques Valuche	181
22	Questions Angevines V. — *La Loire et ses affluents*	217
23	— VI. — *Thomasseau de Curzay*	223

24	Le Théâtre à Doué..	244
25	Questions Angevines VII. — *L'hôtel de Pincé dit hôtel d'Anjou*..	250
26	— VIII. — *La Pyramide de Sorges*..	256
27	Les Inondations dans le département de Maine-et-Loire	260
28	Les Tremblements de terre en Maine-et-Loire..........	282
29	Questions Angevines IX. — *L'Hymne Gloria, Laus*....	294
30	— X. — *Encore l'Hymne Gloria, Laus. — Réponse à Dom Chamard*................	307

Angers, imp. Germain et G. Grassin. — 1870-72.

www.ingramcontent.com/pod-product-compliance
Lightning Source LLC
Chambersburg PA
CBHW060655170426
43199CB00012B/1810